디자인 경험을 바꾸는
UX/UI 디자인
with AI

누구나 프로처럼, 생활 AI
디자인 경험을 바꾸는 UX/UI 디자인 with AI
사용자 리서치부터 시나리오 보드, GUI 디자인까지 생성형 AI와 UX/UI 자동화의 모든 것

초판 1쇄 발행 2025년 6월 26일

지은이 유훈식 / **펴낸이** 전태호
펴낸곳 한빛미디어(주) / **주소** 서울시 서대문구 연희로2길 62 한빛미디어(주) IT출판2부
전화 02-325-5544 / **팩스** 02-336-7124
등록 1999년 6월 24일 제25100-2017-000058호 / **ISBN** 979-11-6921-402-5 93000

책임편집 홍성신 / **기획 · 편집** 이희영 / **교정** 고란희
디자인 표지 윤혜원 내지 박정우 / **전산편집** 다인
영업마케팅 송경석, 김형진, 장경환, 조유미, 한종진, 이행은, 김선아, 고광일, 성화정, 김한솔 / **제작** 박성우, 김정우

이 책에 대한 의견이나 오탈자 및 잘못된 내용은 출판사 홈페이지나 아래 이메일로 알려주십시오.
파본은 구매처에서 교환하실 수 있습니다. 책값은 뒤표지에 표시되어 있습니다.
한빛미디어 홈페이지 www.hanbit.co.kr / 이메일 ask@hanbit.co.kr

Published by Hanbit Media, Inc. Printed in Korea
Copyright © 2025 유훈식 & Hanbit Media, Inc.

이 책의 저작권은 유훈식과 한빛미디어(주)에 있습니다.
저작권법에 의해 보호를 받는 저작물이므로 무단 복제 및 무단 전재를 금합니다.

지금 하지 않으면 할 수 없는 일이 있습니다.
책으로 펴내고 싶은 아이디어나 원고를 메일(**writer@hanbit.co.kr**)로 보내주세요.
한빛미디어(주)는 여러분의 소중한 경험과 지식을 기다리고 있습니다.

디자인 경험을 바꾸는
UX/UI 디자인 with AI

유훈식 지음

들어가면서

UX/UI 디자이너에서 AI 디자이너로

우선 제가 AI로 디자인을 하게 된 개인적인 경험으로 이야기를 시작하면 좋을 것 같습니다. 저는 학부 때 시각디자인을 전공했고, 웹 디자인 회사에서 근무하던 중 본격적으로 UX/UI 디자인을 공부하기 위해 대학원에서 석박사 과정을 마치게 되었습니다. 이후 연구소에서 자율 주행 자동차, 소셜 로봇의 사용자 경험 디자인에 대한 선행 연구를 주로 진행했었습니다. 그때까지도 AI에 대한 UX/UI 디자인은 많이 했지만 AI를 디자인 작업에 활용하겠다는 생각은 하지 못했습니다.

그렇게 2022년 11월 말, GPT-3.5 버전이 출시되면서 생성형 AI에 대한 대중의 관심이 높아지던 당시 제가 근무하던 서울미디어대학원대학교에서 지도 학생이자 브랜딩 회사 대표가 저를 찾아왔습니다. 그는 국내 최초 생성형 AI 영상과 가곡이 만나는 〈환대〉라는 콘서트를 준비하고 있었고, 이 콘서트에 참여할 생성형 AI 영상 전문가 소개를 요청했습니다.

영상 스토리 공연 '환대' 포스터(출처: 환대 공연 홈페이지)

하지만 생성형 AI가 등장한 지 얼마 되지 않은 시기였기에 전문가를 쉽게 찾을 수 없었고, 그나마 AI에 대한 UX/UI 경험이 있던 제가 자연스럽게 그 일을 도맡게 되었습니다. 영상 디자인 전문가도 아닌 제가 AI로 영상을 만들 수 있을지 걱정되었습니다. 더군다나 콘서트 주최 측에서 내건 과제는 한국 전쟁이 끝난 1950년부터 2020년까지, 대한민국의 지난 70년의 역사를 영상으로 담아내는 것이었습니다. 엄청난 규모의 기간, 사건들을 AI만으로 만든다는 것은 쉽지 않았습니다. 저는 챗GPT, AIPRM, 미드저니, 스테이블 디퓨전 등 다양한 생성형 AI들을 탐색하기 시작했습니다.

그렇게 저는 이 프로젝트에 **제너러티브 디자인**Generative Design, 즉, 생성 디자인의 철학을 접목했습니다. 제너러티브 디자인이란 주로 AI를 활용한 산업 디자인 분야에서 디자이너의 의도를 넘어 AI로부터 아이디어를 제시받는 방법입니다.

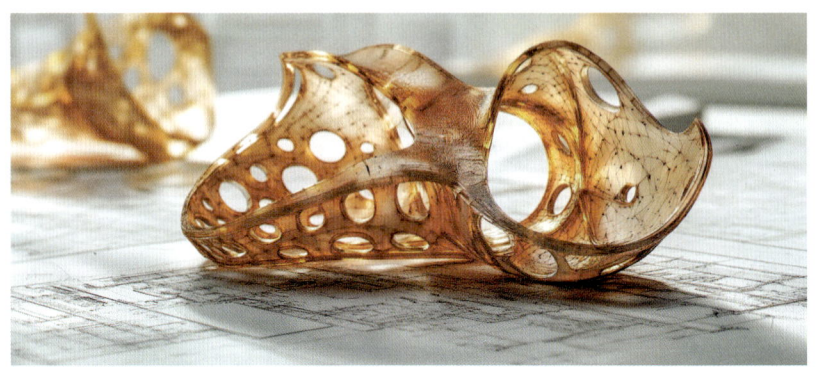

제너러티브 디자인으로 생성된 이미지 예시(출처: 미드저니 생성)

여기서 더 나아가 '가능한 한 인간의 개입이 없는 디자인'을 하고자 했습니다. 영상 콘텐츠의 기획부터 최종 결과물까지 모든 과정에 생성형 AI를 최대한 활용하면서 자동화된 형태로 작업을 진행하였습니다.

먼저 텍스트 생성과 서칭 기능에 특화된 **챗GPT**를 활용하여 대한민국의 70년 역사를 정리했고, 프롬프트 관리 도구인 **AIPRM**을 활용하여 이미지와 영상 생성에 필요한 프롬프트를 생성했습니다. 이미지 생성 분야에서 압도적 우위를 차지한 **미드저니**를 사용해 영상에 들어갈 주요 이미지를 생성하였고, 마지막으로 **스테이블 디퓨전**으로 영상을 생성했습니다. 이 전체 과정은 대부분 AI를 중심으로 진행되었으며 인간의 개입을 최소화했습니다.

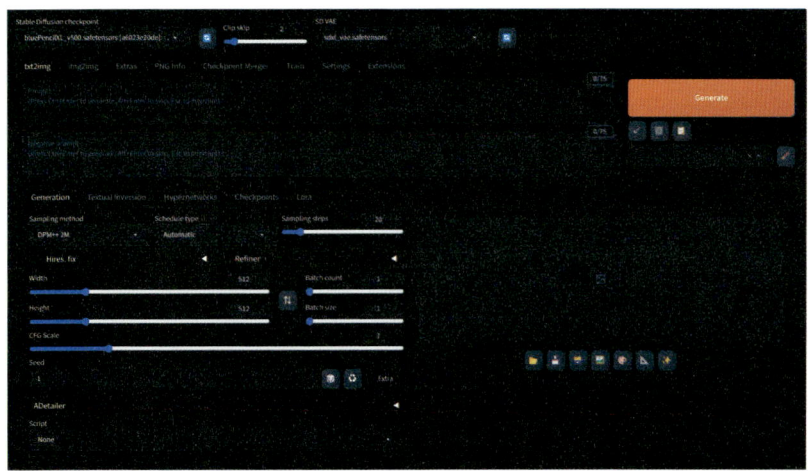

영상 생성에 활용된 스테이블 디퓨전의 webUI(출처: webUI 프로그램)

그렇게 이미지를 생성하는 데는 약 3박 4일이 걸렸습니다. 이 기간 동안 저는 별도의 조작 없이 AI가 스스로 작업할 수 있도록 하였습니다. 그때까지도 결과물이 어떻게 나올지, 콘서트에 AI를 성공적으로 접목시킬 수 있을지 스스로도 의문이 들었지만 이미지를 생성하는 과정에 간섭하지 않고 기다렸습니다.

결과적으로 예상보다 멋진 영상이 만들어졌습니다. 국내 대표 공연장 중 하나인 롯데 콘서트 홀에서 AI로 만든 '대한민국의 70년 역사'가 상영되었습니다. 많은 관람객이 관람평으로 감동을 전했고, 행사에 참석했던 문화체육관광부 장관으로부터 격려의 인사를 받았습니다.

'대한민국의 70년 역사' 영상 중 백남준 작품

이 프로젝트를 마친 후 저는 이제 디자이너의 개입 없이 디자인 결과물을 만들수 있는 시대가 되었다는 것을 비로소 체감했습니다. 이는 디자인 역사에서 한 획을 긋는 큰 변화가 될 거라는 직감이 들었습니다. 이후 저는 지금까지도 AI를 UX/UI 디자인에 활용하기 위한 다양한 방법을 탐색하고, 시도하고 있습니다. 여러 차례의 시행착오를 겪으면서 제가 경험하고 정리한 내용을 활용해 디자이너들이 AI로 UX/UI 디자인의 가능한 한 많은 부분을 자동화하여 더 창의적인 부분에 집중할 수 있도록 돕고 있습니다. 이 변화를 저는 **AI-Powered UX/UI Design**이라고 정의합니다.

이제 AI는 디자이너들에게 창의성과 생산성의 증대라는 새로운 기회를 주고 있습니다. 이 책은 그동안 제가 AI를 활용해 UX/UI 디자인에 다양한 시도를 진행하며 겪은 모든 시행착오와 많은 학생의 피드백으로 만든 결과물입니다. 부디 AI 전환 시대에 많은 UX/UI 디자이너에게 패러다임의 전환과 실제 업무에 적용할 수 있는 방법들을 전달할 수 있는 좋은 기회가 되길 소망합니다.

– UX/UI 디자이너에서 AI 디자이너로 다시 태어난 **유훈식**

책 소개

이 책은 UX/UI 디자이너, 프로덕트 매니저, 스타트업 창업자 그리고 AI 시대의 창의적 협업 방식에 관심 있는 모든 실무자를 위한 안내서입니다. 디자인 도구의 진화와 AI 기술의 융합, 자동화 플랫폼의 확산은 지금 이 순간에도 디자이너의 역할과 일하는 방식에 커다란 전환을 요구하고 있습니다. 이 책은 그 격변의 현장을 조망하며, 독자들이 다가올 변화에 능동적으로 적응하고 미래의 디자인 역량을 갖추도록 돕기 위해 집필되었습니다.

UX/UI 디자인은 이제 단순한 시각적 구성이나 사용성 확보를 넘어, 사용자 경험을 설계하고 제품의 가치를 전달하는 전략적 활동으로 확장되고 있습니다. 그리고 생성형 AI 도구의 발전은 이런 사용자 경험을 디자인하는 과정을 혁신하고 있습니다. 이러한 AI를 통한 혁신을 체계적으로 수행하기 위해서는 언어 모델을 잘 다룰 수 있는 프롬프트 엔지니어링 기술이 필요합니다. 그리고 이를 기반으로 정성적인 UX 데이터를 분석하고 모델링할 수 있는 역량이 필요합니다. 또한 UX/UI 디자인과 관련된 다양한 이미지를 생성하기 위한 이미지 생성 기술 역시 매우 중요합니다. 특히 이미지 생성 성능이 뛰어나고 범용적으로 사용하기 용이한 미드저니를 잘 다룰 수 있다면 UX/UI 디자인과 관련된 이미지를 생성하는 데 큰 도움을 줍니다.

이제 UI 디자인에 접근하는 방법 역시 Text to UI 방식으로 변하고 있습니다. 자연어를 통해서 UI 디자인을 잘 수행할 수 있어야 하는 것입니다. 이외에도 꾸준히 기능을 업데이트하는 다양한 AI 도구들을 적절히 활용할 수 있다면 UX/UI 디자이너는 자신의 역량을 새로운 차원으로 확장할 수 있을 것입니다.

이를 위해서 이 책에서는 언어 모델에 대한 이해와 UX 프로젝트 수행을 위한 프롬프트 엔지니어링을 가장 먼저 살펴봅니다. 그리고 이미지 모델을 이해하고, 미드저니를 통해 UX 디자인 관련 이미지 생성, GUI 이미지 생성 방법을 안내합니다. 이후에는 갈릴레오 AI와 릴룸과 같은 Text to UI 도구를 활용해 어떻게 원하는 UI를 빠르게 디자인하는지 학습합니다. 마지막으로 AI 시대의 디자인 방식과 저작권에 대한 다양한 사례들을 통해서 AI 저작권의 현황과 대처 방안을 알아보도록 합니다.

이 책 한 권을 통해서 생성형 AI 기술에 대한 활용 원리를 파악하고, UX/UI 디자인에 AI를 적용하는 과정을 학습함으로써 높은 생산성과 새로운 창의성에 대한 도전의 세계로 나아가는 데 큰 도움을 받을 것입니다.

목차

들어가면서   4
책 소개   9

1부 AI 디자인 시대의 UX/UI 디자인

01장 AI 디자이너로 UX/UI 디자인하기

- 현재 시대를 살아가는 디자이너의 역할   19
- AI 시대, UX/UI 디자인 조직에서 리더의 역량   25
- UX/UI 디자이너가 갖춰야 할 3가지 역량   33
- UX/UI 디자인 프로세스 단계별 AI 도구   47

2부 언어 모델 AI와 UX/UI 디자인하기

02장 주요 언어 모델 AI 이해하기

- LLM에 대한 이해와 발전 동향   59
- 친밀한 대화형 AI, 챗GPT   70
- 똑똑한 AI, 클로드   76

- 검색 엔진의 혁신, 퍼플렉시티 … 84
- 언어 모델 AI의 미래 … 90

03장 UX/UI 디자인을 위한 프롬프트 엔지니어링

- UX/UI를 위한 프롬프트 엔지니어링 … 95
- UX/UI 프롬프트 엔지니어링을 위한 4원칙 … 102
- 페르소나 기법 … 108
- 예시 기반 기법 … 116
- 후카츠식 프롬프트 기법(형식 기법) … 123
- 4원칙을 활용한 4가지 구조화 타입 … 129

04장 실전, AI와 UX 리서치 & 인사이트 도출하기

- 휴리스틱 평가하기 … 139
- 사용자 인터뷰 분석하기 … 146
- 페르소나 모델링하기 … 155
- UX 라이팅하기 … 162
- 가상의 사용자 조사를 위한 시네틱 유저 … 170
- 보즈로 스토리보드 제작하기 … 175

3부 이미지 생성형 AI로 UX/UI 디자인하기

05장 이미지 생성형 AI 이해하기

- 이미지 생성형 AI가 UX/UI 디자인에 가져온 혁신   181
- UX/UI 디자이너를 위한 최고의 도구, 미드저니   185
- UX/UI 디자이너의 미드저니 활용 방법   189
- 거대한 오픈 소스 기반 AI, 스테이블 디퓨전   196
- UX/UI에서 스테이블 디퓨전 활용 사례   201

06장 UX/UI 디자이너를 위한 이미지 프롬프트 작성하기

- 페르소나를 위한 인물 이미지 생성하기   205
- 시나리오 보드를 위한 다양한 스타일의 동일한 캐릭터 생성하기   215
- 인물과의 거리 & 시점을 조정하는 프롬프트   230
- UX 시나리오 보드 제작하기   239
- UX 시나리오 보드에 전략적으로 AI 활용하기   250

07장 실전, 이미지 모델과 UI 디자인하기

- GUI 디자인하기   255
- 6단계 프롬프트로 완성한 GUI   262
- 무드 보드 디자인하기   265
- 6단계 프롬프트로 생성한 무드 보드 예시   274
- 아이콘 생성하기   281

- 6단계 프롬프트로 생성한 아이콘 예시 … 289
- 프롬프트가 자산이 되는 시대 … 294

4부 UX/UI 디자인 패러다임의 변화, AI로 UI 디자인하기

08장 Text to UI 디자인의 패러다임, 갈릴레오 AI

- Text to UI 디자인의 패러다임, 갈릴레오 AI … 303
- 갈릴레오 AI로 UI 생성하기 … 312
- 갈릴레오 AI의 디자인 품질을 높이는 5가지 팁 … 317

09장 Text to 와이어프레임의 강자, 릴룸

- 디자인 초기 단계의 빠른 자동화 … 321
- 릴룸의 주요 기능 … 323

10장 모든 UX 프로세스를 함께, UX 파일럿

- 디자인 작업의 혁신 … 333
- UX 파일럿의 주요 기능 … 335
- UX 파일럿의 실무 활용 사례 … 341

11장 멀티모달 인터랙션 시대의 디자인 도구, 크리에이티

- 멀티모달 인터랙션이 등장하기까지 … 347
- 멀티모달 인터랙션 기반 UI 디자인 도구, 크리에이티 … 349
- 크리에이티의 주요 기능 … 352

12장 AI로 한층 더 강해진 UI 디자인 최강자, 피그마

- 피그마에 도입된 새로운 AI 기능들 — 365
- 피그마의 AI 기반 기능 — 377
- 피그마 AI 기능의 한계와 실무 활용 시 주의점 — 385

13장 UI 프로토타이핑 도구, 위자드

- '디자인의 민주화' — 389
- 위자드의 주요 기능 — 391
- 조직 규모별 위자드 실전 사례 — 398

14장 AI 기반 사용자 분석 도구, 메이즈

- 빠른 실패와 개선의 중요성 — 405
- 메이즈의 주요 기능 — 408
- 디자인 프로세스를 가속화하는 메이즈 실전 사례 — 414
- 메이즈의 활용 가치와 한계 — 418

15장 노코드 UI 디자인의 패러다임, 웹플로우

- 노코드 UI 디자인의 선두, 웹플로우 — 421
- 시간과 비용을 아끼는 웹플로우 실전 사례 — 426

16장 디자인과 개발 간격을 줄이는, 프레이머

- 디자이너와 개발자를 위한 종합 디자인 도구 — 429
- 프레이머의 주요 기능 — 435
- 디자인부터 배포까지 한 번에, 프레이머의 실전 사례 — 439

5부 AI 시대, UX/UI 디자인의 미래

17장 AI와 일하는 UX/UI 디자이너

- UX/UI 디자이너의 역할 변화 — 449
- UX 디자인 업계에서 AI의 역할 변화 — 451

18장 AI 디자인의 미래

- AI 에이전트와 UX 디자인 — 455
- AI 오케스트레이션 — 460

19장 AI 시대, 디자인과 저작권

- AI 시대, UI 디자인의 저작권 이슈 — 469
- UI와 저작권 — 473
- AI 시대, 디자이너가 꼭 알아야 할 저작권 개념 — 475
- 디자이너가 알아야 할 저작권 보호 전략 — 486

찾아보기 — 491

1부
AI 디자인 시대의 UX/UI 디자인

01장

AI 디자이너로 UX/UI 디자인하기

디자이너라는 직업이 등장한 지는 100년이 채 되지 않았습니다. 하지만 디자이너의 역할은 기술 발전, 기업의 성장, 시장 가치의 변화라는 실타래와 복잡하게 얽혀 끊임없이 성장해왔습니다. 과거를 돌아보면 시각적인 작업을 주로 담당하던 디자이너들이 웹과 모바일 시대를 맞이하면서 **사용자 경험**User Experience, UX에 초점을 맞추기 시작했습니다. 그리고 디지털 경험을 넘어 온오프라인 서비스에 대한 통합적 경험을 설계하게 되었고, 이제는 기업의 비즈니스 측면까지도 맡고 있습니다. 뿐만 아니라 이 책의 주제와 같이 이제는 더 나아가 AI라는 첨단 기술의 등장은 디자이너를 더욱 전문적인 역할로 성장시키고 있습니다. 이번 장에서는 디자이너의 역할 변화를 짚어 본 다음 AI 시대를 살아갈 디자이너의 역량까지 살펴보겠습니다.

현재 시대를 살아가는 디자이너의 역할

GUI 디자이너, 비주얼 커뮤니케이션 아티스트

2000년대 초반, 포털 중심의 웹 서비스가 전 국민적으로 인기를 끌던 시절이었습니다. 많은 회사가 웹사이트를 제작하기 시작했고 저는 대학을 졸업하며 웹 에이전시 회사에 근무하면서 간단한 HTML 코딩과 함께 웹을 디자인하였습니다. 이 당시 디자이너의 역할은 주로 시각적 인터페이스Graphical User Interface(GUI)를 제작하는 것이었습니다. 경영진에서 요구 사항을 정리하면 개발자들이 이를 구축하고 디자이너는 껍데기를 입히는 작업이 주를 이루었습니다. 이 시기의 디자이너는 주로 시각적 표현을 강조하는 비주얼 아티스트Visual Artist와 유사했습니다.

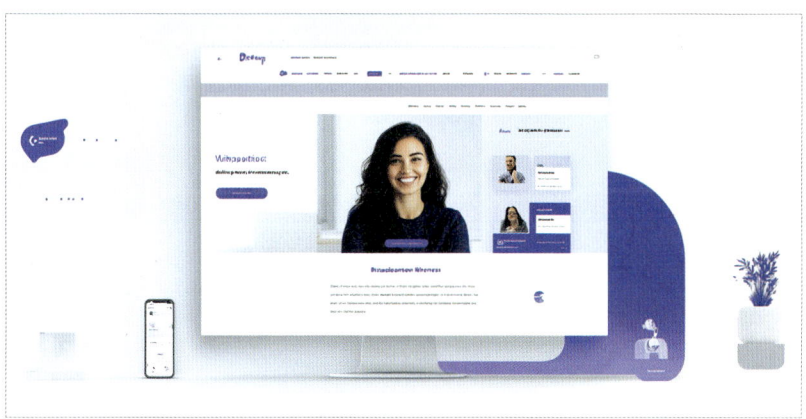

웹 GUI 이미지 예시(출처: 미드저니 생성)

UX/UI 디자이너, 모바일 경험 설계자

2007년, 애플Apple이 아이폰과 앱스토어를 출시하면서 시장 환경은 폭발적으로 변화하였습니다. 사람들은 개인화된 디바이스에서 본인이 사용하고 싶은 애플리케이션을 사용할 수 있는 새로운 시대를 맞이한 것입니다. 대부분의 회사가 이제는 웹이 아니라 모바일 앱을 중심으로 서비스를 제공하기 시작했고, 많은 스타트업이 새로운 애플리케이션을 출시하기 시작했습니다. 애플리케이션 중심으로 IT 생태계가 새롭게 재편된 것이었습니다. 치열한 애플리케이션 경쟁 시장에서 고객을 얻기 위해 기업들은 이제 사용자 경험을 고려한 서비스의 중요성을 강조하기 시작했습니다.

당시 애플의 부사장이자 UX의 창시자라 알려진 도널드 노먼Donald A. Norman이 **UX architect**라는 직함을 사용하기 시작하자 삼성, LG, 네이버와 같은 IT 기반 대기업 중심으로 UX/UI 조직이 구체화되었습니다.

애플 부사장으로 근무했던 도널드 노먼(출처: 미드저니 생성)

기업에서 **UX/UI 디자이너**라는 직군의 체계가 잡히기 시작하자 대학에서 찾아보기 어려웠던 UX/UI 학과 역시 우후죽순으로 생겨나기 시작했습니다. 이제는 전국의 디자인 관련 대학에 UX/UI 전공이 없는 곳을 찾기 어려울 정도가 되었습니다. 디자이너는 이제 인터페이스를 넘어 사용자 경험 전반을 고려하는 포괄적이고 맥락적인 디자인 작업을 하게 된 것입니다.

경험 디자이너, 서비스·제품을 넘어 통합 경험의 설계자

모바일 애플리케이션이 다양한 분야의 서비스에 제공되면서 이제 온라인과 오프라인 경험이 혼재된 시대를 맞이하게 되었습니다. 서비스 디자인 또한 분야가 정립되면서 이제 기업들은 어떻게 제품과 서비스가 통합된 경험을 제공할지 고민하게 되었고, 온라인 경험과 오프라인 경험을 통합하기 위한 시도 역시 이루어졌습니다. 통합의 시대를 맞이하며 디자이너는 **경험 디자이너**라는 직함으로 회사가 제공하는 모든 경험을 가치 있고 일관성Consistency 있게 만드는 작업을 하게 되었습니다. 애플은 경험 디자이너의 역할을 개척하여 이를 디자인 부서의 정점에 배치하고 고객에게 전략적이고 최고의 경험을 전달하는 데 집중하였습니다.

브랜드에 대한 경험을 설계 중인 디자이너(출처: 미드저니 생성)

이때 구체화된 직군 중 하나가 **BX**Brand Experience 디자이너입니다. 회사가 가진 브랜드의 정체성을 수립하고 이를 모든 제품·서비스에 녹여 내는 것입니다. 2000년대 초반에 비해 디자이너의 위상이 높아지고 역할이 점차 확대된 것을 확인할 수 있습니다. 단순히 로고나 아이콘을 그리는 것이 아니라 회사의 정체성을 정의하고 나아가야 할 비전과 전략까지 제시하는 역할을 담당하게 된 것입니다. 국내에서는 대표적으로 플러스엑스Plusx 같은 기업의 브랜드 경험을 만드는 회사들이 등장했고 선도적으로 많은 기업에 BX 컨설팅과 디자인 작업을 수행하며 통합된 브랜드 경험을 전달하였습니다.

프로덕트 디자이너, 비즈니스 가치의 혁신가

최근 '디자인 중심 비즈니스'라는 개념이 대두되면서 시장은 **프로덕트 디자이너** Product Designer의 시대를 맞이하게 되었습니다. 많은 기업이 디자이너에게 통합된 경험의 설계를 맡기면서 가장 주목한 것은 '비즈니스 모델'이었습니다. 고객에게 최고의 경험을 전달함과 동시에 회사에서도 경제적인 가치를 만드는 전략이 중요해진 것입니다. 이 둘은 따로 뗄 수가 없기 때문에 고객에게 가치 있는 경험을 제공하는 동시에 회사에 최고의 비즈니스 모델을 만들 수 있는 총괄 기획자의 역할이 매우 중요해졌습니다. 그렇게 만들어진 직군이 프로덕트 디자이너입니다.

모바일 프로토타입을 설계하는 프로덕트 디자이너(출처: 미드저니 생성)

프로덕트 디자이너는 더 이상 시각적 표현에만 국한되지 않고 제품 전략 및 비즈니스 모델 형성에 깊이 관여하고 있습니다. 이들은 고객의 마음을 사로잡을 수 있는 새로운 경험을 설계하고, 다양한 비즈니스 모델을 접목하는 전략을 수립합니다. 그리고 다양한 노코드Nocode 도구들을 활용하여 빠른 프로토타이핑을 수행하고 실제 이런 전략이 시장에서 효용 가치를 가질지에 대한 부분들을 평가하고 있습니다. 이는 디자이너가 더 고차원적인 역량을 가져야 하는 동시에 시장에서 더 주도적이고 창의적인 역할을 해야 한다는 것을 의미합니다.

TIP 노코드 도구란 프로그래밍 언어를 사용하지 않고 소프트웨어를 설계할 수 있도록 돕는 도구를 뜻합니다.

AI 디자이너, AI와 함께 작업하는 미래 디자이너

디자이너의 발전사를 되돌아보면 실행자에서 의사 결정자로, 심미적인 영역에서 비즈니스 영역으로, 국소적인 전문 분야에서 통합적 경험 분야로 확대되는 여정을 볼 수 있습니다. 그렇다면 다음 시대에 필요로 하는 디자이너의 모습은 무엇일까요? 생성형 AI의 등장은 디자인 생태계에 파괴적인 혁신을 가져오고 있습니다. 그만큼 변화의 폭이 크고 위험과 기회가 공존하는 시대를 맞이하고 있는 것입니다.

위자드의 Autodesigner 기능으로 단순 스케치를 UI로 디자인한 사례(출처: uizard.io)

텍스트 생성형 AI들은 디자인에 필요한 리서치, 콘셉트 도출, 시나리오 개발 등의 작업을 수행합니다. AI가 생성하는 디자인에 필요한 이미지, 영상 소스들의 품질은 인간의 학습과 제작 속도로는 따라갈 수 없을 정도로 **빠르게 발전**하고 있습니다. 또, UI를 생성해주는 AI 도구들로 이제는 UX/UI 디자인 시장 역시 큰 변화를 겪고 있습니다.

이 시기에 디자이너들은 생성형 AI에 대한 충분한 이해와 활용 능력을 갖추어 AI와 함께 작업하는 미래 디자이너의 역할을 해야 합니다. 이러한 역할을 할 디자이너들을 뭐라고 불러야 할지 지난 2년 동안 고민했습니다만, 이들을 **AI 디자이너**라고 부르는 것이 가장 적합하겠다는 생각이 듭니다. 디자이너들은 이제 디자인 작업을 수행할 수 있는 AI를 디자인해야 하기 때문입니다. AI 시스템을 구축하고, 데이터를 학습시키고, 프롬프트를 입력해서 최선의 결과물을 얻는 것이 현재 디자이너들의 새로운 역할입니다. 이제 AI 기술과 함께 작업하는 AI 디자이너들을 통해 디자인 생태계는 한 단계 더 발전하며 새로운 가치를 창출할 것입니다.

AI 시대, UX/UI 디자인 조직에서 리더의 역량

AX AI Transformation(AI 전환) 시대에 접어들면서 디자인 산업 전반에 걸쳐 AI의 영향력이 급속히 확대되고 있습니다. AI 기술은 단순한 이미지 생성 도구를 넘어 디자인 과정과 비즈니스 전략의 모든 측면에 변화를 가져오고 있습니다. 이러한 변화 속에서 UX/UI 디자인 조직의 리더 또는 시니어는 조직을 이끌고 AI 기술을 효과적으로 도입하는 데 핵심적인 역할을 수행해야 합니다. 이들은 AI 전환의 비전을 제시하고, 팀을 이끌며, AI를 조직의 문화에 통합함으로써 변화의 중심에 서 있어야 합니다.

AI 전환에 대한 비전과 전략을 가져라

UX/UI 디자인 조직의 리더는 AI의 잠재력을 깊이 이해하고, 이를 바탕으로 조직의 비전과 전략을 수립해야 합니다. AI를 활용하여 더 나은 사용자 경험을 창출하고, 데이터 기반으로 디자인에 대한 결정을 이끌어 가는 것이 중요합니다. 리더는 AI 기술의 도입이 조직의 창의성과 생산성에 미치는 영향을 고려하여 전략적으로 접근해야 하며, 이를 통해 AI를 중심으로 혁신을 주도하는 역할을 해야 합니다. 이러한 비전을 제시함으로써 조직 전체가 변화에 대한 방향성을 공유하고, 목표를 향해 함께 나아갈 수 있습니다.

최근 다양한 조직에서 경영자와 리더들이 이런 비전을 가지고 새로운 전략을 수립하고 있습니다. 고스 디자인Goth Design은 2024년 5월 AI 디자인 연구소를 설립했습니다. 이 연구소는 AI 기술을 제품 디자인과 통합하여 새로운 사용자 경험을 창출하는 것을 목표로 합니다. AI를 통해 반복적인 디자인 작업을 자동화하고 효율성을 높여 디자이너들이 창의적 작업에 집중할 수 있도록 지원하고 있습니다. 또한, 사용자 피드백 데이터를 분석하여 사용자 경험을 최적화하고 맞춤형 디자인을 제공하는 시도를 통해 AI와 디자인의 융합으로 글로벌 시장에서 경쟁력을 강화하려는 도전을 하고 있습니다.

AI 디자인 연구소를 설립한 고스 디자인(출처: designgoth.com)

디에이그룹 엔지니어링DA Group Engineering 종합건축사사무소는 최근 기술연구소의 명칭을 DXDigital Transformaition(디지털 전환) 랩에서 AX 랩으로 변경하며 AI 기술 활용을 강화하고 있습니다. 이 변화는 AI 전환(AX)을 통해 디지털 전환(DX)을 넘어서는 혁신을 추구하는 전략의 일환이라고 볼 수 있습니다. AI 기술은 업무 효율화와 생산성 향상에 기여하며, 특히 생성형 AI를 도입해 새로운 패러다임으로 자리 잡고 있습니다. 디에이그룹은 이러한 AI 기술을 통해 다양한 산업 분야에서 경쟁력을 강화하고, 디지털 혁신을 선도하려는 선례를 시도하고 있습니다.

안도 다다오 스타일로 생성한 AI 디자인(출처: 미드저니 생성)

조직 내 AI 문화와 커뮤니티를 만들어라

AI 기술을 효과적으로 수용하고 활용하려면 조직 내 **AI 리터러시**AI Literacy를 높이는 것이 필수입니다. 리더는 AI에 대한 교육과 인식 제고 활동을 통해 AI 기술을 적극적으로 활용하는 문화를 조성해야 합니다. 예를 들어, AI 관련 세미나, 워크숍, AI 도구에 대한 실습 기회를 제공하여 구성원이 AI 기술의 잠재력을 인식하고, 이를 업무에 적용할 수 있도록 돕습니다. AI 문화와 커뮤니티는 조직 내 모든 구성원이 AI 전환에 동참하고, 혁신적인 아이디어를 제시하는 환경을 만듭니다.

SK텔레콤은 글로벌 AI 컴퍼니로 도약하기 위해 전사 구성원을 대상으로 AI 리터러시 역량 강화 프로그램을 시행하고 있습니다. AI TECH LAB을 구성하여 최신 AI 서비스 체험 및 개발자 양성 교육을 제공하는 플랫폼을 운영하며 내부 구성원들이 다양한 세미나와 강연을 통해 AI 기술을 체험하고 학습할 수 있도록 지원하는 것입니다. 교육 프로그램은 베이직Basic & 인터미디어트Intermediate, 어드밴스드Advanced, 마켓 탑Market Top 3단계로 구성되어 있습니다. '베이직 & 인터미디어트' 단계에서는 생성형 AI 이해 및 일상 업무 활용 능력을 키우고, '어드밴스드' 단계에서는 AI를 활용한 비즈니스 모델을 만들도록 교육합니다. '마킷 탑' 단계는 개발자를 위한 과정으로, 최신 AI 기술을 학습하고 구현하는 데 중점을 두고 있습니다.

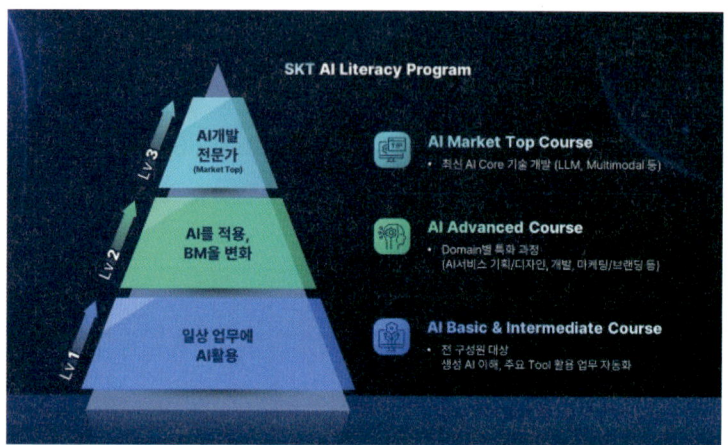

SK텔레콤의 AI 리터러시 프로그램(출처: news.sktelecom.com)

KT는 AI 리터러시 강화를 위해 에이스(AICE) 선도학교와 협약을 맺고 있습니다. 이 프로그램은 학교와 협력하여 AI 교육 수요를 충족시키고, 내부적으로는 AICT Artificial Intelligence Communication Technology 기업으로 변모하기 위해 인재 영입과 파트너십을 확대하고 있습니다. 이를 통해 세계적인 경쟁력을 확보하려는 계획입니다. 파트너십 외에도 자체적으로 AI One Team 교육을 진행하여 실무형 인재 양성을 목표로, AI의 기초 이해부터 데이터 분석 및 AI 모델 적용까지 다양한 과제를 수행하고 있습니다. 또한 AIDU 플랫폼 운영으로 코딩 없이 AI 분석을 수행할 수 있는 환경을 제공하며, IT 부문 직원들이 업무 관련 데이터를 활용해 AI 분석 과제를 수행하도록 장려하고 있습니다. 이러한 모든 프로그램은 기업 내 AI 활용 능력을 높이고, 디지털 혁신을 가속화하기 위한 전략의 일환입니다.

KT의 AI One Team(출처: corp.kt.com)

AI 활용 능력을 갖춘 팀 조직 빌딩

리더는 AI 시대에 걸맞은 팀을 구성하는 부분에서도 중요한 역할을 해야 합니다. AI에 대한 이해와 활용 능력을 갖춘 디자이너들을 선발하고 AI 프롬프트 엔지니어, AI 콘텐츠 조정자 등과 같은 새로운 역할을 도입하여 팀을 강화해야 합니다. 이러한 새로운 직무는 AI 기술을 디자인 프로세스에 통합하고 AI가 생성한 콘텐츠의 품질을 관리하는 데 중요한 역할을 합니다. 두 직무의 핵심 역할을 정리하면 다음과 같습니다.

- **AI 프롬프트 엔지니어**: 프롬프트 엔지니어는 AI 기술의 효과적인 활용을 위한 핵심 인력으로, UX/UI 디자인 프로세스의 효율성과 창의성을 극대화하는 데 기여합니다. 이들은 AI 도구와의 상호 작용 방식을 이해하고, 디자인 팀이 구체적인 요구 사항을 AI가 이해할 수 있는 명령어로 변환할 수 있도록 지원합니다.

- **AI 콘텐츠 조정자**: AI 콘텐츠 조정자는 AI가 생성한 UX/UI 디자인 결과물의 품질 관리와 최적화를 담당합니다. 이들은 AI가 생성한 콘텐츠의 일관성, 정확성 그리고 브랜드 가이드라인에 부합하는지를 평가하고 조정하는 역할을 수행합니다. AI 콘텐츠 조정자는 AI 기술과 인간의 감성 및 창의력을 잇는 역할을 하며, 최종 디자인 결과물이 목표한 품질 기준을 충족하도록 보장합니다.

AI 기반의 팀 구성은 조직의 전반적인 디자인 역량을 강화하고, AI 기술의 효과적인 통합을 보장하는 데 필수입니다.

UX/UI 디자인 프로세스 각 단계에 AI 도입하기

AI는 UX/UI 디자인 프로세스의 모든 단계에서 활용할 수 있습니다. 아이디어 생성 단계에서는 다양한 디자인 옵션을 신속하게 제공하여 디자이너의 창의적 사고를 지원하고, 프로토타이핑 단계에서는 자동화된 도구를 통해 디자인 시안을 빠르게 시각화할 수 있습니다. 사용자 테스트 및 피드백 분석 단계에서도 AI는 대규모 데이터 처리를 통해 인사이트를 도출하며, 디자인의 품질을 지속적으로 개선할 수 있는 기회를 제공합니다.

UX/UI 프로세스 단계별 AI 도입 방안

- **Discover(문제 발견) 단계**: 사용자 인터뷰, 설문 조사, 경쟁사 분석, 시장 조사, 소셜 리스닝, 사용자 로그 분석 등을 통해 AI가 핵심 니즈, 페인 포인트, 인사이트 및 트렌드 자동 도출
- **Define(문제 정의) 단계**: 리서치 데이터를 기반으로 AI가 페르소나 정의, 공통 니즈 도출, 사용자 여정 분석 등 문제 구조화 지원
- **Develop(해결안 개발) 단계**: 생성형 AI가 아이디어 브레인스토밍, 기능 발상, 와이어프레임 및 로우파이$_{Low-Fi}$ 시안 자동 생성, 사용자 흐름 설계, 인터랙션 정의 등 시안 제작 및 검토를 지원
- **Deliver(해결안 전달) 단계**: 사용자 테스트 설계, 사용성 평가, 행동 로그 분석, A/B 테스트 결과 해석, 리뷰/피드백 분류 및 개선점 도출 등에서 AI가 반복 개선 지원

이처럼 리더는 AI 도입 방안을 구체적으로 제시하고, 각 단계에서 AI와 인간의 역할을 명확히 나누어 창의성과 생산성을 극대화해야 합니다. 이 협업 관계에서 인간은 창의적 사고, 감성적 판단, 복잡한 문제 해결 능력을 AI와의 협업

과정에 통합합니다. 디자이너는 사용자의 필요와 경험을 깊이 이해하고, 이를 바탕으로 전략적인 디자인 방향을 제시합니다. 또한, AI가 생성한 결과물을 평가하고 선별하는 과정에서 중요한 역할을 담당하며, AI의 제안을 바탕으로 최종 디자인 결정을 내립니다. 인간의 창의력과 직관은 AI의 분석 및 처리 능력과 결합되어 더욱 풍부하고 혁신적인 디자인 결과물을 만들어 낼 수 있습니다.

AI는 대량의 데이터 분석, 패턴 인식 그리고 반복적이거나 시간이 많이 소요되는 작업을 처리함으로써 디자인 프로세스를 가속화합니다. AI 도구는 사용자 데이터를 분석하여 인사이트를 제공하고, 다양한 디자인 옵션을 신속하게 생성하여 디자이너에게 선택의 폭을 넓혀 줍니다. 또한 사용자 테스트 및 피드백을 효율적으로 처리하여 디자인의 품질을 지속적으로 개선할 수 있는 기회를 제공합니다.

인간과 AI의 공동 작업(출처: 미드저니 생성)

AI 도구에 대한 깊은 이해 및 활용 능력

UX/UI 디자인 조직의 리더는 AI 도구에 대한 깊은 이해와 활용 능력을 갖추어야 합니다. AI 기반의 텍스트, 이미지, 비디오 생성 도구 등 다양한 생성형

AI 도구는 디자인 과정의 속도와 효율성을 극대화하는 데 기여합니다. 리더는 이러한 도구들을 직접 활용해보면서 자신이 속한 디자인 조직의 경쟁력을 높이고, 팀원들이 AI 기술을 적극적으로 활용할 수 있도록 지도해야 합니다. 새로운 AI 도구들이 지속적으로 발전하고 있으므로 이러한 변화에 민감성을 유지하며 최신 기술을 조직에 도입하는 데 앞장서야 합니다.

이처럼 AX 시대에는 AI 기술을 단순히 도구로 사용하는 것을 넘어서 이를 UX/UI 디자인 조직의 핵심 전략으로 통합하고 AI 중심의 조직 문화를 구축하는 것이 중요합니다. 조직의 리더들은 이러한 변화를 선도하며 AI 전환을 주도하는 역할을 수행할 때 UX/UI 디자인 조직과 기업은 지속적인 혁신을 해나갈 수 있을 것입니다.

UX/UI 디자이너가 갖춰야 할 3가지 역량

AI 기술의 발전으로 UX/UI 디자인 분야는 빠르게 변화하고 있습니다. 특히 생성형 AI는 디자이너들의 작업 방식을 혁신하며, 새로운 역량을 요구하고 있습니다. 이번에는 AI 시대에 UX/UI 디자이너가 갖춰야 할 3가지 핵심 역량을 알아보겠습니다.

첫 번째 역량, LLM 프롬프트 엔지니어링

LLMLarge Language Model(거대 언어 모델)은 방대한 양의 텍스트 데이터를 학습하여 사람처럼 자연스러운 문장을 만들어 내는 모델을 말합니다. 예를 들어 오픈AIOpenAI의 **챗GPT**나 앤트로픽Anthropic의 **클로드**Claude 그리고 구글Google의 **제미나이**Gemini 같은 AI 챗봇이 모두 LLM에 속합니다. 마치 똑똑한 비서처럼 질문에 답하거나 글을 작성해주기 때문에 요즘 디자이너들은 이 LLM을 업무에 적극 활용하고 있습니다.

프롬프트 엔지니어링 Prompt Engineering이란 AI에게 정확한 작업을 시키기 위한 요청 기법을 뜻합니다. 쉽게 말해, 원하는 결과물을 얻기 위해 AI에게 할 질문을 설계하는 능력입니다. 이는 마치 팀원에게 업무 지시를 내릴 때처럼 명확한 목적과 정보를 전달하는 과정과 비슷합니다. 좋은 프롬프트는 AI가 우리의 의도를 제대로 이해하게 해주어 높은 품질의 결과물을 얻도록 도와줍니다.

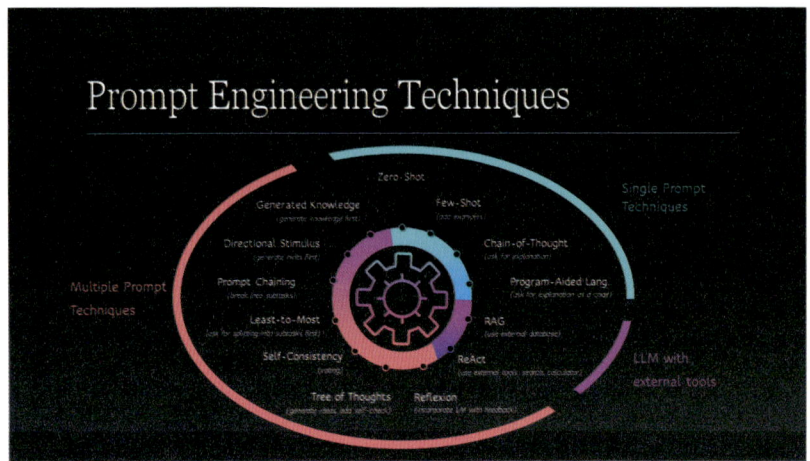

프롬프트 엔지니어링 기술 분류(출처: 미디엄 Katsiaryna Ruksha 채널)

그렇다면 LLM을 UX/UI 디자인 작업에 어떻게 활용할 수 있을까요? 다음과 같이 몇 가지 예를 들어볼 수 있습니다.

LLM을 UX/UI 디자인에 활용하는 방법

- **UX 리서치 보조**: 사용자의 피드백이나 설문 응답을 챗GPT에게 요약해 달라고 하거나, 사용자 페르소나Persona를 생성해 달라고 요청할 수 있습니다. 예를 들어 "20대 대학생 사용자 페르소나를 만들어 주세요." 같이 프롬프트를 주면, 관련 정보를 종합한 페르소나 초안을 얻을 수 있습니다. 실제로 AI는 사용자 연구부터 정보 설계, 최종 인도물에 이르기까지 UX 디자인 전 과정에서 디자이너를 도울 수 있습니다.

- **사용자 시나리오 작성**: 제품 사용 시나리오나 유저 스토리 작성도 AI의 도움을 받을 수 있습니다. 예를 들어 "신규 사용자 온보딩Onboarding 시나리오를 가능한 한 실제와 같이 작성해주세요."라고 요청하면 초안을 빠르게 생성할 수 있습니다. 이런 방식으로 얻은 시나리오는 아이디어 발상에 용이하며 필요한 경우 직접 다듬어 최종 시나리오로 발전시킬 수 있습니다.

- **디자인 시스템 구축 지원**: 디자인 시스템의 컴포넌트 설명이나 가이드 문서의 초안을 작성할 때도 유용합니다. 예컨대 "우리 디자인 시스템의 버튼 컴포넌트 가이드 문장을

작성해주세요."라고 하면 챗GPT가 초안을 만들어 줍니다.

참고로 AI가 작성한 내용은 100% 신뢰하기보다는, 디자이너가 검토 및 수정하여 완성도 높은 문서로 다듬는 것이 좋습니다. 실제 닐슨 노먼 그룹도 "생성형 AI 도구는 여러분의 UX 스킬을 보조하고 향상시키는 데 사용해야지, 대체해서는 안 된다."라고 언급하였습니다. 항상 최종 판단과 맥락 이해는 디자이너가 해야 합니다.

- **콘텐츠 작성 및 UX 라이팅**: UX/UI 디자인에서는 버튼 문구나 에러 메시지처럼 짧지만 중요한 문장을 많이 다룹니다. 이러한 UX 라이팅UX Writing에도 LLM이 큰 도움이 됩니다. 예를 들어 "항공권 예매 앱의 긴급함을 전달하는 CTACall To Action 버튼 문구 5가지만 제안해주세요."라고 프롬프트를 작성하면, 챗GPT가 "지금 예매하기", "특가! 놓치지 마세요" 등 다양한 문구를 제시해줍니다. 이러한 초안을 기반으로 톤앤매너에 맞게 다듬으면 시간을 크게 절약할 수 있습니다.

이처럼 LLM 활용 능력을 갖춘 디자이너는 조사, 기획, 문서화, 콘텐츠 작성 등 여러 분야에서 생산성을 높일 수 있습니다. 효과적인 프롬프트 엔지니어링을 위해서는 구체적으로 지시하고, 필요한 맥락이나 형식도 함께 알려 주는 것이 중요합니다. 예를 들어, 나음처럼 원하는 톤과 분량까지 명시하면 더 정확한 결과를 얻을 수 있습니다.

시스템 문구 작성 요청

 친근한 말투로 3문장 정도의 오류 안내 문구를 작성해주세요.

설문 문항 초안 작성 요청

 영어 학습 앱 사용자 만족도 조사를 위한 설문 문항을 10개 만들어 주세요.

기능 아이디어 브레인스토밍 요청

 경쟁 서비스와 차별화된 기능이 필요합니다. 앱에서 우리가 제공할 수 있는 독특한 기능을 5가지 제안해주세요.

이런 프롬프트를 활용해 초안을 작성하면, 디자인 프로세스 초반의 아이디어 발상과 정보 수집 단계를 더 효율적으로 진행할 수 있습니다. 프롬프트 엔지니어링은 연습할수록 감이 잡히니 처음엔 작은 것부터 시도하며 점차 활용 범위를 넓혀보는 것이 좋습니다. LLM 프롬프트 엔지니어링 역량은 디자이너에게 새로운 업무 경험을 전달합니다. 제대로 활용하면 업무 효율과 창의성 모두를 높일 수 있는 만큼, 다양한 시도와 테스트를 통해 나만의 활용법을 찾아보는 것이 필요합니다.

물론 AI의 한계도 분명히 존재합니다. 생성형 AI는 때때로 **할루시네이션**Hallucination(환각 현상)이라는, 그럴듯하지만 잘못된 정보를 생성하거나 맥락에 맞지 않는 결과를 줄 때가 있습니다. 그러므로 AI의 답변을 맹신하지 말고 반드시 검토하는 과정이 필요합니다. 또, 민감한 정보나 사내 기밀 자료는 함부로 입력하지 않는 것이 좋습니다.

두 번째 역량, AI 이미지 모델 활용

두 번째로 중요한 역량은 **AI 이미지 생성 모델을 활용하는 능력**입니다. 이는 미드저니, 달리DALL·E, 스테이블 디퓨전 등 텍스트를 넣으면 이미지를 생성해주는 AI 모델들을 잘 다룰 수 있는 역량을 의미합니다. 미드저니와 달리는 텍스트 프롬프트를 입력하면 이에 어울리는 이미지를 생성하는 서비스입니다. 스테이블 디퓨전도 비슷한 생성형 모델이지만 오픈 소스로 공개되어 있다는 점에

차이가 있습니다. 즉, 모델의 내부 구조나 동작 방식을 사용자가 원하는 스타일로 커스터마이징할 수 있어 다른 이미지 생성형 AI보다 다양한 커뮤니티를 기반으로 활발히 활용되고 있습니다.

　　미드저니　　　어도비 파이어플라이　　　달리　　　스테이블 디퓨전

이미지 생성형 AI별 생성한 이미지(출처: henriquecentieiro.medium.com)

이러한 도구들은 짧은 문장만으로 콘셉트에 맞는 이미지를 자동 생성해주기 때문에 디자이너의 시각적 발상 도구로 각광받고 있습니다. 과거에는 디자이너의 머릿속 아이디어를 시각화하려면 손으로 스케치하거나 그래픽 도구를 유려하게 다뤄야 했지만, 이제는 "이런 느낌의 그림을 보여 주세요."라고 요청하는 것만으로도 이미지를 만들 수 있습니다.

그렇다면 UX/UI 디자인 작업에서는 이렇게 이미지 생성형 AI를 어떻게 활용할 수 있을지 UX/UI 설계 단계에 맞춰 사례를 살펴보겠습니다.

- **콘셉트 아트 및 무드 보드 생성**

  제품이나 서비스의 초기 콘셉트 이미지를 구상할 때 미드저니 같은 도구로 빠르게 이미지를 만들 수 있습니다. 예를 들어 새로운 여행 앱을 디자인한다면 "여행의 설렘을 담은 일러스트", "사용자가 지도를 보는 장면의 콘셉트 아트"와 같은 프롬프트로 넣어 이미지를 생성하고, 이를 무드 보드Moodboard로 활용할 수 있습니다. 이렇게 하면 머릿속에만 있던 이미지를 팀원들과 시각적으로 공유하기가 훨씬 수월해집니다. 실제로 AI는 몇 초 만에 사용자 경험과 스타일 아이디어가 담긴 맞춤 이미지를 생성해주기 때문에 아이데이션 과정을 크게 가속화할 수 있습니다.

웹사이트 UI 무드 보드 예시(출처: 미드저니 생성)

- **UI 비주얼 디자인 발상**

  UI 디자인 단계에서도 화면 레이아웃 아이디어를 얻는 데 이미지 생성형 AI는 무척 유용합니다. 예를 들어 미드저니에 "깔끔한 전자상거래 앱 메인 화면 디자인"이라고 입력하면, 관련된 화면 디자인 시안을 몇 가지 생성해줍니다. 이렇게 생성한 시안은 영감을 얻고 방향성을 잡는 데 유용합니다. 종종 아이디어가 막힐 때, 즉 디자이너의 블로킹 Blocking을 해소하는 데 도움을 줍니다.

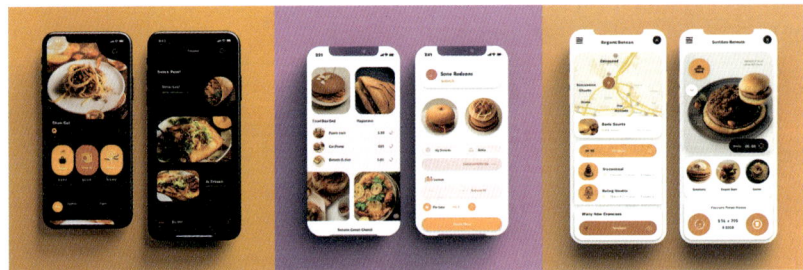

모바일 앱 UI 무드 보드 예시(출처: 미드저니 생성)

- **아이콘 및 일러스트 생성**

  아이콘, 로딩 애니메이션용 일러스트 등 세부 그래픽 요소도 AI로 만들 수 있습니다. 예를 들어 달리에 "심플한 카메라 아이콘 디자인"을 요청하면 여러 스타일의 아이콘 이미지를 보여 줍니다. 미드저니를 활용해 "모던한 2.5D 앱 아이콘 세트"를 생성한 뒤 그중 마음에 드는 것을 참고하여 벡터 아이콘으로 재제작하는 식이죠. 실제 UI 디자이너들은 미드저니로 버튼 스타일이나 아이콘 세트를 만들어보고, 거기서 영감을 받아 최종 결과물을 세부적으로 수정하여 마무리합니다. 이런 접근법을 통해 시안 제작 시간을 아낄 수 있습니다.

'심플한 카메라 아이콘'과 '모던한 2.5D 앱 아이콘 세트' 예시(출처: 미드저니 생성)

- **배경 이미지 및 장식 요소**

    앱이나 웹의 배경에 깔릴 이미지나 패턴도 AI를 통해 손쉽게 얻을 수 있습니다. 가령 스테이블 디퓨전에 "푸른색 계열의 추상 패턴 배경"이라고 입력하면 고해상도의 추상 배경 이미지를 만들어 주는데, 이를 시안에 활용해보며 디자인 분위기를 실험해볼 수 있습니다. 여러 대안을 빠르게 시도해보고 가장 어울리는 이미지를 선정하여 사용하면 됩니다.

푸른색 계열의 추상 패턴 배경(출처: 미드저니 생성)

AI 이미지 모델을 쓰면 분명 얻는 이점이 많습니다. 가장 큰 이점은 빠르게 다채로운 비주얼 시안을 확보할 수 있다는 것입니다. 과거라면 몇 시간씩 들였을 일을 훨씬 빠르게 해낼 수 있습니다. 덕분에 디자인 초안 단계에서 여러 아이디어를 폭넓게 탐색할 수 있고, 이는 창의적 활동의 향상으로 이어질 수 있습니다. 또한 시각적 커뮤니케이션이 쉬워져서 팀 내 논의나 클라이언트와의 소통에서도 유용합니다. 말로 설명하기 어려운 콘셉트도 AI가 생성한 그림 한 장으로 해결할 수 있습니다.

하지만 AI가 만든 이미지의 한계도 알아 두어야 합니다. 첫째, 실제 사용을 위해서는 반드시 디자이너의 편집이 필요하다는 점입니다. 예를 들어 미드저니로 생성한 앱 UI 화면 이미지는 어디까지나 콘셉트 수준이므로 참고용으로만 활용이 가능합니다. AI가 생성한 이미지는 픽셀 단위로 보면 일관성이 없거나 엉뚱한 부분이 있습니다. 그러므로 AI 이미지는 시안, 참고 자료로 활용하고 디자이너가 스케치Sketch나 피그마Figma 같은 디자인 도구로 다듬는 과정을 거쳐 최종 산출물을 만드는 것이 원칙입니다.

둘째, 창의적 통제권의 문제가 있습니다. AI가 생성한 이미지는 학습한 데이터의 영향을 받기 때문에 원하던 것과 다른 스타일이 나올 수 있습니다. 이를테면 미묘한 표정의 일러스트를 원했는데 AI는 과하게 밝게 웃는 캐릭터를 만드는 경우가 있습니다. 이럴 땐 프롬프트를 수정해 재생성하거나 아예 직접 손봐야 합니다. 즉, AI 결과물을 맹신하기보다는 자신의 안목으로 옳은 방향을 선별하고 직접 수정해서 마무리를 해야 합니다.

셋째, 저작권 및 윤리 문제를 고려해야 합니다. AI가 학습한 데이터 중에는 저작권이 있는 이미지가 있을 수 있고, 생성 결과물이 특정 아티스트의 스타일을 모방할 경우 법적 문제가 제기되기도 합니다. 따라서 AI가 생성한 이미지를 상업적으로 사용할 때는 반드시 라이선스 검토가 필요하고, 가능하면 상업용으로 허용된 모델이나 옵션을 선택하는 것이 안전합니다.

이러한 한계에도 불구하고 AI 이미지 모델은 현대 디자이너에게 매우 가치 있는 도구입니다. 실제 미드저니로 앱 테마별 시안 보드를 여러 개 만들어 그래픽 리서치 시간을 대폭 줄인 스타트업 UI 디자이너, 클라이언트와의 제안서 작업 중 서비스 콘셉트를 설명하는 장면을 달리로 생성한 이미지를 활용해 임팩트를 준 에이전시 디자이너 등 많은 디자이너가 AI를 실무에 효율적으로 활용하고 있습니다. 이처럼 AI 이미지 모델을 잘 쓰면 프로토타입의 완성도와 전달력을 높일 수 있습니다.

AI 이미지 모델은 UX/UI 디자이너에게 새로운 가능성을 선물해주었습니다. 초보 디자이너도 미드저니나 스테이블 디퓨전 웹 데모 등을 사용해보며 간단한 아이콘이나 배경을 만들어볼 수 있습니다. 사용법도 기존 그래픽 도구 대비 간단해서 금방 익숙해질 수 있습니다. 중요한 것은 AI가 주는 결과물을 비판적으로 보고, 필요한 경우 직접 수정하며 사용하는 자세입니다.

세 번째 역량, UI 상세 디자인 도구 활용

세 번째 핵심 역량은 **AI 기반 UI 디자인 도구들을 활용하는 능력**입니다. 앞서 LLM이나 이미지 생성 모델이 비교적 범용적인 도구였다면, 이제 소개할 도구들은 UX/UI 디자인에 특화된 AI들입니다. 대표적으로 갈릴레오 AI_{Galileo AI}, 릴룸_{Relume}, 크리에이티_{Creatie}, 비질리_{Visily} 등을 들 수 있습니다. 이들은 디자인 작업 자체를 보조하거나 자동화해주는 아주 유용한 도구들입니다.

UI를 위한 AI 디자인 도구는 말 그대로 UI 디자인 과정에 AI를 접목한 소프트웨어입니다. 피그마, 스케치와 같은 기존 디자인 도구에 강력한 생성형 AI의 기능이 추가되었다고 보면 됩니다. 예를 들어 갈릴레오 AI는 텍스트 프롬프트만 넣으면 바로 UI 시안을 생성해주고, 비질리는 스케치나 스크린샷을 업로드하면 대응하는 와이어프레임을 생성해줍니다. 크리에이티는 기존 디자인 편집기와 유사하지만 곳곳에 이미지 자동 보정, 아이콘 자동 생성, 스타일 가이드Style Guide 자동화 등 AI 기능이 통합되어 있어서 작업 효율을 극대화해줍니다. 릴룸은 웹 디자인에 특화된 AI 도구입니다. '사이트맵 작성 → 와이어프레임 생성 → 컴포넌트 적용'까지 일련의 과정을 아주 손쉽게 진행할 수 있도록 도와줍니다(각 도구에 대한 자세한 설명과 사용법은 이후 단계별로 설명하면서 하나씩 살펴보겠습니다.).

도구명	주요 기능/특징
갈릴레오 AI	텍스트 프롬프트만 입력하면 UI 시안 자동 생성
비질리	스케치나 스크린샷을 업로드하면 와이어프레임으로 자동 변환
크리에이티	기존 디자인 편집기 기반 + AI 기능 통합(이미지 보정, 아이콘 생성, 스타일 가이드 자동화 등)
릴룸	웹 디자인에 특화(사이트맵 → 와이어프레임 → 컴포넌트 적용 흐름을 자동화하여 제공)

이러한 도구들의 공통된 강점은 디자이너의 반복 작업을 줄여 주고, 빠르게 시각화할 수 있다는 점입니다. 예를 들어 갈릴레오 AI에 "여행자를 위한 모바일 데이팅 앱 화면"이라고 입력하면 몇 초 만에 관련 UI 디자인 시안을 생성해줍니다. 디자이너는 그 결과물을 바로 편집하거나 피그마로 내보내 세부 수정을 이어갈 수 있습니다.

갈릴레오 AI로 생성한 UI 디자인 시안 예시(출처: usegalileo.ai)

비질리에는 종이에 그린 와이어프레임 스케치를 사진으로 찍어 올리면 AI가 이를 읽어 들여 디지털 와이어프레임으로 변환해줍니다. 즉, 초기 밑그림 단계를 자동화해주는 셈입니다. 릴룸 역시 텍스트로 "5페이지짜리 여행 블로그 사이트 구조"를 입력하면 페이지 구조도를 자동으로 생성해주고, 거기서 특정 페이지를 선택하면 해당 와이어프레임을 제안해줍니다. 이런 기능들은 특히 프로젝트 초반 설계 단계에서 유용합니다.

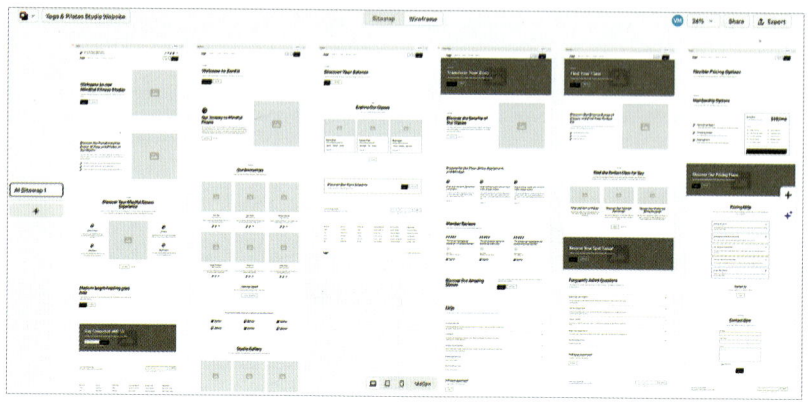

릴룸으로 생성한 와이어 프레임 예시(출처: relume.io)

AI 디자인 도구 활용 사례와 주의점

이미 일부 기업, 프리랜서 디자이너들은 AI 도구를 활용해 업무 효율을 극대화하고 있습니다. 가령 한 스타트업 디자인 팀은 갈릴레오 AI를 '주니어 디자이너'처럼 활용했다고 합니다. 초기 아이디어 스케치를 갈릴레오에게 여러 개 받아 보고, 팀 회의에서 그중 괜찮은 방향을 골라 실제 디자인을 전개하는 식이었죠. 이 덕분에 "디자인 발상에 걸리는 시간이 절반으로 단축되었다."라고 합니다. 또 다른 예로, 프리랜서 웹 디자이너는 릴룸으로 제작한 와이어프레임을 기반으로 빠르게 웹사이트를 완성해 의뢰 건을 조기에 납품할 수 있었다고 합니다. 그는 "처음에 AI가 뼈대를 잡아 주니 디자인에 살을 붙이는 데 집중할 수 있었다."라고 후기를 남겼습니다.

다만 UI 디자인을 위한 AI 도구를 사용할 때에도 신경 써야 할 부분이 있습니다. 첫째, **디자이너의 창의성**입니다. AI는 주어진 입력에 따라 디자인을 뽑아내지만, 거기엔 브랜드 고유의 감성이나 맥락이 부족합니다. 예를 들어 AI가 생성한 화면 구성은 멋져 보여도, 해당 프로젝트 서비스의 톤앤매너Tone and manner

와 맞지 않을 수 있습니다. 그러므로 디자이너는 항상 결과물을 비평적으로 검토하며 브랜드에 맞게 조율해야 합니다. 브랜드의 일관성이나 사용자 정서를 파악하는 것은 여전히 인간의 몫입니다.

둘째, **사용자 경험 중심의 판단**입니다. AI는 미적으로 그럴듯한 디자인을 내놓을 수는 있지만, 실제로 사용하기 편한지는 별개 문제입니다. 버튼 배치나 색상 대비, 접근성 요소 등은 디자이너가 직접 판단하고 개선해야 합니다. AI 도구의 제안을 그대로 적용하기보다는, 프로토타입 테스트 등을 통해 UX 관점에서 검증하는 과정이 필요합니다.

셋째, **학습 데이터의 편향** 문제입니다. AI 도구들은 과거의 방대한 디자인 데이터를 학습한 것이므로 자칫 유행이 지난 디자인 트렌드를 답습할 수도 있습니다. 트렌드 리서치와 창의적 시도는 여전히 디자이너의 역할로 남겨야 합니다.

넷째, **보안과 프라이버시**입니다. 특히 회사의 민감한 프로젝트라면 내부에 설치된 AI 솔루션이나 공개 자료만을 활용하는 등 데이터 유출 위험을 관리해야 합니다.

AI 기반 디자인 도구의 한계와 전망

AI 기반 디자인 도구들은 아직 완벽하지 않지만 빠르게 발전하고 있습니다. 오늘의 한계가 내일은 해결될 수도 있습니다. 중요한 것은 디자이너가 신기술에 열려 있는 태도를 갖는 것입니다. AI 도구의 한계를 명확히 이해하고, 역량을 보완하는 파트너로 활용한다면 큰 경쟁력을 얻을 수 있습니다. 닐슨 노먼 그룹 역시 "경험 많은 UX 전문가가 작은 작업부터 AI를 활용해보라."라고 권고하였습니다.

결론적으로 AI 시대의 UX/UI 디자이너는 단순히 픽셀을 예쁘게 그리는 것 이상으로 AI와 협업하여 더 나은 사용자 경험을 만들어 내는 역량이 필요합니다. LLM 프롬프트 엔지니어링으로 언어 기반의 창의적 업무를 돕고, AI 이미지 생성 모델을 활용해 시각적 디자인 작업을 가속하며, AI 디자인 도구 활용으로 전체 디자인 프로세스의 효율을 높일 수 있습니다.

마지막으로 강조하고 싶은 점은 **AI는 도구일 뿐 디자이너의 대체물이 아니라는 것**입니다. 최상의 결과물을 위해서는 여전히 인간의 공감 능력, 문제 정의 능력, 미적 판단 능력이 중요합니다. AI를 통해 반복 작업 시간을 줄이고, 그만큼 사용자에 대해 더 고민하고 창의적인 시도를 해보세요. 그것이 AI 시대에도 디자이너가 가치 있는 이유입니다. 새로운 도구들을 두려워하지 말고 배우면서, 자신만의 고유한 디자인 철학과 결합을 시켜야 합니다. 그러면 AI와 사람의 시너지가 극대화되어 더욱 멋진 UX/UI를 만들어 낼 수 있을 것입니다.

UX/UI 디자인 프로세스 단계별 AI 도구

생성형 AI의 도입은 UX/UI 디자인의 모든 과정에서 접근 방식을 근본적으로 변화시키고 있습니다. AI 기술은 단순히 반복 작업을 자동화하는 데 그치지 않고, 창의적인 아이디어 발굴에서 사용자 경험 개선까지 디자인의 모든 단계에서 새로운 기회를 만들고 있습니다.

UX/UI 디자인 전 과정에 AI를 도입하려면 각 단계별로 어떤 AI가 유용할지 고민이 될 수밖에 없습니다. 어떤 AI를 도입할지 고민하기 앞서 UX/UI 디자인 과정을 먼저 세분화해보겠습니다. 세분화 기준은 디자인 문제 해결에 널리 쓰이는 **더블 다이아몬드 모델**Double Diamond Model을 활용하겠습니다. 더블 다이아몬드 모델은 문제를 넓게 탐색하여 **발견**Discover하고, 그중 핵심 문제를 명확히 **정의**Define한 뒤, 해결책을 **개발**Develop하고, 최적의 해결책을 **전달**Deliver하는 프로세스로, 일종의 문제 해결 방법론입니다. 즉, 발견 → 정의 → 개발 → 전달이라는 4단계로 구성되어 있습니다.

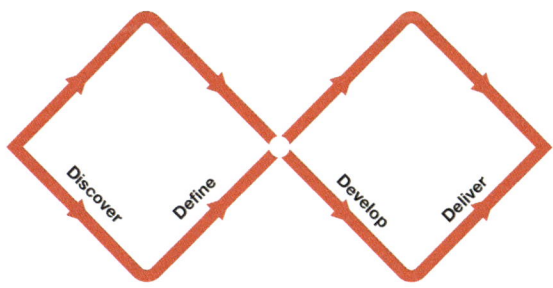

더블 다이아몬드 모델

이번에는 디자인 프로세스별로 어떤 AI 도구를 사용해야 하는지, UX/UI 디자인 프로세스를 더블 다이아몬드 모델의 4단계로 구분해서 각 단계별로 유용한 도구들을 살펴보겠습니다.

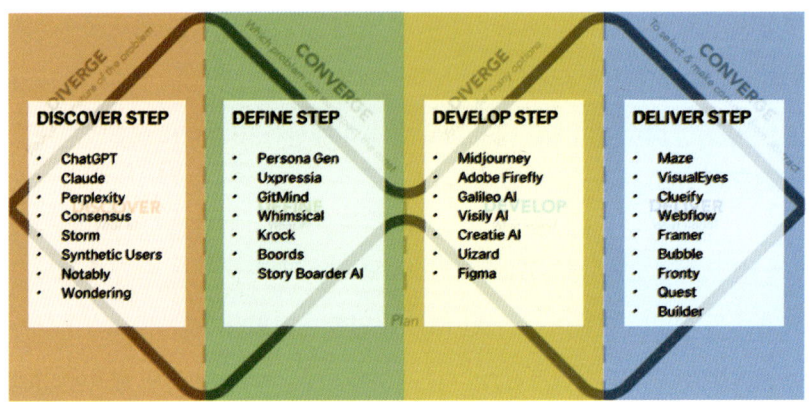

UX/UI 단계별 유용한 AI 도구(출처: 미드저니 생성)

발견 단계

UX/UI 디자인의 **발견**Discover 단계에서는 사용자 요구 사항을 파악하고 문제를 정의합니다. 이 단계에서는 사용자 조사, 경쟁사 분석, 페르소나 생성, 사용자 여정 지도 작성 등의 활동이 이루어집니다. 이러한 활동을 통해 프로젝트의 방향을 설정하고 사용자 중심 솔루션을 개발할 수 있는 기반을 마련합니다.

'발견' 단계에서 유용한 AI 도구들

- **챗GPT**: 챗GPT는 자연어 처리 능력이 뛰어난 AI로, 사용자 인터뷰 질문 생성, 페르소나 작성, 아이디어 브레인스토밍 등에 활용할 수 있습니다. 또한 사용자 피드백 분석이나 경쟁사 리서치 요약에도 유용합니다. 다양한 UX 관련 질문에 대한 답변을 제공하여 디자이너의 의사 결정을 지원합니다.
  🔗 openai.com

- **클로드**: 클로드는 챗GPT와 유사하게 UX 리서치 계획 수립, 인터뷰 질문 작성, 데이터 분석 등에 활용할 수 있습니다. 특히 긴 문서를 요약하거나 복잡한 정보를 구조화하는 데 뛰어난 성능을 보여, 사용자 조사 결과 정리나 인사이트 도출에 유용합니다. 또한 윤리적 고려 사항에 대한 조언도 제공할 수 있습니다.
    🔗 claude.ai

- **퍼플렉시티**Perplexity: 퍼플렉시티는 실시간 정보 검색과 요약에 뛰어난 AI로, UX 트렌드 조사, 경쟁사 분석, 업계 동향 파악 등에 효과적입니다. 다양한 소스에서 양질의 정보를 빠르게 종합하고 관련성 높은 인사이트를 제공하여 디자이너가 최신 UX 동향을 파악하는 데 도움을 줍니다.
    🔗 perplexity.ai

- **컨센서스**Consensus: 컨센서스는 학술 논문과 연구 결과를 분석하고 요약하는 AI 도구로, UX 관련 학술 연구를 빠르게 파악하는 데 유용합니다. 사용자 행동, 인지 심리학, 인터페이스 디자인 등에 관한 최신 연구 결과에 쉽게 접근할 수 있어 데이터 기반의 UX 디자인 의사 결정에 도움을 줍니다.
    🔗 consensus.app

- **스톰 AI**Storm AI: 스톰 AI는 주제에 대한 포괄적인 리서치와 보고서 생성을 자동화하는 데 뛰어난 AI로, UX/UI 디자인 관련 주제에 대해 다양한 관점의 질문을 생성하고, 관련 정보를 수집하여 구조화된 보고서를 작성할 수 있습니다. 이는 프로젝트의 배경 조사나 사용자 컨텍스트를 이해하는 데 활용할 수 있습니다.
    🔗 storm.genie.stanford.edu

- **시네틱 유저**Synthetic Users: 시네틱 유저는 가상의 사용자를 생성하고 시뮬레이션하는 AI로, 다양한 사용자 시나리오를 테스트하고, 사용자 행동을 예측할 수 있습니다. 실제 사용자 테스트 전에 초기 아이디어를 검증하거나 다양한 사용자 그룹의 니즈를 탐색하는 데 활용할 수 있습니다.
    🔗 syntheticusers.com

- **노트어블리**Notably: 노트어블리는 사용자 인터뷰와 피드백을 자동으로 전사하고 분석하는 AI 도구입니다. 음성을 텍스트로 변환하고, 주요 주제와 감정을 추출하여 인사이트를 도출합니다. 이를 통해 UX 연구자들은 더 많은 데이터를 효율적으로 처리하고, 패턴을 발견할 수 있습니다.
    🔗 notably.ai

- **원더링**Wondering: 원더링은 AI 기반의 사용자 리서치 플랫폼으로, 자동화된 인터뷰 진행과 분석을 제공합니다. 다국어 지원과 대규모 데이터 처리 능력을 바탕으로, 글로벌 사용자 연구를 효율적으로 수행할 수 있습니다. 또한 프로토타입 테스트와 개념 검증에도 활용될 수 있습니다.
  🔗 wondering.com

퍼플렉시티에서 UX 서비스 분석을 요청한 예시

정의 단계

UX/UI 디자인의 **정의**Define 단계에서는 프로젝트의 목표와 범위를 정의하고, 사용자와 이해관계자Stakeholder의 요구 사항을 파악합니다. 이 단계에서는 문제 정의, 사용자 페르소나 생성, 프로젝트 목표 설정 등의 활동이 이루어집니다. AI 도구들은 이러한 과정을 더욱 효율적으로 만들어 줄 수 있습니다.

페르소나 상징 이미지(출처: 미드저니 생성)

정의 단계에서 유용한 AI 도구들

- **페르소나 젠**Persona Gen: 페르소나 젠은 사용자 페르소나 생성을 자동화합니다. UX/UI 디자이너가 빠르게 프로필을 생성할 수 있어 목표 사용자에 대한 팀과 조직의 이해와 공감을 높일 수 있습니다. 자동 생성된 페르소나를 기반으로 디자이너는 사용자 중심 설계를 더욱 효과적으로 수행할 수 있습니다.
  🔗 personagen.net

- **UX프레시아**UXpressia: UX프레시아는 고객 경험 매핑을 위한 도구입니다. 페르소나와 여정 지도 생성을 지원하여 협업을 간소화합니다. 이 도구를 통해 팀은 사용자 경험을 시각화하고 개선점을 쉽게 식별할 수 있습니다.
  🔗 uxpressia.com

- **깃마인드**GitMind: 깃마인드는 아이디어 구성과 시각화를 위한 마인드 매핑 및 플로우차트 작성 도구입니다. 디자이너의 창의성을 향상시키고 팀 협업에 도움을 줍니다. 복잡한 개념을 명확하게 정리하고 팀원들과 공유할 수 있어 정의 단계에서 유용합니다.
  🔗 gitmind.com

- **윔지컬**Whimsical: 윔지컬은 브레인스토밍, 계획 수립, 창작을 할 수 있는 협업 시각화 작업 공간입니다. 플로우차트, 와이어프레임, 마인드맵 등의 기능을 제공하여 아이디어를 구체화하고 공유하는 데 효과적입니다.
  🔗 whimsical.com

- **보즈**Boords: 보즈는 온라인 스토리보딩 도구로, 사용자 플로우를 시각화하고 효율적으로 피드백을 수집하는 데 도움을 줍니다. UX 디자인에서의 협업을 강화하여 프로젝트의 방향을 명확히 하는 데 유용합니다.
  🔗 boords.com

- **스토리보더 ai**Storyboarder ai: 스토리보더 ai는 스토리보딩 프로세스를 간소화합니다. 아이디어를 빠르게 시각화하고 효율적인 스토리를 생성할 수 있어 영화 및 UX 디자인에 활용됩니다. 프로젝트의 비전을 시각적으로 표현하는 데 도움을 줍니다.
  🔗 storyboarder.ai

개발 단계

UX/UI 디자인의 **개발**Development 단계에서는 실제 디자인을 구체화하고 프로토타입을 만드는 작업이 이루어집니다. 이 단계에서는 와이어프레임을 기반으로 상세한 디자인을 완성하고, 상호 작용 가능한 프로토타입을 제작하여 사용자 경험을 테스트합니다. AI 도구들은 이러한 과정을 더욱 효율적으로 만들어 줍니다.

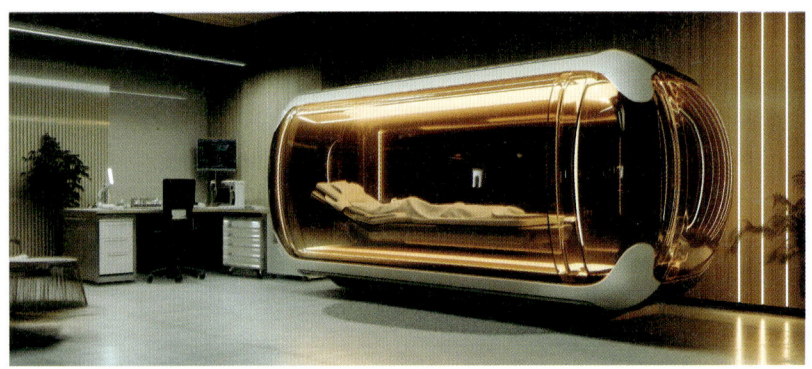

공간에 대한 프로토타이핑 예시(출처: 미드저니 생성)

개발 단계에서 유용한 AI 도구들

- **미드저니**: 텍스트 프롬프트를 기반으로 이미지를 생성하는 AI 도구입니다. UX/UI 디자인에서는 아이디어 스케치, 무드 보드 제작, 커스텀 아이콘 및 일러스트레이션 생성 등에 활용할 수 있습니다. 디자이너의 창의성을 확장시키고 빠른 시각화가 가능해 디자인 프로세스를 가속화합니다.
  🔗 midjourney.com

- **어도비 파이어플라이**Adobe firefly: 어도비Adobe의 AI 기반 이미지 생성 및 편집 도구로, 텍스트로 이미지 생성, 이미지 편집, 벡터 이미지 색상 변경, 텍스트 효과 생성 등 다양한 기능을 제공합니다. UX/UI 디자인에서는 커스텀 이미지 제작, 아이콘 디자인, 배경 제거 등에 활용할 수 있어 디자인 작업의 효율성을 높여 줍니다.
  🔗 adobe.com/kr/products/firefly

- **갈릴레오 AI**Galileo AI: 입력한 텍스트를 UI 디자인으로 생성하는 도구입니다. 다양한 디자인 스타일과 컴포넌트 그리고 생성한 디자인을 편집할 수 있는 기능도 제공합니다. 빠른 프로토타이핑과 디자인 아이디어 탐색에 유용하여 디자이너의 작업 속도를 크게 향상시킬 수 있습니다.

    🔗 usegalileo.ai

- **비질리**Visily: 누구나 쉽게 사용할 수 있는 AI 기반 UI 디자인 소프트웨어로, 텍스트 프롬프트나 스크린샷을 기반으로 고품질 와이어프레임과 프로토타입을 빠르게 생성할 수 있습니다. 복잡한 디자인 작업을 단순화하고 디자인 프로세스를 가속화하는 데 도움을 줍니다.

    🔗 visily.ai

- **크리에이티**Creatie: 아이디어 구상부터 디자인, 협업, 프로토타이핑, 개발자 전달까지 전체 디자인 프로세스를 지원하는 종합 디자인 도구입니다. 디자인 시스템 구축, 컴포넌트 생성, 레이아웃 제안 등을 자동화하여 디자이너의 생산성을 크게 향상시킵니다.

    🔗 creatie.ai

- **위자드**Uizard: AI를 활용하여 앱, 웹사이트, 데스크톱 소프트웨어의 UI 디자인을 빠르게 생성할 수 있는 도구입니다. 텍스트 프롬프트나 스크린샷을 기반으로 다중 화면 프로토타입을 생성하고, AI 기반 컴포넌트 수정 기능을 제공합니다. 협업 기능에 특화되어 있어 팀 프로젝트에 적합합니다.

    🔗 uizard.io

- **피그마**Figma: 디자인 및 프로토타이핑 도구로, AI 기능을 통합해 한층 강력해졌습니다. AI를 활용한 디자인 자산 검색, 레이어 자동 이름 지정, 텍스트 생성 및 번역, 배경 제거 등의 기능을 제공합니다. 또한 클릭 한 번으로 정적 디자인을 인터랙티브 프로토타입으로 변환할 수 있어 디자인 워크플로우를 크게 개선합니다.

    🔗 figma.com

전달 단계

UX/UI 디자인의 **전달**Deliver 단계는 최종 디자인을 구현하고 출시합니다. 이 단계에서는 프로토타입을 완성하고, 개발 팀과 협업하여 디자인을 구현한 다음 최종 제품을 테스트하고 출시합니다.

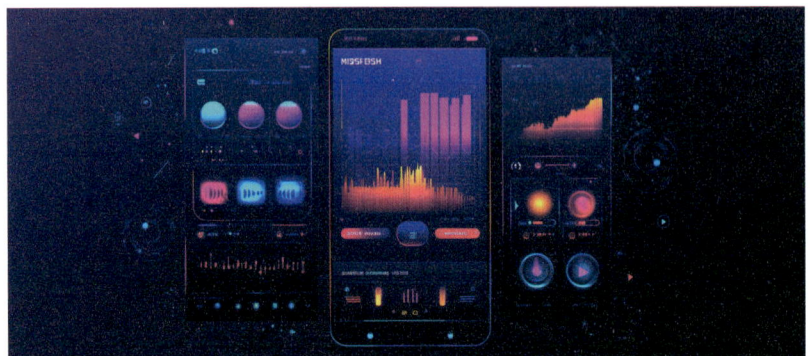

사용자 인터페이스 생성 예시(출처: 미드저니 생성)

전달 단계에서 유용한 AI 도구들

- **메이즈**Maze: 사용자 테스트를 자동화하고 분석하는 AI 기반 도구입니다. 프로토타입을 업로드하면 사용자 행동을 추적하고 분석하여 인사이트를 제공합니다. AI가 인터뷰 데이터를 분석하고 주요 테마를 추출하며, 편향되지 않은 설문 질문을 생성합니다. 이를 통해 디자이너는 사용자 경험을 빠르게 최적화할 수 있습니다.

    🔗 maze.co/ai

- **비주얼아이즈**VisualEyes: AI를 활용하여 시선 추적 연구를 시뮬레이션하는 도구입니다. 93% 정확도로 사용자의 주의 집중 영역을 예측하고 시각화합니다. 디자인 요소의 효과성을 평가하고 선호도 테스트를 수행할 수 있어 시간과 비용을 절약하면서 사용자 중심 디자인을 할 수 있습니다.

    🔗 neuronsinc.com/visualeyes-predict

- **클루이파이**Clueify: 웹사이트의 시각적 분석을 제공하는 AI 도구입니다. 약 92% 정확도로 어떤 요소가 더 많은 주의를 끄는지 평가하고, 디자인의 명확성과 심미성을 평가합니다. A/B 테스트를 빠르게 구현하고 전환율을 높일 수 있도록 지원하여 데이터 기반의 디자인 최적화가 가능합니다.

    🔗 clueify.com

- **웹플로우**Webflow: AI를 활용하여 코딩 없이 웹사이트를 디자인하고 구축할 수 있는 플랫폼입니다. 콘텐츠 생성, SEO 최적화, 이미지 ALT 태그 생성 등을 자동화할 수 있습

니다. 또한 AI 기반 템플릿 커스터마이징으로 빠르게 웹사이트를 시작할 수 있어 디자인에서 개발까지의 과정을 가속화합니다.

🔗 webflow.com

TIP ALT 태그란 이미지 최적화를 위해 이미지가 보이지 않을 때 보여 주는 대체 텍스트입니다. 시각 장애인용 화면 리더기나 SEO(검색 최적화)에 중요한 역할을 합니다.

- **프레이머**Framer: AI를 활용하여 원클릭으로 웹사이트를 제작할 수 있는 도구입니다. 사용자가 원하는 웹사이트를 문장으로 설명하면 AI가 자동으로 레이아웃을 생성합니다. 폰트, 색상 팔레트 변경이 자유롭고 CMS 관리 기능도 제공하여 콘텐츠 관리가 용이합니다. 호스팅 서비스도 제공하여 즉시 웹사이트를 공개할 수 있습니다.

  🔗 framer.com

TIP CMS_{Content Management System}란, 콘텐츠 관리 시스템이라는 뜻으로 앱의 콘텐츠를 쉽게 생성, 편집, 관리할 수 있는 소프트웨어를 뜻합니다.

- **버블**Bubble: 코딩 없이 웹 애플리케이션을 만들 수 있는 노코드 플랫폼입니다. AI 기능을 통해 데이터베이스 구조 설계, 워크플로우 자동화, 사용자 인터페이스 생성을 지원합니다. 복잡한 로직도 시각적 인터페이스로 구현할 수 있어 아이디어를 빠르게 프로토타입으로 만들고 실제 제품으로 발전시킬 수 있습니다.

  🔗 bubble.io

- **프론티**Fronty: 이미지나 스크린샷을 HTML과 CSS 코드로 변환하는 AI 기반 도구입니다. 디자인 이미지를 업로드하면 AI가 UI 요소를 인식하고 반응형 웹사이트 코드를 생성합니다. 생성된 코드는 SEO에 최적화되어 있으며, 내장된 비주얼 빌더로 코드를 수정할 수 있어 디자인에서 개발로 원활하게 전환할 수 있습니다.

  🔗 fronty.com

- **퀘스트 AI**Quest AI: 피그마 디자인을 리액트React 컴포넌트로 변환하는 AI 도구입니다. 코드 작성 없이 리액트 앱을 구축할 수 있으며, 애니메이션 라이브러리가 내장되어 있습니다. 생성된 코드는 깃허브GitHub로 푸시할 수 있고, 반응형 디자인을 지원합니다. 디자인 시스템과의 통합이 원활하여 디자인에서 개발까지의 과정을 가속화합니다.

  🔗 quest.ai

- **빌더 ai**_{Builder ai}: AI를 활용하여 웹사이트와 앱을 빠르게 구축할 수 있는 플랫폼입니다. 직관적인 드래그 앤 드롭 인터페이스와 AI 생성 기능을 결합하여 사용자 경험을 최적화합니다. 콘텐츠 관리, A/B 테스팅, 개인화 기능을 제공하며, API와의 통합이 용이해 복잡한 기능도 구현할 수 있습니다. 디자이너와 개발자 간의 협업을 원활하게 합니다.
  🔗 builder.ai

이처럼 다양한 생성형 AI를 활용하여 UX/UI 디자인 프로세스를 진행하면 이전보다 높은 생산성과 자동화를 경험할 수 있을 것입니다. 이러한 자동화를 통해 UX/UI 디자이너는 이전보다 많은 시간적 여유를 가지게 되어, 창의적인 활동과 사용자에게 정말 필요한 새로운 경험을 설계하는 데 더 많은 시간과 에너지를 투자할 수 있을 것입니다.

이어질 2부에서는 언어 모델인 챗GPT와 클로드, 퍼플렉시티라는 주요 생성형 AI의 기본 활용 방법과 원활한 협업을 위한 프롬프트 엔지니어링 기법 등을 알아보겠습니다.

2부

언어 모델 AI와
UX/UI 디자인하기

02장

주요 언어 모델 AI 이해하기

대규모 언어 모델Large Language Models(LLM)은 대화하고 글을 쓰며, 정보를 분석하고 요약하는 등 인간의 고유 영역으로 여겨졌던 일들을 능숙하게 수행하고 있습니다. 특히 챗GPT, 클로드, 퍼플렉시티와 같은 AI 모델들의 발전은 기술적 경계를 넘나들며 UX/UI 디자인 방식에 혁신을 일으키고 있습니다. UX/UI 디자이너에게도 이제 대규모 언어 모델의 활용 능력은 선택이 아닌 필수가 되었습니다. 이번 장에서는 AI 발전의 주요 사건들과 함께 최근 LLM 기술의 발전 동향과 이를 중심으로 변화하고 있는 UX/UI 디자인 방식의 변화를 살펴봅니다.

LLM에 대한 이해와 발전 동향

AI의 발전을 보여 준 주요 사건들

AI의 발전사는 수많은 역사적 순간으로 이해할 수 있습니다. 초창기인 1960년대 MIT에서는 세계 최초로 인간 체스 선수에게 승리를 거둔 체스 프로그램 맥 핵Mac Hack을 개발하여 AI의 가능성을 보여 주었습니다. 이후 1997년에는 IBM의 슈퍼컴퓨터 딥 블루Deep Blue는 세계 체스 챔피언 가리 키모비치 카스파로프Garry Kasparov를 이겼습니다. 딥 블루의 승리는 AI가 인간의 두뇌를 넘어설 수 있음을 처음으로 입증한 사례로, 역사에 한 획을 그은 사건으로 볼 수 있습니다.

1960년대 개발된 맥 핵(출처: medium.com/@origogame)

2016년에는 구글 딥마인드DeepMind의 알파고AlphaGo가 바둑 세계 챔피언인 이세돌 9단과의 대결에서 4승 1패로 승리하여 전 세계에 충격을 주었습니다. 바둑은 경우의 수가 엄청나게 많기 때문에 AI가 인간에게 이기기 어려운 영역이라고 여겨졌기 때문입니다. 알파고의 승리는 AI 기술이 인간의 직관 영역까지 도달했음을 보여 준 역사적 순간이었습니다. 그리고 2017년 구글 연구진이 발표한 『Attention Is All You Need』 논문은 새로운 딥러닝 구조인 **트랜스포머** Transformer 모델을 선보이며 또 다른 전환점을 만들었습니다. 이 트랜스포머 모델은 이후 등장하는 **GPT**와 **BERT** 같은 LLM의 토대가 되었습니다.

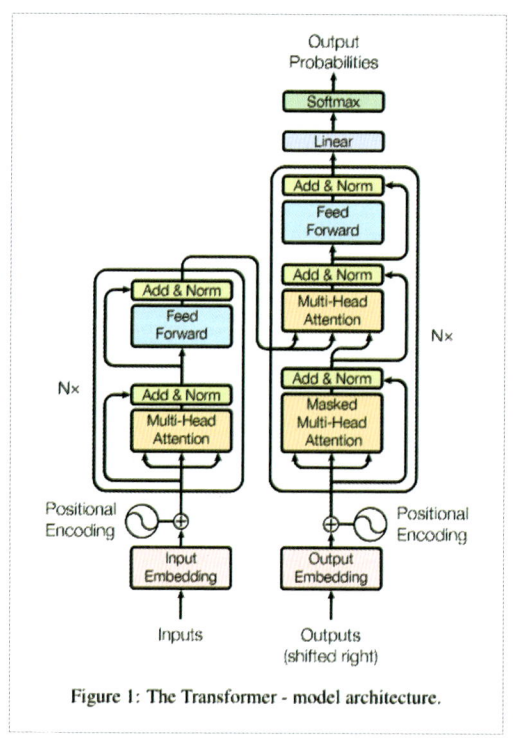

트랜스포머 모델의 구조(출처: arxiv.org/abs/1706.03762)

최근 LLM의 발전 동향

2018년 이후로 LLM 분야는 눈부신 발전을 거듭해왔습니다. 대표적으로 오픈

AI의 GPT 시리즈가 있습니다. 2018년 첫 GPT-1 모델이 나온 이래 GPT-2(2019), GPT-3(2020)가 등장하면서 규모와 성능이 비약적으로 커졌습니다. 최신 모델인 GPT-4까지 공개되면서, 방대한 데이터 학습을 통해 인간처럼 자연스러운 문장을 만들어 내고 복잡한 질문에도 답하는 능력을 보여 주고 있습니다.

한편, 구글은 2018년 BERT를 발표하여 언어 이해 측면에서 큰 진전을 이루었습니다. BERT는 문장을 왼쪽부터 오른쪽으로만 읽는 기존 방식 대신, 양방향으로 문맥을 이해하는 혁신을 도입했습니다. 이 기술은 질의응답, 검색 엔진 등 언어 이해가 필요한 분야에서 성능을 크게 향상시켰습니다.

2022년 말에는 오픈AI의 챗GPT가 공개되어 일반 대중에게 LLM의 놀라운 활용 가능성을 각인시켰습니다. 챗GPT는 GPT-3.5를 활용한 대화형 모델로, 출시 5일 만에 사용자 100만 명을 모을 정도로 폭발적인 반응을 얻었습니다. 이를 계기로 마이크로소프트는 Bing 검색에 GPT를 접목하고, 구글은 대화형 AI, 바드Bard를 내놓는 등 기술 대기업들도 앞다투어 LLM 기술을 서비스에 통합하기 시작했습니다.

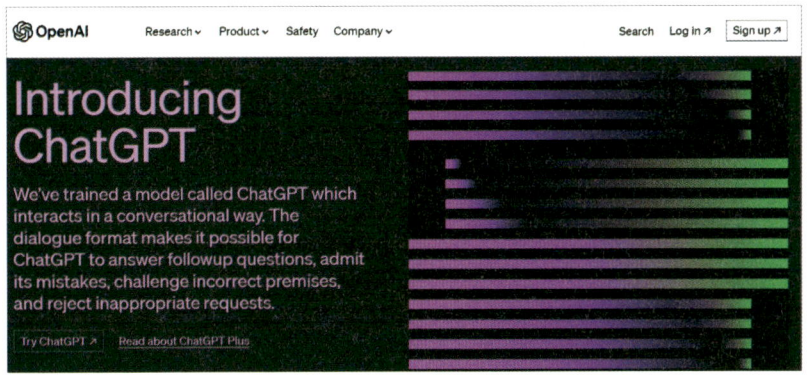

GPT 3.5 버전 출시 당시 오픈AI 웹사이트(출처: chatgpt.com)

여러 스타트업과 연구 기관들도 LLM 개발 경쟁에 뛰어들었습니다. 오픈AI 출신이 세운 앤트로픽Anthropic은 2023년 대화형 LLM인 클로드Claude를 출시했습니다. 클로드는 AI의 안전성과 윤리에 중점을 둔 접근법(이른바 '헌법 기반 AI')을 도입하여, 유해한 출력 없이 유용한 답변을 제공하는 것을 목표로 두고 있습니다. 또한 클로드는 한 번에 처리할 수 있는 문맥 길이Context Window를 획기적으로 늘려서, 수십만 단어에 달하는 방대한 문서도 한꺼번에 분석할 수 있습니다. 예를 들어 클로드 3.5 모델은 한 번에 20만 토큰Token 이상의 문맥을 처리할 수 있어, 긴 인터뷰 기록이나 책 한 권 분량의 텍스트도 넣고 요약이나 분석을 얻어낼 수 있습니다.

TIP LLM에서 토큰은 글자, 단어, 문장 부호 등을 잘게 쪼갠 텍스트의 작은 단위로, 모델은 이 토큰 단위로 텍스트를 이해하고 생성합니다. 한글은 보통 1글자당 1토큰 정도로 계산하며 짧은 문장은 영어보다 토큰 소모가 많을 수 있습니다.

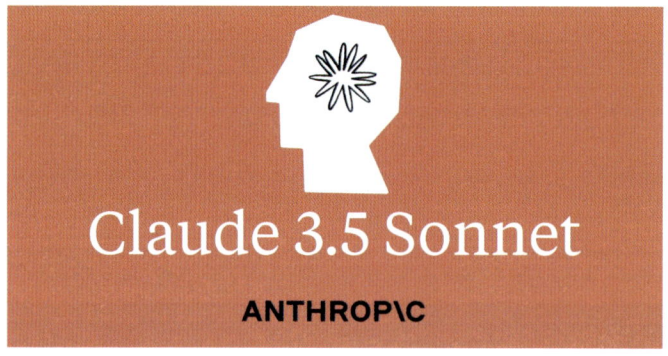

앤트로픽 클로드 3.5 소넷 출시 화면(출처: anthropic.com)

2023년 구글의 딥마인드는 LLM인 제미나이를 지속적으로 업데이트하고 있습니다. 제미나이는 멀티모달Multimodal AI 모델로, 텍스트뿐 아니라 이미지, 오디오, 영상 등 다양한 유형의 데이터를 동시에 이해하고 생성할 수 있는 것이 특징입니다. 예를 들어, 제미나이는 텍스트와 이미지를 동시에 입력받고 응답으로 글과 이미지를 함께 만드는 식의 작업도 가능하게 설계되었습니다. 구글은 이 제미나이 모델을 자사 서비스 곳곳에 통합하고 있는데, 최신 스마트폰에 적용해 음성 비서로 활용하고, 지메일Gmail이나 문서 도구에 접목해 이메일 초안을 작성하거나 문서를 편집해주는 등 제품에 빠르게 적용하고 있습니다.

제미나이 소개 화면(출처: gomini.google.com)

이처럼 최근 몇 년간 GPT 시리즈, BERT, 클로드, 제미나이 등으로 대표되는 LLM들은 모델 구조의 혁신과 규모의 확장, 그리고 멀티모달 처리 능력을 더해 가며 빠르게 발전하고 있습니다. 그렇다면 LLM을 이해하고 업무에 활용하는 것이 UX/UI 디자이너에게 왜 중요할까요? LLM의 뛰어난 성능이 우리 인간의 거의 대부분의 업무 그리고 UX/UI 디자이너의 업무를 대신 수행해줄 수 있기 때문입니다.

LLM이 가져온 일반적인 업무의 변화

2022년 말 공개된 챗GPT를 시작으로 LLM이 업무 현장에 급속히 침투했습니다. 출시 몇 달 만에 챗GPT 이용자는 1억 명을 넘어서며 역사상 유례없는 속도로 확산되었고, 포천Fortune 500 기업의 80%가 이 기술을 도입했습니다. 이미 LLM 기반 AI 챗봇은 고객 지원, 콘텐츠 생성, 마케팅 분석 등 다양한 분야의 업무에 활용되고 있습니다. 미국 직장인을 대상으로 한 조사에서는 약 99%가 챗GPT를 들어 봤고, 약 57%는 업무에 정기적으로 사용한다고 응답했습니다.

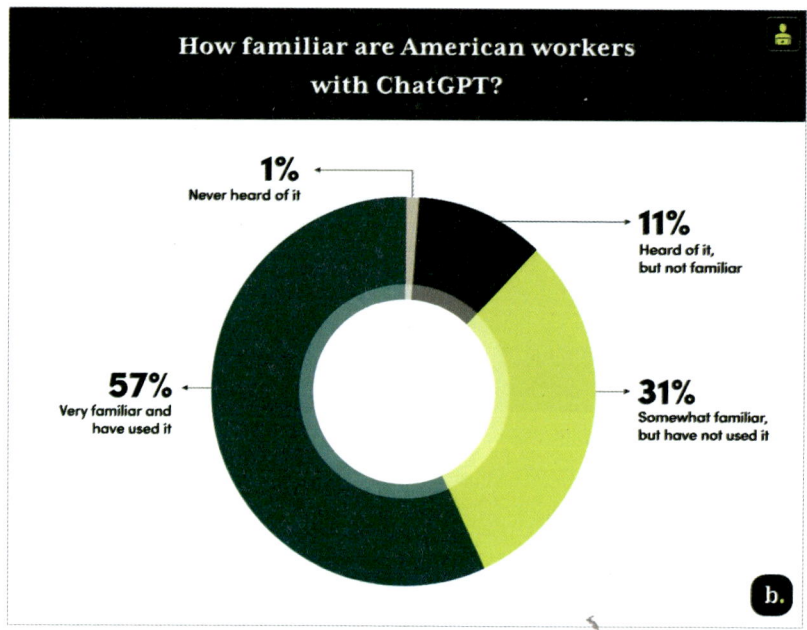

미국 직장인이 챗GPT를 업무에 활용하는 정도(출처: Business.com)

많은 직장인은 LLM을 새로운 생산성 도구로 수용하고 있습니다. AI를 활용해 이메일 초안을 쓰거나 보고서를 요약하는 등 반복 작업에 드는 시간을 단축하면서 더 효율적으로 일하고 있고, 이 편리함은 한 번 경험하면 다시 이전으로 돌아가기 어렵기 때문입니다. 한 설문에 따르면 직장에서 AI를 사용하는 직원 중 72%가 업무 생산성이 높아졌다고 답변하였습니다. 프로그래밍 분야에서는 코드 자동 완성 도구가 프로그래밍에 필요한 코드를 대신 생성해주고, 마케팅 분야에서는 카피라이팅을 도와주며, 법률 분야에서도 문서 초안 작성과 상담에 챗봇을 활용하는 등 업무 방식 자체가 달라지고 있습니다.

LLM의 등장은 일자리 지형에도 변화를 가져왔습니다. 사람의 손을 거쳐야 했던 많은 작업에 자동화가 가능해지면서, 기업은 사람의 역할에 더 높은 부가가치를 기대하게 됩니다. 실제 하버드 비즈니스 스쿨Harvard Business School(HBS) 등의 연구에 따르면 챗GPT 출시 8개월 후 자동화되기 쉬운 직무에 대한 채용 수요가 21%나 감소했다고 합니다. 이는 AI 도입으로 일부 업무는 축소되고 그 대신 새로운 역량이 요구되고 있음을 보여 줍니다. 즉, 반복 작업을 자동화하고 창의적 문제 해결이나 전략 수립 등 인간 고유의 강점을 살리는 방향으로 업무가 재편되고 있습니다. 앞으로도 다양한 산업에서 AI와 협업하며 일하는 문화가 확산될 것으로 예상되며, 어떤 분야든 AI 활용 역량이 기본 소양이 되고 있습니다.

LLM이 가져온 디자인 업무의 변화

디자인 업계 역시 LLM과 생성형 AI의 등장으로 업무 프로세스에 큰 변화를 겪고 있습니다. 과거에는 백지에서 시작해야 했던 아이디어 스케치나 시안 작업을 이제는 AI가 도와주는 시대가 되었습니다. 예를 들어 이미지 생성형 AI인 미드저니나 스테이블 디퓨전 같은 도구를 사용하면 텍스트 프롬프트만으로도 순식간에 콘셉트 아트나 시각 자료를 얻을 수 있습니다. 실제 그래픽 디자이너들은 미드저니를 활용해 간단한 텍스트로 그래픽 시안, 핵심 이미지 장면 생성, 개별 디자인 요소 생성, 색상 팔레트까지 몇 초 만에 만들어 내며 아이데이션에 활용하고 있습니다. 이처럼 AI를 활용함으로써 시각 디자인에서 초기 구상 단계를 가속화하고, 더 풍부한 아이디어를 실험해볼 수 있게 되었습니다.

일러스트 기반 LLM뿐 아니라 생성형 AI 전반이 디자인 프로세스 곳곳을 바꾸고 있습니다. 디자인에 대한 설명이나 요구 사항을 글로 서술하면 자동으로 디자인 시안을 만들어 주는 도구도 등장했습니다. 오랜 시간 디자이너의 파트너 프로그램을 운영해온 어도비 역시 파이어플라이와 같은 AI를 포토샵에 통합하여 배경 생성이나 이미지 보정 같은 작업을 자동화했습니다. 파이어플라이는 출시한 지 한 달 만에 7천만 개 이상의 이미지가 생성되었고(베타 기준), 1년도 채 안 되어 총 120억 회 이상의 콘텐츠 생성이 이뤄졌을 정도로 디자이너들이 활발히 활용했습니다. 이처럼 생성형 AI는 단순 반복 작업을 덜어 주고 디자이너가 더 중요한 부분에 집중할 수 있도록 도우며, 전체적인 작업 효율과 결과물의 다양성을 크게 높이고 있습니다.

AI 도구의 발전은 역할의 경계도 넓히고 있습니다. 이제는 디자인 비전문가도 디자인 작업을 시도해볼 수 있고, 디자이너 역시 타 분야 작업을 일부 소화할 수 있게 되었습니다. 예를 들어 전문 교육을 받지 않은 마케터도 캠페인 이미지를 생성형 AI로 손쉽게 만들 수 있고, 반대로 디자이너는 AI를 활용해 광고 문구를 작성할 수 있습니다.

반면 최종 품질을 판단하거나 전략적 조율과 같은 부분은 숙련된 디자이너에게 더 중요한 영역이 되고 있습니다. AI가 그럴듯한 결과물을 뽑아 준다 해도, 브랜드에 부합하고 사용자에게 적절한지를 판단해 다듬는 큐레이션 작업은 여전히 사람의 전문성이 필요한 부분입니다. 따라서 AI와 협업하여 자신의 역량을 확대하는 한편, 동시에 AI가 넘볼 수 없는 창의성과 통찰력을 발휘하는 방향으로 디자이너의 역할을 재정의하고 있습니다. 요컨대 디자인 프로세스 전반에 걸쳐 'AI를 활용하는 AI 디자이너'가 되는 것이 새로운 경쟁력이 되고 있는 것입니다.

UX/UI 디자인 업무의 변화

UX/UI 디자인 분야에도 LLM이 빠르게 확산되며 작업 방식이 변화하고 있습니다. UX 디자인 과정은 리서치, 아이데이션, 프로토타이핑, 사용자 테스트 등 여러 단계로 이루어지는데, 이제 각 단계마다 LLM이 조력자 역할을 할 수 있게 되었습니다. 예를 들어 사용자 리서치 단계에서 디자이너는 챗GPT 같은 LLM에 인터뷰 녹취나 설문 응답 요약해 달라고 요청해 방대한 정보를 단시간에 정리할 수 있습니다. 수많은 사용자 피드백 텍스트를 사람이 일일이 읽지 않고도, 챗봇이 핵심 키워드와 인사이트를 추출해 '사용성', '미적 요소', '기능성' 등 카테고리별로 정리해줄 수 있습니다.

또, LLM에게 "여행 앱을 디자인할 때 사용자들이 궁금해할 만한 질문은?" 같이 물어보면, 마치 가상의 사용자가 질문을 던지는 것처럼 잠재 고객의 요구사항이나 이들이 겪을 만한 불편한 부분을 시뮬레이션해볼 수도 있습니다. 덕분에 초기에 사용자 관점에서 생각해야 할 포인트를 빠르게 포착하고, 연구 데이터를 더욱 체계적으로 활용할 수 있습니다.

아이디어 발상과 프로토타입 제작 단계에서도 LLM은 강력한 도구입니다. 막막한 문제를 마주했을 때 챗GPT에 상황을 설명하고 이를 해결할 만한 아이디어를 요청하면, 새로운 접근법이나 참신한 기능 몇 가지를 얻을 수 있습니다. 이는 혼자 고민할 때 놓칠 수 있는 다른 관점의 발상을 제공하여 브레인스토밍을 풍부하게 해줍니다.

UI 설계 측면에서는 Text-to-UI 생성 도구나 코딩 보조 AI를 활용해 신속하게 화면 시안이나 코드 프로토타입을 만들 수 있습니다. 예를 들어 디자이너가 간단한 웹 페이지 구조를 떠올렸다면, 직접 코드를 짜기보다 챗GPT에

HTML/CSS 코드 생성을 부탁해 기본 틀을 얻고 수정하는 식으로 프로토타이핑 속도를 높일 수 있습니다. 피그마 같은 디자인 도구에도 챗GPT 플러그인이 등장하여 디자인 작업 중 곧바로 UX 카피를 생성하거나 아이콘을 만들어 주는 등 디자인 도구에서 실시간으로 AI를 활용하는 작업 방식도 점점 편리해지고 있습니다. 그 결과 UX/UI 디자이너는 예전보다 더 짧은 사이클로 시안을 만들어 테스트하고 사용자 피드백에 기민하게 대응하는 애자일Agile한 작업이 용이해지고 있습니다.

> **TIP** 애자일은 빠르게 계획하고 실행하며 변화에 유연하게 대응하는 개발 방법론으로, 짧은 주기로 결과물을 확인하고, 계속해서 개선해 나가는 방식을 강조합니다.

이러한 변화 속에서 UX/UI 디자이너의 역할도 변화하고 있습니다. AI가 단순 작업을 자동화해주므로 디자이너는 이제 더 높은 수준의 과제에 집중할 수 있게 되었습니다. 많은 디자인 업계 전문가들은 "디자이너는 전략적 사고를 직접 책임지고, 전술적 작업은 AI에 맡기는 방향으로 업무가 재편될 것"이라고 조언합니다. 실제로 AI가 초안을 만들어 주면 디자이너는 그중에서 사용자 경험에 최적인 해법을 가려내고 발전시키는 큐레이터 역할을 하게 됩니다. 이를 위해서는 예전보다 비즈니스 전략, 사용자 심리, 공감 능력 등이 더욱 중요해졌습니다. 동시에 AI 활용 능력 자체도 필수 스킬이 되고 있습니다. 예를 들어 UX 라이팅을 위해서는 프롬프트를 치밀하게 작성하는 능력이 요구됩니다. 의도에 맞는 좋은 결과를 얻으려면 해결해야 할 문제와 상황을 명확히 정의하여 프롬프트에 담아야 하기 때문에 이를 구체적으로 서술할 수 있는 프롬프트 능력이 중요해진 것입니다. 이처럼 AI와 상호 작용하며 최상의 결과를 끌어내는 능숙함이 새로운 UX/UI 디자이너의 역량으로 떠오르고 있습니다.

이제 UX/UI 디자이너에게 LLM 활용 능력은 선택이 아닌 필수에 가까워지고 있습니다. 업계 전반에서 AI 도구를 적극 활용하면서 업무 효율과 산출물 수준을 한 단계 높이고 있기 때문에, 이를 능숙하게 다루지 못하면 경쟁력에서 뒤처질 위험이 있습니다. 반대로 AI를 잘 활용하면 혼자서도 다방면의 작업을 수행하며 업무 폭을 넓힐 수 있고, 팀 협업에도 AI가 생성한 자료를 토대로 더 깊이 있는 논의와 빠른 실행이 가능해집니다. 궁극적으로 LLM 활용 능력은 UX/UI 디자이너가 변화하는 업무 환경에 적응하고 자신의 전문성을 강화하는 열쇠라고 할 수 있습니다. 빠르게 발전하는 AI 시대에 디자인 혁신을 주도하고자 하는 UX/UI 디자이너라면 LLM을 자신의 도구로 만들어 활용하는 법을 반드시 익혀야 합니다.

앞으로 UX/UI 디자이너에게 **AI 리터러시**, 즉 AI의 동작 원리를 이해하고 효과적으로 활용하는 능력은 필수가 될 것입니다. 마치 과거에 새로운 디자인 도구나 프로토타이핑 도구를 배워야 했듯이, 이제는 LLM과 협업하는 방법을 배우는 과정이라고 볼 수 있습니다. LLM 기술의 발전 동향을 꾸준히 따라가면서 이를 현명하게 업무에 접목하는 디자이너는 높아진 생산성과 풍부한 아이디어로 한층 높은 경쟁력을 갖출 것입니다. 요컨대 LLM은 UX/UI 디자인의 미래에 혁신적인 영향을 미칠 것이며 인간 디자이너와 AI의 조화로운 협업을 통해 더욱 풍부하고 사용자 중심적인 디자인이 실현될 것으로 기대됩니다. 인간의 창의성과 공감에 AI의 힘을 더한다면 우리는 이전보다 빠르고 뛰어난 방법으로 사용자에게 가치를 전달하는 디자인을 만들 수 있을 것입니다.

친밀한 대화형 AI, 챗GPT

챗GPT는 인간처럼 자연스러운 대화를 할 수 있는 AI 챗봇으로, 오픈AI에서 개발한 대규모 언어 모델 기반 서비스입니다. 방대한 양의 텍스트 데이터를 훈련한 신경망 모델로, 사용자의 질문을 이해하고 그에 맞는 답변을 생성합니다. 쉽게 말해, 사람들이 말하거나 글로 질문하면 모델이 맥락을 이해하고 적절한 대답을 하는 매우 똑똑한 대화형 AI입니다. UX/UI 디자인에 언어 모델을 활용하기 위해서는 가장 대표적인 언어 모델인 챗GPT에 대한 이해는 필수입니다.

챗GPT는 Chat(대화)와 GPT의 합성어로, 사람과 대화하는 데 특화된 AI 언어 모델입니다. 여기서 GPT는 생성형 사전 훈련 변환기Generative Pre-trained Transformer라는 뜻으로, 한마디로 많은 텍스트를 미리 학습하여 새 문장을 생성하는 기술을 말합니다. 챗GPT는 이러한 GPT 모델을 기반으로 만들어졌으며, 인터넷의 방대한 데이터를 읽고 패턴을 학습한 덕분에 마치 사람과 사람이 대화를 하듯이 문장을 이어서 소통할 수 있습니다.

이 모델은 사용자의 질문이나 지시에 따라 가장 적합한 답변을 예측하는 방식으로 작동합니다. 예를 들어 "오늘 날씨 어때?"라고 물으면, 챗GPT는 그 질문에 맞는 단어들을 토큰 형태로 떠올려 확률적으로 가장 우수한 문장을 만들어냅니다. 챗GPT는 지도학습과 강화학습과 같은 인간 피드백을 활용한 RLHFReinforcement Learning from Human Feedback(인간 피드백 기반 강화학습)방식을 거쳐서 업데이트를 하였습니다. 쉽게 말하면, 사용자들이 더 좋은 답변을 선택함으로써

AI의 학습 기능을 향상시키는 것입니다. 이러한 훈련 덕분에 챗GPT는 질문에 답할 때 추가 질문에 따라 답변을 정교하게 다듬거나 잘못을 인정하고 부적절한 요구를 거절하는 등 보다 지능적인 대화 능력을 갖추게 되었습니다.

챗GPT의 탄생

챗GPT의 등장은 AI 역사에서 하나의 전환점으로 평가됩니다. 오픈AI는 2018년부터 GPT 시리즈 모델을 선보이며 언어 AI 분야를 개척해왔습니다. 특히 2020년 공개된 GPT-3는 1750억 개의 매개변수, 즉 **파라미터**Parameter를 가진 거대한 언어 모델로 큰 주목을 받았고, 이를 기반으로 사용자 지시에 따라 답변하는 인스트럭트GPT가 2022년 초에 공개되었습니다. 이러한 연구의 연장선에서 2022년 11월 30일, 드디어 챗GPT가 시범 서비스 형태로 세상에 공개되었고 출시 직후부터 폭발적인 반응을 얻었습니다.

챗GPT는 출시 후 불과 두 달 만에 1억 명 이상의 사용자를 끌어모으며 당시 인스타그램, 틱톡 등을 제치고 가장 빠르게 성장한 소비자용 애플리케이션이 되었습니다. 많은 사람이 호기심에 챗GPT와 대화를 나누어 보았고, 재미있는 답변에 놀라고 유용한 답변에 감탄하기도 했습니다. 물론 초창기 챗GPT는 지식의 정확도에 한계가 있어서 사실과 다른 답변을 할 때도 있었지만, 사용자들의 피드백을 통해 빠르게 개선되었습니다.

애플리케이션별 월간 활성 사용자 수 1억 명 도달까지 걸린 시간(출처: UBS)

2023년에 들어서 오픈AI는 챗GPT의 업그레이드 버전인 GPT-4 모델을 공개하며, 유료 구독자(챗GPT 플러스 사용자)를 대상으로 더 향상된 성능의 챗GPT 서비스를 제공하기 시작했습니다. 또한 마이크로소프트는 오픈AI와의 협력을 통해 Bing 챗봇 등에 GPT 모델을 탑재하고, 개발자 생산성 도구 깃허브 코파일럿GitHub Copilot을 GPT-4 기반으로 출시하는 등 챗GPT의 기술을 다양한 제품에 통합하였습니다. 2024년에는 애플도 오픈AI와 파트너십을 맺어 챗GPT를 자사 운영체제의 지능형 기능에 통합하는 등 다양한 플랫폼에서 챗GPT를 활용함으로써 기능을 발전시키고 있습니다. 이러한 일련의 과정은 챗GPT와 같은 대화형 AI가 얼마나 빠른 속도로 발전하고 확산되고 있는지를 보여 줍니다.

챗GPT의 주요 기능과 강점

챗GPT가 사랑받는 이유는 **유연하게 대화를 이어가는 과정에서 다양한 작업을 수행**할 수 있기 때문입니다. 우선 챗GPT는 사용자와 이전에 주고받은 대화 문맥을 기억하기 때문에 대화를 할수록 점점 더 맥락에 맞는 응답을 합니다. 예를 들어 앞에서 한 질문을 다시 언급하면 그 내용을 기억하고 적절히 이어서 답변할 수 있습니다. 이러한 문맥 유지 능력은 일반적인 검색 엔진이나 과거의 단순한 챗봇과 구별되는 챗GPT만의 강점입니다.

챗GPT의 또 다른 강점은 **다양한 형태의 콘텐츠를 생성**할 수 있다는 것입니다. 단순한 질의응답을 넘어 기사, 이메일 초안, 시나리오, 데이터 분석, 심지어 인간만이 가능하다 여겼던 예술의 영역인 시나 노랫말, 에세이까지 만들 수 있습니다. 사용자가 원하는 글의 스타일이나 분량도 조절할 수 있어서 간단한 요약부터 상세한 설명까지 요구 사항에 맞춰 원하는 결과물을 생성합니다. 예를 들어 "7살 아이에게 과학에 대해 설명해주세요."라고 프롬프트를 입력하면 어린이가 이해할 만한 쉬운 말로 풀어서 답하고, "논문 스타일로 바꿔 주세요."라고 하면 학술적인 격식을 갖춘 표현으로도 변환합니다. 이러한 유연한 표현력 덕분에 교육, 글쓰기, 업무 등 여러 분야에서 유용하게 쓰이고 있습니다.

챗GPT의 또 다른 놀라운 기능은 **프로그래밍 코드 생성 및 이해**입니다. 사용자외 요청에 따라 파이썬, 자바스크립트 등 원하는 프로그래밍 언어로 코드를 작성해주거나 오류를 찾아 주기도 합니다. 복잡한 알고리즘을 설명하거나, 코드를 분석해 디버깅까지 하기 때문에 비개발자뿐만 아니라 숙련된 엔지니어도 도움을 받을 수 있습니다. 이 외에도 철학 질문에 대한 견해, 역사적 사실 설명, 수학 문제 풀이 등 지식 Q&A 능력도 뛰어납니다.

특히 **챗GPT는 상대방에 맞춰 대화의 톤을 조절하고 예의를 지키는 등 비교적 안전하고 친절한 답변을 하도록 설계**되어 있습니다. 개발 단계에서 유해하거나 편향된 발언을 줄이도록 훈련되었기 때문에 사용자가 마약 제조 방법, 음란물과 같은 부적절한 내용을 요청하면 정중히 거절하거나 다른 주제로 유도합니다. 물론 완벽하지는 않아서 가끔 엉뚱한 답을 하거나 민감한 주제에서 한계를 드러내지만, 지속적인 업데이트를 통해 점점 더 신뢰도 높은 AI로 발전하고 있습니다.

챗GPT 활용 사례

챗GPT의 뛰어난 대화와 문제 해결 능력은 다양한 분야에서 실용적으로 활용되고 있습니다. 대표적으로 **고객 지원 챗봇**이 있습니다. 기업들은 고객 문의에 24시간 대응하기 위해 챗GPT 기반 챗봇을 도입하고 있습니다. 자주 묻는 질문에 자동으로 답변하거나 복잡한 문의는 관련 부서로 연결해주는 등 신속하고 일관된 고객 서비스를 제공할 수 있습니다. 실제로 챗GPT API를 자사 서비스와 연결하여 고객 지원에 활용한 기업들은 응답 시간 단축과 고객 만족도 향상이라는 긍정적 효과를 보았습니다.

챗GPT는 **교육 및 학습 보조**에도 유용합니다. 학생들은 모르는 개념을 질문하거나 작문 지도를 받을 수 있고, 교사들은 챗GPT를 활용해 맞춤형 학습 자료를 만들거나 AI 튜터로서 수업을 보조하는 역할을 맡길 수 있습니다. AI 튜터는 학생들의 개별 학습 속도와 스타일에 맞춘 교육을 제공하여 학습 경험을 향상시킬 수 있습니다. 예를 들어, 어려운 수학 개념을 쉽게 설명해달라고 하거나 영어 에세이를 교정받는 식으로 활용할 수 있습니다.

> **TIP** 미성년자는 챗GPT를 선생님 또는 부모님의 지도 아래 쓸 것을 가이드로 규정하고 있습니다.

콘텐츠 생성 및 창작에도 챗GPT는 혁신을 일으키고 있습니다. 블로그 글쓰기, 마케팅 카피 작성, 뉴스 요약, SNS 게시물 작성 등 사람이 일일이 작성하면 시간이 걸리는 문서나 글 초안을 챗GPT가 뚝딱 만들어 주기 때문에 생산성 향상에 도움이 됩니다. 게다가 원하는 톤과 스타일로 글을 생성할 수 있어 마치 창작 파트너처럼 아이디어를 제공할 뿐만 아니라 글쓰기 부담을 줄여 줍니다. 예를 들어 마케팅 팀에서 광고 문구 아이디어를 얻거나, 소설가가 줄거리 전개 아이디어를 얻는 식으로도 활용하고 있습니다.

프로그래밍 보조로서는 더할나위 없는 역량을 발휘합니다. 앞서 언급했듯이 챗GPT는 프로그래밍 분야에서도 유용한 도구입니다. 개발자가 코드를 작성하다 막히면 챗GPT에게 질문하여 에러 원인을 찾거나 개선 방법을 찾을 수 있습니다. 또한 특정 기능을 구현하는 코드를 예시로 보여 주거나, 복잡한 코드나 개념을 이해하기 쉽게 설명해주는 등 조력자 역할을 합니다. 실제로 이러한 AI 코딩 비서의 효용성을 인정받아, 마이크로소프트에서는 오픈AI 기술을 바탕으로 한 깃허브 코파일럿과 같은 프로그래밍 보조 도구를 출시하기도 했습니다. 이는 챗GPT와 같은 언어 모델이 개발자의 생산성을 높이는 데 크게 기여할 수 있음을 보여 줍니다.

이 외에도 창작 예술 영역에서 노랫말이나 시 쓰기, 비즈니스 영역에서 이메일 작성 및 요약, 의료 분야에서 의료 정보 정리나 간단한 상담, 일상 생활에서는 개인 비서처럼 일정 관리나 추천 시스템 등 무궁무진한 분야에서 챗GPT를 사용하고 있습니다. 새로운 아이디어를 얻고 싶을 때 브레인스토밍 파트너로 활용하거나, 여행 일정을 계획하는 데 조언을 구하는 등 일상에서도 챗GPT의 도움을 받을 수 있습니다. 누가 어떻게 활용하느냐 따라 챗GPT는 계속해서 용도를 확장해 나가고 있습니다.

똑똑한 AI, 클로드

클로드는 AI 안전 연구 기업, 앤트로픽이 개발한 차세대 AI 언어 모델로, 사람과 자연스럽게 대화하며 유용한 정보를 제공하는 AI 비서입니다. 오픈AI의 챗GPT와 유사하게 클로드는 웹 채팅 인터페이스 및 API를 통해 접근할 수 있고 요약, 검색, 글쓰기, 질의응답, 코딩 등 다양한 언어 관련 작업을 돕도록 만들어졌습니다. 앤트로픽은 클로드를 "도움이 되고, 정직하며, 해를 끼치지 않는 AI 시스템"이라 소개하고 있는데, 실제로 다른 챗봇보다 유해한 출력을 덜 생성하도록 설계된 점이 특징입니다.

클로드라는 이름은 정보 이론의 선구자 클로드 섀넌Claude Elwood Shannon의 이름에서 따왔다는 설과 기존 AI 비서들(알렉사, 시리 등)의 이름이 주로 여성형이라 일부러 남성형 이름을 붙였다는 설이 있습니다.

클로드 AI 소개 이미지(출처: anthropic.com)

클로드의 탄생

앤트로픽은 2021년 오픈AI를 떠난 연구원들(대표적으로 다리오 아모데이Dario Amodei와 다니엘라 아모데이Daniela Amodei 남매)에 의해 설립되었습니다. 이들은 AI의 안전성과 신뢰성을 우선시하는 새로운 연구를 추구했고, AI가 인간의 가치에 부합하도록 발전되어야 한다는 철학을 내세웠습니다.

이러한 배경에서 앤트로픽은 LLM을 활용한 안전한 AI 비서 개발을 목표로 연구를 진행했습니다. 2022년 여름까지 앤트로픽은 자체 언어 모델의 첫 버전을 훈련했지만, 내부 안전 테스트를 충분히 거치기 전에는 공개하지 않기로 결정했습니다. 대신 AI 모델에 명시적인 윤리 원칙을 심어 주는 실험(일명 헌법형 AI 접근법)에 집중하며, 책임 있는 AI 개발을 위한 토대를 마련했습니다.

이러한 준비 과정을 거쳐 클로드 AI 1.0은 2023년 3월, 마침내 세상에 공개되었습니다. 출시 전 노션Notion, 쿼라Quora, 덕덕고DuckDuckGo 등 파트너들과 비공개 테스트(클로즈드 알파)를 진행한 뒤 개발자용 콘솔과 API를 통해 제한적으로 서비스를 시작했습니다. 클로드 출시와 함께 앤트로픽은 2가지 모델을 선보였습니다. 최고 성능의 기본 모델 클로드 1과 경량화된 클로드 인스턴트Instant입니다. 클로드 인스턴트는 속도가 빠르고 비용이 낮아 실시간 서비스에 적합하도록 설계된 버전입니다.

클로드는 곧 챗GPT의 대항마로 주목받게 되었고, 2023년 7월에는 클로드 2 버전이 공개되었습니다. 클로드 2는 일반 사용자도 웹에서 직접 활용할 수 있을 뿐 아니라, 성능 면에서도 향상이 이루어졌습니다. 특히 문맥 처리 용량이 약 9천 토큰에서 10만 토큰 수준으로 대폭 늘어나 한 번에 책 한 권 분량의 텍스트도 처리할 수 있었습니다. 이는 AI 언어 모델로서 획기적인 발전으로 평가됩니다.

지금까지도 클로드는 지속적으로 업그레이드되고 있습니다. 2024년 3월에는 클로드 3 모델군이 발표되었는데, 대형 모델(오푸스)부터 중형(소넷), 소형(하이쿠)까지 3가지 버전으로 구성되어 다양한 용도에 맞게 제공됩니다. 클로드 3에서는 이미지 입력을 처리하는 멀티모달 기능이 추가되어, 텍스트뿐 아니라 그림이나 사진에서도 정보를 추출할 수 있도록 발전했습니다. 앤트로픽은 최신 클로드 모델이 오픈AI의 GPT-4 등 기존 최고 성능 AI보다도 여러 면에서 우수한 성능을 보인다고 발표하며(예: 복잡한 코드 작성이나 논리 문제 해결 등) 기술적 자신감을 내비치기도 했습니다.

클로드의 발전 과정에서는 대형 기술 기업들과의 협력도 큰 역할을 했습니다. 2023년에 구글이 앤트로픽에 수억 달러 규모로 투자했고, 같은 해 9월에는 아마존Amazon이 앤트로픽에 최대 40억 달러를 투자하며 클로드를 자사 클라우드 플랫폼(AWS)에 통합하겠다고 발표했습니다. 이 파트너십에 따라 앤트로픽은 막대한 컴퓨팅 자원을 확보하여 더 강력한 AI를 연구할 수 있게 되었습니다. 실제로 아마존은 클로드 3를 AWS의 Bedrock 서비스에 포함시켜 기업 고객들이 쉽게 활용할 수 있도록 했습니다. 이처럼 굵직한 투자를 바탕으로 클로드 AI는 빠른 속도로 발전을 거듭하고 있습니다.

클로드의 주요 기능

클로드 AI는 언어 모델로서 다양한 기능과 특성을 갖추고 있습니다. 그중 핵심적인 특징 몇 가지를 살펴보겠습니다. 우선 **자연스러운 대화와 언어 처리**입니다. 클로드는 사람이 말하는 것과 유사한 방식으로 텍스트를 이해하고 생성합니다. 복잡한 질문에 대한 대답부터 창의적인 글쓰기까지 폭넓은 작업을 수행할 수 있으며, 사용자와 여러 차례의 대화를 주고받는 동안에도 앞서 나온 맥락을 기억하여 일관된 응답을 이어갑니다. 요약, 번역, 아이디어 브레인스토밍 등 언어와 관련된 대부분의 작업에 활용할 수 있을 만큼 범용적인 능력을 갖추고 있죠. 실제로 한 사용자는 클로드와의 대화가 상세하면서도 이해하기 쉽게 느껴지고, 스토리텔링에 창의적이라고 평가하기도 했습니다.

안전하고 윤리적인 설계는 클로드를 대표하는 특징입니다. 앤트로픽은 클로드를 개발할 때 AI 윤리에 특별히 중점을 두었습니다. 클로드에는 개발진이 미리 정한 일련의 규칙들(일종의 AI 헌법)이 내재되어 있는데, 이를 통해 AI가 부적절하거나 유해한 요청을 스스로 판단하고 대응하도록 했습니다. 예를 들어 폭력적이거나 차별적인 질문에는 답변을 회피하고, 사용자가 위험한 조언을 구하면 정중하게 거절하거나 왜 어려운 요청인지 설명하도록 훈련되었습니다. 클로드의 이러한 '헌법'에는 UN 세계인권선언 등에서 발췌한 약 75개의 원칙도 포함되어 있어, AI가 가능한 한 보편적인 가치를 존중하도록 설계되었습니다. 이처럼 명시적인 가이드라인을 통해 클로드는 사람에게 도움이 되면서도 해를 끼치지 않는 균형 잡힌 답변을 제공합니다.

클로드의 또 다른 강점은 **긴 문맥 처리와 방대한 데이터 분석**입니다. 일반적인 챗봇이 수천 단어 정도의 대화 맥락을 기억하는 데 비해, 클로드는 최대 10만 토큰(약 7만 5천 단어)에 달하는 정보를 한 번에 인식할 수 있습니다. 덕분에 수백 페이지에 이르는 보고서나 책도 수십 초 안에 읽고 요약할 수 있으며, 며칠에 걸쳐 이어지는 대화도 처음부터 끝까지 맥락을 유지하며 대응할 수 있습니다. 실제로 클로드에 소설 『위대한 개츠비』 전체 본문(약 7만 2천 토큰)을 입력한 뒤 일부 문장을 수정하고 달라진 부분을 찾아보라고 하자 22초 만에 정확히 변경된 내용을 짚어 내는 것을 보여 주기도 했습니다. 이처럼 긴 문맥을 다룰 수 있기 때문에 클로드는 방대한 데이터 분석 작업에도 활용되고 있습니다.

코딩 보조와 고급 추론 능력 역시 뛰어납니다. 함수 작성법을 물으면 관련 코드를 생성해주고, 오류가 있는 코드를 보여 주면 어떤 부분이 잘못되었는지 찾아 주는 식으로 프로그래밍 보조 역할을 수행합니다. 또한 복잡한 수학 문제나 논리 퍼즐 해결에서도 일정 수준의 추론 능력을 보여 주죠. 앤트로픽에 따르면 최신 클로드 3 모델은 이러한 코딩 및 논리적 추론 면에서 오픈AI의 GPT-4 등 최신 모델보다 뛰어난 성능을 보였다고 합니다. 그리고 버전이 거듭되면서 사실과 다른 정보를 답하는 경우가 줄어드는 등 정확성도 개선되고 있습니다. 특히 클로드 2.1은 이전 버전들보다 잘못된 답변을 할 확률이 현저히 적은 것으로 보고되었습니다. 물론 클로드 역시 아직 완벽하지 않기 때문에 AI가 만들어 준 코드나 답변은 최종적으로 사람이 검토하는 것이 안전합니다.

클로드 활용 사례

클로드는 다양한 분야에서 활용되고 있으며 이미 흥미로운 사례들이 나타나고 있습니다. 대표적인 활용 분야 몇 가지를 살펴보자면, 먼저 **고객 서비스**입니다. 온라인 쇼핑몰이나 IT 기업의 고객 지원 챗봇에 클로드를 적용하면 24시간 언제든 고객 문의에 답변할 수 있습니다. 클로드는 고객의 질문 의도를 파악하고 정확한 답변을 제시하여 사용자의 문제를 신속히 해결해줄 수 있죠. 앤트로픽에 따르면 클로드는 상황에 맞게 답변의 어조나 말투를 조절할 수 있어 상담원 역할에 적합합니다. 덕분에 기업들이 클로드를 도입하면 고객 응대 품질을 높이면서도 인력 부담을 줄일 수 있습니다. 실제 한 업체는 클로드 기반 챗봇으로 반복 문의를 처리해 응대 시간 단축과 고객 만족도 향상의 효과를 보았다고 합니다.

클로드는 **학생과 학습자를 위한 개인 교사**처럼 활용할 수 있습니다. 실제 온라인 교육업체 주니 러닝Juni Learning은 클로드를 탑재한 튜터 봇을 만들어 학생들의 질문에 답하고 개념을 설명하는 데 활용했습니다. 그 결과 AI가 마치 진짜 선생님처럼 깊이 있으면서도 쉽게 이해할 수 있는 설명을 해준다는 긍정적인 피드백을 받았습니다. 이처럼 클로드를 통해 개별 학생에게 맞춤형 질의응답과 해설을 제공하면 학습 효율을 높이고 교육 자원을 보다 효과적으로 활용할 수 있습니다. 어려운 수학 문제를 풀거나 역사 개념을 이해할 때 클로드가 1:1 과외 교사처럼 도와주는 미래도 상상해볼 수 있습니다.

방대한 정보를 다루는 연구자나 전문직 종사자들도 클로드를 **연구 및 전문 지식 업무**에 유용하게 쓰고 있습니다. 예를 들어 수십 페이지에 달하는 학술 논문이나 복잡한 법률 문서를 클로드에 입력하면 핵심 내용을 요약하고 중요한 쟁점을 정리해주어 사람이 일일이 읽을 때보다 훨씬 빠르게 자료를 파악할 수 있습니다. 실제로 클로드는 금융 보고서, 법률 계약서 등 긴 문서를 분석해 요약과 인사이트 도출을 돕고 있으며, 연구자들은 클로드와 질의응답을 주고받으며 아이디어를 브레인스토밍하거나 실험 결과에 대한 해석을 얻는 등 다양한 방식으로 활용하고 있습니다. 이런 활용은 지식 노동의 생산성을 높이고, 중요한 정보를 놓치지 않도록 도와주는 조력자로서 AI의 가능성을 보여 줍니다.

콘텐츠 생성 및 창작 분야의 작가나 콘텐츠 기획자, 마케터에게도 클로드는 든든한 조력자입니다. 예를 들어 블로그 글의 초안 작성을 클로드에게 요청하거나, 새로운 광고 문구 아이디어를 얻기 위해 클로드와 대화를 나눌 수 있습니다. 클로드는 사용자가 원하는 스타일에 맞춰 문장을 만들어 주거나 줄거리를 제안하는 등 창의적인 작업을 도울 수 있습니다. 한 사용자는 클로드와의 대화가 사람처럼 자연스러울 뿐만 아니라 스토리텔링 능력도 뛰어나다고 평가했습니다. 이렇게 클로드를 활용하면 콘텐츠 제작 시간과 노력을 절약하고 새로운 발상이나 표현을 얻을 수 있지만, AI가 만든 초안은 출발점으로만 활용하고 최종적으로 다듬는 작업은 인간이 맡아 품질을 향상시키는 것이 바람직합니다.

클로드 MCP

앤트로픽이 제안한 MCP Model Context Protocol는 AI 모델이 기존의 도구와 데이터에 안전하게 연결되도록 해주는 개방형 표준으로, 여러 개별 서비스마다 각각 연동 코드를 짜지 않아도 되는 일종의 범용 어댑터 역할을 합니다. 쉽게 말해 MCP는 AI 시대의 USB-C 포트와 같다고 할 수 있습니다.

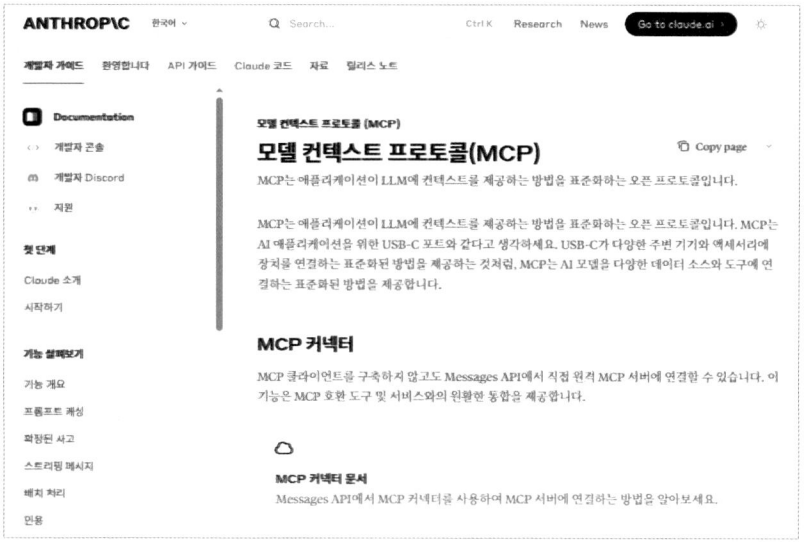

클로드 MCP 공식 페이지(docs.anthropic.com/ko/docs/agents-and-tools/mcp)

기존에는 다양한 앱이나 데이터 소스를 AI에 연결하려면 각각 다른 API와 고유 키 번호, 소프트웨어 연결 방식을 이해하고 설정해야 했지만, MCP를 쓰면 한 가지 방식으로 여러 시스템을 연결할 수 있습니다. 이는 모든 방을 여는 하나의 만능 열쇠를 쓰는 것과 같습니다. 특히 UX/UI 디자인 분야에서 MCP의 등장은 디자인 작업과 AI의 만남을 가속하고 있습니다. MCP를 사용하면 피그마 같은 디자인 툴과 AI 언어 모델이 직접 소통할 수 있게 되어, 그동안 수동으로 해오던 디자인-코드 변환 작업을 자동화하거나 보조할 수 있습니다.

예를 들어 AI가 피그마 디자인 파일에 직접 접근하여 색상, 레이아웃 등의 정보를 읽고, 이를 토대로 코드로 변환해주는 시나리오를 생각해보겠습니다. 이전에는 디자인 시안을 이미지로 첨부해 AI가 추론하거나 수동으로 치수를 입력해야 했습니다. 이제는 AI가 MCP를 통해 디자인 파일의 실제 데이터에 접근함으로써, 훨씬 정확하고 신속하게 UI 코드를 한 번에 완성할 수 있게 된 것입니다. 뿐만 아니라 AI가 디자인 시스템의 라이브러리나 컴포넌트 정보를 바로 참고하여 디자인 일관성을 유지한 제안이나 변형을 만들 수도 있습니다. 실제로 MCP는 디자인 작업 자동화, 협업 효율 향상에 획기적인 변화를 주고 있는데, 디자인 스타일 자동 변경, 다크모드 테마 자동 생성, 컴포넌트 변형 제안 같은 일들도 가능해지고 있습니다. MCP의 등장은 디자인-개발 워크플로우에서 AI 활용의 새 장을 열었고, 사람은 보다 창의적인 작업에 집중하면서 반복적이고 번거로운 부분은 AI에게 맡기는 협업 모델을 실현해 나가고 있습니다.

검색 엔진의 혁신, 퍼플렉시티

퍼플렉시티는 AI 기반 대화형 검색 엔진으로, 인터넷의 방대한 정보를 요약하여 사용자에게 제공하는 서비스입니다. 기존 검색 엔진이 사용자가 검색한 키워드에 맞는 웹사이트 목록을 나열했다면, 퍼플렉시티는 LLM을 활용해 직접적인 답변을 생성하는 동시에 웹사이트 결과를 검색합니다. 쉽게 말해 검색 엔진과 AI 챗봇의 장점을 결합한 형태로, 사용자의 복잡한 질문에도 간결하면서 핵심적인 정보를 제공합니다. 또한 각 답변에는 출처 링크가 포함되어 있어 정보를 얻는 동시에 그 근거를 확인할 수 있도록 설계되었습니다.

퍼플렉시티(출처: perplexity.ai)

퍼플렉시티는 누구나 무료로 이용할 수 있는 친근한 대화형 인터페이스를 지향합니다. 사용자는 사람에게 묻듯이 자연어로 질문할 수 있고, 퍼플렉시티는 알아듣기 쉬운 톤으로 설명해줍니다. 또, AI가 이전 맥락을 기억하여 연관된 정보를 계속 제공해주므로 한 번 답변을 받고 나서 후속 질문을 이어가며 대화를 지속할 수 있습니다. 이러한 편리함 덕분에 퍼플렉시티는 빠르게 입소문을 탔고, 2024년 초 기준 월간 활성 사용자 수는 약 천만 명에 달했습니다.

퍼플렉시티의 탄생

퍼플렉시티는 2022년 미국 샌프란시스코에서 설립되었습니다. 공동 창업자로 나선 아라빈드 스리니바스Aravind Srinivas CEO를 비롯한 팀원들은 오픈AI, 메타Meta, 쿼라 등 글로벌 IT 기업 출신의 AI 전문가들로 구성되었습니다. 이들은 LLM 기술의 잠재력이 기존 검색에 충분히 활용되지 못하고 있다는 문제의식 해결을 위해 '지식에 대한 접근을 민주화'하는 새로운 검색 엔진을 만들고자 퍼플렉시티 프로젝트를 시작했습니다.

초기 시범 서비스는 2022년 말 출시되어 기술 애호가들의 주목을 받았고, 2023년에는 본격적으로 성장 궤도에 올랐습니다. 2023년 4월에는 시리즈 A 투자를 유치하고 모바일 앱을 선보이면서 사용자층을 확대했으며, 이후 2024년까지 약 1억 6천 5백만 달러의 투자를 받아 기업 가치 10억 달러를 돌파하는 유니콘 기업으로 성장했습니다. 아마존의 설립자인 제프 베조스Jeff Bezos, 엔비디아 등 기대 투자자들도 참여했습니다. 2024년에는 유료 구독 서비스인 퍼플렉시티 프로를 출시하고, 쇼핑 검색 기능을 도입하는 등 서비스 폭을 넓혔습니다. 2025년 초에는 안드로이드용 AI 비서 기능을 추가하여 모바일 환경에서도 퍼플렉시티를 활용할 수 있는 방향으로 진화하고 있습니다.

퍼플렉시티의 주요 기능

자연어 이해 및 검색을 활용한 정보 요약 능력은 퍼플렉시티의 핵심 장점입니다. 사용자가 일상 언어로 질문하면 AI가 의도를 파악하여 관련된 웹 자료를 찾고, 그 핵심을 뽑아 한눈에 보기 쉬운 답변을 만들어 줍니다. 또한 답변에는 관련 출처 링크도 함께 제시해 정보의 신뢰도를 높입니다. 이러한 **인라인 출처 표시**는 사용자가 답변의 근거를 직접 확인하고 더 깊은 자료까지 찾아볼 수 있어 연구나 학습을 할 때 유용합니다.

대화 지속성과 맥락 이해 기능은 퍼플렉시티를 활용한 검색 경험을 한층 풍부하게 만듭니다. 한 번 답변을 얻은 뒤 이어서 추가 질문을 하면 이전 대화 내용을 기억하여 맥락에 맞는 정보를 계속 제공해줍니다. 마치 전문가와 인터뷰하듯이 순차적으로 질의를 심화시킬 수 있어 복잡한 주제도 단계적으로 파고들며 이해할 수 있습니다.

또한 퍼플렉시티는 **실시간 웹 검색**을 통해 최신 정보를 반영합니다. 시시각각 업데이트되는 뉴스나 환율, 시세와 관련된 질문에도 가장 최신 자료를 찾아 답변에 포함합니다. 덕분에 시간에 민감한 주제에서도 유용한 결과를 얻을 수 있습니다.

개인화된 맞춤 정보 제공과 검색 범위 한정 기능도 갖추고 있습니다. 사용자의 질의 의도에 맞춰 답변을 최적화하고, 추가로 관련 질문을 제안하기도 합니다. 그리고 **포커스 모드**Focus mode를 사용하면 특정 출처나 분야로 범위를 제한하여 검색할 수 있습니다. 가령 레딧Reddit에 올라온 사용자 경험담만 보고 싶다면 검색 출처를 한정하고, 학술 논문 위주로 결과를 받고 싶다면 **아카데믹 모드**Academic mode로 설정하는 식입니다. 이 기능을 통해 원하는 유형의 정보에 집중할 수 있어 효율적인 검색이 가능합니다.

부가 기능으로는 **결과 정리 및 생성 도구**들이 포함되어 있습니다. 예를 들어, 무료 사용자도 **페이지**Pages 기능을 통해 여러 질의응답을 모아 하나의 웹 페이지로 정리할 수 있어 정보를 공유하기 편리합니다. 유료 플랜 사용자라면 오픈AI의 GPT-4 등 최신 모델에 대한 접근 권한, 사용자의 PDF나 워드 같은 개인 파일 업로드를 통한 검색, 나아가 AI 이미지 생성 기능까지 다양한 고급 기능을 활용할 수 있습니다. 이러한 기능 확장을 통해 퍼플렉시티는 단순 질의응답을 넘어 다목적 정보 플랫폼으로 발전하고 있습니다.

퍼플렉시티 활용 사례

퍼플렉시티는 일상생활부터 사무, 기업 운영, 학계 연구까지 다양한 분야에서 활용할 수 있습니다. 먼저 **일상생활**에서는 영역을 가리지 않고 궁금한 것에 대한 답변을 빠르게 얻을 수 있습니다. 예를 들어 "봄에 이탈리아 여행을 가려는데 어디를 가면 좋을까?"처럼 여행 계획에 대해 물어보면, 여러 웹사이트의 정보를 종합한 답변을 보여 주고 신뢰할 만한 출처도 함께 제공합니다. 또는 "아이폰과 갤럭시의 최신 모델을 비교해주세요."라고 요청하면 두 제품의 사양과 가격, 장단점을 한눈에 비교하고 정리해주어 현명한 소비 결정을 내리는 데 도움을 줍니다.

학생과 연구자에게 퍼플렉시티는 무척 유용한 학습 파트너입니다. 어려운 개념을 쉽게 풀어서 설명을 요청하거나 방대한 자료를 빠르게 요약하는 데 활용할 수 있습니다. 예를 들어 "양자역학의 불확정성 원리를 쉽게 설명해주세요."라고 하면 관련 개념을 쉬운 언어로 설명해주고, 주요 학자나 논문 출처도 함께 제시합니다. 이처럼 퍼플렉시티를 활용하면 필요한 지식을 신속하게 찾아 학습 효율을 높일 수 있고, 논문이나 보고서의 핵심 내용을 파악하는 데 드는 시간도 줄일 수 있습니다.

직장인들에게도 퍼플렉시티는 생산성을 높여 주는 도구입니다. 예를 들어 마케팅 담당자가 "최근 전기차 시장 동향을 알려 주세요."라고 요청하면 관련 뉴스, 업계 보고서의 내용을 종합한 요약 답변과 각 정보의 출처를 제공합니다. 또한 회사 내부 문서와 공개 웹 정보를 한꺼번에 검색하는 기업용 기능은, 사내 데이터와 업계 동향을 동시에 참고해야 하는 업무에 큰 도움이 됩니다. 이러한 기능을 활용하면 필요한 인사이트를 빠르게 확보하여 의사 결정을 내릴 수 있어 업무 효율을 향상시킬 수 있습니다.

그렇다면 UX 디자이너는 퍼플렉시티를 어떻게 제대로 활용할 수 있을까요? 챗GPT, 클로드와 달리 퍼플렉시티는 단순 AI 챗봇이 아니라 AI 검색 엔진으로, 웹에서 실시간으로 최신 정보를 검색하여 이를 반영한 답변을 제공합니다. UX 디자이너가 사용자 경험을 설계하고 검증하는 실제 작업 흐름에서 퍼플렉시티는 단순 정보 검색 도구를 넘어, 디자인 결정에 필요한 근거 확보와 협업 자료 구성 그리고 사용자 공감 역량 향상에 이르기까지 직접적인 도움을 줄 수 있습니다.

페르소나 리서치 보완용 퀵 리서치 도구로 활용

UX 기획 초기에는 특정 사용자 군의 특성과 니즈를 빠르게 파악해야 합니다. 퍼플렉시티는 "2030 직장인들의 금융 앱 사용 행동", "미국 10대들의 SNS 이용 패턴"처럼 특정 타깃 키워드를 입력하면 최신 보고서, 뉴스, 통계 등을 실시간으로 모아줍니다. 이를 통해 초기 페르소나 설계에 실질적인 백데이터를 수집하고, 사전 인터뷰 없이도 가설 수립이 가능합니다. 예를 들어 다음 예시 프롬프트는 실제 인용된 기사와 수치를 통해 초기 디자인 가설 수립에 활용할 수 있습니다.

 MZ 세대가 재무 앱을 사용할 때 중요하게 여기는 기능은?

사용자 여정 단계별 페인 포인트 발굴에 활용

사용자 여정을 설계할 때는 각 단계에서의 페인 포인트를 파악하는 것이 중요합니다. 퍼플렉시티는 특정 서비스나 상황을 지정해 해당 단계별 문제를 요약해주는 툴로 쓸 수 있습니다. 이를 통해 사용자 여정 지도 작성 시 추측이 아닌 자료 기반 페인 포인트 정의가 가능하며, PM 및 개발자와의 커뮤니케이션에서도 설득력을 확보할 수 있습니다. 예를 들어 다음 예시 프롬프트는 실제 리뷰나 경험 기반의 분석 내용을 종합할 때 유용합니다.

 신규 사용자가 보험 앱을 처음 사용할 때 겪는 불편함은?

디자인 시안에 대한 벤치마킹 & 개선 제안 도출

디자인 QA 단계에서 현재의 UI 컴포넌트나 흐름이 적절한지 검토할 때 최신 사례, 실험 결과, 디자인 시스템 링크 등 UI 개선 인사이트를 명확하게 제시해 주고, 필요 시 출처별 비교 자료도 함께 제공해줍니다. 이런 정보는 디자인 리뷰 시 피드백의 객관성과 설득력을 높이는 데 기여합니다. 다음 프롬프트 예시는 실제 리뷰나 전문가 의견에 기반한 분석 내용을 종합하는 데 유용합니다.

 온보딩 화면에서 사용자 이탈을 줄이기 위한 최신 디자인 전략은?

 기상 앱에서 사용자 친화적인 알림 설정 UI의 좋은 활용 사례는?

이처럼 퍼플렉시티는 단순한 AI 검색 도구가 아니라 UX 디자인의 사전 조사부터 설계, 검증, 설득까지 전 과정에 걸쳐 실시간 근거 자료를 제공하는 조력자로 활용할 수 있습니다. 특히 빠른 정보 탐색과 다각도 시점 제공은 개별 디자이너의 직관을 데이터 기반 사고로 보완해주는 강력한 도구가 됩니다.

언어 모델 AI의 미래

멀티모달 AI로 발전

챗GPT의 성공은 AI 챗봇 기술의 폭발적인 발전의 신호탄이 되었습니다. 챗GPT 등장 이후 AI 분야에 관심이 급증하여 투자가 늘기 시작했고 이로 인해 전 세계적인 AI 붐이 일어났습니다. 앞으로의 AI 챗봇은 현재 모델들보다도 더 뛰어난 성능을 보일 것으로 예상됩니다. 특히 차세대 GPT 모델들은 이해력과 정확도가 개선되어, 사람의 미묘한 의도 파악이나 빈정거림, 풍자와 같은 더욱 정교한 언어를 이해하게 될 것입니다. 또한 한층 발전된 대화 시스템을 통해 대화의 맥락을 깊이 이해하고 장시간의 대화도 일관성 있고 자연스럽게 이어갈 것입니다.

클로드 역시 더욱 향상된 형태로 나아갈 것입니다. 앤트로픽은 장기적으로 현 버전보다 훨씬 강력한 차세대 모델 개발을 계획하고 있습니다. 업계 보도에 따르면 '클로드-Next'라는 프로젝트를 통해 현존하는 최고 수준의 AI보다 10배 더 강력한 모델을 위한 비전을 갖고 있다고 합니다. 이렇게 거대한 모델을 구현하려면 막대한 데이터와 연산 자원이 필요하기에, 앤트로픽은 수년에 걸쳐 수십억 달러 규모의 투자를 확보하며 연구를 이어가고 있습니다. 머지않아 클로드는 맥락 이해 능력을 한층 높여 특정 용도에서는 백만 토큰 이상의 방대한 정보도 한 번에 처리할 수 있게 될 것이며, 텍스트 외에 이미지나 음성까지 동시에 이해하는 멀티모달 AI로 진화할 전망입니다. 실제로 최근 클로드에는 단순 대화 응답을 넘어 컴퓨터 작업을 대행하는 기능까지 시범 도입되었는데, AI

가 화면을 읽고 마우스 클릭이나 키보드 입력을 자동으로 수행하는 실험을 통해 미래의 디지털 비서 가능성을 보여 주었습니다. 이제 SF 영화에서나 보던 AR_{Augmented Reality}(증강 현실) 글래스에서 AI의 답변을 시각적으로 보고 대화하는 장면이 현실이 될 수 있습니다. 이러한 기술들이 성숙하면 머지않아 우리는 일상 업무에서 AI 비서의 도움을 받아 생산성과 창의성을 높이는 것도 자연스러운 일상이 될 것입니다.

역할의 확장

퍼플렉시티의 등장은 검색 엔진의 형태를 빠르게 바꾸고 있습니다. 구글, 마이크로소프트 등 기존 거대 기업들도 검색 서비스에 AI 접목을 가속화하도록 만들었습니다. AI 검색 엔진 간의 경쟁이 심화되면서 사용자들은 더욱 똑똑하고 편리한 검색 경험을 누릴 것으로 전망됩니다. 향후 퍼플렉시티는 전자상거래 연계 검색이나 다양한 나국어 지원 등 새로운 영역으로 계속 발진해갈 것으로 기대됩니다. 이미 도입된 쇼핑 검색 기능을 고도화하여 사용자에게 맞춤 상품 추천이나 가격 비교 결과를 제공하는 등 검색과 커머스의 융합도 이뤄질 수 있습니다. 또한 한국어를 포함한 다양한 언어에 대한 지원을 강화하여 전 세계 이용자들이 언어 장벽 없이 지식을 얻을 수 있을 것입니다.

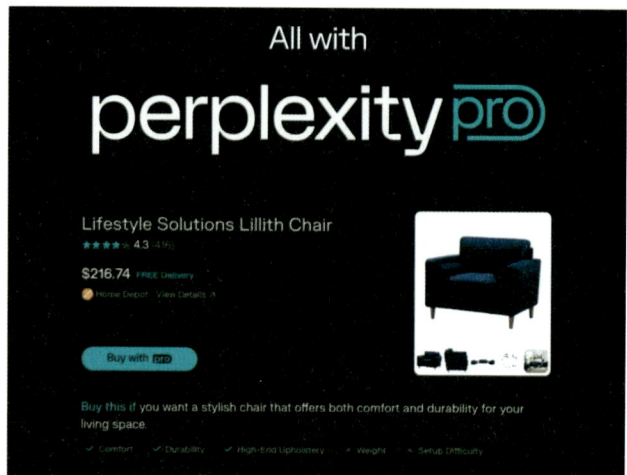

퍼플렉시티 쇼핑 서비스(출처: perplexity.ai)

사회적인 영향 측면에서도 큰 변화가 예상됩니다. 우선 업무 환경에서는 반복적이고 단순한 업무를 AI 챗봇이 대신 처리하고, 사람은 보다 창의적이고 전략적인 일에 집중하는 분업이 이루어질 것입니다. 예를 들어 고객 문의 1차 응대나 보고서 초안 작성 같은 일은 AI가 돕고, 최종 판단이나 섬세한 의사 결정은 사람이 하는 식이죠. 이는 업무 효율을 높이고 새로운 직무(예: AI 프롬프트 엔지니어 등)의 등장을 가져올 수 있습니다.

해결 과제

반면 AI의 발전이 대체할 일자리에 대한 사회적 대비가 필요합니다. 교육 분야에서는 AI를 활용한 학습이 보편화되면서 교사와 학생의 역할이 재정립되고, 평가 방식도 변화할 수 있습니다. 또한 챗봇이 생성한 글과 인간이 쓴 글을 구분하기 어려워지면서 표절이나 가짜 뉴스에 대한 새로운 문제들도 대두되고 있습니다. 이런 부정적 영향을 최소화하기 위해 윤리적인 AI 활용 가이드라인과 규제가 논의되고 있습니다.

또한 현 세대 대부분의 AI가 해결해야 할 과제도 있습니다. 때때로 사실과 다른 답변을 그럴듯하게 늘어놓거나 개발자가 의도하지 않은 방향으로 행동하려는, 이른바 환각 현상 감소 그리고 웹상의 콘텐츠에 대한 저작권 준수와 데이터 수집의 윤리적 측면을 고려하는 일이 지속적인 숙제로 남아 있습니다. 한편 클로드의 경우 엄격한 안전 규칙 때문에 일부 유용한 요청까지 거절한 사례도 있습니다. 이에 대해 일각에서는 "과도한 윤리적 제약으로 실용성이 떨어진다."는 지적도 있습니다. 앤트로픽은 이런 균형을 잡기 위해 회사 자체를 공익법인Public Benefit Corporation(PBC) 형태로 운영하고, AI를 인류에 이롭게 만들 방향으로 전략을 세우고 있습니다. 향후 AI의 발전 방향은 이처럼 강력한 성능과 신뢰성 사이에서 어떻게 균형을 맞출지가 관건이며, 전반적인 AI 윤리 기준과 규제 논의와 맞물려 결정될 것으로 보입니다. 이러한 도전 과제를 해결해나간다면, 퍼플렉시티는 단순한 검색 도구를 넘어 개인 맞춤형 AI 지식 비서로 진화하여 AI 시대의 지식 탐색 방식을 혁신할 것으로 기대됩니다.

긍정적으로 전망하자면, 안전한 AI 비서들이 대중화되어 사람들이 일상과 업무에서 AI의 도움을 자연스럽게 얻는 시대가 올 것으로 기대됩니다. 그런 미래를 위해 AI 개발자들은 모델의 성능 향상은 물론, 안전장치 마련과 사용자 피드백 반영 등에 계속 힘쓰고 있을 것입니다.

03장

UX/UI 디자인을 위한 프롬프트 엔지니어링

AI의 등장으로 UX/UI 디자인의 업무 방식은 빠르게 변화하고 있습니다. 특히 생성형 AI와 협업하기 위한 기술로 주목받는 것이 바로 '프롬프트 엔지니어링'입니다. 프롬프트 엔지니어링은 단순히 AI에게 명령을 내리는 것이 아니라 원하는 결과를 효과적으로 이끌어내기 위한 구조화된 커뮤니케이션 기술입니다. 이제 디자이너는 아이디어를 시각화하는 업무에서 나아가 AI를 조율하고 디자인의 방향성과 맥락을 설계하는 '프롬프트 디자이너'로의 역할 전환이 요구되고 있습니다. 이번 장에서는 UX/UI 디자이너가 생성형 AI와 협업할 때 반드시 익혀야 할 프롬프트 엔지니어링의 원칙과 실제 기법들을 살펴보겠습니다.

UX/UI를 위한 프롬프트 엔지니어링

AI 시대를 맞이하면서 UX/UI 분야에도 **프롬프트 엔지니어링**Prompt engineering 개념이 중요해지고 있습니다. 이는 단순히 디자인을 넘어 생성형 AI를 활용하여 디자인 과정을 혁신하는 방식을 의미합니다. UX/UI 디자이너들은 이제 그동안 해오던 역할을 AI에 맡기고, 전체적인 디자인 프로세스를 관리하는 역할로 변화하고 있습니다. 즉, UX/UI 디자이너에게도 생성형 AI를 효과적으로 활용하기 위한 프롬프트 엔지니어링은 필수 기술이 되었습니다. 이는 AI에게 정확한 요청을 내리고 원하는 결과를 얻는 과정을 포함합니다. UX/UI 디자이너가 프롬프트 엔지니어링을 적절히 활용할 수 있을 때 더 좋은 경험을 창출하고, 높은 품질의 디자인 결과물을 설계할 수 있을 것입니다.

로봇에게 일을 맡기고 있는 디자이너(출처: 미드저니 생성)

프롬프트 엔지니어링을 UX 디자인 프로세스에 접목한다는 것은 단순한 기술 학습을 넘어 작업 방식과 사고방식의 근본적인 변화를 요구합니다. 이는 AI를 활용해 UX 디자인 프로세스의 전체적인 흐름을 개선하고, 새로운 방법론을 도입해 사용자 경험을 향상시킬 수 있는 가능성을 제시합니다.

새로운 직업으로 떠오른 프롬프트 엔지니어

AI 챗봇의 등장과 함께 새로운 직업으로 급부상한 프롬프트 엔지니어는 다양한 응용 프로그램 개발, 데이터 관리 및 학습, 소프트웨어 엔지니어링과의 결합 등 광범위한 기술에 AI를 활용하고 있습니다. 특히 미국을 중심으로 이 분야의 전문가에 대한 수요가 급증하고 있으며, 높은 연봉으로 채용되고 있는 것을 볼 수 있습니다.

크리스티안 파게를리에Kristian Fagerlie는 이 분야의 선구자 중 한 명입니다. 원래 검색 엔진 최적화(SEO) 전문가였던 그는, AI 챗봇의 대중화 이후 프롬프트 엔지니어로 전향했습니다. 그의 대표적인 프롬프트 엔지니어링 프로젝트 중 하나는 넷플릭스Netflix 배우들을 위한 TV 시리즈 대본 최적화였습니다. 이 프로젝트는 배우들의 개별 특성에 맞게 대본을 조정하는 것이 목표였고, 배우뿐만 아니라 작가, 배우, 제작자 모두에게 큰 도움이 되었습니다. 그는 현재 'All about AI'라는 채널을 운영하며 프롬프트 엔지니어링과 관련된 정보를 많은 사람과 공유하고 있습니다.

크리스티안 파겔리(출처: 유튜브 채널 'All about AI')

또 다른 사례로 일본의 디지털 레시피라는 회사는 AI를 활용해 업무를 자동화하고, 기업들이 AI 도구와 API를 활용할 수 있도록 컨설팅을 제공하고 있습니다. 이들의 목표는 기존에 사람이 하던 업무를 생성형 AI 도구들로 대체할 수 있도록 도와주는 것입니다. 또한 일본의 스니프 아웃이라는 회사는 전체 개발 프로세스에 프롬프트를 활용해 스마트폰 앱 개발을 수행하였고, 해당 프롬프트를 모두 공개하기도 했습니다. 이러한 접근 방식은 프로토타입 앱을 빠르게 개발할 수 있는 시스템을 구축하는 데 큰 역할을 하고 있습니다.

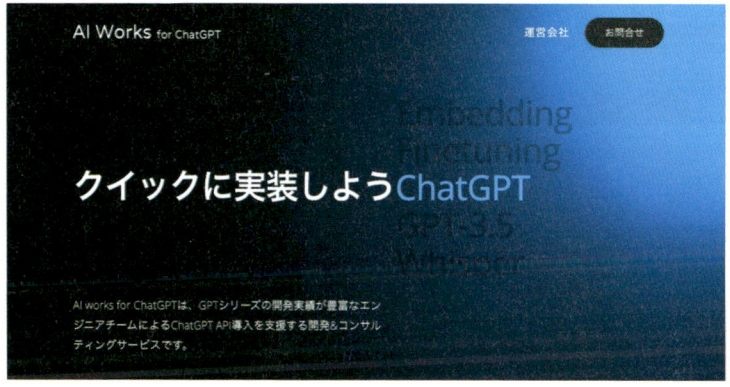

디지털 레시피 홈페이지(출처: dxr.co.jp)

프리랜서와 기업을 연결하는 온라인 플랫폼인 파이버Fiverr는 AI 서비스 분야에서 AI 아트 작업, 개발 등 다양한 업무를 대행하는 전문가와 연계하는 서비스를 제공하고 있습니다. 이와 비슷한 플랫폼으로 프롬프트 베이스PromptBase가 있습니다. 프롬프트 베이스는 사용자가 직접 만든 프롬프트를 온라인으로 판매할 수 있는 플랫폼으로, 이 사이트를 이용해 디자이너들은 본인이 설계한 프롬프트를 다른 사람에게 판매할 수 있습니다. 프롬프트가 수익 창출이 가능한 도구가 된 것입니다.

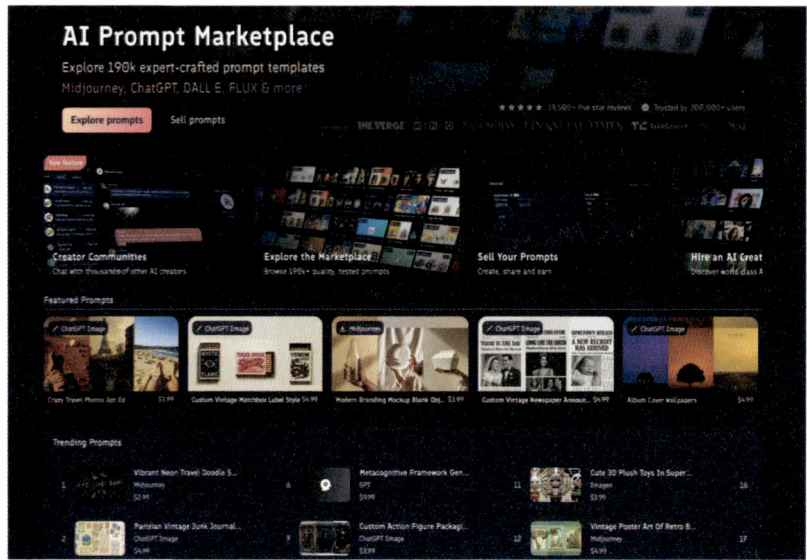

프롬프트 베이스(출처: promptbase.com)

프롬프트 디자이너를 채용하는 회사들

2024년 초에 드디어 한 디자인 회사에서 프롬프트 디자이너 채용 공고가 처음으로 등장했습니다. 이전까지 프롬프트 엔지니어 채용 공고는 있었지만, 프롬프트 디자이너는 최초였습니다. 프롬프트 디자이너 채용 공고를 낸 회사는 한국의 BX Brand Experience 전문 디자인 기업인 플러스엑스로, 그동안 브랜드 경험 디자인 분야를 선도적으로 이끌어 왔으며, 생성형 AI 활용에 있어서도 상당히 앞서가는 기업입니다.

```
Business Group              Prompt Designer

Consulting Group            채용기간
                            - 2024.03.31 자정까지
Maintenance Group
                            자격요건
                            - 신입 0명
Tech Group
                            담당업무
Back-end Developer          - 생성형 AI를 활용한 신규 서비스 개발
Prompt Designer             - 신규 AI 메타휴먼 생성 및 관리
Web Publisher               - 생성형 AI를 활용한 브랜드 키 비주얼 생성
```

플러스엑스의 프롬프트 디자이너 채용 공고(출처: plus-ex.com)

채용 공고를 살펴보면 프롬프트 디자이너의 주요 담당 업무로 "생성형 AI를 활용한 신규 서비스 개발, 신규 AI 메타 휴먼 생성 및 관리, 생성형 AI를 활용한 브랜드 키 비주얼 생성"을 꼽고 있습니다. 필요 역량으로는 "생성형 AI를 활용한 프로젝트 진행 경험, 이미지 제작 경험, 프롬프트 조합 능력" 등이 요구됩니다. 우대 사항으로는 "스테이블 디퓨전 ComfyUI 제작 경험, 로라Lora 제작 경험" 등 생성형 AI에 대한 기술적인 활용 능력을 필요로 합니다. 이제는 생성형 AI를 중점으로 브랜드 디자인에 접근할 수 있는 전문가가 필요해진 것입니다.

프롬프트 디자이너의 역할

과거 UX 디자인의 등장과 그 중요성이 점점 커지던 시기를 되돌아보면, 현재 우리가 맞이하고 있는 AI 시대에 프롬프트 엔지니어, 프롬프트 디자이너의 부상이 그와 유사한 흐름을 따르고 있다는 것을 알 수 있습니다.

한때 디자인 분야는 주로 시각 디자인, 제품 디자인, 의상 디자인과 같은 전통적인 분야로 구분되었습니다. 이 시기에는 웹사이트 디자인이나 사용자 경험(UX) 디자인과 같은 분야는 아직 명확하게 정립되지 않았습니다. 그러나 시간

이 지나며 디지털 환경과 인터랙티브한 사용자 경험의 중요성이 점점 더 부각되었고, 이로 인해 UX 디자인이라는 전문 분야가 탄생했습니다. 이 분야의 전문가들은 사용자 경험을 최적화하고, 디지털 제품과 서비스의 사용성을 높이는 데 중점을 두었습니다. 당시 UX 디자이너의 취업 환경은 대단히 좋았습니다. 사용자 조사를 해본 경험만으로도 대기업 취업이 가능할 정도였습니다. 하지만 이제 전국 모든 대학에 UX/UI 디자인 학과가 생기면서 취업 허들이 아주 높아진 환경이 되었습니다.

지금도 비슷한 상황이 전개되고 있습니다. 생성형 AI를 습득하고 이를 활용한 UX/UI 경험을 포트폴리오에 녹이면 새로운 경험을 할 기회를 더 빠르게 얻게 되었습니다. 이는 프롬프트 엔지니어링과 AI 활용 능력이 미래의 디자인 분야에서 핵심적인 역량이 될 것이기 때문입니다. 이는 단순히 새로운 기술의 도입이 아니라 디자인 프로세스와 사고방식의 근본적인 변화를 의미합니다.

이에 따라 UX 디자이너의 역할 역시 프롬프트 디자이너로 변화하고 있습니다. 이는 UX 디자인 과정을 생성형 AI를 통해 기획하고 생산하는 새로운 접근 방식입니다. UX 디자이너들이 이전까지 데이터 수집, 분석, 인사이트 도출, 프로토타입 제작 등의 작업을 수행했다면, 현재는 이러한 과정들을 생성형 AI 도구에 위임하고, 조율하고, 관리하는 데 초점을 맞추고 있습니다.

프롬프트 엔지니어링의 숙련도는 AI 기반 디자인 결과물의 품질에 결정적인 차이를 만듭니다. 같은 AI를 사용해도 활용 방법에 따라 결과물의 질은 크게 달라집니다. 예를 들어, 기본 설정으로 생성된 이미지와 전문가가 세밀하게 조정한 이미지 사이에는 눈에 띄는 차이가 발생합니다. 이는 프롬프트 작성 능력과 설정, 조정 등을 통해 원하는 결과를 최적화하고, 일관성 있게 디자인할 수 있는 능력이 필요함을 의미합니다. 더욱이 AI 도구들의 지속적인 업데이트와 발전에 따라 프롬프트 엔지니어링에 대한 체계적이고 고도화된 접근은 더욱 중요해질 것입니다.

결론적으로 이제 UX/UI 디자이너는 기본적인 디자인 능력은 물론이고 AI를 활용할 수 있는 프롬프트 엔지니어, 프롬프트 디자이너로서 역할을 확대해야 합니다. 프롬프트 엔지니어링을 통해 요청을 체계화하고, 고품질의 결과를 만들고, 관련 데이터를 수집하여 AI 모델을 학습시키는 역할을 할 수 있어야 합니다. 이는 디자이너가 AI 도구를 사용하여 더 높은 창의성과 생산성을 달성하기 위한 새로운 직무로 자리 잡고 있습니다.

UX/UI 프롬프트 엔지니어링을 위한 4원칙

프롬프트 엔지니어링은 AI에게 주어진 작업을 정확히 수행하도록 질문이나 지시문을 설계하는 방법입니다. UX/UI 디자인을 위한 LLM의 활용을 극대화하기 위해서는 프롬프트를 작성할 때 다음과 같은 4가지 주요 원칙을 잘 이해하고 활용하는 것이 중요합니다.

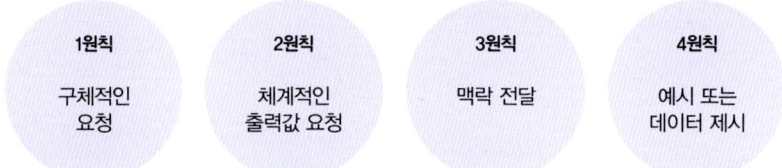

UX/UI 프롬프트 엔지니어링을 위한 4원칙

1원칙. 구체적으로 요청하기

첫 번째 원칙은 AI에 요청할 때는 구체적으로 하는 것입니다. 동료에게 업무를 요청할 때 구체적으로 요구해야 적합한 결과를 얻을 수 있듯이 AI에 요청을 할 때도 원하는 결과를 구체적으로 명시해야 합니다. 이는 AI가 작업의 세부 사항을 명확히 이해하고 수행하게 하는 필수 과정입니다. 구체적이지 않은 요청은 AI가 사용자의 목적과 목표를 인식하지 못하여 부적절한 결과를 생성할 수 있으므로 명확하고 세밀한 지침이 반드시 필요합니다.

구체적인 요청에 포함될 수 있는 UX/UI 요소들

1. **UX/UI 디자인의 목적**: 무엇을 위한 디자인인지 명확히 설명합니다. 예를 들어, 특정 사용자 그룹을 위한 문제 해결, 기존 인터페이스 개선 등의 목적을 명확히 제시합니다.

2. **대상 사용자**: 타깃 사용자의 특성, 연령대, 성향 등을 명시하여 AI가 특정 사용자의 경험을 고려한 디자인을 제시할 수 있도록 합니다.
3. **플랫폼 및 기기**: 사용할 플랫폼(모바일, 웹, 데스크톱 등)과 기기를 명확히 제시합니다.
4. **스타일 및 톤**: 원하는 시각적 스타일(예: 미니멀리즘, 복고풍 등)과 전체적인 톤(예: 신뢰감 있는, 발랄한 등)을 구체적으로 명시합니다.
5. **특정 디자인 요소**: 반드시 포함되어야 할 특정 요소(예: 내비게이션 바, 검색 기능 등)를 나열합니다.
6. **제약 사항**: 피해야 할 디자인 요소나 기술적, 정책적 제약을 명시합니다.

나쁜 프롬프트 예시

 앱 대시보드 디자인 가이드라인을 작성해주세요.

구체적인 프롬프트 예시

 모바일 뱅킹 앱의 메인 대시보드 리디자인을 위한 디자인 가이드라인을 작성해주세요.
주요 타깃은 20~40대 직장인으로, 직관적이고 신속한 금융 관리 경험을 제공하는 것이 목표입니다.
메인 대시보드는 계좌 잔액 요약, 최근 거래 목록, 송금 및 결제 버튼을 포함해주세요.
색상은 브랜드의 주요 색상인 다크 블루(#004F9E)와 라이트 그레이(#F3F4F6)를 활용해 신뢰감과 현대적 감각을 유지합니다.
iOS 디자인 가이드라인을 따르며, 반응형 디자인으로 구성해주세요.

2원칙. 체계적인 출력값 요청하기

두 번째 원칙은 체계적인 출력값 요청입니다. 출력에 대한 요구 사항을 명확히 정의하면 AI가 일관되고 구조화된 형태로 결과를 제공할 수 있어 UX/UI 디자인 작업의 품질과 효율성을 높이는 데 필수입니다. 각 항목이 명확한 형식과 구조를 따르도록 지침을 제공하면 AI는 사용자의 요구에 맞게 결과물을 체계적으로 제공할 수 있습니다. 이러한 요청 방식은 결괏값에 대한 분석과 평가에도 필요하기 때문에 매우 중요한 원칙 중 하나입니다.

체계적인 출력값 요청에 포함될 수 있는 요소들

1. **출력 형식**: AI가 제공할 결과의 형식(리스트, 표, 마크다운 등)을 명확히 명시합니다.
2. **구조화된 정보 제공**: 필요한 정보를 어떤 구조로 정리해야 하는지를 지정합니다.
3. **우선순위 설정**: 출력 정보의 중요도를 구분하거나 순위를 설정합니다.
4. **분류 기준**: 다양한 결과물을 분류하는 기준을 제공하여 일관성을 유지합니다.
5. **상세도**: 정보가 얼마나 자세히 제공되어야 하는지 명시합니다.
6. **분량**: 원하는 아이디어나 예시의 수, 분량 등을 명확히 설정합니다.

나쁜 프롬프트 예시

 UX 개선 아이디어 몇 가지를 제시해주세요.

체계적인 출력값을 제시한 프롬프트 예시

 모바일 쇼핑몰 앱의 UX 개선을 위한 5가지 아이디어를 제시해주세요. 각 아이디어는 사용자 검색 경험, 장바구니 기능, 결제 프로세스 개선 등 다양한 UX 측면을 다루어야 합니다.
다음과 같은 구조로 작성해주세요.
    1. 아이디어 제목(한 문장)
    2. 문제점 설명(2~3 문장)
    3. 제안된 해결 방안(3~4개, 불릿 포인트로 리스트)
    4. 예상 효과(200자 내외)
    5. 구현 난이도(상/중/하로 구분)

3원칙. 맥락 전달하기

세 번째 원칙은 맥락을 전달하는 것입니다. 어떤 일이든 맥락을 이해하면 목적을 이해할 수 있어 올바른 방향으로 빠르게 적합한 결과를 낼 수 있습니다. AI와 협업에서도 마찬가지입니다. AI 역시 요청받은 작업에 대한 목적, 비즈니스 목표, 타깃 사용자 등과 같은 배경 정보를 충분히 이해하면 보다 적절한 솔루션을 제시할 수 있습니다. 맥락이 부족하면 AI는 의도와 어긋난 결과를 제공할 가능성이 큽니다.

맥락을 효과적으로 전달하는 데 활용 가능한 UX/UI 요소

1. **프로젝트 배경**: 현재 진행 중인 프로젝트의 목표와 전반적인 배경을 설명하여 AI가 방향성을 이해하도록 합니다.
2. **사용자 정보**: 타깃 사용자의 특성, 행동 패턴 등을 제공하여 사용자의 요구에 맞는 디자인을 출력하도록 유도합니다.
3. **비즈니스 목표**: 해결하려는 비즈니스 목적을 명시해 실실석인 성과를 도출할 수 있는 결과물을 유도합니다.
4. **기술적 제약**: 플랫폼이나 기술과 관련된 제약 사항을 제공하여, AI가 현실성 있는 제안을 하도록 합니다.
5. **경쟁사 정보**: 관련 시장과 경쟁사 분석을 통해 우리 서비스·제품의 차별화에 도움을 줄 수 있습니다.
6. **브랜드 가이드라인**: 디자인이 브랜드 정체성과 일치하도록 가이드라인을 제공합니다.

나쁜 프롬프트 예시

 식생활 관리 앱 와이어 프레임 설계해주세요.

맥락을 전달한 프롬프트 예시

 '힐링 앤 웰빙'이라는 건강 관리 앱의 디자인을 진행 중입니다.
타깃 사용자는 25~45세로, 이 서비스를 통해 이들의 스트레스 완화와 식생활 관리를 돕는 것을 목표로 하고 있습니다.
주요 경쟁사로는 Calm과 Headspace가 있으며, 우리는 개인 맞춤형 명상 플랜과 AI 기반 리마인더 기능을 차별화 포인트로 두고 있습니다.
사용자 피드백에 따르면, 단순한 UI와 고요한 색감의 조합을 선호하는 것으로 보입니다. 따라서 앱의 주요 테마 색상은 라벤더(#E6E6FA)와 연한 그린(#98FB98)입니다.
이번 작업은 식생활 관리 시작 페이지의 리디자인이며, 화면 첫 진입 시 사용자 맞춤형 식단을 보여 줄 수 있도록 와이어 프레임을 설계해주세요.

4원칙. 예시 또는 데이터 제시하기

마지막 원칙은 원하는 결과물에 대한 구체적인 예시 또는 데이터를 제공하는 것입니다. 이를 활용해서 AI는 더 명확하고 요청에 부합하는 결과물을 생성할 수 있습니다. 특히 질적으로 우수한 예시나 다양한 데이터는 문제를 다각도로 보고 명확한 방향성과 밀접한 사례들을 제공해 실현 가능한 결과물을 만들 수 있도록 돕습니다.

예시와 데이터를 제시할 때 활용 가능한 UX/UI 요소

1. **참고 디자인**: 원하는 스타일이나 레이아웃과 유사한 디자인 예시를 제공하여 AI의 이해를 돕습니다.
2. **사용자 데이터**: 타깃 사용자의 행동과 선호도에 관한 데이터를 제시하여 AI가 실제 사용자에 맞는 디자인을 생성하도록 합니다.
3. **성공 사례**: 유사한 프로젝트의 성공 사례나 우수 사례를 제공해 설득력 있는 디자인을 제안할 수 있습니다.

4. **브랜드 가이드**: 브랜드 스타일과 기존 가이드를 제공하여 디자인의 일관성을 유지하도록 합니다.
5. **프로토타입 및 와이어프레임**: 초기 아이디어를 시각적으로 제공하여 AI가 디자인 방향성을 이해하도록 합니다.

나쁜 프롬프트 예시

결제 페이지를 효과적으로 디자인할 수 있는 방법을 제시해주세요.

데이터를 제시한 프롬프트

우리는 새로운 전자상거래 플랫폼의 결제 페이지를 리디자인하고 있습니다.
현재 해당 페이지의 이탈률은 40%로, 사용자 피드백으로 유추한 이탈 이유는 결제 프로세스가 복잡하다는 것입니다.
경쟁사의 결제 페이지를 참고하여 사용자 경험을 개선하고, 우리 브랜드의 주요 색상(#0000FF, #FFA500)을 활용해 간단하고 직관적인 결제 흐름을 제안해주세요. 또한, 이탈률을 줄이기 위해 프로세스를 3단계로 축소하는 방법을 제안해주세요. 다음은 경쟁사의 결제 페이지와 현재 페이지의 히트맵 데이터입니다.

[경쟁사 결제 페이지, 히트맵 이미지 첨부]

지금까지 살펴본 이 4원칙은 UX/UI 디자인을 하는 데 AI와의 협업 효율을 극대화하기 위한 핵심 원리입니다. 이 4가지 원칙을 활용하면 AI는 사용자 중심적이며 창의적인 결과를 제안하고, 디자이너는 이를 기반으로 혁신적인 UX/UI 솔루션을 도출할 수 있습니다. 이 원칙을 이해하고 AI를 활용하는 디자이너와 그렇지 않은 디자이너의 결과물에는 큰 차이가 있을 것입니다. 이제 이 4원칙을 기반으로 좀 더 세부적인 프롬프트 엔지니어링 기법 3가지를 살펴보겠습니다.

페르소나 기법

페르소나 기법 Persona Prompting은 LLM이 특정 사용자, 전문가 또는 이해관계자의 역할을 시뮬레이션하도록 유도하는 프롬프트 엔지니어링 방식입니다. UX/UI 디자인에서는 페르소나 기법을 통해 모델이 특정 사용자의 관점에서 피드백을 제공하거나 디자이너, 개발자 또는 비즈니스 전문가의 역할을 맡아 다양한 관점에서 문제를 분석하고 해결책을 제시하도록 활용합니다. 이를 통해 더 높은 수준으로 데이터 생성 및 분석을 수행하여 맥락에 적합한 아이디어와 피드백을 생성할 수 있으며 다양한 사용자 시나리오를 검증하거나 문제 해결을 위해 다각적인 접근을 시도할 때 효과적입니다.

한 연구(Lee, J. 2023)[1] 결과를 살펴보면, 페르소나 프롬프팅을 사용하지 않을 때는 일반적인 오픈 도메인 챗봇 수준으로 작동하던 모델이, 페르소나 프롬프팅을 사용하자 성능이 향상되는 것을 볼 수 있습니다.

---

[1] Lee, J., Oh, M., & Lee, D. (2023). P5: Plug-and-Play Persona Prompting for Personalized Response Selection. Proceedings of the 2023 Conference on Empirical Methods in Natural Language Processing, 16571–16582

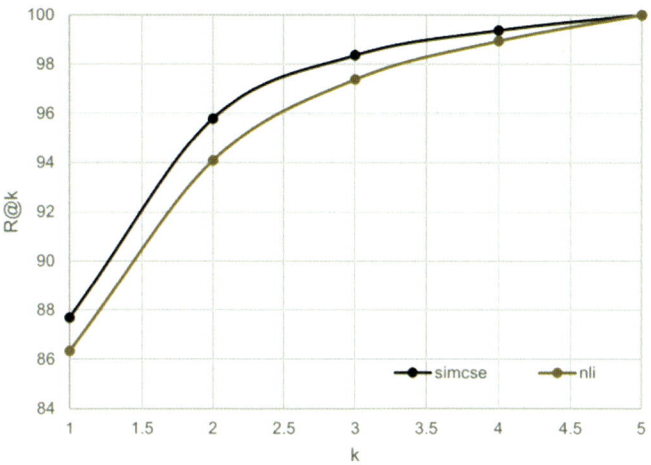

유사도 모델에 페르소나 프롬프트 기법을 적용했을 때의 성능 차이(출처: 2023.emnlp-main.1031)

단일 및 다중 페르소나 기반 프롬프팅이 다양한 지식 테스트 환경에서 어떻게 영향을 미치는지를 평가한 연구들도 있습니다. 한 연구(Olea, C. 2024)[2]에서는 단일 에이전트 전문가 페르소나는 높은 개방성의 작업에서 더 나은 성능을 보인 것을 알 수 있습니다. 또 다른 연구(Wang, Z. 2024)[3]에서는 적합한 맥락을 제공하면 멀티 페르소나 기법을 사용할 경우에도 보다 유의미한 답변과 결과를 얻을 수 있는 것을 볼 수 있습니다.

---

[2] Olea, C., Tucker, H., Phelan, J., Pattison, C., Zhang, S., Lieb, M., Schmidt, D., & White, J. (n.d.). Evaluating Persona Prompting for qeustion Answering Tasks. 10th International Conference on Artificial Intelligence and Soft Computing. Retrieved from Vanderbilt University website.

[3] Wang, Z., Mao, S., Wu, W., Ge, T., Wei, F., & Ji, H. (2024). Unleashing the emergent cognitive synergy in large language models: A task-solving agent through multi-persona self-collaboration. Proceedings of the 2024 Conference of the North American Chapter of the Association for Computational Linguistics: Human Language Technologies (Volume 1: Long Papers), 257–279. Mexico City, Mexico: Association for Computational Linguistics. https://doi.org/10.18653/v1/2024.naacl-long.15

단일 페르소나 기법

페르소나 기법은 역할 지정 단위에 따라서 단일 페르소나 기법과 다중 페르소나 기법으로 나눌 수 있습니다. **단일 페르소나 기법**은 LLM이 한 명의 특정 역할을 가지는 전문 디자이너, 사용자 혹은 비즈니스 이해관계자처럼 행동하도록 설정하는 프롬프트 엔지니어링 기법입니다. UX/UI 디자인에서 이 기법은 특정 사용자의 관점에서 디자인 피드백을 제공하거나 디자이너로서 창의적인 아이디어를 생성하며 타깃 사용자의 요구를 대변하는 데 유용합니다. 이는 명확하고 일관된 응답률을 높이는 데 큰 도움이 됩니다. 이를 통해 LLM이 사용자의 관점이나 브랜드 콘셉트에 맞춘 구체적이고 실용적인 대안을 제시하는 데 도움을 받을 수 있는 것입니다.

단일 페르소나 기법을 위한 프롬프트 예시 1(역할: UX 디자이너)

당신은 10년 이상 경력의 UX 디자인 전문가입니다.
달리기 기록 모바일 앱 로그인 화면 UX/UI 디자인에 대한 의견을 주세요.
사용자 경험을 개선하기 위한 3가지 제안(전략, 기능, 스타일)을 작성해주세요.

사용자 경험을 개선하기 위한 3가지 제안
1. 전략: 사용자 여정을 고려한 직관적 로그인 흐름
목표: 사용자가 앱에 쉽게 접근하고 빠르게 자신의 달리기 데이터를 확인할 수 있도록 로그인 과정을 간소화합니다.
구체적인 실행 방안:
소셜 로그인 통합: 구글, 애플, 페이스북 계정을 통한 로그인 옵션 추가. 기존 사용자와 신규 사용자를 빠르게 분류하여 적합한 첫 화면으로 이동
"게스트 모드" 제공: 계정 없이도 앱의 일부 기능(예: 기록 보기, 목표 설정)을 체험하도록 하여 신규 사용자의 앱 채택을 유도
자동 로그인: 사용자 기기에 저장된 로그인 정보를 활용해 반복적인 로그인 필요성을 제거

2. 기능: 동기 부여를 위한 개인화된 환영 메시지

목표: 로그인 화면부터 동기 부여와 감정적 연결을 강화합니다.

구체적인 실행 방안:

사용자의 최근 달리기 기록 데이터를 기반으로 맞춤 메시지 표시. 예: "정회경 님, 지난주 15km를 달리셨군요! 오늘도 도전해볼까요?

달리기 목표 알림: 로그인 화면에서 오늘의 목표(예: "오늘 5km를 달릴 준비가 되셨나요?")를 표시하여 지속적인 동기 부여

간단한 데이터 시각화: 로그인 화면에 간단한 차트나 최근 기록 요약을 제공해 앱 진입의 가치를 전달

3. 스타일: 운동 특화 감성의 UI 디자인

목표: 스포츠와 달리기 활동을 연상시키는 시각적 요소를 통해 사용자의 몰입감을 향상시킵니다.

구체적인 실행 방안:

색상 선택: 생동감을 주는 강렬한 색상 팔레트(예: 네온 오렌지와 차분한 블루)를 사용해 에너지와 집중력을 표현

동적인 요소: 달리기를 상징하는 애니메이션이나 움직이는 배경(예: 달리는 실루엣)을 통해 화면을 역동적으로 연출

미니멀리즘 레이아웃: 군더더기 없는 간결한 디자인으로 집중도 향상. 주요 CTA 버튼은 강렬한 대비를 주어 즉각적으로 주목 가능

단일 페르소나 기법을 위한 프롬프트 예시 2(역할: 공유 킥보드 사용자)

당신은 25세의 대학생이고, 공유 킥보드 모바일 앱을 사용해 개인화된 모빌리티 서비스를 자주 이용합니다. 당신은 서비스의 전용 내비게이션이 불편하다고 느끼고 있습니다. 공유 킥보드 전용 내비게이션에서 개선해야 할 점을 사용자 관점에서 3가지 제안해주세요.

사용자 관점 개선할 점 3가지

경로 최적화와 안전 정보 제공

문제: 전동 킥보드 전용 내비게이션이 일반 차량 내비게이션처럼 주요 도로 중심으로 경로를 안내해 킥보드 주행에 적합하지 않을 수 있음

개선안:
- 전동 킥보드 주행에 적합한 자전거 도로나 인도와 가까운 차선을 우선적으로 안내
- 도로 상태 정보(예: 포트홀, 경사로) 및 킥보드 금지 구역 표시 추가
- 주행 속도에 맞춘 안전 팁과 경고 메시지 제공
- 충전소와 킥보드 주차 구역 정보 통합

문제: 목적지 근처에 킥보드를 반납할 수 있는 지정 구역을 찾기 어렵거나, 반납 구역이 멀리 있어 불편함
개선안:
- 경로 내 충전소와 반납 구역을 실시간으로 표시
- 목적지 주변의 반납 구역까지의 거리 및 도보 이동 시간 안내
- 가까운 충전소에서 대기 중인 킥보드 상태 정보도 제공
- 사용자 맞춤형 인터페이스

문제: 모든 사용자가 동일한 경로와 설정을 제공받아 주행 경험이 비효율적
개선안:
- 개인화된 경로 추천(예: 사용자의 주행 이력, 주로 사용하는 시간대 및 경로에 맞춘 안내)
- 배터리 상태 기반 경로 안내로, 배터리가 부족할 경우 짧은 경로를 우선 추천
- 음성 안내, 화면 UI, 언어 설정 등을 사용자가 간편하게 조정할 수 있도록 옵션 제공

멀티 페르소나 기법

멀티 페르소나 기법은 여러 역할이나 성격을 가진 페르소나를 동시에 설정하여 다양한 관점에서 UX/UI 디자인 문제를 분석하고 해결하는 기법입니다. 이 기법은 사용자 경험 개선과 다양한 시나리오 검증에 효과적입니다. 예를 들어, 개발자, 디자이너, 사용자 또는 비즈니스 이해관계자의 시각에서 동시에 피드백을 받음으로써 특정 결정이 어떤 영향을 미칠지 다각도로 평가하고, 보다 균형 잡힌 디자인 솔루션을 도출할 수 있습니다. 특히 대규모 프로젝트나 다양한 사용자 그룹의 요구를 반영해야 하는 상황에서 효과적입니다. 또한 페르소나

간의 상호 작용을 통해 모순점이나 새로운 창의적인 아이디어를 발견할 수 있습니다.

TIP 챗GPT는 마크다운Markdown 형식을 이해하기 때문에 프롬프트 작성 시 # 기호로 각 부분에 제목을 붙여 구분합니다.

멀티 페르소나 기법을 위한 프롬프트 예시

#설정: 당신은 UX/UI 디자인에 참여하는 네 명의 전문가입니다. 각 페르소나는 다음과 같습니다.

리사: 7년 경력의 UX 디자이너로, 사용자 경험의 직관성과 심미성을 강조합니다.
마크: 프런트엔드 개발자로, 기술적 구현 가능성과 개발 효율성을 우선시합니다.
제인: 일반 사용자로, 일상적인 앱 사용에서의 편의성과 접근성을 중요시합니다.
톰: 비즈니스 매니저로, 앱이 회사의 비즈니스 목표를 얼마나 효과적으로 지원하는지 분석합니다.

#디자인 문제:
모바일 의류 쇼핑 앱의 검색 화면 디자인을 개선하려고 합니다. 현재의 문제는 다음과 같습니다.
- 검색 필드와 카테고리 버튼이 너무 작아 사용자가 불편을 겪고 있다.
- 필터 옵션이 메뉴 아래에 숨겨져 있어 접근하기 어렵다.
- 페이지 로딩 속도가 느려 검색 경험이 답답하게 느껴진다.

#요구 사항:
각 페르소나가 문제를 어떻게 분석하고 해결 방안을 제안할지 각각의 관점에서 답변해주세요. 네 명의 의견이 서로 다를 경우 조율할 방법도 제안해주세요.

리사(UX/UI 디자이너)
분석:
1. 검색 필드와 카테고리 버튼이 작아 사용성이 떨어지고, 터치 타깃 크기가 작아 모바일 사용자가 클릭 오류를 일으킬 가능성이 높음
2. 필터 옵션이 숨겨져 있어 사용자가 검색 경험에서 중요한 요소를 직관적으로 접근하지 못함

3. 느린 로딩 속도는 사용자 경험에 있어 큰 단점으로, 사용자가 앱을 떠날 가능성을 높임

제안:
- 검색 필드와 카테고리 버튼 크기를 확대하고, 여백과 시각적 힌트(아이콘, 텍스트)를 추가해 직관적으로 사용할 수 있도록 개선
- 필터 옵션을 메뉴 밖으로 배치하거나 드롭다운 메뉴로 쉽게 접근하도록 변경
- 로딩 중 상태를 사용자에게 알려 주는 로딩 애니메이션을 추가하고, 기술적 최적화로 로딩 시간을 줄임

마크(프런트엔드 개발자)
분석:
1. 버튼과 검색 필드의 크기가 작아 사용자의 터치 입력을 제대로 처리하지 못할 가능성 있음
2. 필터 옵션이 메뉴 안에 있어 DOM 복잡도가 증가, 접근성을 저하시키고 코드를 리팩터링해야 할 필요가 있음
3. 로딩 속도가 느린 이유는 네트워크 요청 최적화 부족 또는 백엔드 API 문제일 가능성이 큼

제안:
- 검색 필드와 버튼의 크기를 모바일 친화적인 48dp 이상의 표준 크기로 조정
- 필터 옵션을 상단으로 이동하거나, 부드러운 슬라이드 효과를 추가해 인터랙션의 자연스러움을 보장
- 로딩 속도를 개선하기 위해 데이터 페이징, 캐싱, API 응답 시간 최적화 등을 검토

제인(일반 사용자)
분석:
1. 검색 필드와 카테고리 버튼이 작아 오작동하거나 제대로 눌리지 않아 불편
2. 필터 옵션이 어디에 있는지 찾기 어렵고 사용 과정이 복잡해짐
3. 검색 후 로딩 속도가 느려 앱을 포기하고 다른 앱으로 이동하고 싶어짐

제안:
- 버튼 크기를 키워 더 쉽게 터치할 수 있도록 하고, 필터 옵션은 한눈에 보이는 위치에 배치

- 필터를 적용하는 즉시 결과가 실시간으로 갱신되면 좋겠음
- 로딩 중에는 진행 상태를 보여 주고 예상 대기 시간을 짧게 만들어 스트레스를 줄일 것

톰(비즈니스 매니저)
분석:
1. 검색과 필터 기능은 고객이 제품을 찾고 구매하는 과정에서 가장 중요한 터치포인트. 작은 버튼과 숨겨진 필터는 고객 이탈률을 높임
2. 느린 로딩 속도는 고객 만족도를 떨어뜨리고 경쟁 앱으로 이탈하게 만드는 주요 원인
3. 검색 화면은 매출과 직결되는 핵심 페이지로, 개선이 시급

제안:
- 고객 데이터 분석을 통해 사용 빈도가 높은 기능을 우선적으로 배치
- 검색 및 필터 관련 문제를 해결해 고객이 더 많은 제품을 탐색하도록 유도
- 로딩 속도를 개선하면 구매 전환율이 높아질 것으로 예상되므로 기술적 최적화를 적극 지원

소율 망안
리사의 직관성과 심미성: 제안된 UI 개선 방향에서 사용자 중심의 인터랙션 디자인을 반영
마크의 기술적 구현 가능성: 디자인이 개발 효율성을 해치지 않도록 프로토타입을 통해 기술적 제약과 구현 가능성을 사전 검토
제인의 사용성 피드백: 일반 사용자로서의 경험을 지속적으로 반영하며, 사용자 테스트를 통해 디테일 보완
톰의 비즈니스 관점: 디자인 및 개발 결과물이 매출 증가로 이어질 수 있도록 데이터 기반의 의사 결정을 지원

이처럼 페르소나 기법은 LLM이 보다 정확한 맥락과 일관성 있는 답변을 생성할 수 있도록 하고, 다양한 의견을 보다 효과적으로 수렴하는 데 큰 도움을 줄 수 있습니다.

예시 기반 기법

예시 기반 기법 Example-based Techniques은 LLM에 특정 작업이나 요구 사항을 명확히 전달하기 위해 1개 이상의 예시를 제공하여 AI 모델이 해당 데이터를 학습하고 유사한 결과물을 생성하도록 유도하는 프롬프트 엔지니어링 방식입니다. 이 기법은 제공된 예시와 유사한 작업 맥락에 적합하고, 일관성 있는 결과를 얻는 데 효과적입니다.

UX/UI 디자인에서 이 기법은 피드백 작성, 아이디어 생성, 사용자 시나리오 설계, UX 라이팅 등 거의 대부분의 태스크에서 활용될 수 있습니다. 제공하는 예시의 수량에 따라 **원샷 프롬프팅**One-Shot Prompting(단일 예시 제공)과 **퓨샷 프롬프팅**Few-Shot Prompting(여러 예시 제공)으로 구분할 수 있습니다. 이 기법은 제공된 예시 데이터를 통해서 AI 모델의 이해를 도와, 보다 요청에 적합한 답변을 유도하여 UX/UI 디자인 프로세스 단계에서 생성되는 각 결과물의 적합도 수준을 높일 수 있습니다.

원샷 프롬프팅 기법

원샷 프롬프팅 기법은 하나의 예시를 기반으로 유사한 패턴의 응답을 생성하도록 유도하는 프롬프트 엔지니어링 방식입니다. 이 기법은 사용자가 모델에 제공하는 예시 하나만으로 맥락을 이해하고 요구 사항에 부합하는 결과물을 생성하도록 돕습니다.

원샷 프롬프팅 기법의 주요 장점은 간결성과 효율성에 있습니다. 단순한 작업이나 특정 형식의 답변이 필요한 경우, 다수의 예시 없이도 일관된 결과를 얻을 수 있습니다. 특히 UX/UI 프로세스에서 반복되는 단계별 과정마다 이전에 작업한 좋은 사례와 데이터를 활용할 수 있습니다. 원샷 프롬프팅 기법은 낮은 학습 비용과 짧은 시간 안에 일관성 있고 높은 정확성을 유지할 수 있어 비교적 가볍고 빠른 문제 해결에 활용하는 것이 적합합니다.

원샷 프롬프팅 예시 1

#디자인 피드백 요청
다음 #예시를 참고해서 #요청에 대한 디자인 피드백을 작성해주세요.

#예시:
- 문제: 버튼이 너무 작아 사용자가 클릭하기 어렵습니다.
- 해결 방안: 버튼 크기를 44px 이상으로 확대하여 터치하기 쉽게 만드세요.
- 기대 효과: 사용자 접근성이 향상되고, 클릭 오류가 줄어들 것입니다.

#요청:
검색 필드가 모바일 화면에서 작아 불편하다는 피드백에 대한 문제, 해결 방안, 기대 효과를 작성해주세요.

- **문제**: 모바일 화면에서 검색 필드의 크기가 작아 입력이 어렵고 가독성이 떨어집니다.
- **해결 방안**: 검색 필드의 높이를 48px 이상으로 확대하고, 내부 여백(Padding)을 늘려 입력 공간을 확보하세요. 또, 글자 크기를 최소 16px로 설정해 가독성을 높이세요.
- **기대 효과**: 사용자 입력 경험이 개선되고, 모바일 사용자의 편의성과 만족도가 증가할 것입니다.

원샷 프롬프팅 예시 2

#사용자 경험 개선 아이디어 요청
다음 #예시를 참고해서 #요청에 대한 디자인 피드백을 작성해주세요.

#예시:
- 문제: 내비게이션 바가 복잡하여 사용자가 원하는 기능을 찾기 어렵습니다.
- 개선 방안: 내비게이션 바를 단순화하고 주요 기능을 드롭다운 메뉴로 재구성하세요.
- 기대 효과: 사용자가 원하는 기능을 더 빠르게 찾을 수 있어 만족도가 증가할 것입니다.

#요청:
'모바일 앱의 필터 옵션이 잘 보이지 않아 사용자가 불편을 겪는 상황'에 대한 문제, 개선 방안, 기대 효과를 작성해주세요.

- **문제**: 모바일 앱의 필터 옵션이 잘 보이지 않아 사용자가 원하는 옵션을 찾거나 활용하는 데 어려움을 겪고 있습니다.
- **개선 방안**: 필터 옵션을 화면 상단 또는 고정된 위치로 이동시켜 시각적 노출을 강화하세요. 또, 필터 옵션의 크기와 버튼을 확대하고, 직관적인 아이콘과 라벨을 추가해 사용자가 쉽게 인식할 수 있도록 개선하세요.
- **기대 효과**: 사용자가 필터 옵션을 빠르게 인지하고 활용할 수 있어 탐색 효율성이 향상되고 앱 사용 만족도가 높아질 것입니다.

원샷 프롬프팅 예시 3

#UI 구성 요소 정의 요청
다음 #예시를 참고해서 #요청에 대한 UI 구성 요소를 정의해주세요.

#예시:
- 구성 요소 이름: 검색 바
- 구성 요소 유형: 텍스트 입력 필드
- 기능: 사용자가 검색어를 입력하고 결과를 필터링
- 위치: 화면 상단

#요청:
로그인 버튼의 UI 구성 요소를 위와 동일한 형식으로 정의해주세요.

- **구성 요소 이름**: 로그인 버튼
- **구성 요소 유형**: 버튼
- **기능**: 사용자가 계정에 로그인하기 위해 클릭하는 동작 수행
- **위치**: 화면 우측 상단 또는 로그인 화면 중앙 하단

퓨샷 프롬프팅 기법

퓨샷 프롬프팅 기법은 여러 개의 예시를 제공하여 모델이 원하는 작업의 맥락과 패턴을 더 잘 이해하고 일관성 있는 응답을 생성하도록 유도하는 프롬프트 엔지니어링 기법입니다. 다수의 예시를 활용해 모델이 특정 스타일, 논리 구조 또는 기대하는 결과물의 형식을 학습하도록 도와줍니다. 이는 원샷 프롬프팅 기법보다 명확성과 예측 가능성이 높아, 보다 정교하고 복합적인 작업에 적합합니다.

UX/UI 디자인에서는 다양한 의견 수렴 또는 복잡한 작업을 수행하는 데 도움을 받을 수 있습니다. 예를 들어 사용자 페르소나 생성, 피드백 정리, 컴포넌트 라이브러리 구축 등과 같은 반복적이고 체계적인 작업에 일관적으로 활용할 수 있습니다.

퓨샷 프롬프팅 예시 1

#디자인 피드백 작성 요청
아래 #예시를 참고해서 #요청에서 제공한 문제에 대한 디자인 피드백을 작성해주세요.

#예시 1:
- 문제: 버튼 텍스트가 작아 가독성이 떨어짐
- 해결 방안: 텍스트 크기를 16px로 확대하고, 굵은 글꼴을 사용하세요.
- 기대 효과: 가독성이 향상되어 사용자 만족도가 증가할 것입니다.

#예시 2:
- 문제: 메뉴가 화면 상단에 고정되어 있지 않아 스크롤 시 접근이 어려움
- 해결 방안: 고정 내비게이션 바를 추가해 언제든 접근 가능하도록 설정하세요.
- 기대 효과: 사용자 편의성이 개선되고 탐색 시간이 단축될 것입니다.

#요청:
검색 결과 필터가 사용자에게 명확하지 않다는 피드백에 대한 문제, 해결 방안, 기대 효과를 위와 동일한 형식으로 작성해주세요.

- **문제**: 검색 결과 필터가 직관적이지 않아 사용자가 옵션을 이해하거나 활용하기 어렵습니다.
- **해결 방안**: 필터 옵션에 직관적인 아이콘과 명확한 라벨을 추가하고, 필터 상태를 실시간으로 반영하는 시각적 피드백(예: 선택된 옵션 하이라이트)을 제공하세요.
- **기대 효과**: 사용자가 필터 옵션을 쉽게 이해하고 활용할 수 있어 검색 경험이 개선되고, 사용자 만족도가 높아질 것입니다.

퓨샷 프롬프팅 예시 2

#사용자 페르소나 작성 요청
다음 #예시를 참고하여 사용자 페르소나를 작성해주세요.

#예시 1:
- 이름: 김유나
- 나이: 29세
- 직업: 마케팅 매니저
- 목표: 직관적인 인터페이스를 통해 빠르게 데이터를 정리하고 보고서를 작성하고 싶음.
- 공통점: 복잡한 UI로 인해 필요한 데이터를 찾는 데 시간이 걸림.

#예시 2:
- 이름: 박현수
- 나이: 35세
- 직업: 소매업 관리자
- 목표: 매장 관리에 필요한 주요 데이터를 한 화면에서 쉽게 확인하고 싶음.
- 공통점: 데이터가 여러 화면에 분산되어 있어 업무가 비효율적임.

#요청:
'교육용 앱을 사용하는 대학생 사용자'에 대한 페르소나를 위와 같은 형식으로 작성해주세요.

이름: 이지훈
나이: 22세
직업: 대학생(경영학과 3학년)
목표: 강의 내용을 쉽게 이해하고, 학습 자료를 정리하며 시험 준비를 효율적으로 하고 싶음.
공통점: 학습 자료가 앱에 비직관적으로 배치되어 있고, 원하는 강의 자료를 찾는 데 시간이 많이 소요됨.

퓨샷 프롬프팅 예시 3

#UI 구성 요소 정의 요청
다음 예시를 참고해 UI 구성 요소를 정의해주세요.

#예시 1
- 구성 요소 이름: 검색 바
- 구성 요소 유형: 텍스트 필드
- 기능: 검색어를 입력하고 관련 결과를 필터링
- 위치: 화면 상단

#예시 2
- 구성 요소 이름: 필터 버튼
- 구성 요소 유형: 버튼

- 기능: 검색 결과를 필터링 옵션에 따라 정렬
- 위치: 검색 바 오른쪽

#요청:
로그인 화면의 '비밀번호 재설정 링크' 구성 요소를 위와 같은 형식으로 작성해주세요.

구성 요소 이름: 비밀번호 재설정 링크
구성 요소 유형: 링크 텍스트
기능: 사용자가 비밀번호를 잊었을 때 비밀번호 재설정 페이지로 이동할 수 있도록 안내
위치: 로그인 버튼 아래 또는 로그인 필드 하단

후카츠식 프롬프트 기법(형식 기법)

프롬프트를 작성할 때는 단순히 한 줄의 질문을 던지는 것보다, 필요한 맥락과 조건을 구조화해서 전달하면 AI가 의도를 더 잘 이해합니다. 이러한 구조화된 프롬프트 기법은 말 그대로 프롬프트의 형식을 체계적으로 잡는 전략입니다. 앞서 역할을 부여하는 페르소나 기법이나 원하는 출력 형식을 미리 지정하는 예시 기반도 형식 기법의 하나입니다. 이처럼 프롬프트를 구조화하는 대표적인 방법 중 하나로는 **후카츠식 프롬프트 기법**이 있습니다.

후카츠식 프롬프트란 일본의 블로그 서비스, 노트Note의 CXO Chief Experience Officer 인 후카츠 타카유키가 개발한 LLM 프롬프트 작성 프레임워크입니다. 이 기법의 핵심은 AI가 논리적이고 체계적인 응답을 할 수 있도록 프롬프트를 구조화하는 데 있습니다. 후카츠식 프롬프트의 기본 개념은 프롬프트를 4가지 영역으로 나누는 것입니다. 각각 **지침**(명령문), **제약 조건**, **입력문**, **출력문**으로 구성됩니다. 이 4가지 틀에 맞춰 AI에 전달하고 싶은 역할, 조건, 질문, 기대하는 답 형식을 담는 것입니다. 각 영역을 정리하면 다음과 같습니다.

- **지침(명령문)**: AI가 따라야 할 기본 지시나 역할을 정의합니다. 보통 "당신은 ___입니다."처럼 AI에게 특정 역할을 부여하며 시작합니다. 그리고 이 프롬프트 전체에서 AI가 무엇을 해야 하는지 간단히 설명합니다.
- **제약 조건**: AI가 답변을 생성할 때 지켜야 할 조건이나 제한 사항을 나열합니다. 글자 수, 문체나 어조, 포함해야 할 요소 등을 명확히 제시하는 것입니다. 예를 들어, 글자 수 100자 이내, 해시태그 5개 포함, 친근한 말투 사용 등 구체적인 요구 사항을 정리합니다. 제약 조건은 어떤 형태로 출력할지에 대한 구체적인 가이드라인 역할을 합니다.

- **입력문**: 해결해야 할 문제나 참고할 데이터 혹은 사용자의 질문을 작성합니다. 예를 들어 "제품의 사용자 피드백 목록"이나 "로그인 실패 시 표시할 오류 메시지를 작성해주세요."처럼 AI가 작업을 수행하는 데 필요한 맥락 정보나 요구 사항을 기술하는 부분입니다.
- **출력문**: 원하는 응답 형식이나 내용을 지정하는 부분입니다. 일반적으로 "#출력문:"까지 입력하고 구체적인 요청을 작성하면 AI가 그에 맞는 답변을 작성합니다. 출력문의 요소, 형식, 분량을 구체적으로 요청하면 원하는 방식의 출력문을 얻는 데 용이합니다.

후카츠식 프롬프트가 특히 주목받는 이유는 **명확한 역할 부여**입니다. '지침' 부분에 AI의 역할이나 목표를 분명히 적시함으로써 AI가 답변할 때 일관된 관점을 유지하게 됩니다. 예를 들어 "당신은 전문 여행 가이드입니다."로 시작하면 이후 답변이 그 전문가의 관점을 따르게 됩니다. 두 번째는 **세밀한 조건 제시**입니다. 제약 조건 항목에 글의 분량, 어투, 포함해야 할 세부 사항 등을 나열하면 출력 결과가 훨씬 요구에 가까워집니다. 출력에서 지켜야 할 사항을 명확히 지정하면 불필요한 정보가 줄고 답변 품질이 높아집니다. **응답 범위 제어**로 지침과 제약을 통해 AI의 답변 범위를 의도적으로 좁힐 수 있습니다. 예를 들어 "한 문장으로 답변"처럼 구체적으로 요구하면 원하는 형식의 응답을 얻을 수 있습니다. 마지막으로 **템플릿 재사용의 용이성**입니다. 이 틀을 한 번 만들어 두면 비슷한 작업을 반복할 때 입력문만 교체하고 활용할 수 있어 업무 생산성이 크게 향상됩니다.

이렇게 4가지 영역으로 명확히 분리하면 어떤 요소를 빠뜨렸는지 확인하기 쉽고, 원하는 바를 체계적으로 전달할 수 있을 뿐만 아니라 결과가 마음에 들지 않을 때 어느 부분을 수정해야 할지 빠르게 판단할 수 있습니다.

그렇다면 후카츠식 프롬프트 기법을 UX/UI 업무에는 어떻게 활용할 수 있을지 예시를 통해 살펴보겠습니다.

예시 1. UX 리서치 결과 요약

한 주니어 UX 디자이너가 챗GPT로 UX 리서치 결과를 요약하는 상황을 가정해 보겠습니다. 인터뷰와 설문으로 다양한 피드백을 얻었고, 여기서 주요 인사이트를 뽑아내려 합니다. 이때 후카츠식 프롬프트 기법을 활용하면 다음과 같이 효율적으로 요점 정리를 할 수 있습니다.

후카츠식 프롬프트 활용 단계

1. **상황 정의**: AI에 맡길 역할과 수행할 작업의 목표를 정합니다. 역할을 'UX 리서치 결과를 분석하는 전문가'로 하고, 목표를 '사용자 피드백에서 공통된 문제점과 개선점 추출'로 정합니다.
2. **조건 설정**: 요약 결과의 형태를 결정합니다. 예를 들어 '인사이트 5개 이하, 불릿 형태로 제시', '긍정/부정 피드백 모두 포함', '300자 이내 한국어로 작성' 등의 제약 조건을 둡니다.
3. **입력 준비**: AI에 제공할 데이터를 정리합니다. 인터뷰나 설문에서 나온 사용자 피드백 목록이 여기에 해당합니다.
4. **프롬프트 작성**: 이제 결정된 내용들을 후카츠식 구조에 맞춰 프롬프트로 작성합니다. 각 부분을 마크다운 헤더와 리스트로 구분하여 정리합니다.

이 과정에 따라 후카츠식 프롬프트를 작성하면 다음과 같습니다.

후카츠식 프롬프트 기법으로 UX 리서치 결과 요약

명령문:
당신은 UX 리서치 전문가입니다. 아래 사용자 피드백을 분석하여 공통된 인사이트를 요약해주세요.

제약 조건:
- 핵심 문제점과 장점을 모두 포함할 것

- 최대 5개 불릿으로 요약할 것
- 전문 용어를 쓰지 말고 쉽게 설명할 것
- 300자 이내의 한국어로 답변할 것

입력문:
- "내비게이션 메뉴가 너무 복잡해서 원하는 기능을 찾기 어려웠어요."
- "디자인이 깔끔해서 첫인상은 좋았습니다."
- "결제 과정에서 오류가 났는데, 오류 메시지가 무슨 뜻인지 모르겠어요."

출력문:

- 메뉴 구성이 복잡해서 사용자들이 원하는 기능을 쉽게 찾지 못함
- 디자인은 깔끔해서 처음 사용할 때 좋은 인상을 줌
- 결제 중 오류가 발생했지만, 안내 메시지가 불친절해서 이해하기 어려움
- 초반 경험은 좋았지만 실제 사용에선 불편이 있었음
- 안내 문구나 구조가 더 쉽게 개선될 필요가 있음

이렇게 '출력문' 부분을 AI가 작성하는 것을 확인할 수 있습니다. 이처럼 AI가 제공한 주요 인사이트를 보고서에 활용하거나 추가 분석을 진행하면 됩니다. 만약 결과가 기대와 조금 다르다면 프롬프트의 일부(예: 제약 조건)를 수정하고 다시 실행해볼 수 있습니다. 더 상세한 결과를 원한다면 요약 개수를 늘리거나 각 인사이트에 대한 개선 사항도 함께 달라고 지시할 수 있습니다.

예시 2. UX 라이팅

이번에는 모바일 앱에서 사용자가 비밀번호를 여러 번 틀렸을 때 뜨는 에러 메시지를 작성하는 UX 라이팅 작업에 후카츠식 프롬프트 기법을 활용해보겠습니다. 목표는 사용자에게 문제를 정확히 알리되 불쾌감을 주지 않고 브랜드의 친근한 어조를 유지하는 것입니다. 마찬가지로 명령문, 제약 조건, 입력문, 출력문이라는 4가지 영역으로 나눠 다음과 같이 프롬프트를 작성할 수 있습니다.

후카츠식 프롬프트 기법으로 UX 라이팅 작업

\# 명령문:
당신은 UX 라이팅 전문가입니다. 사용자 경험을 해치지 않으면서도 오류를 명확히 전달하는 문장을 작성해주세요. 브랜드는 친근하고 따뜻한 느낌을 추구합니다.

\# 제약 조건:
- 30자 이내의 한국어로 작성할 것
- 사용자에게 책임을 전가하지 말 것
- 친근하고 부드러운 말투를 사용할 것
- 해결 방법이 자연스럽게 암시되면 좋음
- 느낌표는 사용하지 말 것
- 최대 3가지 불릿 형태로 제시할 것

\# 입력문:
상황: 사용자가 로그인 비밀번호를 5회 이상 틀렸습니다. 이후 시도는 10분 후에 가능합니다.

\# 출력문:

- 입력이 잠시 멈췄어요, 10분 뒤 다시 시도해주세요.
- 잠깐 쉬어가요, 10분 후 다시 도와드릴게요.
- 안전을 위해 잠시 로그인이 중단되었어요.

이 예시는 사용자가 실수했더라도 비난받는 느낌 없이 상황을 인식하고 다음 행동을 취할 수 있도록 유도합니다. 제약 조건을 통해 어조, 길이, 내용 범위를 구체적으로 설정했기 때문에 AI가 브랜드 톤에 맞는 표현을 만들기 수월해집니다. UX 라이터는 이 출력 결과를 그대로 사용하거나 다듬어서 마이크로카피로 채택할 수도 있습니다.

이처럼 프롬프트에 구조를 부여하면 의도를 정확히 전달하고 원하는 결과물을 얻을 수 있습니다. 처음엔 좀 번거로워 보여도 몇 번 사용하면 금세 익숙해지고, 명확한 틀 덕분에 이후에는 더 빠르게 프롬프트를 작성할 수 있습니다. UX 리서치나 UX 라이팅 외에도 다양한 디자인 업무에서 AI를 더 잘 활용하고 싶다면, 후카츠식 프롬프트를 사용해볼 수 있습니다(더 다양한 활용 사례는 이후 4장에서 살펴보겠습니다.). 명확한 지시와 구조화된 요청이 업무 생산성에 큰 도움을 줄 것입니다.

4원칙을 활용한 4가지 구조화 타입

지금까지 살펴본 페르소나, 예시 기반, 후카츠식 프롬프트 기법의 공통점은 **구조화**입니다. 즉, 특정 목적의 결과물을 생성하기 위해 요청을 체계적으로 구성하는 방법입니다. 즉, 구조화에 대한 다양한 프롬프트 엔지니어링 기법을 살펴보고 UX/UI 디자인에 활용할 수 있는 방식을 제안하였습니다. 가장 명확하고 간단한 구조화 방법은 앞서 살펴본 'UX/UI 프롬프트 엔지니어링을 위한 4원칙'에서 살펴본 명령, 맥락, 예시, 출력을 조합하는 것입니다. 다음과 같이 조합에 따라 4가지 타입으로 정리할 수 있습니다.

4원칙을 활용한 4가지 구조화 타입

타입	조합	목적
타입 A	명령 + 출력 데이터	구체적인 예시를 포함해 원하는 결과물의 형태와 의도를 명확히 전달. 복잡하거나 추상적인 작업에 특히 유용
타입 B	명령 + 맥락 + 출력 데이터	맥락 정보를 추가해 구체성과 방향성 부여. 작업 배경을 이해해야 하는 디자인이나 전략 수립에 적합
타입 C	명령 + 맥락 + 예시 + 출력 데이터	예시와 맥락을 함께 제공해 복잡한 요청 구체화. 원하는 결과물의 톤과 형태를 명확히 전달할 수 있어 정교한 작업에 유용
타입 D	명령 + 입력 데이터 + 출력 데이터	명확한 입력 데이터를 기반으로 결과 정밀도를 높임. 사용자 데이터나 기존 정보를 활용한 작업에 적합

4원칙을 조합해 필요와 목적에 따라 프롬프트를 구조화하면 AI가 높은 정확도와 일관성을 갖춘 결과를 제공하도록 설계할 수 있습니다. 이러한 구조화 기법은 사용자의 요구를 명확히 전달하고 AI의 응답 품질을 높이는 데 핵심 역할을

합니다. 각 타입에 대한 자세한 설명과 예시를 살펴보겠습니다.

타입 A: 명령 + 출력 데이터

가장 단순한 형태의 프롬프트로, 명령과 결과에 대한 명확한 지시만 포함합니다. 이 유형은 빠르고 간단한 작업을 수행할 때 적합합니다.

타입 A 프롬프트 예시

명령:
모바일 앱 로그인 화면을 위한 3가지 레이아웃 아이디어를 제시해주세요. 간결한 레이아웃이어야 하며, 사용자 편의성을 극대화해주세요.

출력:
레이아웃 A: 중앙에 큰 '로그인' 버튼과 하단에 계정 찾기 링크
레이아웃 B: 소셜 로그인 옵션과 일반 '로그인' 버튼을 병렬 배치
레이아웃 C: 로그인 폼 위에 브랜드 로고를 배치하고, 하단에 '회원가입' 버튼 추가

레이아웃 A
- **구성**: 화면 중앙에 큰 '로그인' 버튼과 상단에는 앱의 브랜드 로고, 하단에는 '계정 찾기' 및 '비밀번호 찾기' 링크
- **장점**: '로그인' 버튼이 강조되어 주요 작업을 쉽게 수행할 수 있으며, 계정 복구 옵션이 바로 보여 사용자 불편을 줄임

레이아웃 B
- **구성**: 상단에 '소셜 로그인' 버튼(예: 구글, 페이스북)과 일반 '로그인' 버튼을 병렬 배치, 하단에는 '회원가입' 버튼 추가
- **장점**: 다양한 로그인 옵션을 한눈에 제공해 선택의 폭을 넓히고, 새로운 사용자에게 가입 경로를 명확히 제시

레이아웃 C
- **구성**: 상단에는 브랜드 로고와 환영 문구, 화면 중앙에는 이메일 및 비밀번호 입력 필드, 하단에 '로그인' 및 '회원가입' 버튼
- **장점**: 전통적인 로그인 흐름을 따르면서도 브랜드와 사용자 친화성을 강화

타입 B: 명령 + 맥락 + 출력 데이터

맥락 정보를 추가하여 명령에 구체성과 방향성을 더합니다. 디자인 작업의 배경을 제공해 보다 적합한 결과를 도출합니다.

타입 B 프롬프트 예시

명령:
생산성 앱의 대시보드 화면을 설계해주세요. 직관적이고 미니멀한 디자인으로 작업해주세요.

맥락:
일정 관리와 우선순위에 따른 업무 정리를 중요하게 생각하는 20~30대 직장인을 위한 생산성 앱입니다.

출력:
일정 관리 섹션: 상단에 캘린더와 할 일 목록 표시
작업 우선순위 섹션: 드래그 앤 드롭 방식으로 항목 정렬 가능
추가 기능: '오늘의 목표'를 강조하는 별도 영역 배치

생산성 앱 대시보드 설계: 직관적이고 미니멀한 디자인

레이아웃 구성
헤더(상단바)
앱 로고: 좌측 상단에 간단한 로고 또는 앱 이름 표시
날짜 및 시간: 헤더 중앙에 현재 날짜와 시간 표시
설정 아이콘: 우측 상단에 사용자 설정 및 알림 액세스를 위한 아이콘

일정 관리 섹션(상단)
캘린더:
– 화면의 상단 중앙에 위치
– 월간/주간/일간 보기 전환 가능
– 현재 날짜 강조(예: 색상 강조 또는 테두리 표시)

할 일 목록:
- 캘린더 하단에 '오늘의 일정' 및 '다가오는 일정'을 미리보기 형식으로 나열
- 각 일정 항목에는 시간, 제목, 완료 체크박스 표시

작업 우선순위 섹션(중단)
드래그 앤 드롭 목록:
- 카드 형태로 작업 표시
- 각 작업 항목에 우선순위(높음, 중간, 낮음)를 색상 또는 라벨로 표시
- 사용자가 손쉽게 순서를 변경할 수 있도록 드래그 앤 드롭 방식 지원

'추가' 버튼: 새로운 작업 항목 추가 버튼(+)은 우측 하단에 둬서 직관성을 높임

오늘의 목표 섹션(하단)
별도 강조 영역:
- 화면 하단 또는 우측에 '오늘의 목표' 강조 영역 배치
- 최대 3개의 주요 목표를 설정할 수 있으며, 각각 상태(진행 중, 완료)를 나타내는 체크박스 포함

시각적 피드백: 목표 완료 시 애니메이션 효과(예: 체크박스 클릭 시 불꽃 효과)

추가 기능
다크 모드: 직장인의 다양한 작업 환경에 맞게 다크/라이트 모드 전환 지원
알림 배너: 중요한 일정이나 우선순위 작업에 대해 상단에 간단한 알림 배너 표시

타입 C: 명령 + 맥락 + 예시 + 출력 데이터

구체적인 예시를 포함해 원하는 결과물의 형태와 의도를 명확히 전달합니다. 복잡하거나 추상적인 작업에 특히 유용합니다.

타입 C 프롬프트 예시

명령: 직관적인 도서 추천 인터페이스 디자인을 제안해주세요.

맥락: 우리는 신규 독서 앱을 개발 중입니다. 타깃 사용자는 18~35세의 젊은 세대입니다.

예시: 'Goodreads'의 추천 섹션과 같이 간결하지만 세부 필터링 옵션이 있는 사례를 참고해주세요.

출력:

추천 도서 카드: 각 책 표지, 제목, 평점 포함

필터링 옵션: 장르, 저자, 평점순 정렬 버튼 제공

인터페이스 레이아웃: 사용자의 이전 독서 데이터를 기반으로 추천 책 표시

직관적인 도서 추천 인터페이스 디자인 제안

1. 추천 도서 카드

구성 요소:
- 책 표지 이미지(비율 3:4)
- 책 제목(강조된 타이포그래피)
- 별점 평점(1~5점, 평균값과 사용자 리뷰 수 표시)
- 간단한 태그(예: "베스트셀러", "신간", "추천 장르" 등)
- '저장하기', '읽고 싶어요' 버튼 추가

카드 상호 작용:
- 터치하면 팝업/새 페이지로 상세 정보(줄거리, 독자 리뷰) 제공
- 스와이프로 다음/이전 추천 도서 탐색

2. 필터링 옵션

장르 필터: 드롭다운 또는 태그형 선택 메뉴(예시 SF, 로맨스, 역사, 자기계발)
- 저자 필터: 입력창 또는 인기 저자 태그
- 평점순 정렬: 슬라이더로 최소 평점 설정(예: 4.0 이상)

추천 방식 선택:
- 읽은 책과 비슷한 책
- 유행 중인 책
- 커뮤니티가 많이 읽은 책

3. 인터페이스 레이아웃

상단 헤더:

'오늘의 추천' 섹션: 개인화된 문구(예: "○○○님, 이런 책은 어때요?")

중앙 섹션:
- 추천 도서 카드가 스크롤 가능한 가로 슬라이드 형태
- '다음 추천 보기' 버튼으로 추가 로드

하단 섹션:
- 추천 옵션 및 필터링 도구
- 필터 적용 시 실시간 반영

4. 특별 기능

소셜 기반 추천: 친구가 읽은 책/좋아요 누른 책 표시

챗봇 도우미: "어떤 기분인가요?" 또는 "요즘 관심 있는 주제는?"과 같은 질문으로 맞춤 추천

읽은 책 데이터 시각화: 사용자의 장르/저자 선호도 그래프 제공

5. 미적 요소
- 젊은 세대에 맞는 미니멀한 디자인
- 부드러운 모션 효과(카드 이동, 필터 반영 시 애니메이션)
- 밝은 컬러 테마와 다크 모드 제공

이 디자인은 개인화된 경험과 직관성을 중시하여 젊은 세대의 니즈에 맞도록 설계되었습니다.

타입 D: 명령 + 입력 데이터 + 출력 데이터

명령과 함께 구체적인 입력 데이터를 제공하여 결과물의 정밀도를 높입니다. 사용자 데이터나 기존 정보 기반 작업에 적합합니다.

타입 D 프롬프트 예시

 명령: 다음 사용자의 피드백 데이터를 참고해 e-커머스 웹사이트의 제품 추천 레이아웃을 개선해주세요.

입력 데이터:
1) 주요 문제: 추천 항목이 너무 많아 과부하를 느낌
2) 개선 요구 사항: 3~5개의 주요 추천만 보여 줄 것

출력:

주요 추천 섹션: 상단에 3개의 제품만 강조

추가 추천 섹션: '더 보기' 버튼으로 나머지 항목 숨김

레이아웃 배치: 추천 제품을 가로 슬라이더 형식으로 표시

 개선된 제품 추천 레이아웃 설계

1. 주요 추천 섹션

위치: 웹사이트의 상단, 사용자 시야 범위 내(Above the Fold)

추천 항목 수: 최대 3개

디자인 요소:
- 각 제품은 카드 형식으로 표시(이미지, 이름, 가격 강조)
- 제품 간 간격을 적절히 두어 깔끔한 디자인 유지
- CTA 버튼 추가(예: '구매하기' 또는 '장바구니에 추가')

2. 추가 추천 섹션

구현 방식: '더 보기' 버튼을 통해 추가 제품을 가려 놓음

동작 방식:
- '더 보기' 클릭 시 가로 슬라이더 확장 또는 새 섹션 표시
- 추가 항목을 적재적소에 나열해 사용자가 과부하를 느끼지 않도록 유도

3. 레이아웃 배치

가로 슬라이더 형식:
- 주요 추천 제품을 한 화면에 담아 수평으로 스크롤 가능
- 양쪽 화살표 버튼으로 탐색 지원
- 슬라이더 하단에 점(Indicator)을 추가해 현재 위치를 표시

반응형 디자인:

데스크톱: 가로로 3개 배치

태블릿/모바일: 가로로 1~2개 배치

4. UX 향상 요소

개인화 추천: 사용자의 최근 검색, 구매 데이터를 기반으로 추천 항목 선별

로딩 시간 최소화: 레이지 로딩(Lazy loading)으로 추가 추천 항목 로드 속도 최적화

시각적 강조: 주요 추천 제품에 약간의 애니메이션(예: 강조 효과) 추가

> 이 레이아웃은 사용자 피드백을 적극 반영해 주요 제품에 집중도를 높이고 추가 항목을 깔끔하게 분리해 가독성과 사용성을 향상시킬 것입니다.

이 4가지 타입의 구조화된 프롬프트 기법은 UX/UI 디자인에서 효율적이고 창의적인 결과를 도출하며, AI와의 협업 효율성을 극대화하는 데 중요한 도구가 됩니다.

04장

실전, AI와 UX 리서치 & 인사이트 도출하기

이번 장에서는 앞서 제시한 프롬프트 엔지니어링 기법들을 UX 업무에 활용하는 방법을 다룹니다. 휴리스틱 평가와 UX 인터뷰 분석, 페르소나 모델링, UX 라이팅까지 UX/UI의 다양한 작업에 AI를 효과적으로 활용하는 전략을 구체적인 사례와 함께 살펴보겠습니다. 또, 가상 사용자 조사에 특화된 도구인 '시네틱 유저'와 스토리보드 제작 능력이 뛰어난 '보즈'에 대해서도 함께 알아봅니다.

휴리스틱 평가하기

휴리스틱 평가란, 닐슨 노먼 그룹의 제이콥 닐슨Jakob Nielsen이 제안한 10가지 사용성 원칙Usability Heuristics을 기준으로 인터페이스의 문제점을 발견하는 기법입니다. 시스템 상태의 시각화, 실제 세계와의 일치, 사용자 통제와 자유, 일관성 및 표준, 오류 방지, 인지보다는 인식, 유연성과 효율성, 단순하고 미니멀한 디자인, 오류 인식 및 복구 지원, 도움말과 문서화라는 10가지 원칙에 따라 제품이 잘 설계되었는지 평가합니다.

휴리스틱 평가를 위한 10가지 사용성 원칙

이러한 원칙들은 다양한 디지털 제품의 UX 품질을 평가하는 데 널리 쓰이며, 휴리스틱 평가 질문지도 보통 이 원칙들을 한 항목씩 점검할 수 있도록 구성됩니다.

> **TIP** 휴리스틱 평가는 짧은 시간에 주요 UX 문제를 찾아낼 수 있지만, 실제 사용자 테스트를 완전히 대체하지는 못합니다. 따라서 발견된 문제는 이후 사용자 테스트 등을 통해 검증하는 것이 좋습니다.

전통적으로 디자이너는 각 휴리스틱 항목을 일일이 참고하며 질문을 작성해야 하지만, 이제 챗GPT와 같은 언어 모델 AI를 활용하면 자동으로 질문지를 생성할 수 있습니다. 프롬프트를 잘 설계하면 AI도 전문 UX 컨설턴트처럼 휴리스틱 원칙에 따른 점검용 질문을 만들 수 있습니다. 따라서 이번 예제에서는 프롬프트 엔지니어링을 통해 휴리스틱 평가 질문지를 자동 생성해보고, 효율성과 한계를 살펴보겠습니다. 이는 디자이너의 새로운 업무 방식으로 부상하고 있으며, 팀 협업에도 유용하게 활용할 수 있습니다.

프롬프트 구조 잡기

효과적인 프롬프트는 몇 가지 핵심 구성 요소를 포함합니다. 앞서 정의한 맥락, 지시(구체적인 요청), 예시, 출력 형식의 4가지 요소로 프롬프트를 구성해보겠습니다. 각 요소는 다음과 같이 작성이 가능합니다.

- **구체적인 요청**: AI가 정확히 무엇을 해야 하는지를 명확히 지시합니다. 막연한 질문보다 수행할 작업을 분명하게 작성해야 합니다. 예를 들어, 단순히 "이 앱 평가해주세요." 보다 "휴리스틱 평가 질문지를 생성해주세요." 처럼 원하는 작업을 직접적으로 요청합니다.

- **맥락 제공**: AI가 응답을 잘 구성하려면 배경 정보와 상황을 설명하는 것이 좋습니다. 프롬프트에 필요한 맥락을 담으면 AI가 사용자의 의도를 더 잘 파악하고 관련성 높은 출력을 내놓습니다. 예컨대 앱의 종류, 주요 기능, 대상 사용자, 평가에 활용할 원칙 등을 간략히 설명하면 AI가 적절한 답을 준비할 수 있습니다.

- **예시 또는 참고**: 원하는 출력의 예시를 보여 주면 AI가 답변의 형태를 배우는 데 도움이 됩니다. 예시 한두 개를 제공하면 그 패턴을 이어받아 일관성 있는 응답을 생성합니다. 예를 들어, "화면에서 꼭 필요한 정보만을 나타내고 있는가?"와 같이 이상적인 질문 예시를 하나 포함하면 AI가 답안을 만드는 방향을 잡아줄 수 있습니다.

- **출력 형식 지정**: 목록, 표, 문장 형태 등 최종 답변이 어떤 형식인지 알려 주면 결과물을 체계적으로 얻을 수 있습니다. 예를 들어 "모든 질문을 번호가 매겨진 목록으로 작성해 주세요."라고 하면, AI는 1, 2, 3… 형태의 목록으로 질문을 정리해줄 것입니다. 형식을 명확히 요구함으로써 답변의 활용도가 높아집니다.

단, 이 요소들을 모두 포함해도 프롬프트가 길어져서는 안 됩니다. 간결하면서도 필요한 내용이 빠짐없이 들어가도록 균형을 잡는 것이 중요합니다. 이제 이 구조를 앱 휴리스틱 평가에 적용해 보겠습니다.

휴리스틱 평가지 생성하기

먼저 프롬프트를 만들 대상인 '러너스 하이'라는 가상 앱의 시나리오를 살펴보겠습니다. 이 가상의 앱은 사용자가 스마트폰으로 자신의 달리기 경로와 운동 데이터를 기록하고, 그 기록을 친구들과 공유하는 서비스를 제공합니다. 주요 기능으로는 '달리기 거리'와 '시간 실시간 표시', '페이스(속도) 모니터링', '운동 후 경로 지도와 통계 제공', '소셜 피드에 기록 공유 및 친구 간 랭킹 시스템' 등이 있습니다. 사용자는 이 앱을 통해 자신의 운동 데이터를 관리하고 다른 러너들과 경쟁하거나 응원할 수 있습니다.

이 앱의 사용성을 점검하기 위해 휴리스틱 평가 질문지를 제작해보겠습니다. 목표는 앞서 소개한 닐슨의 10가지 원칙을 모두 아우르는 질문을 생성해 이 러닝 앱 UI에 잠재적인 사용성 문제가 없는지 체계적으로 검토하는 것입니다.

휴리스틱 평가지 생성 예시

구체적인 요청:
당신은 10년 경력의 UX 컨설턴트입니다. 모바일 앱의 UI를 점검할 수 있는 휴리스틱 평가 질문지를 만들어 주세요.

맥락:
달리기 기록 및 공유 앱 '러너스 하이'의 UX/UI를 평가하려고 합니다. 이 앱은 달린 거리와 시간, 경로 지도를 기록하고 친구들과 공유하는 기능이 있습니다. 주요 기능으로 실시간 달리기 상태 표시, 기록 저장 및 소셜 공유, 친구 랭킹 보기가 포함됩니다.

예시:
제이콥 닐슨이 제시한 10가지 사용성 휴리스틱 원칙에 기반하여, 각 질문은 앱의 사용성이 해당 원칙을 잘 따르고 있는지 확인하는 내용이어야 합니다. 예를 들어, "화면에서 꼭 필요한 정보만을 표시하고 있는가?"와 같은 형식으로 질문을 만들어 주세요.

출력 형식
최종 답변은 1부터 10까지 번호를 붙인 목록 형태로 출력해주세요.

 '러너스 하이'를 위한 휴리스틱 평가 질문지

1. 시스템 상태 가시성
사용자가 달리기를 시작하고 진행하는 동안, 현재 상태(시간, 거리, 속도 등)를 실시간으로 명확히 보여 주고 있는가?

2. 시스템과 현실 세계의 일치
앱에서 사용하는 용어, 아이콘, 데이터 표시 방식이 러너들이 현실에서 익숙하게 사용하는 표현과 일치하는가? 예를 들어, 거리 단위(킬로미터 등)나 페이스 표시 방법이 일반적인 기준에 부합하는가?

3. 사용자 통제와 자유
사용자가 잘못 눌렀을 때 기록을 일시정지하거나 취소하고 쉽게 되돌릴 수 있는가? 또한 달리기를 종료하거나 기록 공유를 취소하는 등의 취소 기능이 제공되는가?

4. 일관성 및 표준
앱 내 내비게이션 방식과 인터페이스 요소들이 일관된 디자인을 따르고 있는가? 예를 들어, 아이콘 스타일이나 메뉴 배치는 업계 표준이나 다른 유사 앱과도 일관성이 있는가?

5. 오류 예방
사용자가 실수로 달리기 기록을 중단하거나 삭제하지 않도록 확인 단계를 두는 등 오류를 사전에 방지하는 장치가 있는가? 또한 잘못된 조작을 줄이기 위한 버튼 배치나 UI 설계가 적용되어 있는가?

6. 인지보다는 인식
사용자가 이전에 본 정보를 기억하지 않고도 사용할 수 있도록 중요한 기능은 언제나 화면에 식별 가능하게 표시되는가? 예를 들어, 달리기 중에도 지도, 일시정지 버튼 등이 사용자가 쉽게 인식할 수 있는 형태로 보이는가?

7. 유연성과 효율성
숙련된 사용자들을 위해 바로 가기 기능이나 개인화 옵션이 제공되는가? 예를 들어, 단축 버튼으로 바로 기록 공유하기, 즐겨찾는 경로 미리 저장 등 초보자와 고급 사용자 모두를 배려하는 유연성이 있는가?

8. 미니멀리즘과 가시적 디자인
화면에 불필요한 정보나 요소를 배제하고 필요한 핵심 정보만을 깔끔하게 보여 주는가? 인터페이스가 과도한 장식으로 사용자의 주의를 분산시키지 않는가?

9. 오류 인식, 진단 및 복구
오류가 발생했을 때 명확한 에러 메시지를 통해 문제가 무엇인지 알려주고 해결 방법을 제시하는가? 예를 들어, GPS 신호 오류나 인터넷 연결 문제 시 사용자에게 상황을 이해시키고 대응 방법을 안내하는가?

10. 도움말과 문서화
사용자가 궁금증이나 문제 발생 시 찾아볼 수 있는 도움말, 튜토리얼 또는 FAQ가 앱 내에 존재하는가? 예컨대 초반 앱 사용법을 안내하는 온보딩 가이드나 설정 메뉴 내 도움말이 준비되어 있는가?

사용자가 입력한 프롬프트를 찬찬히 살펴보면 먼저 AI에 역할과 전문성을 부여하며 주체적인 요청을 넣습니다("당신은 10년 경력의 UX 컨설턴트입니다."). 이어서 앱의 기능과 목표 등 평가에 필요한 맥락 정보를 상세히 설명했

습니다. 그런 다음 제이콥 닐슨의 10가지 원칙에 기반하여 질문지를 만들어 달라는 요청과 함께 예시로 하나의 질문 문장을 인용하여 원하는 결과물의 형태를 보여 주었습니다. 마지막으로 출력 형식 지침을 명시했습니다.

이 프롬프트를 실행한 결과 요청한 대로 10가지 휴리스틱 평가 질문 리스트를 번호 목록 형태로 생성한 것을 확인할 수 있습니다. 이 질문지는 실제 UX/UI 전문가가 작성한 것과 유사한 수준으로, 모든 질문이 러닝 앱의 실제 기능과 맥락에 잘 맞춰져 있으며, 10가지 휴리스틱을 골고루 반영하고 있습니다. 이 10가지 질문은 닐슨의 휴리스틱 원칙을 제시한 앱의 맥락에 맞게 변형한 것으로, 질문마다 이어지는 문장을 통해 실제 앱 화면에서 확인해야 할 사항을 물어보고 있습니다. 예를 들어, 1번은 시스템 상태 가시성 원칙에 따라 실시간 정보 표시 여부를 묻고, 2번은 시스템과 현실 세계의 일치 원칙을 반영하여 앱의 용어와 데이터 표시 방식이 러너들에게 친숙한지 확인합니다. 8번 질문은 심플하고 미니멀한 디자인 원칙의 구현 여부를 '불필요한 정보 배제' 관점에서 점검합니다. 이처럼 각 질문이 10가지 휴리스틱을 기반으로 평가자가 놓치는 부분 없이 앱의 주요 UX 요소를 점검할 수 있게 해줍니다.

이처럼 적절한 프롬프트 설계만으로도 AI를 활용해 유용한 산출물을 얻을 수 있습니다. 디자이너는 이 초안을 바탕으로 세부 문구를 다듬거나 팀원의 피드백을 반영하여 최종 질문지를 완성하면 됩니다. 이러한 초안 제공 역할 덕분에 AI는 디자이너의 생산성을 높이고, 중요한 사항을 빠뜨리지 않도록 돕는 파트너가 될 수 있습니다. 팀 협업에도 긍정적인 효과가 있습니다. 예를 들어 AI가 만든 질문 초안을 팀과 공유하면, 모두가 휴리스틱 원칙을 쉽게 상기하면서 토론을 시작할 수 있습니다. 프롬프트로 생성한 결과물은 디자이너의 전문 지식과 AI의 광범위한 학습 데이터를 결합한 산출물이므로 때로는 사람이 미처 생각하지 못한 관점을 제시하기도 합니다. 이런 점에서 AI와의 협업은 UX 평가 과정에 새로운 창의적 통찰을 불러올 수도 있습니다.

물론 유념해야 할 한계와 주의점도 있습니다. 첫째, AI가 만든 질문이 항상 완벽하지는 않으므로 반드시 전문가의 검토와 보정 작업이 필요합니다. 예를 들어 질문 중 어색하거나 애매하게 느껴지는 표현이 있는지 검토 후 수정해야 합니다. 둘째, 휴리스틱 평가 자체의 한계도 고려해야 합니다. 휴리스틱 체크리스트는 어디까지나 경험적 원칙에 기반한 가이드라인이므로 실제 사용자 관점에서 발견되는 문제와 다를 수 있습니다. 따라서 AI가 생성한 질문지를 활용해 발견한 이슈들은 우선순위를 정해 두고 이후 실제 사용자 테스트나 추가 조사를 통해 검증하는 것이 바람직합니다.

사용자 인터뷰 분석하기

UX/UI 디자이너에게 사용자 인터뷰 분석은 제품 개선을 위한 핵심 단계입니다. 하지만 이 과정을 수행하기 위해서는 사용자의 답변 내용을 일일이 읽고 일관된 패턴과 인사이트를 추출하는 번거로운 작업이 필요했습니다. 이 과업을 수행하는 데도 이제 AI를 활용하여 질적 데이터를 빠르고 효율적으로 분석할 수 있습니다.

언어 모델의 가장 큰 장점은 방대한 글의 핵심을 효과적으로 요약할 수 있다는 것입니다. 예를 들어 "다음은 사용자의 인터뷰 내용입니다. 주요 느낀 점과 시사점을 요약해주세요."라고 요청하면, 모델은 인터뷰 내용을 읽고 핵심 피드백을 정리해줍니다. 언어 모델은 특히 단순 요약을 넘어 UX 인사이트를 도출하는 데에도 유용합니다. 사람이라면 놓칠 수 있는 미묘한 공통점이나 차이점을 찾아낼 수 있고, 감정 분석이나 자주 언급되는 키워드 추출 같은 작업도 수행할 수 있습니다. 여러 인터뷰를 분석하는 경우 각 인터뷰에서 발견한 패턴을 종합해 공통된 사용자 경험의 흐름이나 문제점을 뽑아낼 수도 있습니다. 예를 들어, 한 번에 5개의 인터뷰 요약본을 모델에게 학습시킨 뒤 공통된 패턴을 물어보는 프롬프트를 작성하면, 여러 인터뷰에 걸쳐 나타나는 주된 테마와 트렌드를 한눈에 볼 수 있게 정리해줍니다. 이처럼 언어 모델을 활용하면 UX 리서처가 며칠 걸릴 작업을 몇 분 내로 수행할 수 있으며 정확도도 매우 높은 편입니다.

이번 예제에서는 애플이 2024년에 공개한 첨단 MR 헤드셋인 비전 프로Vision Pro

에 대한 사용자 인터뷰 데이터를 프롬프트 엔지니어링으로 분석하는 방법을 살펴보겠습니다.

프롬프트 구조 잡기

좋은 결과를 얻으려면 프롬프트 엔지니어링이 중요합니다. 즉, AI에 어떻게 질문하고 지시하느냐에 따라 출력 품질이 달라지기 때문입니다. 이번 인터뷰 분석 사례에서는 다음과 같은 프롬프트 구조를 활용하겠습니다.

- **구체적인 요청**: 모델의 역할과 임무를 명확히 지정합니다. 예를 들어 "당신은 20년 경력의 UX/UI 디자인 전문가입니다. 주어진 사용자 인터뷰 데이터를 분석해 인사이트를 도출하세요."와 같이 모델을 숙련된 디자이너로 설정하여 전문적인 시각으로 답변하도록 유도합니다. 이는 모델이 보다 심층적이고 맥락에 맞는 분석을 내는 데 도움이 됩니다.

- **맥락 제공**: 추가로 고려해야 할 사항이나 제약을 알려 줍니다. 예를 들어 "해당 조사를 통해서 제품 사용 경험 개선을 위한 인사이트를 도출할 예정입니다. 인터뷰에 임한 사용자들은 대부분 얼리 어댑터들이고, 20~30대 직장인들입니다."라는 맥락 설명도 포함했습니다. 또한 "코드 블록은 사용하지 마세요."라고 덧붙여 답변이 불필요한 코드 양식으로 나오지 않도록 출력 형식에 대한 가이드도 주었습니다. 이런 맥락 정보를 미리 주면 AI가 불필요한 형식 오류 없이 정확히 필요한 작업에 집중합니다.

- **데이터 입력**: 분석할 인터뷰 텍스트 데이터를 그대로 프롬프트에 포함합니다. 비전 프로 사용자 인터뷰는 음성으로 녹음된 내용을 네이버 클로바 노트로 자동 전사한 텍스트를 프롬프트에 넣어 모델이 직접 원문을 읽고 분석하도록 합니다. 인터뷰를 한 건씩 순차적으로 모델에 투입하여 각 인터뷰의 요약과 인사이트를 얻었으며, 나중에는 요약 결과들을 합쳐 공통 인사이트를 도출할 수 있습니다. 참고로 한 번에 너무 많은 분량을 입력하면 모델의 컨텍스트 한계를 넘길 수 있기 때문에 여러 인터뷰는 나눠서 처리하고 모델에게 앞서 제공한 내용들을 기억해 달라고 리마인드하는 식으로 진행하는 것이 좋습니다.

    🔗 인터뷰 텍스트 데이터 다운받기: https://bit.ly/43mty1L

- **출력 형식 지시**: 마지막으로 인터뷰 분석 결과를 어떻게 구성할지 틀을 잡기 위해 원하는 출력 형식을 구체적으로 제시합니다. 예를 들어 '인터뷰 제목 – 주요 내용 요약 – 인사이트 정리'의 형태로 답변하도록 하고, 인사이트 정리 부분에서는 "제품 경험에 대한 장점과 단점으로 나눠서 정리하고, 단점에 대한 개선 방안을 구체적이고 창의적으로 제시해주세요"라고 명시할 수 있습니다. 이렇게 출력 형식을 지정하면 여러 인터뷰를 비교하거나 결과를 보고서에 활용하기 쉽습니다.

이처럼 프롬프트를 **구체적인 지침 + 맥락 + 데이터 + 형식 요구**로 구성함으로써, AI가 어떤 역할로 무엇을 해야 하는지, 어떤 데이터를 다루고 어떤 형태의 결과를 제공해야 하는지 명확히 이해하게 됩니다.

사용자 인터뷰 분석하기

이제 언어 모델이 생성한 인터뷰 분석 결과를 살펴보겠습니다. 예시는 비전 프로를 직접 체험한 사용자 A씨와 진행한 인터뷰를 바탕으로 합니다. 사용자 A씨는 30대 남성으로 AR/VR 기기 경험이 적은 얼리 어댑터입니다. 응답은 지정한 형식에 맞춰 출력하도록 다음과 같이 프롬프트를 제공합니다.

사용자 인터뷰 분석

구체적인 요청:
당신은 20년 경력의 UX/UI 디자인 전문가입니다. 사용자 인터뷰 데이터를 분석해서 정리하고, 그에 대한 인사이트를 도출하는 것이 주 업무입니다.

맥락:
아래에 애플 비전 프로 사용자 인터뷰 내용이 주어집니다. 이미 입력된 인터뷰 데이터를 분석하세요. 답변에 코드 블록을 사용하지 마세요.

데이터:
(여기에 인터뷰 텍스트를 그대로 삽입)

출력 형식:

인터뷰 제목 : [인터뷰 요약에 어울리는 제목 또는 한 줄 평가]

인터뷰 주요 내용 : [사용자 인터뷰 내용에 대한 전반적인 요약 정리]

   – 인사이트 정리 :

   장점: 인터뷰에서 드러난 제품의 강점이나 좋은 점을 정리

   단점: 인터뷰에서 나타난 불편한 점이나 개선 필요점을 정리

   개선 방안: 단점에 대해 구체적이고 창의적인 개선 아이디어 제시

인터뷰 제목: 처음 써본 비전 프로, 혁신적이지만 부담도 있는 경험

인터뷰 주요 내용

사용자 A씨는 애플 비전 프로를 처음 착용하고 "마치 미래에 온 듯한 몰입감"을 느꼈다고 합니다. 책상 위에 가상 스크린을 띄워 작업하고, 커피 테이블 위에 3D 게임을 펼쳐 놓는 등 현실 공간에 디지털 콘텐츠가 실제 존재하는 것 같은 새로운 경험이 인상적이었다고 합니다. 손과 눈의 움직임만으로 기기를 제어하는 직관적인 UI에도 감탄했습니다. 반면 기기를 약 1시간 가량 사용한 후 무게로 인한 목의 피로를 느꼈고, 배터리가 소진되어 더 이상 사용하지 못했다고 합니다. 비전 프로의 가격이 약 500만 원대로 상당히 높아 "쉽게 구매를 결정하기 어려울 것 같다."는 의견도 밝혔습니다.

인사이트 정리

– **장점**: 사용자들은 비전 프로의 압도적인 화질과 몰입감에 만족했습니다. A씨 역시 "눈 앞에 펼쳐지는 거대한 화면"을 최고의 장점으로 꼽았습니다. 실제로 비전 프로는 1인용 기기로서는 돈으로 살 수 있는 최고의 홈시네마를 제공한다는 평가를 들을 만큼 영상 콘텐츠 감상 경험이 뛰어나다는 피드백이 많았습니다. 또한 별도의 컨트롤러 없이 시선과 손짓만으로 조작하는 UI의 직관성이 높이 평가되었습니다. 처음 접한 사람도 몇 분 내 자연스럽게 메뉴 선택과 스크롤 등의 조작을 익힐 정도로 사용성이 좋았습니다. 인터뷰 참가자들은 새로운 공간 컴퓨팅 경험 자체에 큰 흥미와 놀라움을 표현하며, 비전 프로가 향후 기술 발전의 방향성을 보여준다고 기대했습니다.

– **단점**: 모든 인터뷰에서 공통적으로 무게와 착용감 문제가 지적되었습니다. A씨도 오래 착용하기에는 헤드셋이 너무 무겁다고 했는데, 실제로 비전 프로는 무게로 인해 종일 착용하기는 어렵고 배터리도 약 2시간만 지속된다는 한계가 있습니다. 이로 인해 사용 시간과 사용성이 제한된다는 점이 단점으로 꼽혔습니다. 가격 역시 큰 허들입니다. 많은 참가자가 "가격만 낮았어도 좋겠다."라고 언급했는데, 실제

출시 가격이 3,500달러(한화 400만 원대 중후반)로 상당히 높아 접근성이 떨어진 다는 의견이 지배적이었습니다. 이 밖에도 콘텐츠 부족에 대한 아쉬움이 있었는데, 기기를 통해 할 수 있는 일이 초기 데모나 영화 감상 등에 국한되어 "이 놀라운 기기로 과연 무엇을 할 수 있을까?"하는 의문을 제기한 사용자도 있었습니다. 즉, 킬러 앱이나 일상적인 활용 시나리오의 부재가 단점으로 지적되었습니다.

개선 방안

인터뷰 인사이트를 바탕으로 도출된 개선 아이디어로는 먼저 '제품 디자인' 측면에서 경량화와 배터리 성능 개선이 최우선으로 꼽혔습니다. 예를 들어, 본체 무게를 줄이기 위해 더 가벼운 소재를 사용하거나 헤드셋의 무게를 머리 전체로 분산시키는 새로운 스트랩 디자인을 제안할 수 있습니다. '배터리 제한'을 극복하기 위해서는 탈착식 외장 배터리를 제공하거나, 사용 중에도 전원을 공급할 수 있는 핫스왑 배터리팩 및 충전 스탠드 등의 액세서리를 구상해볼 수 있습니다.

'가격 측면'에서는 얼리 어댑터를 위한 렌탈 프로그램이나 할인 정책을 도입하여 더 많은 사용자가 경험해보도록 유도하는 방안이 제시되었습니다.

'소프트웨어/콘텐츠' 측면의 개선으로는, 비전 프로만의 킬러 앱 개발이 중요합니다. 예를 들어 생산성 향상을 위해 가상 다중 모니터 업무 환경을 강화하거나, 교육/의료 등 전문 분야에서 유용하게 쓸 수 있는 앱을 지원하면 기기의 활용도가 높아질 것입니다. 또한 개발자 커뮤니티를 적극 지원하여 다양한 서드파티 앱 생태계를 조성하는 것도 장기적으로 필요합니다. 몇몇 사용자는 "일정 시간이 지나 더 많은 앱이 나오면 지금의 스마트폰처럼 일상이 달라질 것"이라고 기대했는데, 이를 위해 콘텐츠 투자와 협업을 가속화해야 할 것입니다.

출력 결과에서 볼 수 있듯, 프롬프트에 따라 모델은 인터뷰 내용을 충실히 요약하고 그 안에서 UX 인사이트를 체계적으로 추출해주었습니다. 이렇게 추출한 인사이트를 팀에 공유하여 제품 전략에 바로 반영할 수 있습니다. 이처럼 언어 모델이 추출한 장점, 단점 리스트는 UX 디자이너가 사용자의 페인 포인트를 빠르게 파악하고 각 부서와 소통하는 데 유용한 자료가 됩니다.

AI를 활용해 사용자 인터뷰를 분석할 때 또 한 가지 주목할 점은, 여러 인터뷰에 대한 종합 분석도 손쉽게 할 수 있다는 것입니다. 앞서 사용한 프롬프트와 동일한 구조를 사용해 다른 비전 프로 사용자들의 인터뷰를 모두 분석한 후 그 결과들을 종합하면 보다 전략적인 UX 인사이트를 얻을 수 있습니다.

다중 인터뷰 분석

구체적인 요청:
당신은 20년 경력의 UX/UI 디자인 전문가입니다. 여러 건의 사용자 인터뷰 데이터를 종합적으로 분석해서 정리하고, 그에 대한 인사이트를 도출하는 것이 주 업무입니다.

맥락:
아래에 애플 비전 프로 사용자 인터뷰 내용이 주어집니다. 이미 입력된 인터뷰 데이터를 분석하세요. 답변에 코드 블록을 사용하지 마세요.

데이터:
(여기에 인터뷰 텍스트를 그대로 삽입)

출력 형식:
인터뷰 제목 : [인터뷰 요약에 어울리는 제목 또는 한 줄 평가]
인터뷰 주요 내용 : [여러 건의 사용자 인터뷰 내용에 대한 종합적인 분석]
  – 인사이트 정리 :
  공통점: 인터뷰에서 사용자들의 공통된 의견을 300자로 정리(실제 표현 문장도 추가 작성)
  차이점: 인터뷰에서 사용자들의 의견의 차이를 300자로 정리(실제 표현 문장도 추가 작성)

인터뷰 제목: 경이로움과 고립의 공존 – 애플 비전 프로, 완성된 하드웨어에 미완의 생태계
인터뷰 주요 내용
사용자들은 애플 비전 프로의 하드웨어 완성도에 대해 압도적인 찬사를 보냈지만, 콘텐츠 생태계의 미비와 장시간 사용 시 불편함 등으로 인해 '경이로움'과 '답답함'이 공존하는 경험을 보고했습니다. 두 인터뷰 모두 비전 프로를 장기간 사용해본 경험자들의 피드백으로, 공간 컴퓨팅의 가능성, 디스플레이 화질, 제스처 인식의 정밀도, 몰입감 있는 콘텐츠 소비에는 매우 긍정적이었지만, 무게, 착용감, 콘텐츠 부족, 프라이버시 중심의 폐쇄적 UX 구조 등은 실사용에서의 명확한 제약으로 지적되었습니다.

인사이트 정리
– 공통점:
모두가 "화질이 미쳤다", "몰입감이 역대급이다"라고 극찬하며, 제스처 인식, 공간 고정 UI, 시네마 모드에 감탄했습니다. 그러나 콘텐츠가 부족하다는 의견이 공통적입니다. 또한, 무게와 착용 불편, 배터리 설계 문제로 인해 장시간 사용은 어렵다고 말합니다.
사용자 의견(1): "실제로 그 공간에 있는 느낌이 들었어요."
사용자 의견(2): "넷플릭스도 유튜브도 없어요. 이걸로 뭘 하죠?"
사용자 의견(3): "광대가 너무 아파서 더 못 쓰겠어요."

– 차이점:
일부는 "무게 대비 착용감이 괜찮다"고 평가하는 반면, 다른 사용자는 "광대가 짓눌리고 눈이 뻑뻑하다"며 고통을 호소했습니다. 시선 트래킹에 대해서도 "정확하고 신기하다"는 의견과 "시선이 산만해지면 오작동한다"는 불만이 엇갈렸습니다. 사용 환경도 "고정된 자리에서 최고" vs "야외에서도 자주 썼다"는 식으로 다양했습니다.
사용자 의견(1): "오히려 무게감이 느껴지지 않았어요." vs "웃을 수가 없어요, 너무 아파요."
사용자 의견(2): "눈동자만으로 조작된다니 대박!" vs "한 곳에 시선 고정하는 게 이렇게 힘든 줄 몰랐어요."

실제로 이와 같이 다중 인터뷰 결과를 모델에게 한꺼번에 읽힌 뒤 공통된 패턴과 차이점을 정리하도록 프롬프트를 작성하면 분석을 상세하게 해주는 것을 볼 수 있습니다. 이는 마치 연구자가 수십 페이지의 인터뷰 텍스트에 일일이 코딩 작업을 하고 테마를 분류한 것과 유사한 결과로, 몇 분 만에 도출되었다는 점에서 유용성이 매우 높습니다. 다만 한 번에 많은 텍스트를 입력할 때는 앞서 언급한 대로 모델의 용량 한계를 넘지 않도록 요약본을 활용하거나 인터뷰별로 나눠서 분석한 후 취합하는 방식으로 접근해야 합니다.

모델이 뽑아 준 인사이트를 활용할 때는 UX 디자이너의 해석과 판단도 중요합니다. 예를 들어 비전 프로 사례에서 모델이 제품의 단점을 지적한 후 다양한 개선 아이디어도 제시했는데, 이러한 아이디어들은 디자이너에게 새로운 발상의 계기가 될 수 있습니다. 실제로 언어 모델은 주어진 데이터를 기반으로 새로운 제안도 생성해낼 수 있기 때문에 UX 디자이너의 브레인스토밍 파트너 역할을 톡톡히 해냅니다. 모델이 제안한 개선책 중 실현 가능한 것을 선별하고, 해당 분야 전문가들과 검토하여 구체적인 디자인 개선안으로 발전시키는 것은 디자이너의 몫입니다. 이때 모델이 제공한 근거(예: 여러 사용자가 불편을 느꼈다고 지적한 부분)가 뒷받침되므로, 의사 결정권자를 설득하는 자료로 쓰기도 좋습니다. 예컨대 "10명의 사용자 중 8명이 무게로 인한 피로감을 호소했으므로 경량화가 시급하다."라는 식으로 인터뷰 데이터에 기반한 주장을 펼칠 수 있습니다.

지금까지 UX/UI 디자이너를 위한 프롬프트 엔지니어링 활용법을 살펴보았습니다. 애플 비전 프로 사용자 인터뷰들을 언어 모델로 분석한 결과, 짧은 시간 안에 방대한 정성 데이터를 체계적으로 요약하고, 그 안에서 UX 인사이트를 빠짐없이 도출할 수 있었습니다. 프롬프트를 정교하게 설계함으로써 마치 경험 많은 UX 리서처가 정리한 듯한 통찰력 있는 보고서를 얻을 수 있었습니다.

하지만 언어 모델이 만능은 아닙니다. 프롬프트를 반복적으로 개선Iterative하며 원하는 수준의 답을 얻도록 조율하는 작업이 필요할 때도 있고, 출력된 내용이 정확한지 검증하는 것은 결국 인간의 책임입니다. 특히 인터뷰 원문을 모델에 투입할 때 민감한 정보는 제거해야 하며, 회사 내부 기밀 사항이 있다면 보안에 주의해야 합니다. 모델이 추출한 인사이트가 실제 사용자 의도와 맞는지, 또는 중요하게 다루어야 할 부분을 놓치진 않았는지 크로스체크하는 과정도 거쳐야 합니다.

그럼에도 불구하고 언어 모델을 활용한 사용자 인터뷰 분석은 UX 리서치 업무의 생산성과 정확도를 크게 높여 주는 혁신적인 도구임이 분명합니다. 적절한 프롬프트만 준비하면 방대한 사용자 피드백에서 핵심을 빠르게 캐치할 수 있습니다. 이는 팀 전체의 의사 결정을 앞당기고, 더 나은 사용자 경험을 설계하는 데 기여할 수 있습니다.

페르소나 모델링하기

페르소나Persona란 특정 제품이나 서비스의 대표적인 사용자 유형을 나타내는 가상의 인물입니다. UX 디자인에서 페르소나는 실제 사용자 인터뷰, 설문 조사 등의 정성적 데이터를 종합해 만든 가상 사용자 프로필로, 목표 사용자군의 특성과 요구를 대변합니다. 전통적으로 페르소나를 도출하려면 리서처가 사용자를 인터뷰하고, 인터뷰 녹취록을 일일이 읽고, 패턴을 찾기 위해 코딩을 해야 했습니다. 이 과정은 시간도 오래 걸리고 높은 숙련성을 필요로 합니다.

그러나 AI를 활용하면 인터뷰 기반 페르소나 모델링 작업의 효율을 크게 높일 수 있습니다. LLM은 수만 자에 이르는 인터뷰 텍스트를 빠르게 훑어보고 자주 언급되는 주제나 감정을 식별하고 요약할 수 있습니다. 예를 들어 여러 사용자 인터뷰에서 나타난 공통된 니즈, 목표, 페인 포인트 등을 자동으로 분류해줄 수 있습니다. 실제로 챗GPT 같은 도구는 사용자 피드백에서 테마와 패턴을 찾아내 페르소나 아이디어를 생성하는 데 도움을 줄 수 있습니다. 페르소나 모델링에 AI를 활용했을 때의 장점은 다음과 같습니다.

AI를 활용한 페르소나 모델링의 장점

- **속도**: 방대한 인터뷰 내용을 몇 분 내에 요약 및 분석합니다. 이를 통해 UX 팀은 더욱 신속하게 인사이트를 얻을 수 있습니다.
- **패턴 발견**: 모델은 방대한 텍스트에서 반복적으로 나타나는 키워드, 의견, 감정을 놓치지 않고 포착합니다. 이를 기반으로 사용자들의 공통된 요구 사항과 불만을 쉽게 도출할 수 있습니다.

- **초안 제공**: AI가 생성한 요약이나 페르소나 초안을 바탕으로 추가 논의를 하거나 세부 조사를 진행할 수 있습니다. 초안이 있으므로 아이디어 발굴과 방향 설정이 수월합니다.

물론 AI가 완벽한 분석과 모델링을 해주는 것은 아닙니다. 모델은 데이터에 없는 내용을 추론하거나 잘못된 일반화를 할 위험이 있으므로, UX 리서처의 검증과 해석이 반드시 뒤따라야 합니다. 특히 왜 그런 패턴이 나타났는지 등의 맥락적 의미를 해석하는 것은 디자이너의 몫입니다. 따라서 언어 모델은 패턴과 테마를 신속히 짚어 주는 도구로 활용하고, 페르소나 정의나 인사이트 해석과 같은 최종 작업은 UX 디자이너가 책임지는 형태로 역할을 분담해야 합니다.

프롬프트 구조 잡기

이제 애플 비전 프로 사용자 인터뷰를 언어 모델로 분석하여 페르소나를 도출하는 과정을 살펴보겠습니다. 목표는 이 정성적 데이터로부터 비전 프로의 대표 사용자 페르소나를 뽑아내는 것입니다. 데이터를 간단하게 살펴보면, 이 인터뷰에 참여한 사용자들은 대부분 기술에 관심이 많은 얼리 어댑터로, 비전 프로를 직접 구매하거나 체험한 사람들이었습니다. 인터뷰 내용에는 제품 사용 초기의 놀라움과 흥분, 구체적인 사용 경험 그리고 개선이 필요한 점에 대한 솔직한 의견이 담겨 있습니다. 이러한 방대한 피드백을 분석한 결과 다음과 같이 뚜렷한 긍정/부정 패턴을 얻을 수 있었습니다.

- **장점**: 사용자들은 기기를 처음 접했을 때 탁월한 몰입감과 화면 품질에 크게 감탄했습니다. '픽셀이 전혀 보이지 않을 정도로 놀라운 디스플레이' 덕분에 기존 VR 기기와 차원이 다른 선명함을 경험했고, 눈동자와 손가락 움직임만으로 조작하는 인터페이스는 마치 마법처럼 작동한다는 극찬이 나왔습니다. 즉, 시각적 경험과 사용성 측면에서 혁신적이라는 공통된 긍정적인 피드백이 있었습니다.

- **단점**: 제품의 무게와 착용감, 가격, 콘텐츠 부족 등에 대한 아쉬움도 여러 인터뷰에서 반복되었습니다. "조금 더 가벼웠더라면…, 덜 비쌌더라면…, 더 많은 앱이 있었다면… 끊임없이 아쉬운 점이 떠오른다."라는 초기 버전의 한계에 대한 지적이 많았습니다. 배터리 지속 시간과 장시간 사용 시 편의성 그리고 높은 가격으로 인한 심리적 부담도 공통적으로 언급되었습니다. 요약하면 "최초 체험은 놀랍지만 일상적으로 쓰기엔 몇 가지 걸림돌이 있다."가 사용자들의 핵심 의견이었습니다.

이렇게 얻은 긍정/부정 패턴을 바탕으로 대표 페르소나를 정의할 수 있습니다. 특히 데이터 속 문장들을 분류하여 사용자 목표(예: 새로운 경험 추구), 니즈(예: 고화질 콘텐츠 시청), 페인 포인트(예: 무게로 인한 피로) 등을 체계적으로 정리할 수 있습니다.

물론 AI에 페르소나 모델링을 위한 분석을 맡기려면 프롬프트를 잘 설계해야 합니다. 특히 구체적 요청, 맥락, 데이터, 출력 형식의 4가지 요소를 균형 있게 포함하면 효과적인 답변을 얻을 확률이 높아집니다. 비전 프로 인터뷰 분석을 위한 프롬프트의 구조는 다음과 같습니다.

- **구체적 요청**: 무엇을 원하는지 명확히 지시합니다. 예를 들어 "다음에 제공하는 애플 비전 프로 사용자 인터뷰 내용을 분석하여 대표적인 사용자 페르소나를 개발합니다."와 같이 페르소나 작성이 목표임을 분명히 밝힙니다.
- **맥락**: 배경 정보를 제공하여 답변의 정확도를 높입니다. 예를 들어 "이 인터뷰들은 애플 비전 프로 초기 사용자의 후기이며, 우리는 UX 개선을 위해 공통된 사용자 유형을 파악하고자 합니다. 당신은 시니어 UX 리서처로서 인터뷰 내용을 바탕으로 인사이트를 도출하는 역할입니다."와 같이 어떤 관점으로 데이터를 봐야 하는지 지정합니다.
- **데이터**: 실제 인터뷰 텍스트 발췌하여 인터뷰 원문 데이터를 그대로 또는 요약 형태로 제공합니다. 예를 들어, 다음과 같이 여러 사용자의 발언을 데이터로 제공합니다(실제 프롬프트에서는 3만 자에 달하는 전체 인터뷰 내용을 입력했습니다.).
    - 사용자 A: "처음 비전 프로를 썼을 때 정말 미래에 온 느낌이었어요. 특히 화면이 너무 선명해서 현실하고 구분이 안 될 정도였죠. 다만 30분 정도 지나니 코와 이마가 조금 아프기 시작했어요."

- 사용자 B: "가격이 비싸서 고민됐지만 호기심을 이길 수 없어서 샀어요. 써보니 확실히 새로운 경험이긴 한데, 쓸 만한 앱이 아직 부족해서 아쉬워요. 그래도 저는 매일 밤 거실에서 영화 볼 때 애용하고 있어요."
- **출력 형식**: 모델에게 어떤 형식으로 답변을 할지 지정합니다. 예를 들어 "최종 결과는 페르소나 형태로 작성해주세요. 이름, 나이, 성별, 직업, 기술 성향, 목표/니즈, 불편/페인 포인트 등을 항목별로 제시하고, 마지막에 해당 페르소나의 하루 일과나 제품 사용 시나리오를 1000자 정도로 서술해주세요."와 같이 시나리오 길이도 구체적으로 요구합니다.

이처럼 잘 구성된 프롬프트를 입력하면 AI가 맥락을 정확히 이해하고, 주어진 데이터를 근거로 체계적인 페르소나를 생성합니다.

페르소나 모델링하기

모델의 응답으로 생성된 페르소나 결과물은 다음과 같습니다. 인터뷰 데이터에 기반해 비전 프로의 대표 사용자를 가상으로 묘사한 것입니다.

비전 프로의 페르소나

- **이름**: 이혁준(Hyukjun Lee)
- **성별**: 남성
- **나이**: 34세
- **직업**: IT 스타트업 제품 매니저(전문직 종사자)
- **기술 성향**: 최신 기술에 열광하는 얼리 어댑터. 새로운 디지털 기기를 남들보다 먼저 사용해보는 것을 즐기며 애플 제품 생태계에 익숙함
- **배경**: 대학 시절부터 VR/AR 기기에 관심이 많았고, 현재도 취미로 관련 기술 동향을 팔로업함. 1인 가구로 경제적 여유가 있어 비싼 기술 제품도 직접 구매하여 경험해보는 편
- **목표/니즈**: 공간 제약 없이 거대한 가상 스크린으로 콘텐츠 감상하기, 업무 시 멀티태스킹을 효율화할 새로운 디바이스 찾기, 최첨단 기술로 일상의 생산성과 즐거움을 모두 향상시키기

- **페인 포인트**: 무거운 무게, 장시간 사용 시 얼굴에 압박감을 주는 헤드셋 착용감, 한정된 배터리 지속 시간, 높은 가격으로 인한 심리적 부담, 현 시점에서는 활용할 만한 킬러 앱 부족으로 인한 사용 빈도 저하
- **태도**: 긍정적이고 개방적인 태도로 새로운 기술을 받아들이지만, 기술의 한계도 현실적으로 인지함. 제품의 장단점을 적극 공유하며 개발사에 피드백 주는 것을 좋아함
- **시나리오**

이혁준은 퇴근 후 집에 돌아와 저녁을 먹은 뒤 거실 소파에 앉았다. 휴식을 취하며 그는 애플 비전 프로를 머리에 착용한다. "오늘은 어떤 새로운 경험을 해볼까?" 기대에 찬 마음으로 기기를 켠 혁준은 가상 화면에 뜬 여러 개의 창을 눈짓으로 훑는다. 손가락을 가볍게 모아 캘린더 앱을 실행하자 내일 회의 일정이 떠오른다. 그는 이어서 거대한 가상 스크린에 넷플릭스 앱을 펼쳐 최신 영화를 재생한다. 100인치가 넘는 가상 화면으로 펼쳐진 영화는 몰입감이 뛰어나 혁준을 금세 영화 속 세상으로 이끈다. 30분쯤 지나자 혁준은 헤드셋이 콧등을 누르는 느낌을 받아 잠시 기기를 들어 올려 위치를 조정한다. 눈과 손동작만으로 조작하던 그는 여전히 "이런 인터페이스라니, 마치 마법 같아."하고 감탄한다. 영화가 클라이맥스에 접어들 무렵 배터리 팩이 다 되어간다는 알림이 나타난다. 혁준은 아쉬운 마음에 영화를 일시정지하고 충전 케이블을 연결한다. 잠시 기기를 벗고 주변을 둘러보니, 문득 혼자만 이 가상 세계에 몰입해 있었던 자신을 깨닫는다. 혁준은 "역시 하루 종일 쓰기엔 아직은 무리가 있어…" 중얼거리며도 미소를 짓는다. 비록 몇 가지 제약이 있지만, 그는 매일 밤 비전 프로로 미래를 미리 경험해보는 이 시간이 만족스럽다. 혁준은 사용 경험을 자신의 블로그에 정리하며, 더 많은 앱과 개선이 이루어져 모두가 이런 경험을 공유할 날을 기대하고 있다.

페르소나 출력 결과를 하나씩 살펴보면, 인터뷰에서 도출된 인사이트들이 일관된 가상의 사용자상으로 잘 녹아들어 있음을 알 수 있습니다. 우선 '인구통계 정보(34세 남성, IT 전문직 등)'는 실제 비전 프로 초기 사용자층으로 예상되는 프로필에 부합합니다. 인터뷰 참여자들이 대체로 30대 전후의 기술 마니아였던 점을 모델이 반영한 것으로 보입니다. '기술 성향' 항목에서는 해당 페르소나가 최신 기술에 열광하는 얼리 어댑터임을 명시하여, 왜 그가 비전 프로를 누구보다 먼저 사용하게 되었는지 이유를 제시합니다. 이는 인터뷰에서 발견된 "호기심을 이기지 못하고 비싼 기기를 샀다."는 사용자들의 심리를 대변합니다.

'목표/니즈' 부분을 보면, 혁준이 거대한 가상 스크린으로 영화 감상이나 업무 효율 개선 등 비전 프로로 이루고 싶은 일을 나열하고 있습니다. 이러한 니즈는 인터뷰에서 사용자들이 언급한 핵심 가치와 일치합니다. 예를 들어 '언제 어디서나 대형 화면을 보고 싶다'는 기대나 '새로운 기술로 생산성을 높이고 싶다'는 욕구가 반영되어 있습니다. '페인 포인트'에는 무게로 인한 불편한 착용감, 배터리 한계, 가격 부담, 콘텐츠 부족 등 앞서 사용자 인터뷰에서 도출된 주요 문제가 모두 포함되었습니다. 이러한 부정 피드백 요소들을 빠짐없이 페르소나의 페인 포인트로 명확히 기술한 것입니다.

특히 마지막에 제시된 '시나리오'는 이 페르소나가 어떻게 제품을 사용하는지를 이야기 형식으로 생생하게 보여 줍니다. 약 1000자에 걸친 시나리오에서 혁준의 일과 속에 비전 프로가 등장하는 맥락과 사용 행태가 묘사되어 있습니다. 이 시나리오는 사용자의 감정 변화와 맥락까지 담고 있어 단순히 특성 나열에 그치지 않고 디자이너로 하여금 페르소나에 공감할 수 있게 합니다. 예를 들어 혁준이 기기를 잠시 벗었을 때 느끼는 고독감이나, 제약에도 불구하고 미소 짓는 모습은 해당 사용자 군의 현실적인 심경을 잘 대변합니다. 이러한 이야기식 출력은 모델이 인터뷰에서 추출한 정보들을 사람이 읽기 쉽게 엮은 것으로, UX 디자이너가 페르소나를 활용해 디자인 의사 결정에 참고하기에 적합한 형태입니다.

이번 예제를 통해 프롬프트 설계 역량이 UX 실무에 가져오는 변화를 실감할 수 있을 것입니다. AI를 적절히 활용하면 UX 디자이너는 방대한 사용자 인터뷰 데이터로부터 빠르게 인사이트를 확보하고, 이를 기반으로 페르소나와 같은 UX 산출물을 효율적으로 얻을 수 있습니다. 이는 곧 사용자에 대한 이해를 바탕으로 한 디자인 프로세스의 가속화를 의미하며, 제품 개선 사이클을 단축시킬 수 있습니다. 나아가 반복 작업에 소모하던 시간을 아껴 창의적 설계 작업에 집중할 여유를 얻을 수 있습니다.

물론 모델이 만들어 낸 페르소나는 최종 완료본이 아니라 초안입니다. 시간을 크게 절약하고 인사이트 도출의 기반을 제공하지만, 이를 토대로 세부 사항을 다듬고 사실과 어긋나는 부분이 없는지 검토해야 합니다.

UX 라이팅하기

최근 UX 라이팅 분야에서도 프롬프트 엔지니어링은 중요한 역량으로 부각되고 있습니다. UX 라이터들은 에러 메시지, 버튼 라벨, 안내 문구 등 사용자 경험을 위한 글을 작성하는 데에 잘 만든 프롬프트를 활용하면 이러한 작업을 더 빠르고 일관되게 수행할 수 있습니다.

예를 들어, 회사별 UX 라이팅 가이드라인이나 브랜드 톤앤매너를 컨텍스트로 제공하면, 마치 그 회사의 UX 라이터 직원이 작성한 것처럼 AI가 가이드에 맞춘 문구를 작성해줍니다. 이는 지금까지 한 명의 UX 라이터가 모든 제품 문구를 손수 검토하던 방식에서, AI와 협업해 대량의 문구를 빠르게 생성하고 검수하는 새로운 방식으로의 전환입니다.

프롬프트 구조 잡기

앞에서 제시한 프롬프트 구조 중에서 구체적인 요청과 맥락, 예시와 데이터를 활용한 방식의 프롬프트로 구조를 만들어 보겠습니다. 여기서 출력 형식은 요청에 따라 UX 라이팅의 결과물이 나오므로 생략합니다. 각 구성 요소는 프롬프트에서 다음과 같은 역할을 합니다.

구성 요소별 역할

- **구체적 요청**: AI에게 정확히 무엇을 해야 하는지 알려 주는 부분입니다. 예를 들어 "주어진 지침에 따라 오류 메시지를 작성해주세요."와 같이 작성합니다.
- **맥락**: 글의 배경이나 스타일, 가이드라인 등 추가 정보를 입력하는 부분입니다. 예를 들어 "우리 회사 UX 라이팅 가이드라인에 따르면 '쉬운 언어 사용'과 '친근한 말투'를 원칙으로 합니다."와 같이 작성합니다.

- **예시/데이터**: 실제로 글을 쓸 때 참고할 입력 내용이나 예시입니다. 예를 들어, "상황: 사용자가 계좌 이체를 시도했으나 잔액 부족으로 실패함."과 같이 작성합니다.

이 요소들을 모두 포함하면 프롬프트에 구조와 구체성이 생겨 AI가 요구를 더 잘 이해합니다. 이번에는 KB금융의 UX 라이팅 가이드라인을 맥락으로 제공했을 때 출력 결과, 동일한 프롬프트에서 가이드라인을 변경했을 때 출력 결과 2가지 예제를 통해 UX 라이팅 업무에 AI를 어떻게 활용할 수 있는지 살펴보겠습니다.

가이드라인을 활용한 UX 라이팅

KB금융은 최근 'KB고객언어 가이드'라는 금융 언어 활용 지침을 발간하여 목소리와 말투, 글쓰기 10대 원칙 등을 정리했습니다.

🔗 KB고객언어 가이드: kbthink.com/main/customerservice/kbcommunication.html

이 가이드라인의 핵심은 고객에게 신뢰를 주는 어조와 쉬운 언어로 핵심 정보를 전달하는 것입니다. 특히 상황별 말투 규정이 흥미로운데, 오류나 제한 안내에서는 격식을 갖춘 '하십시오체'를 사용하고, 사용자에게 행동을 유도하거나 복잡한 내용을 풀어서 설명할 때는 '해요체'를 사용하도록 구분합니다. 이 원칙을 염두에 두고 실제 오류 메시지 작성에 AI를 활용해보겠습니다.

가이드라인을 활용한 프롬프트 예시

시나리오:
사용자 잔액 부족으로 이체가 실패한 상황입니다. UX 라이터는 KB금융 UX 라이팅 가이드라인에 따라 사용자가 이해하기 쉽고 신뢰감을 주는 오류 메시지를 작성하고자 합니다.

구체적 요청:
이 상황에 대한 오류 메시지를 작성해주세요.

맥락 – UX 라이팅 가이드라인
- 오류나 거절 상황에서는 격식을 갖춘 '하십시오체'로 정중하게 안내합니다.
- 한 문장에는 하나의 메시지만 담아 간결하게 작성합니다.
- 사용자가 이해하기 쉽게 친숙한 용어를 사용합니다(어려운 금융 용어는 쉬운 말로 풀기).
- 항상 고객 관점에서 신뢰감을 줄 수 있는 어투를 사용합니다.

데이터:
상황: 사용자가 계좌 이체를 시도했으나 잔액 부족으로 실패함(이체 실패 시 수수료는 부과되지 않음).

 잔액이 부족하여 이체가 처리되지 않았습니다. 수수료는 부과되지 않았습니다. 입금 후 다시 시도하십시오.

이 프롬프트는 구체적 요청(오류 메시지 작성), 맥락(KB금융 UX 라이팅 가이드 요약), 데이터(상황 설명)를 모두 포함하고 있습니다. 챗GPT는 이 프롬프트를 읽고, 톤앤매너에 맞는 오류 메시지를 생성했습니다. 출력 결과를 보면 가이드라인이 잘 적용된 것을 확인할 수 있습니다.

- **격식 있는 어조**: 모든 문장이 "~습니다"로 끝나고 마지막 안내는 "~십시오"를 사용하여 정중한 '하십시오체'를 유지했습니다.

- **명확하고 간결한 전달**: 한 문장당 하나의 정보만 담아 각각 이체 실패 사실, 수수료 없음, 추후 조치를 전달하고 있습니다. 불필요한 감탄이나 사족 없이 딱 필요한 내용만 전했습니다.

- **쉬운 언어 사용**: 전문 용어를 피하고 누구나 이해할 수 있는 표현으로 작성되었습니다. 예를 들어 "잔액이 부족하여 이체가 처리되지 않았다."라는 말은 원인과 결과를 직접적으로 서술하여 사용자가 바로 이해할 수 있습니다. 또한 수수료는 부과되지 않았다고 명시해 사용자가 가질 의문을 미리 해소합니다.

- **신뢰감 형성**: 전체적으로 침착하고 책임감 있는 톤으로 작성되어 사용자는 안내에 신뢰를 느낄 수 있습니다. "입금 후 다시 시도하십시오."와 같은 표현은 공손하면서도 분명하게 다음 행동을 제시하여 전문가의 조언처럼 들립니다.

이처럼 프롬프트 엔지니어링을 통해 UX 라이터는 회사 가이드라인에 부합하는 문구를 신속히 얻을 수 있습니다. 중요한 것은 프롬프트의 맥락으로 가이드라인의 핵심을 담은 점입니다. 덕분에 AI가 이 컨텍스트를 학습하고 마치 기업의 UX 라이터가 직접 쓴 것처럼 결과가 나온 것입니다. 이처럼 가이드라인을 제공하는 것은 업무 효율 향상에 큰 도움이 됩니다.

변경한 가이드라인을 활용한 다른 톤의 UX 라이팅

이번에는 프롬프트 재사용의 편의성과 스타일 다양화를 보여 주기 위해 앞서 예제와 동일한 요청과 데이터를 사용하되 프롬프트의 맥락 부분(UX 라이팅 가이드라인)만 바꿔보겠습니다. 이렇게 하면 하나의 프롬프트 템플릿을 만들어 놓고 상황에 맞는 가이드라인만 끼워 넣어 다양한 톤앤매너의 문구를 생성할 수 있습니다.

변경된 가이드라인을 활용한 프롬프트 예시

시나리오:
사용자 잔액 부족으로 이체가 실패한 상황입니다. UX 라이터는 핀테크 스타트업의 UX 라이팅 가이드라인에 따라 사용자가 이해하기 쉽고 신뢰감을 주는 오류 메시지를 작성하고자 합니다. 이 스타트업은 젊은 사용자층을 대상으로 하기 때문에, 친근하고 캐주얼한 말투(해요체)를 일관되게 사용하고, 필요할 경우 사용자에게 공감이나 긍정적 어조를 전하는 것을 원칙으로 합니다.

구체적 요청:
위 상황에 대한 오류 메시지를 작성해주세요.

맥락 – UX 라이팅 가이드라인
– 모든 사용자-facing 문구에 친근한 '해요체'를 사용합니다.
– 어려운 금융 용어를 피하고 일상적인 표현을 사용합니다.
– 필요하면 사용자 입장에서 공감하거나 격려하는 어투를 섞어 주세요.
– 문장은 너무 길지 않게, 중요한 정보 위주로 명확하게 전달합니다.
– 이모지를 사용하여 감성적 소통을 합니다.

데이터
상황 : 사용자가 계좌 이체를 시도했으나 잔액 부족으로 실패함(이체 실패 시 수수료는 부과되지 않음).

 잔액이 부족해서 이체를 완료하지 못했어요.😢 수수료는 부과되지 않았으니, 돈을 입금하신 후 다시 시도해주세요.😊

맥락으로 제공한 가이드라인을 바꿨을 뿐인데 말투와 뉘앙스가 상당히 달라지고 이모지도 추가된 것을 볼 수 있습니다. 이처럼 같은 입력 데이터라도 프롬프트의 맥락으로 어떤 가이드라인을 넣느냐에 따라 결과가 크게 달라집니다.

앞서 두 예제의 결과를 비교하면 차이가 명확하게 드러납니다. 이는 UX 라이팅에서 브랜드별 톤앤매너가 얼마나 중요한지 그리고 프롬프트 엔지니어링을 통해 이를 얼마나 유연하게 컨트롤할 수 있는지를 드러냅니다.

① KB금융 가이드라인 적용 결과	② 핀테크 기업 가이드라인 적용 결과
잔액이 부족하여 이체가 처리되지 않았습니다. 수수료는 부과되지 않았습니다. 입금 후 다시 시도하십시오.	잔액이 부족해서 이체를 완료하지 못했어요.😢 수수료는 부과되지 않았으니 입금하신 후 다시 시도해주세요.😊

- **톤/말투**: ①은 격식 있는 어조(하십시오체)로, ②는 친근한 어조(해요체)로 되어 있습니다. 예를 들어 동일한 상황 설명도 ①에서는 "처리되지 않았습니다."라고 표현한 반면, ②는 "완료하지 못했어요."라고 보다 부드럽고 완곡하게 표현하였습니다.
- **단어 선택**: 두 결과 모두 "잔액 부족", "수수료 부과되지 않음" 등 핵심 용어는 사용했지만, ②에서는 "입금하신 후"처럼 조금 더 일상적인 표현을 사용했습니다.
- **정서적 표현**: ①은 매우 중립적이고 사실 전달에 집중한 반면, ②는 "완료하지 못했어요."와 같이 살짝 아쉬움을 드러내는 어조로 사용자 감정에 공감하는 뉘앙스를 풍깁니다. 비록 짧은 문장이지만 미묘한 말투 차이가 사용자에게 주는 인상은 크게 달라집니다. 또한 ②에서는 이모지를 사용하여 보다 감성적인 소통이 이루어졌습니다.
- **문장 구조**: 두 결과 모두 명확성을 위해 짧은 문장을 사용했지만, ②에서는 문장 사이를 쉼표와 친근한 접속어(예: ~않았으니)를 사용함으로써 대화하듯 부드럽게 연결했습니다.

두 결과는 각기 다른 상황에 적합합니다. ①은 전통 금융권이나 신뢰와 정확성이 최우선인 서비스에 잘 어울립니다. 사용자 연령층이 높거나 공식적인 분위기를 유지해야 하는 경우에도 이러한 격식 있는 톤이 적절합니다. 실제로 KB금융은 고객에게 보내는 모든 메시지에 이 가이드라인을 적용하여 일관된 신뢰감을 주고자 하며, 중대한 금융 결정 앞에서는 친근함보다 정확한 정보 전달과 엄숙함이 더 중요하다고 판단합니다. 예컨대, 오류 상황에서 "~십시오" 어미를 사용하면 사용자는 비록 형식적이라 느낄 수 있어도 안내를 진지하게 받아들여야 할 일로 인식하게 됩니다.

반면, ②는 핀테크, 소셜미디어, 커머스 앱 등 캐주얼한 사용자 경험을 지향하는 서비스에 적합합니다. 젊은 사용자는 딱딱한 문구보다 친근하고 대화하듯이 말하는 앱에 호감을 느낄 수 있습니다. 특히 사용자 실수나 오류 상황에서 너무 냉정한 문구보다는 "~하지 못했어요... 다시 시도해주세요."처럼 함께 문제를 겪는 느낌을 주는 톤이 심리적 부담을 덜어 주고 재시도를 유도하는 데 효과적입니다. 물론 이런 톤을 쓸 때에도 정보의 정확성은 놓치지 말아야 합니다. 핵심 내용(잔액 부족, 수수료 없음, 재시도 안내)은 모두 담되 표현 방식을 부드럽게 하는 것입니다.

즉, 어떤 톤의 UX 라이팅이 적절한지는 상황과 브랜드 성격에 달려 있습니다. 프롬프트 엔지니어링을 활용하면 이러한 톤 변화도 신속하게 적용할 수 있다는 점이 주목할 만합니다. 하나의 프롬프트 템플릿에 여러 브랜드의 가이드라인을 번갈아 넣어 보면 다양한 스타일의 문구 초안을 손쉽게 얻을 수 있습니다. 이후 UX/UI 디자이너는 이 중 가장 적합한 톤의 문구를 선택하거나 약간의 수정을 거쳐 사용하면 됩니다.

프롬프트 엔지니어링은 UX 라이팅 분야에서 게임 체인저Game Changer가 될 수 있습니다. 잘 설계된 프롬프트를 사용하면 AI가 회사의 가이드라인을 학습하여 마치 팀의 일원처럼 글을 생성해주어 반복적인 문구 작성 작업에 들이는 시간을 크게 줄이고(효율성 향상) 대신 더 창의적인 UX 개선 작업에 집중할 수 있습니다. 또, 한 번 만든 프롬프트를 재사용하면서 맥락 정보(예: 스타일 가이드)만 바꾸는 방식으로, 일관성은 유지하면서도 다양한 스타일의 콘텐츠를 빠르게 만들 수 있습니다.

결국 핵심은 일관성과 다양성의 균형입니다. 브랜드 목소리의 일관성을 잃지 않으면서도 필요에 따라 톤을 유연하게 전환하여 여러 사용자층과 상황에 맞는 UX 라이팅을 생산할 수 있습니다. 이는 사용자 경험의 품질을 높이고 브랜드 신뢰를 강화하는 한편, 콘텐츠 제작 과정의 효율도 크게 개선하는 효과를 가져옵니다.

미래의 UX/UI 디자이너는 AI와 협업하여 빠르고 똑똑하게 글을 만드는 능력이 요구될 것입니다. 프롬프트 엔지니어링은 그 협업을 위한 핵심 도구로서 UX 라이팅의 새로운 가능성을 열어 주고 있습니다. 이제 막 UX 라이팅에 입문했더라도, 탄탄한 가이드라인만 있다면 프롬프트를 통해 숙련된 라이터 수준의 결과물을 얻을 수 있을 것입니다.

가상의 사용자 조사를 위한 시네틱 유저

사용자 조사 User Research는 제품이나 서비스의 실제 사용자를 이해하기 위해 수행하는 중요한 UX/UI 디자인 단계입니다. 사용자의 행동, 니즈, 동기, 불편함 등을 파악함으로써 디자이너는 더욱 현실적이고 효과적으로 설계 방향을 설정할 수 있습니다. 이 과정은 설문 조사, 인터뷰, 관찰, 사용자 여정User Journey 분석 등 다양한 방법을 통해 이루어지며, 표면적인 요구가 아닌 사용자의 진짜 문제를 발견하는 데 목적이 있습니다. 좋은 사용자 조사는 제품의 성공 가능성을 높이고, 개발 리소스를 보다 효율적으로 사용할 수 있는 기반이 됩니다. 그러나 전통적인 사용자 조사 과정에는 많은 인력과 시간이 필요했으나 이제 AI를 기반으로 혁신적인 수준으로 효율적인 UX 리서치가 가능하게 되었습니다.

AI 기반 사용자 조사란 사용자의 행동 패턴을 모방하여 실제 사용자 테스트보다 훨씬 더 **빠르고** 적은 비용으로 데이터를 수집하는 것으로, 제품의 초기 디자인 단계에서 사용자의 피드백을 신속하게 반영하여 전체 UX 디자인 프로세스를 단축하고 더 나은 사용자 경험을 제공할 수 있게 도와줍니다.

특히 가상 사용자 조사는 일반적인 리서치 방식으로 접근하기 어려운 상황에서도 큰 가치를 지닙니다. 예를 들어, 글로벌 시장의 다양한 문화권 사용자를 대상으로 **빠르게** 조사를 수행하거나 실제 만나기 어려운 환경에 있는 사용자를 대상의 서비스에 대한 프로토타입을 검증할 때도 중요한 역할을 할 수 있습니다. 이번에는 이런 가상의 사용자 조사를 전문적으로 수행할 수 있도록 도와주는 시네틱 유저 서비스에 대해서 심층적으로 알아보도록 하겠습니다.

시네틱 유저 Synthetic Users는 LLM을 활용한 연구에 집중해 몇 차례 창업 경험이 있던 콰미 페레이아Kwame Ferreira와 웹 디자인 경험이 있던 위고 알베스Hugo Alves가 공동으로 창업한 가상의 사용자 및 시장 조사를 위한 AI 기반 플랫폼입니다. 다양한 리서치 시나리오에 맞춰 고도로 맞춤화된 가상 사용자를 생성하고, 이를 통해 UX 디자이너에게 중요한 인사이트를 제공할 수 있습니다. 이 서비스를 통해 UX 디자이너는 인간과 유사한 AI 참가자를 생성하여 심층 인터뷰와 대규모 설문 조사를 할 수 있어, 리서치 업무를 효율적으로 처리하면서 의미 있는 데이터를 제공할 수 있습니다.

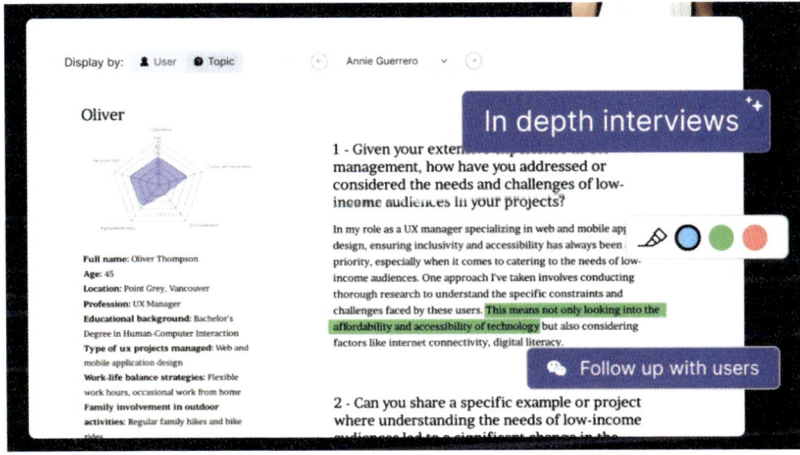

시네틱 유저로 생성한 가상 사용자(출처: syntheticusers.com)

핵심 기능과 솔루션

시네틱 유저는 사용자가 제품을 사용하는 라이프사이클의 여러 단계에 적용할 수 있도록 지원하고 있습니다. 제품 기획 초기 시장 탐색부터 개념 테스트는 물론 완성된 제품에 대한 사용자 행동을 이해하고, 불편 사항을 파악하여 피드백을 반영해 빠르게 개선할 수 있습니다.

시네틱 유저는 AI 기반의 UX 리서치 플랫폼으로, 다양한 LLM을 통해 수십억 개의 파라미터를 사용하여 개별적인 성격 프로파일과 행동 패턴을 가진 가상 사용자를 구축합니다. 이를 통해 실제 인간의 복잡한 상호 작용을 모방하고, 예측 불가능성을 반영하는 데이터를 생성할 수 있습니다.

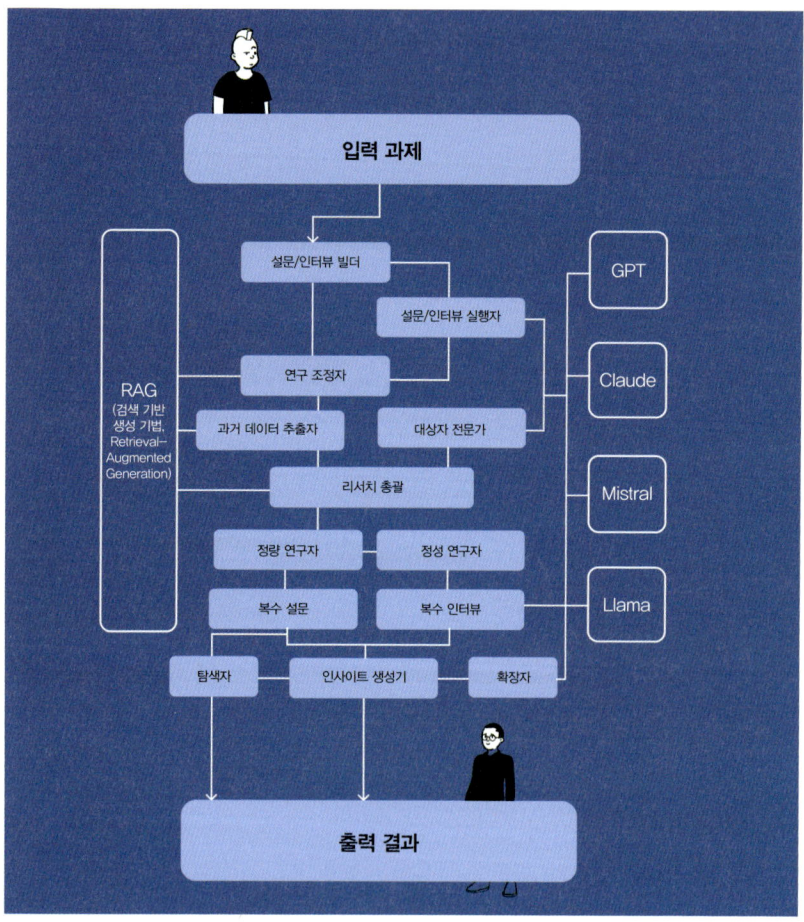

시네틱 유저의 모델의 구조(출처: syntheticusers.com)

시네틱 유저의 핵심 기술은 합성-유기적 동등성Synthetic Organic Parity 개념을 기반으로 합니다. 이는 AI가 생성한 데이터와 실제 인간의 데이터가 유사한 수준의 정밀도와 관련성을 갖도록 하는 기술적 접근을 의미합니다. AI가 실제 사용자 행동을 학습하고, 이를 기반으로 유사한 결과를 도출하도록 설계된 것입니다. 또한 RAGReinforcement Learning with Augmented Data Generation 기술을 통해 사용자 데이터를 통합하고 학습시키며, 각 사용자의 특성에 맞춘 맞춤형 가상 사용자를 생성합니다. 이러한 프로세스는 다양한 시나리오에서의 사용자 행동을 예측하고, 실제 사용자와 유사한 데이터를 제공하여 UX 리서치의 질을 높입니다.

데이터의 관련성을 유지하기 위해 동적 학습 메커니즘을 채택하여 생성된 가상 사용자가 계속해서 새로운 데이터를 학습하고 적응할 수 있도록 설계되었습니다. 덕분에 항상 최신 인사이트를 반영하며, 다양한 사용자의 요구와 기대를 보다 정밀하게 반영할 수 있습니다.

뿐만 아니라 시네틱 유저는 가상 사용자 리서치를 통해 사용자 경험 디자인과 UX 리서치의 접근 방식을 혁신하는 다양한 기능과 솔루션을 제공합니다. 주요 기능은 다음과 같습니다.

- **심층 인터뷰**: 고급 AI 아키텍처를 사용하여 심층 인터뷰를 수행할 수 있습니다. 이를 통해 인터뷰 과정에서 실시간으로 더 많은 질문을 할 수 있으며, 더 깊은 인사이트를 얻을 수 있습니다. 인터뷰 결과는 텍스트 및 보고서 형태로 제공되며, 팀원들과 공유하고 주석을 달 수 있어 협업을 용이하게 합니다. 이는 사용자의 경험과 행동에 대한 이해를 돕고, 초기 디자인 단계에서의 신속한 피드백 반영에 유리합니다.

- **글로벌 설문 조사**: 짧은 시간 내에 수천 건의 설문 조사를 실행할 수 있는 기능을 제공합니다. 다양한 지역과 문화권의 사용자를 대상으로 최대 1000개의 설문 조사를 동시에 실행할 수 있어 대규모의 양적 데이터를 신속하게 수집하고 분석할 수 있습니다. 이는 실제 사용자를 대상으로 한 설문 조사에 비해 비용과 시간이 절감되며, 신뢰할 수 있

는 결과를 제공합니다. 설문 조사 데이터는 심층 인터뷰와 결합하여 보다 풍부한 인사이트를 얻을 수 있도록 설계되었습니다.

- **사용자 맞춤형**: 사용자의 요구에 맞춘 데이터 통합을 통해 각기 다른 특성을 가진 가상 사용자를 생성할 수 있습니다. 이를 통해 특정 사용자 그룹이나 시장에 맞춘 정밀한 연구를 수행할 수 있습니다. 사용자 맞춤형 데이터는 제품 라이프사이클의 여러 단계에서 필요성 식별, 개념 테스트, 사용자 만족도 향상 등의 다양한 문제를 해결하는 데 활용할 수 있습니다.

시네틱 유저는 AI 기반 UX 리서치의 새로운 장을 열어 가고 있습니다. 이 서비스는 가상 사용자 조사를 통해 적은 비용으로 빠르게 프로젝트를 수행하게 하며, 다양한 사용자의 요구를 반영한 데이터 기반으로 디자인에 접근할 수 있습니다. 현재 시점에서는 시간과 비용 문제로 사용자 조사가 어려운 조직에서 활용하는 데 도움이 될 수 있습니다. 또는 실제 사용자 조사를 수행하기 전에 AI 기반 조사를 통해 사전에 인사이트를 도출함으로써 보다 정밀한 사용자 조사를 할 수도 있습니다. 앞으로 AI의 성능이 더 좋아진다면 정말 인간 사용자 조사가 필요하지 않은 시점도 올 수 있겠습니다.

물론 AI 기반 가상 사용자 조사는 유용하지만, 모든 리서치 문제를 해결하는 만능 도구는 아닙니다. 가상 사용자 조사가 인간의 심리적 동기나 감정적 반응을 완벽히 대체할 수는 없습니다. 또한, 가상 사용자 데이터는 실제 사용자와의 상호 작용을 통해 얻을 수 있는 깊은 통찰을 제공하기에는 한계가 있을 수 있습니다.

보즈로 스토리보드 제작하기

스토리보드Storyboard는 사용자의 행동 흐름을 시각적으로 구성한 도구로, 사용자가 제품이나 서비스를 어떤 순서로, 어떤 상황에서 사용하는지를 그림이나 간단한 스케치로 표현하는 것입니다. 이를 통해 디자이너와 이해관계자 모두가 사용자 경험의 전체적인 맥락을 쉽게 파악할 수 있으며, 기능이나 인터페이스가 실제 사용 시나리오에 잘 맞는지 검토할 수 있습니다. 스토리보드는 주로 사용자 여정을 바탕으로 하며, 화면 단위의 와이어프레임보다 앞 단계에서 아이디어를 정리하고 커뮤니케이션하는 데 효과적인 방법입니다.

스토리보드 제작에도 AI를 기반으로 한 서비스들이 등장하기 시작했습니다. AI 기술을 활용하여 스토리보드 제작을 자동화함으로써 UX 디자이너는 사용자 여정을 더욱 효율적으로 시각화할 수 있습니다. 아이디어를 보다 일관성 있는 고품질 이미지로 전달할 수 있는 것입니다. 이는 결국 사용자 중심의 디자인을 강화하며, 보다 나은 경험을 설계할 수 있는 기회와 가치를 UX 디자이너에게 제공합니다.

AI가 가져온 UX 스토리보드 제작의 장점

- **일관성 있는 고품질 결과물**: AI를 통해 생성된 스토리보드는 일관성 있고 높은 품질을 유지합니다. 이는 프로젝트의 전반적인 품질을 높이며, 전문적인 느낌을 전달합니다.
- **창의성과 효율성 향상**: AI가 반복 작업을 자동화함으로써 크리에이터는 이야기 구성과 같은 고부가 가치 작업에 집중할 수 있게 돕습니다. 이는 제작 시간 단축과 창의성 향상에 기여합니다.

- **원활한 커뮤니케이션**: AI 기반 스토리보드 서비스는 중앙 집중식 협업 기능을 통해 팀원 간 빠른 피드백과 수정을 가능하게 하여, 업무를 가속화하고 커뮤니케이션을 원활하게 합니다.
- **비용 절감**: 자동화된 프로세스를 통해 시간과 인력을 절약할 수 있어, 비용 효율적으로 프로젝트를 진행할 수 있습니다. 이는 특히 예산이 제한된 프로젝트에서 큰 장점을 제공합니다.

AI 기반 스토리보드 도구로는 대표적으로 **보즈**Boords가 있습니다. 보즈의 특장점을 자세히 살펴보겠습니다.

전문 크리에이터를 위한 AI 도구, 보즈

보즈는 영화 제작자, 애니메이터, 콘텐츠 제작자 등 다양한 전문 크리에이터를 위한 AI 기반 스토리보드 도구로, 사전 제작 과정을 간소화하여 생산성과 창의성을 높이는 다양한 기능을 제공하며, 직관적인 인터페이스와 강력한 협업 도구로 사용자의 편의성을 극대화합니다.

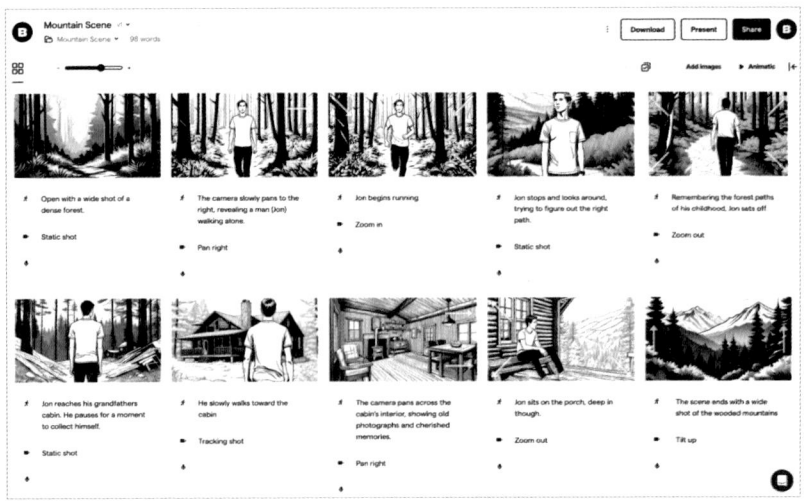

보즈를 활용한 이미지 제작 예시(출처: boords.com)

보즈는 간단한 텍스트 프롬프트만으로 영상 스크립트와 이미지를 생성할 수 있습니다. AI 이미지 생성 기능을 통해 드로잉 기술 없이도 시각적 콘텐츠를 만들 수 있어 비전문가도 쉽게 사용할 수 있습니다.

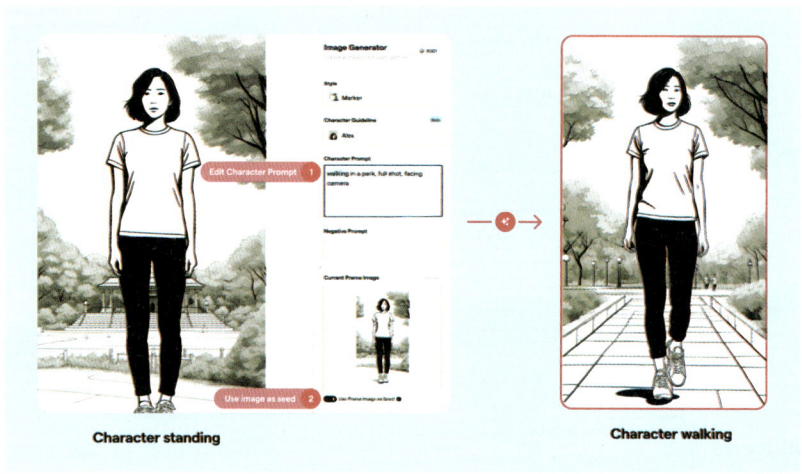

보즈를 활용한 캐릭터 제작 예시(출처. boords.com)

이외에도 보즈의 대표적인 기능을 정리하면 다음과 같습니다.

- **캐릭터 및 장면 생성**: 맞춤형 AI 캐릭터와 자동 장면 생성을 통해 일관성 있는 스토리보드를 쉽게 제작할 수 있습니다. 이러한 기능은 스토리보드의 품질을 높이는 데 기여합니다.

- **실시간 협업**: 실시간 협업 기능을 제공하여 팀원들이 창작 과정 전반에 걸쳐 피드백을 주고받을 수 있습니다. 이는 프로젝트의 일관성을 유지하고, 커뮤니케이션을 원활하게 합니다.

- **다양한 내보내기 형식**: PDF, MP4, 애니매틱Animatics, 프레젠테이션 링크 등 다양한 형식으로 스토리보드를 내보낼 수 있어, 작업물의 활용도를 높이고 제작 과정의 원활한 전환을 돕습니다.

AI 기반 스토리보드 서비스는 UX 디자인에서 사용자 경험을 시각적으로 탐색하고 개선하는 중요한 도구로 자리 잡고 있습니다. 보즈와 스토리보더 ai와 같은 서비스는 스토리보드 제작 과정을 자동화하고, 효율성과 창의성을 높이며 원활한 커뮤니케이션과 비용 절감을 가능하게 합니다. 보즈는 UX 디자이너와 크리에이터들에게 필수적인 도구로, 향후 사용자 중심 디자인의 발전에 중요한 역할을 할 것입니다.

3부

이미지 생성형 AI로
UX/UI 디자인하기

05장

이미지 생성형 AI 이해하기

이미지 생성형 AI의 등장은 UX/UI 디자인의 패러다임을 근본적으로 바꾸고 있습니다. 달리, 미드저니, 어도비 파이어플라이, 스테이블 디퓨전과 같은 도구들은 이제 디자이너가 복잡한 드로잉이나 이미지 편집 없이도, 자연어 텍스트만으로 고품질의 시각 자료를 빠르게 생성할 수 있도록 도와줍니다. 이러한 기술은 단순한 이미지 생성 그 이상으로, UX 시나리오 구상, 무드 보드 제작, UI 컴포넌트 및 아이콘 디자인, 사용자 페르소나 시각화 등 디자인 프로세스 전반에 걸쳐 창의성과 효율성을 크게 향상시킵니다. 이 장에서는 주요 이미지 생성형 AI들의 특징과 기술적 원리를 살펴보고, UX/UI 디자인 실무에서 어떻게 활용할 수 있는지 구체적인 사례와 함께 소개합니다.

이미지 생성형 AI가 UX/UI 디자인에 가져온 혁신

달리, 어도비 파이어플라이, 미드저니, 스테이블 디퓨전과 같은 이미지 생성형 AI의 등장은 UX/UI 디자인에 새로운 가능성을 열어 주고 있습니다. 이제 UX/UI 디자이너들은 자연어 기반의 텍스트 설명만으로 다양한 시각적 결과물을 신속하게 생성할 수 있게 되었습니다.

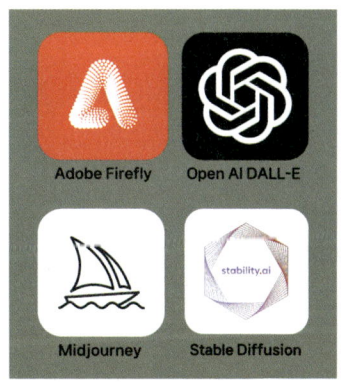

대표적인 4가지 이미지 생성형 도구들

이런 변화로 UX/UI 디자이너는 이미지 생성형 AI로 높은 품질의 프로토타입 제작, UI 무드 보드 구성, 사용자 페르소나 시각화, 아이콘을 비롯한 UI 컴포넌트 빠른 제작 등의 작업이 가능하게 되었습니다. 특히 미드저니와 스테이블 디퓨전은 높은 이미지 품질로 UX/UI 디자이너들에게 무궁무진한 활용 가능성을 보여 주고 있습니다. 이 2가지 도구를 본격적으로 살펴보기 앞서 대표적인 이미지 생성형 AI인 달리와 어도비 파이어플라이를 간단하게 살펴보겠습니다.

달리

달리는 오픈AI가 개발한 이미지 생성형 AI로, 달리 3 버전부터는 챗GPT와 통합되면서 높은 수준의 언어 모델을 통한 입력 방식을 제공합니다. 덕분에 복잡한 텍스트 설명도 잘 이해하여 상상력 넘치는 이미지를 구현하는 능력이 뛰어납니다.

오픈 AI의 이미지 생성형 AI, 달리 3(출처: openai.com/index/dall-e-3)

특히 한국어를 포함한 다국어 지원을 통해 사용자는 자연스럽게 편한 언어로 대화하면서 원하는 이미지를 생성할 수 있습니다. 즉, 언어적 장벽 없이 직관적으로 이미지를 제작할 수 있는 편리한 환경을 제공합니다.

달리 3 모델에서 생성한 다양한 UX/UI 관련 이미지(출처: 달리 생성)

달리의 가장 큰 장점은 앞서 언급한 것처럼 한국어를 포함한 무척 매끄러운 자연어 처리입니다. 따라서 AI를 처음 사용하더라도 이미지 생성에 대한 개념과 활용 방법을 쉽고 빠르게 이해할 수 있습니다.

어도비 파이어플라이

어도비 파이어플라이는 어도비가 제공하는 이미지 생성형 AI 서비스입니다. 파이어플라이를 통해 사용자는 텍스트 설명을 바탕으로 이미지를 생성할 수 있으며, 다양한 작업을 자연어로 수행할 수 있습니다.

어도비의 이미지 생성형 AI, 어도비 파이어플라이(출처: adobe.com/kr/products/firefly)

특히 어도비의 포토샵, 일러스트레이터, 어도비 XD와 같은 소프트웨어와 연동되어 한 플랫폼에서 다양한 작업을 매끄럽게 수행할 수 있다는 점이 매력적입니다. 이를 통해 초기 콘셉트 구상부터 세부 디테일 작업까지 하나의 소프트웨어에서 진행할 수 있어 UX/UI 디자인에 관련된 결과물 작업에 도움을 줄 수 있습니다.

어도비 파이어플라이에서 생성한 UX/UI 관련 이미지(출처: 어도비 파이어플라이 생성)

향후 어도비에서 지속적인 업데이트를 통해서 보다 높은 수준의 AI 결과물을 제공할 수 있게 된다면 어도비의 생태계는 더욱 강력해질 것입니다.

UX/UI 디자이너를 위한 최고의 도구, 미드저니

미드저니의 창립자, 데이비드 홀츠David Holz는 플로리다 출신으로, 어린 시절부터 프로그래밍과 게임에 많은 관심을 가지고 있었던 매우 우수한 프로그래밍 인재로서 막스 플랑크 연구소와 나사NASA와 같은 유수의 기관에서 다양한 연구 프로젝트에 참여하기도 했습니다.

미드저니 창립자 데이비드 홀츠(출처: 미드저니 생성)

그렇게 홀츠가 창립한 미드저니는 2022년 7월 12일 오픈 베타로 출시되었습니다. 텍스트 프롬프트를 입력해 다양한 스타일의 이미지를 생성할 수 있습니다. 특히 품질 높은 이미지 생성 수준과 쉬운 사용 방식으로 현재 AI 기반 이미지 생성 분야에서 독보적인 입지를 만들었습니다.

미드저니 웹 서비스(출처: midjourney.com)

다만, 자연어 인식 능력이 다소 제한적이어서 프롬프트를 영어로 작성해야 합니다. 이런 불편함에도 대표적인 이미지 생성형 AI로 미드저니를 꼽는 이유는 타의 추종을 불허하는 디테일과 사실적인 이미지 품질 덕분입니다. 미드저니로 생성한 이미지는 UX/UI 디자인에 필요한 무드 보드, 시나리오, 페르소나, UI 콘셉트 이미지, 아이콘 제작 등에 유용하게 활용할 수 있습니다.

미드저니의 주요 기능과 기술

미드저니는 UX 리서치 과정에서 아이디어를 시각화하거나 다양한 시각적 스타일을 테스트할 때도 매우 효과적입니다. 특히 다양한 주제와 스타일로 이미지 결과물을 생성할 수 있어서 고품질의 시각적 자료가 필요한 UX/UI 디자인 초기 단계에 큰 도움이 됩니다. 복잡한 UI 디자인 요소부터 추상적인 콘셉트 아트까지 전반적인 디자인 작업을 모두 해볼 수 있기 때문입니다.

미드저니에서 생성한 UX/UI 프로토타입, 시나리오 관련 이미지(출처: 미드저니 생성)

2024년 8월 이후 미드저니는 기존 디스코드에서 웹으로 저변을 넓혀 사용성을 개선하기도 했습니다. 에디터 기능도 추가하여 세부적인 요소도 수정 및 확장할 수 있게 되었습니다.

미드저니의 이러한 고품질 이미지 생성의 뒷면에는 2가지 주요 기술이 있습니다. 첫 번째는 **생성적 적대 신경망**Generative Adversarial Network(GAN)입니다. 생성적 적대 신경망이란 생성자와 판별자로 구성된 2개의 신경망이 서로 경쟁하며 학습하는 방식을 통해 이미지를 생성합니다. 쉽게 설명하면 생성자가 사용자의 입력 데이터에 기반하여 이미지를 생성하면 판별자는 이 이미지가 실제 데이터와 얼마나 유사한지를 판단하는 방식입니다. 이러한 과정을 반복하면 점점 더 정교하고 사실적인 이미지를 생성하는 것입니다.

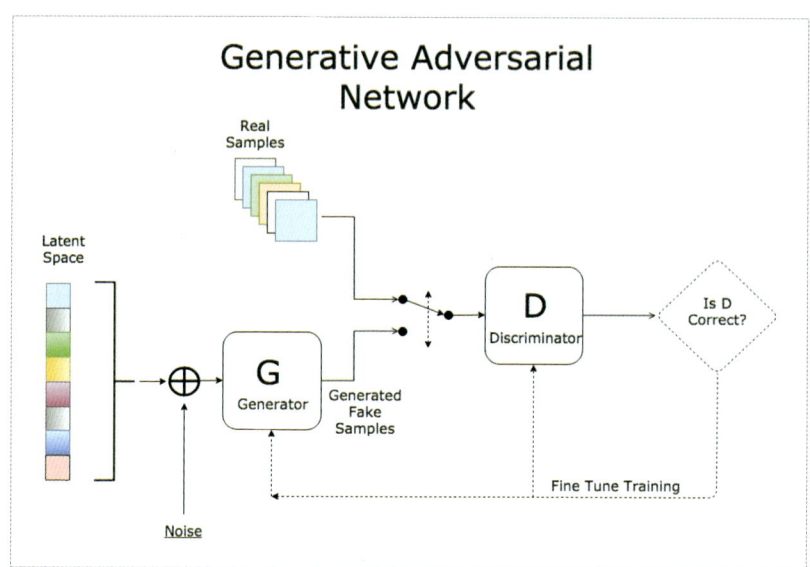

GAN 모델의 구조도 예시(출처: kdnuggets.com)

미드저니는 이 기술과 함께 자연어 처리(NLP) 기술을 활용하여 사용자가 입력한 자연어 프롬프트를 해석합니다. 프롬프트에 입력된 단어나 문장의 맥락을 이해함으로써 사용자의 의도를 더 깊이 파악하고, 그에 맞는 이미지를 제공할 수 있는 것입니다. 이 대표적인 2가지 기술이 미드저니가 다른 이미지 생성형 AI와 차별화될 수 있도록 해주고 있습니다.

UX/UI 디자이너의 미드저니 활용 방법

UX/UI 디자이너가 미드저니를 사용하면 3가지 장점이 있습니다. 우선 미드저니는 이미지의 복잡한 디테일까지 담아내는 능력이 탁월합니다. UX/UI 디자인에서는 직관적이고 명확한 시각적 표현이 필요하기 때문에, 미드저니의 이러한 시각적 우수성은 UX/UI 디자이너들에게 큰 장점으로 다가옵니다.

또한, 미드저니 사용자는 오픈 소스에 기반한 타 이미지 생성형 AI와 달리 고가의 고사양 컴퓨터 시스템을 구축할 필요가 없습니다. 미드저니는 클라우드 기반으로 운영되기 때문에 저사양 PC에서도 빠른 시간에 고품질 이미지를 생성할 수 있습니다. 또한 기존에 이미지 라이선스를 구매하던 비용 대비 10% 정도의 예산으로 운영이 가능하기 때문에 많은 회사가 적극적으로 미드저니를 도입해 비용을 줄이고 있습니다.

쉬운 접근성 또한 미드저니의 장점입니다. 이전에는 디스코드에서만 제공하던 서비스를 웹에서 바로 이용할 수 있도록 접근성을 향상시켰을 뿐만 아니라 텍스트 프롬프트 해석 능력도 향상되어, 사용자들이 편하게 일상에서 쓰는 자연어를 기반으로 고품질 이미지를 만들 수 있게 되었습니다. 이처럼 미드저니는 우수한 이미지 품질, 낮은 시스템 비용, 접근 용이성 측면에서 UX/UI 디자이너에게 탁월한 선택지로 자리 잡고 있습니다.

미드저니는 영어로 프롬프트를 작성하면 미드저니 봇이 이를 해석하여 이미지를 생성합니다. 자연어 기반 프롬프트는 미드저니를 사용할 때 가장 중요한 요소로 작용합니다. 즉, 사용자가 어떤 이미지를 원하는지에 따라 프롬프트의 구성이 달라질 수 있습니다. 프롬프트는 텍스트 외에도 이미지를 첨부해 스타일이나 형태를 유사하게 요청할 수 있습니다. 또, 정해진 기능 안에서 작동하는 파라미터를 입력하여 추가 설정을 할 수 있습니다.

앞서 텍스트 생성 AI를 다룰 때도 언급했지만 프롬프트의 핵심은 구체성과 명확성입니다. 예를 들어 "아름다운 풍경"과 같은 일반적인 표현보다는 "안개가 깔린 산속의 고요한 호수, 노을이 물든 하늘(A tranquil lake in a foggy mountain, a sunset-colored sky)"과 같이 세부적인 묘사를 포함하는 것이 더 나은 결과물을 얻을 수 있습니다. 프롬프트 내에서 특정 예술적 스타일이나 조명 조건, 각도 등을 프롬프트로 요청해서 적절한 결과를 얻을 수도 있습니다.

구체적인 프롬프트로 생성된 이미지(출처: 미드저니 생성)

이처럼 미드저니는 UX/UI 디자인 프로세스 전 단계에서 활용 가치가 상당히 높습니다. 대표적으로 UX 시나리오 보드 제작, UI 콘셉트 무드 보드, GUI 컴포넌트 및 아이콘 제작 및 기타 이미지 소스 제작에 미드저니를 활용하는 방법들을 살펴보겠습니다.

UX 시나리오 보드 제작

UX 시나리오 보드는 사용자 여정을 시각적으로 표현하여 특정 제품이나 서비스 사용 중 사용자가 어떤 과정을 경험하는지 이해하는 데 중요한 역할을 합니다. 미드저니는 이러한 시나리오 보드를 제작할 때 사용자 경험을 보다 생생하게 전달할 수 있는 이미지를 빠르게 생성할 수 있습니다.

예를 들어, "한 남자가 스마트폰을 통해 증강 현실 속에서 친구들과 생일 축하를 하고 있는 장면(A man is celebrating his birthday with friends in augmented reality through his smartphone.)"과 같은 프롬프트를 입력하면 미드저니는 이를 바탕으로 이미지를 생성합니다. 이렇게 생성한 이미지는 사용자 경험과 관련된 맥락, 감정, 환경 등을 포함하여 UX 시나리오를 보다 명확하고 직관적으로 표현할 수 있게 합니다.

미드저니에서 생성한 AI 기반 생일 축하 시나리오 이미지(출처: 미드저니 생성)

시나리오 보드는 UX 팀 내에서 사용자 여정을 설명할 때도 중요한 역할을 합니다. 이때 미드저니를 활용하면 다양한 사용자 페르소나를 시각화하는 데도 유용합니다. 예를 들어, "20대 여성"을 생성한 다음 이 여성의 나이대를 다양하게 생성하거나, 인물의 다양한 감정을 표현할 수도 있습니다.

미드저니에서 생성한 페르소나의 나이 변화(출처: 미드저니 생성)

이처럼 미드저니로 UX 시나리오 보드를 제작하면 사용자의 다양한 경험을 더 깊이 이해할 수 있으며 보다 풍부하고 감성적인 사용자 경험을 설계할 수 있습니다.

UI 콘셉트 무드 보드 제작

무드 보드 Mood board란 이미지, 색상, 텍스트 등을 한데 모아 디자인의 콘셉트와 분위기를 시각적으로 표현하는 방식으로, 프로젝트의 전체적인 방향성과 감성을 팀원들과 쉽게 공유하는 역할을 합니다. 미드저니는 UI 콘셉트 무드 보드 제작에도 매우 효과적인 도구입니다. 이전에는 무드 보드에 필요한 이미지들을 검색 엔진이나 이미지 사이트에서 직접 검색해서 찾고 모아야 했지만, 미드저니를 활용하면 자신이 구상하고 있는 디자인 스타일, 분위기, 색상 팔레트 등을 직접 생성할 수 있습니다.

예를 들어, "미니멀리스트 스타일의 음악 스트리밍 앱 UI, 파스텔 톤의 색상과 둥근 모서리 요소(A minimalist-style music streaming app UI with pastel tones and rounded corner elements.)"라는 프롬프트를 입력하면, 해당 스타일에 맞는 다양한 UI 디자인 콘셉트를 생성할 수 있습니다. 물론 디테일한 디자인 가이드라인을 잘 지키는 편은 아니지만 굉장히 풍부한 상상력으로 다양한 형태의 UI 예시들을 만들어 볼 수 있습니다. 이러한 소스들은 UI 디자이너가 콘셉트에 적합한 다양한 사례들을 검토하는 데 도움을 줍니다.

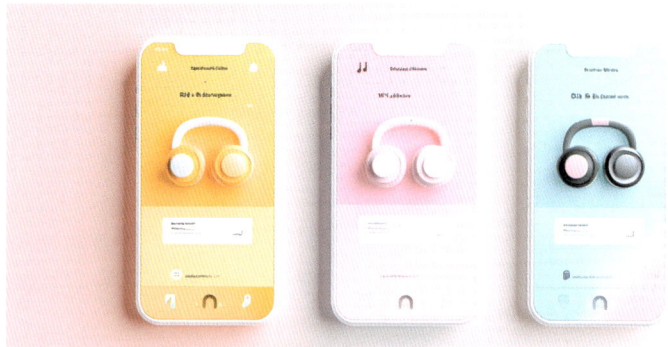

미드저니에서 생성한 UI 무드 보드 예시(출처: 미드저니 생성)

또한 미드저니의 이미지 변형 기능을 활용해 생성한 이미지를 기반으로 다양한 콘셉트를 시도하여 아이디어를 확장할 수 있습니다. 즉, 기존의 고정된 아이디어에서 벗어나 더욱 빠르게 창의적이고 새로운 시각적 표현을 탐색할 수 있습니다. 미드저니는 다양한 UI 스타일을 시각화하고, 디자인 방향성을 설정하는 데 효과적인 도구입니다.

GUI 컴포넌트 및 아이콘 제작

UI 디자인에서 GUI 컴포넌트와 아이콘 제작은 중요한 부분을 차지합니다. 버튼, 메뉴, 아이콘 등의 UI 요소 역시 미드저니를 활용하면 간단한 프롬프트만으로 시각화할 수 있습니다. 예를 들어, "파스텔 톤의 부드러운 3D 스타일로, 바구니에 꽃과 잎, 소품이 담긴 귀엽고 아기자기한 아이콘, 밝고 따뜻한 분위기(A cute and charming icon in a soft pastel-tone 3D style, featuring a basket filled with flowers, leaves, and accessories, creating a bright and warm atmosphere.)"라는 프롬프트를 입력하면, 미드저니는 이를 기반으로 다양한 스타일의 아이콘을 생성합니다. 이러한 방식으로 디자이너는 다양한 디자인 옵션을 빠르게 생성하고, 사용자에게 적합한 디자인을 선택할 수 있습니다.

미드저니에서 생성한 아이콘 예시(출처: 미드저니 생성)

특히 아이콘을 디자인할 때는 미드저니의 --stylize 파라미터를 활용하여 아이콘의 꾸밈 정도를 세세하게 조절할 수도 있습니다. 이외에도 다양한 파라미터를 통해 미니멀한 스타일부터 세부적인 요소가 많은 스타일까지 다양한 아이콘을 생성할 수 있습니다(미드저니의 파라미터에 대한 자세한 내용은 '6장 UX/UI 디자이너를 위한 이미지 프롬프트 작성하기'에서 다룹니다.). GUI 컴포넌트를 제작할 때도 미드저니를 사용하여 초기 아이디어를 발전시키고 여러 변형을 시도할 수 있습니다.

배경 이미지 생성

UI 디자인에서는 특정한 분위기나 스타일을 반영하는 다양한 배경 이미지가 쓰입니다. 미드저니는 이러한 요소들도 신속하게 생성할 수 있습니다. 예를 들어, "따뜻한 조명과 목재 질감이 돋보이는 카페 내부 배경(Warm lighting and wooden textures stand out in a cozy cafe interior background, highly detailed, realistic style, soft shadows, inviting atmosphere.)"이라는 프롬프트를 입력하면 다음과 같이 UI 디자인에 적합한 고유한 배경 이미지를 생성할 수 있습니다.

미드저니에서 생성한 배경 이미지(출처: 미드저니 생성)

이는 제품의 정체성을 드러내기 위해 특정한 테마나 계절적 분위기를 반영하는 배경을 제작할 때도 유용합니다. 덕분에 디자이너는 기존 스톡 이미지에 의존하지 않고 필요에 따라 사용자 맞춤형 이미지를 생성할 수 있습니다.

배경 외에도 UI 디자인에 필요한 다양한 일러스트레이션이나 인물 사진 등 다양한 디자인 소스를 직접 생성할 수 있어 폭넓게 활용할 수 있습니다.

거대한 오픈 소스 기반 AI, 스테이블 디퓨전

스테이블 디퓨전은 2022년 Stability AI에서 오픈 소스로 출시된 텍스트 기반 이미지 생성 모델로, 텍스트 프롬프트와 다양한 설정을 통해 사실적이고 창의적인 이미지를 생성할 수 있습니다. 오픈 소스란, 이름 그대로 공개된 소스 코드로 누구나 자유롭게 원하는 서비스, 모델을 만들 수 있을 뿐만 아니라 사용자의 세부적인 요청 사항에 맞춰 고품질의 이미지를 생성할 수 있어 예술 창작을 넘어 광고, 교육, 의료 등 다양한 분야에서 활용하고 있습니다.

스테이블 디퓨전 개발사 Stability ai 로고(출처: stability.ai)

오픈 소스의 무한한 확장성과 제약 사항

스테이블 디퓨전의 중요한 특징 중 하나는 모델 개발에 쓰인 소스가 오픈 소스로 공개되었다는 점입니다. 이는 미드저니와 같은 상용 모델들과 달리 무료인 데다 사용자 본인의 필요와 아이디어에 따라 모델을 수정하고 배포할 수 있는 환경을 제공하고 있습니다. 덕분에 깃허브와 같이 사용자가 직접 제작한 확장 프로그램을 공유하는 커뮤니티가 활성화되어서 전 세계 사용자와 소통하며 나만의 이미지를 만들 수 있습니다.

스테이블 디퓨전으로 생성한 이미지 예시(출처: stability.ai)

오픈 소스인 만큼 스테이블 디퓨전을 원활하게 사용하기 위해서는 고성능 GPU와 충분한 메모리가 필요합니다. 따라서 비용 절감을 목적으로 이미지 생성형 AI를 고려하고 있다면 초기에는 스테이블 디퓨전이 적합하지 않은 모델일 수 있습니다. 또, 오픈 소스 소프트웨어의 특성상 설치와 실행 중 발생하는 오류를 사용자가 직접 해결해야 하는 경우가 많습니다. 커뮤니티 포럼이나 깃허브를 통해 해결책을 찾아야 하지만, 오픈 소스 소프트웨어의 경험이 적은 사용자에게는 큰 허들이 될 수 있습니다.

누구나 접근할 수 있는 WebUI

스테이블 디퓨전의 **WebUI**는 사용자가 손쉽게 이미지를 생성할 수 있도록 제작된 그래픽 사용자 인터페이스(GUI)로, 직관적인 디자인과 다양한 기능 덕분에 초보자부터 전문가까지 편리하게 사용할 수 있는 도구로 자리 잡았습니다. WebUI의 가장 큰 특징은 텍스트 프롬프트로 원하는 이미지를 쉽게 생성할 수 있다는 점입니다. 사용자는 텍스트 입력창에 원하는 이미지의 스타일, 분위기를 설명한 다음 파라미터로 이미지 크기, 샘플링 방법, 생성 단계 수 등을 조정하여 맞춤형 이미지를 생성할 수 있습니다.

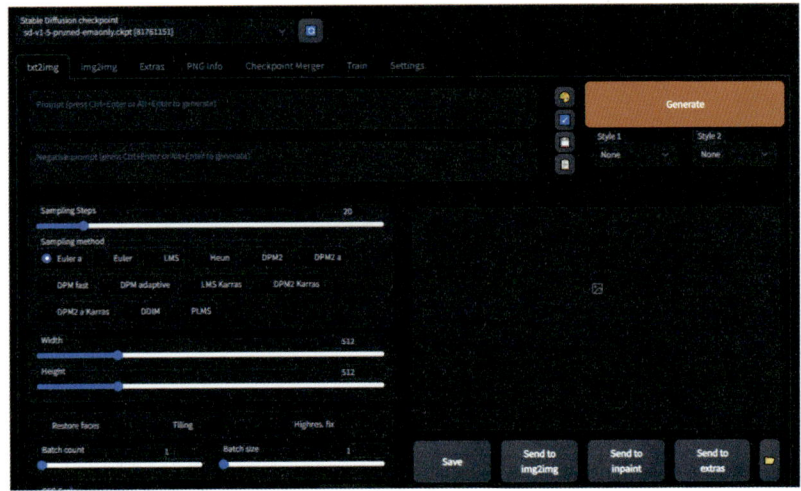

스테이블 디퓨전의 WebUI

WebUI의 또 다른 강점은 커스터마이징이 가능하다는 것 그리고 다양한 플러그인과 확장 프로그램을 지원하는 것입니다. 이를 통해 사용자들은 모델 성능을 더욱 확장하거나 개별적인 이미지 처리 요구 사항을 충족시킬 수 있으며, 최신 버전의 스테이블 디퓨전 모델을 손쉽게 업데이트하여 활용할 수 있습니다. WebUI의 직관성과 확장성은 스테이블 디퓨전을 대중화하는 데 큰 기여를 한 강점입니다. 덕분에 사용자들은 다양한 디자인 작업에 이를 효과적으로 활용하고 있습니다. 참고로 가장 널리 알려진 스테이블 디퓨전 WebUI 버전은 **AUTOMATIC1111**입니다.

🔗 AUTOMATIC1111: github.com/AUTOMATIC1111/stable-diffusion-webui

전문가를 위한 워크플로우의 혁신, ComfyUI

스테이블 디퓨전의 **ComfyUI**는 WebUI와는 다른 방식의 접근을 제공하는 인터페이스로, 노드 기반 시스템을 통해 사용자가 이미지 생성 과정을 직접 구성하고 제어할 수 있습니다. ComfyUI는 복잡한 워크플로우를 커스터마이즈할 수 있어 고급 사용자가 다양한 실험을 수행할 때 진가를 발휘합니다. 예를 들어, 단순한 프롬프트 입력으로 이미지를 생성하는 단계를 넘어 각 작업 단계를 세밀하게 설정하거나, 여러 모델을 연결하거나, 특정 이미지 처리 과정을 나눠서 제어할 때 유용합니다.

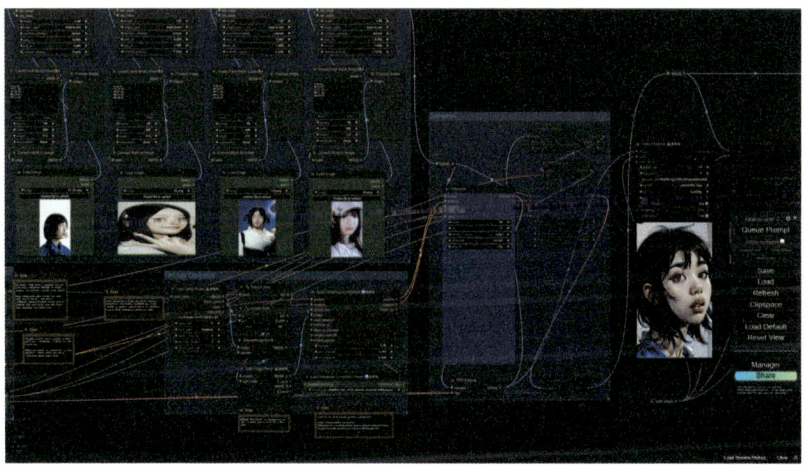

스테이블 디퓨전의 comfyUI

또한 ComfyUI는 실시간 미리보기 기능을 지원하여 각 노드에서 발생하는 중간 결과물을 즉각적으로 확인할 수 있어 실험적인 작업에 유용합니다. 이 기능은 파라미터를 활용한 세부 조정이 필요한 디자인 작업에서 특정 스타일이나 요소가 이미지에 어떻게 반영되는지를 실시간으로 모니터링할 수 있습니다. ComfyUI의 노드 기반 접근법은 시각적 워크플로우 구성이 가능하여 고급 사용자나 반복 작업을 수행하는 디자이너들에게 특히 매력적인 기능입니다.

스테이블 디퓨전 로라 모델로 데이터 학습시키기

스테이블 디퓨전의 **로라**Low-Rank Adaptation(LoRA) 모델은 사전 학습된 대규모 데이터와 함께 사용자가 직접 학습시킨 데이터로 모델을 조정할 수 있는 강력한 도구입니다. 데이터 학습 과정은 기존 딥러닝 학습처럼 복잡하지 않고 이미지 세트를 만들어서 간단하게 접근할 수 있기 때문에 누구나 충분히 접근할 수 있습니다.

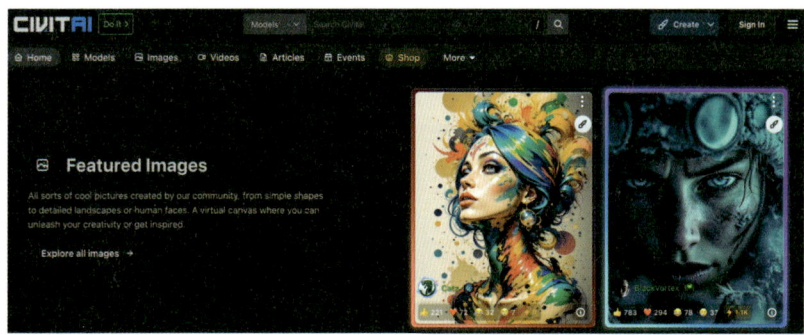

다양한 로라 모델을 공유하는 CIVITAI 서비스(출처: civitai.com)

로라 모델은 특히 특정 스타일, 캐릭터, 환경 등을 표현하는 데 유용하며, 다양한 커스텀 모델을 만들 수 있습니다. 예를 들어 특정 인물을 동일하게 생성할 때 프롬프트 외에도 다양한 각도에서 찍은 유사한 인물의 사진을 넣으면 그 인물과 유사한 이미지를 생성할 수 있습니다. 이는 인물뿐 아니라 배경, 제품, 인터페이스 등 모든 요소에 동일하게 적용할 수 있어 특정 브랜드나 디자이너의 개성을 녹여낸 작업물을 만드는 데 활용할 수 있습니다.

UX/UI에서 스테이블 디퓨전 활용 사례

스테이블 디퓨전은 텍스트 입력만으로 다양한 스타일과 레이아웃의 화면 요소, 아이콘, 배경 등을 신속하게 생성할 수 있습니다. 이를 통해 프로젝트 초기 단계에서 아이디어를 구체화하고 사용자 피드백을 받을 수 있습니다. 또, 서비스 흐름이나 UX 시나리오를 이미지로 시각화하는 데도 유용합니다. 사용자가 특정 앱을 사용하는 장면을 AI로 시각화한 문서를 활용해 팀 내에서 사용자 경험을 보다 다각도로 확인할 수 있습니다. 덕분에 한층 더 사용자 중심적인 UX 설계가 가능합니다. 뿐만 아니라 버튼, 아이콘, 배경 등의 UI 요소를 자동 생성할 수 있어 디자이너의 반복 작업을 줄일 수 있습니다. 텍스트 프롬프트를 입력하여 특정 카테고리나 기능에 맞는 다양한 스타일의 아이콘을 생성하는 것이 가능합니다.

실제로 간편 결제 서비스 토스Toss는 스테이블 디퓨전 로라 모델을 활용하여 브랜드 아이덴티티에 맞춘 아이콘과 그래픽을 자동 생성하는 데 성공한 대표적인 사례입니다. 토스는 기존에 보유한 2000여 개의 디자인 데이터를 기반으로 스테이블 디퓨전 모델을 학습시켜 토스가 추구하는 그래픽 톤을 인식시키고 그에 맞춰 아이콘과 그래픽을 생성할 수 있도록 학습 과정을 최적화했습니다. 덕분에 토스만의 독창적인 미니멀리즘 스타일을 효율적으로 구현할 수 있었습니다.

토스의 디자이너들은 AI 디자인 생성기로 매일 약 100개의 새로운 그래픽을 자동으로 생성하여 이 중 선별된 결과를 추가 학습시키는 방식으로 AI의 디자인 능력을 발전시켰습니다. 토스의 사례는 로라 모델의 적용 가능성을 입증하며, 브랜드 맞춤형 디자인에 AI를 활용하는 혁신적인 접근 방식을 보여 줍니다.

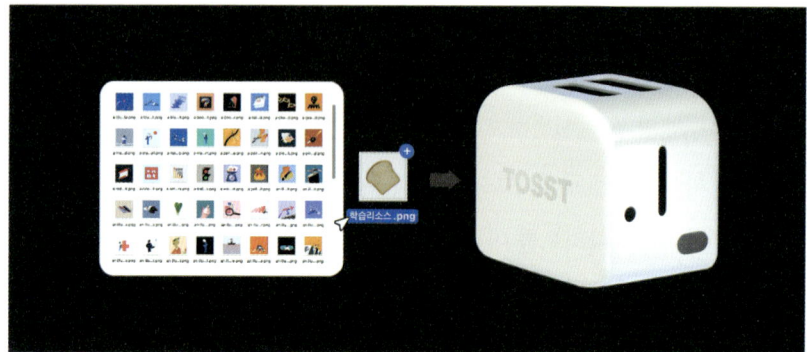

이미지 학습을 통해 만든 AI 디자인 생성기 토스(출처: toss.tech)

이처럼 스테이블 디퓨전은 혁신적인 Text to image 생성형 AI 모델로, 다양한 분야에서 AI 기반 이미지 생성의 가능성을 확장시키고 있습니다. 특히 WebUI와 ComfyUI는 각각 초보자와 전문가를 위한 강력한 인터페이스를 제공하여 스테이블 디퓨전의 접근성을 높이고 있습니다. 또한 로라 모델을 통해 학습시킨 데이터를 기반으로 특정 작업을 위한 이미지를 생성할 수도 있습니다. 초반 세팅과 운영에 다소 시간이 들지만, 그만큼 디테일한 조정과 이미지 학습이 가능하기 때문에 이후 UX/UI 디자인을 위한 강력한 도구가 될 것입니다.

단, 세부적인 디자인 작업에는 아직 한계가 존재합니다. 따라서 초기 아이디어 구상과 비주얼 콘셉트 작업에 집중적으로 활용하고, 이후 세부 조정은 외부 디자인 도구를 활용해 진행하는 접근 방식을 추천합니다.

06장

UX/UI 디자이너를 위한 이미지 프롬프트 작성하기

이미지 생성형 AI의 등장은 UX/UI 디자인의 표현 방식에 획기적인 변화를 가져왔습니다. 그중에서도 미드저니는 압도적인 이미지 품질과 풍부한 스타일 표현력으로 디자이너들의 창의력을 시각화하는 데 가장 널리 활용되는 도구입니다. 텍스트 기반 프롬프트만으로도 고감도의 콘셉트 아트, 사용자 페르소나, UI 무드보드, 시나리오 보드까지 손쉽게 제작할 수 있어 비전공자부터 전문가까지 모두에게 강력한 창작 도구로 자리매김하고 있습니다. 이번 장에서는 UX/UI 실무에 최적화된 미드저니 활용법을 기초부터 고급까지 체계적으로 안내합니다.

페르소나를 위한 인물 이미지 생성하기

페르소나는 인물 중심 이미지인 만큼 먼저 인물 생성을 위한 기초 프롬프트와 파라미터를 활용하는 과정을 손에 익히는 것이 중요합니다. 기본적인 프롬프트 구조와 한 번 생성한 인물을 유지하면서 다양한 감정 표현, 배경, 나이대 등을 변형하는 과정을 살펴보겠습니다.

인물 생성을 위한 프롬프트

프롬프트는 구체적이면서 체계적으로 입력하는 것이 중요합니다. 특히 인물을 생성할 때는 구체적인 요소를 원하는 대로 설정하는 것이 무척 중요합니다. 인물 생성에 필요한 요소는 다음과 같이 정리할 수 있습니다.

- **성별**: 남성 또는 여성
- **연령**: 아이, 10대, 20대, 30대, 40대, 50대, 60대, 고령자 등
- **피부색**: 백인, 흑인, 황인(서양인, 동양인 또는 국가 지정 가능) 등
- **머리 스타일**: 긴 머리, 중간 길이, 짧은 머리, 스트레이트 헤어, 커리 헤어, 포니테일 등
- **머리색**: 검정, 갈색, 핑크, 혼합색 등
- **표정**: 기쁨, 슬픔, 분노, 졸림, 지루함, 행복함 등
- **기타**: 인물의 추가적인 특징(눈 색깔, 화장 등)

이렇게 정의한 요소들을 활용해 동일한 프롬프트에 성별만 다르게 넣어 인물을 생성해보겠습니다. 생성된 결과와 같이 '성별'만 바꾸면 동일한 특징을 가진 20대의 여성과 남성 이미지를 생성하는 것을 확인할 수 있습니다.

TIP 인물 생성에는 미드저니를 활용했으며 미드저니는 영문 프롬프트를 작성해야 합니다. 영문 프롬프트는 챗GPT나 클로드와 같은 AI 또는 DeepL, 파파고와 같은 영어 번역 서비스를 활용하면 간단하게 프롬프트를 번역할 수 있습니다.

여성 인물을 생성하는 프롬프트

[영문] **Woman** in their 20s, red and long hair, white skin, blue eyes, bright smile, perm hair, thick lips, blush on cheeks.
[한글] 20대 **여성**, 붉고 긴 머리, 하얀 피부, 파란 눈, 밝은 미소, 파마 머리, 두꺼운 입술, 뺨의 홍조

남성 인물을 생성하는 프롬프트

[영문] **Man** in their 20s, red and long hair, white skin, blue eyes, bright smile, perm hair, thick lips, blush on cheeks.
[한글] 20대 **남성**, 붉고 긴 머리, 하얀 피부, 파란 눈, 밝은 미소, 파마 머리, 두꺼운 입술, 뺨의 홍조

다양한 감정을 표현하는 프롬프트

인물을 생성할 때 중요한 요소 중 하나는 감정 표현입니다. 인간의 감정은 여러 가지 유형으로 분류할 수 있습니다. 먼저 감정이 긍정적인지, 부정적인지 그리고 각성 상태가 높은지 낮은지에 따라 4가지 유형, 12개로 다음과 같이 구분할 수 있습니다.

1. 에너지가 높고 긍정적인 상태(High Energy, Positive)
- Excited: 흥분한
- Delighted: 기쁜
- Happy: 행복한

2. 에너지가 낮고 긍정적인 상태(Low Energy, Positive)
- Pleased: 만족한
- Relaxed: 편안한
- Sleepy: 졸린

3. 에너지가 낮고 부정적인 상태(Low Energy, Negative)

- Tired: 피곤한
- Bored: 지루한
- Sad: 슬픈

4. 에너지가 높고 부정적인 상태(High Energy, Negative)

- Tense: 긴장한
- Annoyed: 짜증난
- Frustrated: 좌절한

인물에 감정을 표현할 때는 단어를 하나만 사용하는 것보다 하나의 감정 표현과 관련된 여러 가지 표현을 넣어 주면 더 효과적입니다. 예를 들어, 슬픔이라는 감정을 표현하고 싶으면 '울상', '흐르는 눈물' 같은 표현을 함께 사용하면 보다 극적인 감정을 표현하는 인물을 생성할 수 있습니다. 앞서 여성 인물을 생성할 때 사용한 프롬프트에 여러 가지 감정 표현을 추가해 다양한 표정의 인물들을 생성해보겠습니다.

흥분한 인물 생성하기

[영문] Women in their 20s, red and long hair, white skin, blue eyes, **very excited, wide open eyes, open mouth**, perm hairstyle, chubby lips, blush on cheeks, photo realistic
[한글] 20대 여성, 붉고 긴 머리, 하얀 피부, 파란 눈, **매우 흥분, 활짝 뜬 눈, 벌어진 입**, 파마 헤어스타일, 통통한 입술, 뺨에 홍조를 띤 여성

졸린 인물 생성하기

[영문] Woman in her 20s, red and long hair, white skin, blue eyes, **very sleepy**, **closed eyes**, perm hairstyle, chubby lips, blush on cheeks, real photo
[한글] 20대 여성, 붉고 긴 머리, 하얀 피부, 파란 눈, **매우 졸린**, **감은 눈**, 파마 헤어 스타일, 통통한 입술, 뺨에 홍조를 띤 여성, 실제 사진

슬픈 감정의 인물 생성하기

 [영문] Woman in her 20s, red and long hair, white skin, blue eyes, **very sad**, **sad expression**, flowing tears, chubby lips, blush on cheeks, real photo
[한글] 20대 여성, 붉고 긴 머리, 하얀 피부, 파란 눈, **매우 슬픈**, **슬픈 표정**, 흐르는 눈물, 통통한 입술, 뺨에 홍조를 띤 여성, 실제 사진

좌절한 인물 생성하기

 [영문] Woman in her 20s, red and long hair, white skin, blue eyes, **very frustrated**, **frown**, **hands on her head**, chubby lips, blush on her cheeks, real photo
[한글] 20대 여성, 붉고 긴 머리, 하얀 피부, 파란 눈, **매우 좌절한**, **찡그린 표정**, **머리에 손을 얹고 있음**, 통통한 입술, 뺨에 홍조를 띤 여성, 실제 사진

인물의 연령대를 변경하는 프롬프트

인물을 생성할 때 중요한 요소 중 하나는 나이입니다. 어린 아이부터 고령자까지 필요에 맞게 다양한 연령대의 인물을 생성하는 것은 페르소나 이미지를 생성할 때 무척 유용합니다. 나이는 간단하게 "40-years-old"와 같이 나이를 직접 기재할 수도 있고 "girlhood", "middle-age", "old-age"와 같이 나이대를 표현하는 단어로 다른 연령을 표현할 수도 있습니다. 마찬가지로 같은 인물을 생성하는 프롬프트에 나이만 10대에서 고령자까지 변경한 프롬프트 예시와 그 결과를 살펴보겠습니다.

10대 여성 이미지 생성하기

[영문] **Girlhood**, purple and long hair, white skin, blue eyes, bright smile, Ponytail hair, thick lips
[한글] 소녀, 보라색 긴 머리, 하얀 피부, 파란 눈, 밝은 미소, 포니테일 머리, 두꺼운 입술

20대 여성 이미지 생성하기

 [영문] **Women in their 20s**, purple and long hair, white skin, blue eyes, bright smile, Ponytail hair, thick lips
[한글] 20대 여성, 보라색 긴 머리, 하얀 피부, 파란 눈, 밝은 미소, 포니테일 머리, 두꺼운 입술

30대 여성 이미지 생성하기

 [영문] **Woman in their 30s**, purple and long hair, white skin, blue eyes, bright smile, Ponytail hair, thick lips
[한글] 30대 여성, 보라색과 긴 머리, 하얀 피부, 파란 눈, 밝은 미소, 포니테일 머리, 두꺼운 입술

고령 여성 이미지 생성하기

 [영문] **Woman, old-age**, purple and long hair, white skin, blue eyes, bright smile, Ponytail hair, thick lips
[한글] 노년 여성, 보라색과 긴 머리, 하얀 피부, 파란 눈, 밝은 미소, 포니테일 머리, 두꺼운 입술

시나리오 보드를 위한 다양한 스타일의 동일한 캐릭터 생성하기

UX 시나리오 보드에는 동일한 인물을 다양한 배경, 상황에 등장시켜야 합니다. 미드저니는 동일한 인물이 계속 등장할 수 있도록 도와주는 파라미터 --cref Character Reference와 여러 이미지에 동일한 스타일을 적용할 수 있도록 도와주는 --sref Style Reference 파라미터를 제공합니다.

AI로 인물을 생성할 때 가장 중요한 기능은 몇 장의 이미지를 생성하든, 어떤 배경에서든 동일한 캐릭터를 생성하는 것입니다. 이 작업을 손쉽게 도와주는 파라미터가 바로 --cref입니다. 이때 같이 사용하는 또 다른 파라미터는 --cw Character Weight, 즉 캐릭터 비중입니다. --cw 파라미터는 0에서 100까지 값을 넣어 조정할 수 있습니다. 값이 높으면 얼굴, 머리카락, 의상 등을 전반적으로 참조해서 동일한 이미지를 생성하고 값이 낮으면 얼굴을 기준으로 다양한 의상과 헤어스타일을 생성합니다. 값을 넣지 않으면 100을 기본으로 출력합니다. 3가지 주요 파라미터의 역할을 정리하면 다음과 같습니다.

주요 파라미터와 역할

--cref Character Reference
- 특정 캐릭터의 외모나 스타일을 유지하고 싶을 때 사용
- 참조 이미지 URL을 넣으면 해당 캐릭터를 반복적으로 생성 가능

--cw Character Weight
- --cref의 영향력을 조절(0~100 사이)
- 값이 높을수록 참조 이미지와 더 유사하게 생성됨

--sref Style Reference
- 이미지의 전체적인 스타일(톤, 색감, 구도 등)을 따라하게 함
- 참조 이미지 URL을 넣으면 그 스타일을 반영해 이미지 생성

이제 이 3가지 파라미터를 중점으로 기본 캐릭터를 생성하고 캐릭터의 표정, 머리, 배경 등을 변형해 시나리오 보드를 제작하는 과정을 살펴보겠습니다.

캐릭터 유지하면서 요소 변형하기

먼저 스타일이 바뀌어도 동일하게 등장할 캐릭터를 먼저 생성합니다. 원하는 인상을 다음과 같이 프롬프트로 입력하고, 추가로 배경에 아무것도 "white background"를 포함합니다.

[영문] A man, white background
[한글] 하얀 배경, 한 남자

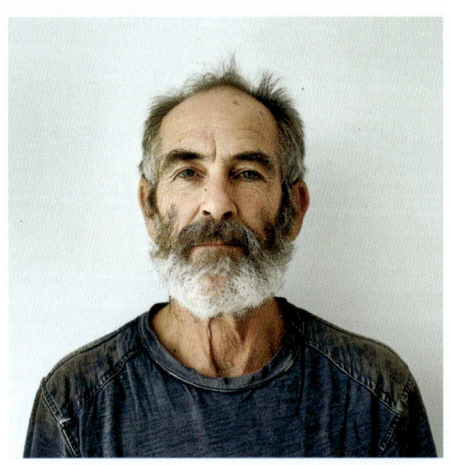

이렇게 생성한 기본 캐릭터 이미지는 추후 변형된 이미지를 생성하는 데 레퍼런스로 사용할 수 있도록 저장합니다. 그런 다음 미드저니 프롬프트 입력창 왼

쪽의 이미지 아이콘(🖼)을 클릭해 앞서 저장해 둔 기본 캐릭터 이미지를 업로드합니다. 또는 왼쪽의 [Choose a file or drop it here] 버튼을 클릭하면 PC에 저장된 이미지를 드래그 앤 드롭으로 업로드할 수 있습니다. 업로드한 이미지 중에서 원하는 이미지를 클릭하면 입력창에 이미지가 추가되는 것을 볼 수 있습니다.

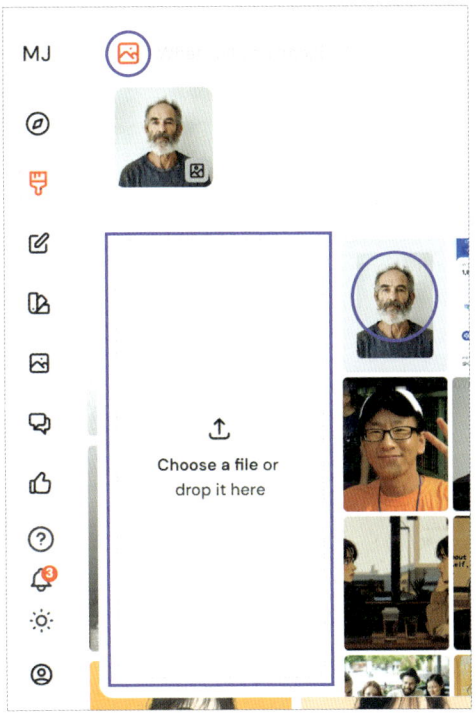

프롬프트 입력창에 추가된 이미지 위에 마우스 커서를 올리면 아래 레퍼런스 아이콘을 볼 수 있습니다. 맨 왼쪽의 캐릭터 레퍼런스 아이콘을 클릭합니다.

TIP 실제 사람의 사진을 레퍼런스로 사용할 수도 있지만, 미드저니로 생성한 이미지를 레퍼런스로 활용하면 이미지 변형이 보다 매끄럽게 됩니다.

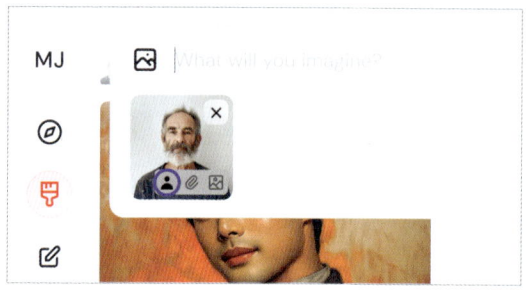

이제 캐릭터를 유지하면서 스타일을 변형하기 위한 새로운 프롬프트를 입력합니다. 캐릭터 레퍼런스를 활용하므로 인물에 대한 프롬프트는 생략하고, 배경과 옷 등 전체적인 스타일을 바꾸기 위해 다음 프롬프트를 입력합니다.

 [영문] A man wearing futuristic cyberpunk suit
[한글] 미래 지향적인 사이버펑크 수트를 입은 남성

이처럼 --cref 파라미터, 즉 캐릭터 레퍼런스 기능을 활용하면 동일한 캐릭터를 미래 사이버 펑크 시대의 옷을 입고 도심에 서 있는 모습을 생성할 수 있

습니다. 이렇게 생성한 이미지를 활용해 --cw 파라미터를 조정하면 값에 따라 캐릭터의 얼굴 외 배경, 옷, 머리카락 등 주변 요소들을 변형할 수 있습니다. --cw 값으로 75, 50, 25, 0을 넣으면 각 값에 따라 다음과 같이 이미지의 스타일이 변형됩니다.

[영문] A man wearing futuristic cyberpunk suit --cw 75
[한글] 미래 지향적인 사이버펑크 수트를 입은 남성 --cw 75

[영문] A man wearing futuristic cyberpunk suit --cw 50
[한글] 미래 지향적인 사이버펑크 수트를 입은 남성 --cw 50

 [영문] A man wearing futuristic cyberpunk suit --cw 25
[한글] 미래 지향적인 사이버펑크 수트를 입은 남성 --cw 25

[영문] A man wearing futuristic cyberpunk suit --cw 0
[한글] 미래 지향적인 사이버펑크 수트를 입은 남성 --cw 0

값이 낮아질수록 캐릭터의 옷과 주변 부속들이 더 다양하게 생성되는 것을 볼 수 있습니다. 이처럼 --cref와 --cw를 활용하면 UX 시나리오 보드를 제작할 때 동일한 인물을 다양한 스타일로 생성하는 데 도움을 받을 수 있습니다. 표현하고자 하는 캐릭터의 비중을 고려해 파라미터 값을 잘 조절하면 유용하게 활용할 수 있습니다.

분위기 유지하면서 이미지 변형하기

미드저니에서 UX 시나리오 보드를 제작할 때 일관성 있는 스타일을 적용하는 것 역시 매우 중요합니다. 스타일의 일관성을 쉽게 만들 수 있는 파라미터가 --sref입니다. 이 파라미터를 사용하면 일관성 있는 분위기로 디자인 결과물을 생성할 수 있습니다.

여기서 같이 사용하는 파라미터는 --sw Style Weight, 즉 스타일 비중입니다.
--sw 파라미터는 0~100을 값으로 넣을 수 있습니다. --sw가 높으면 참고
하는 이미지의 분위기를 최대한 반영해서 이미지를 생성하고 --sw가 낮으면
분위기를 약간만 반영해서 이미지를 생성합니다.

스타일 유지하면서 이미지 변형하기

먼저 일관성 있게 적용할 스타일의 이미지를 생성합니다. 이미지를 변형해도
스타일이 유지되는 것을 알아채기 쉽도록 20세기 초 프랑스에서 발생한 예술
운동, 포비즘Fauvism 스타일로 기본 이미지를 생성합니다.

[영문] Hello Friday, humid, Fauvism --ar 16:7
[한글] 금요일 분위기, 습한, 포비즘 스타일 --ar 16:7

--sref는 앞서 --cref를 활용할 때 이미지를 첨부하던 동일한 방법으로 접근
하면 됩니다. 생성한 이미지를 저장하고 미드저니 프롬프트 입력창 왼쪽의 이
미지 아이콘을 클릭해 저장한 이미지를 업로드합니다. 첨부한 이미지 위에 마
우스 커서를 얹은 다음, 이번에는 캐릭터가 아닌 스타일을 유지하는 것이므로
가운데 클립 모양 아이콘을 클릭합니다.

원하는 스타일의 이미지를 레퍼런스로 넣어 두고 이제 새롭게 생성할 이미지의 프롬프트를 입력합니다. 스타일을 유지하면서 다양한 요소로 이미지를 변형할 수 있도록 각각 인물, 동물, 사물에 적용해보겠습니다. 이때 스타일 적용 수준을 최대로 높이기 위해 --sw 값은 100으로 지정합니다.

 [영문] A man --sw 100
[한글] 한 남자 --sw 100

[영문] A cat --sw 100
[한글] 고양이 한 마리 --sw 100

 [영문] shoes --sw 100
[한글] 신발 --sw 100

간단한 단어와 --sw 값을 포함한 단순한 프롬프트만으로도 레퍼런스로 넣은 이미지의 스타일이 아주 잘 반영이 된 것을 볼 수 있습니다. 레퍼런스 이미지

의 색상, 톤뿐만 아니라 식물들도 배경으로 포함되는 것을 확인할 수 있습니다.

이번에는 같은 프롬프트에 --sw 값만 달리 했을 때 레퍼런스 이미지가 얼마나 달라지는지 살펴보겠습니다. 최솟값과 최댓값의 차이를 확인할 수 있도록 값으로 0, 20, 40, 60, 80을 넣어서 차이를 확인해보겠습니다.

[영문] A superman **--sw 0**
[한글] 슈퍼맨 **--sw 0**

[영문] A superman **--sw 20**
[한글] 슈퍼맨 **--sw 20**

 [영문] A superman --sw 40
[한글] 슈퍼맨 --sw 40

[영문] A superman --sw 60
[한글] 슈퍼맨 --sw 60

 [영문] A superman --sw 80
[한글] 슈퍼맨 --sw 80

--sw 값이 100에 가까워질수록 스타일의 적용 정도가 높아지고, 0에 가까워질수록 약하게 반영되는 것을 확인할 수 있습니다. --sw 값이 100이 되면 색상, 분위기뿐 아니라 배경 요소까지도 구현해서 새 이미지를 생성하는 것을 확인할 수 있습니다.

캐릭터와 스타일 모두 유지하기

--cref와 --sref를 동시에 활용하면 캐릭터와 스타일을 모두 유지할 수 있습니다. 예를 들어 앞서 생성한 이미지와 스타일 이미지를 다음과 같이 모두 레퍼런스로 첨부하면 동일한 캐릭터와 스타일을 유지하면서 다양하게 변형된 이미지를 생성할 수 있습니다.

--cref와 --sref를 동시에 사용하는 모습

--cref와 --sref를 동시에 사용해서 생성한 결과

인물과의 거리 & 시점을 조정하는 프롬프트

인물을 생성할 때 알아 두면 좋은 개념 중 하나가 거리와 시점입니다. 피사체인 인물과 앵글의 거리가 어느 정도 되느냐, 시점이 어느 방향으로 향하고 있느냐에 따라 이미지가 완전히 다른 분위기를 내기 때문입니다. 미드저니로 이미지를 생성할 때는 프롬프트에 간단하게 거리와 시점을 입력하는 것만으로 원하는 분위기의 이미지를 생성할 수 있습니다. 이번에는 거리와 시점을 표현하는 다양한 용어와 이를 프롬프트에 활용해 생성한 이미지를 보면서 그 차이를 확인해보겠습니다.

거리를 조절하는 프롬프트

카메라와 피사체 간의 거리는 **샷 사이즈**Shot Size라고도 합니다. 이는 장면의 분위기와 감정을 전달하는 데 중요한 역할을 합니다. 카메라와 피사체의 거리에 따라 다음과 같이 표현합니다.

- **익스트림 클로즈업**Extreme Close-up: 얼굴 중에서도 눈, 입, 손가락 같은 작은 부분을 화면 가득 담는 장면. 감정이나 디테일을 강조할 때 사용
- **클로즈업**Close-up: 인물의 얼굴 전체가 화면을 거의 꽉 채우도록 보여 주는 장면. 감정 표현을 뚜렷하게 드러낼 때 사용
- **미디엄 클로즈업**Medium Close-up : 증명사진처럼 가슴 위부터 머리까지 나오는 장면. 얼굴과 상체 일부를 함께 드러내서 자연스러운 대화 장면에 사용
- **미디엄 샷**Medium Shot: 허리 정도까지 나오는 반신 샷. 인물과 배경을 적절히 함께 보여 줄 수 있어서 균형 잡힌 구도를 표현할 때 사용

- **미디엄 롱 샷**Medium Long Shot: 허벅지 정도까지 나오는 구도로, 인물의 몸짓이나 제스처를 보여 주는 샷. 무대 위 배우 느낌을 표현할 때 사용

- **롱 샷**Long Shot **또는 풀 샷**Full Shot: 머리부터 발끝까지 전신이 다 보이는 장면. 인물의 전체 모습과 옷차림 등을 보여 주고 싶을 때 사용

- **익스트림 롱 샷**Extreme Long Shot: 인물이 배경 속에 아주 작게 보일 정도로 멀리서 찍는 장면. 풍경이나 장소 분위기를 강조하고 싶을 때 사용

익스트림 클로즈업 예시

[영문] Woman, New York, 35mm, **Extreme Close-up** --ar 5:7
[한글] 여성, 뉴욕, 35mm 카메라, **익스트림 클로즈업**, --ar 5:7

클로즈업 예시

[영문] Woman, New York, 35mm, **Close-up** --ar 5:7
[한글] 여성, 뉴욕, 35mm 카메라, **클로즈업**, --ar 5:7

미디엄 클로즈업 예시

 [영문] Woman, New York, 35mm, **Medium Close-up** --ar 5:7
[한글] 여성, 뉴욕, 35mm 카메라, **미디엄 클로즈업**, --ar 5:7

미디엄 샷 예시

[영문] Woman, New York, 35mm, **Medium Shot** --ar 5:7
[한글] 여성, 뉴욕, 35mm 카메라, **미디엄 샷**, --ar 5:7

미디엄 롱 샷 예시

[영문] Woman, New York, 35mm, **Medium long Shot** --ar 5:7
[한글] 여성, 뉴욕, 35mm 카메라, **미디엄 롱 샷**, --ar 5:7

풀 샷 예시

[영문] Woman, New York, 35mm, **Full Shot** --ar 5:7
[한글] 여성, 뉴욕, 35mm 카메라, **풀 샷**, --ar 5:7

[영문] Woman, New York, 35mm, **Full Shot, Standing on the Ground, Shoes** --ar 5:7
[한글] 여성, 뉴욕, 35mm 카메라, **풀 샷, 땅 위에 서 있음, 신발**, --ar 5:7

종종 전신 사진이 정밀하게 생성되지 않는 경우가 있습니다. 이런 경우에는 "Standing on the ground", "Standing on the street" 또는 "Shoes", "Sneakers"와 같은 단어를 추가하면 미드저니가 신발을 그리기 위해 전신을 제대로 그릴 확률이 높아집니다. 그럼에도 원하는 만큼 정밀도가 구현되지 않으면 미드저니에서 줌 아웃 Zoom-out 기능이나 포토샵과 같은 이미지 편집 도구를 적절히 활용하는 것 역시 좋은 방법입니다.

시점을 조절하는 프롬프트

카메라가 피사체를 바라보는 시점, 즉 각도를 앵글Angle이라고 합니다. 앵글은 이미지를 바라보는 사람에게 특정 감정을 전달하거나 특정 정보를 강조하는 데 효과됩니다.

- **탑 뷰**Top View **또는 드론 뷰**Drone View: 인물의 머리 위에서 수직으로 내려다보는 시점
- **하이 앵글**High Angle **또는 버즈 아이 뷰**Bird's Eye View: 인물을 높은 곳에서 내려다보며 작고 약해 보이게 연출하는 시점
- **로우 앵글**Low Angle **또는 벅스 아이 뷰**Bug's Eye View : 인물을 아래에서 올려다보며 크고 강해 보이게 만드는 시점
- **샷 프롬 핏 레벨**Shot from Feet Level: 발 근처에서 위를 향해 촬영해 다리나 발을 강조하는 시점

탑 뷰 또는 드론 뷰 예시

[영문] Woman, New York, 35mm, **Top View** --ar 5:7
[한글] 여성, 뉴욕, 35mm 카메라, **탑 뷰**, --ar 5:7

[영문] Woman, New York, 35mm, **Drone View** --ar 5:7
[한글] 여성, 뉴욕, 35mm 카메라, **드론 뷰**, --ar 5:7

하이 앵글 또는 버즈 아이 뷰 예시

 [영문] Woman, New York, 35mm, **High Angle** --ar 5:7
여성, 뉴욕, 35mm 카메라, **하이 앵글**, --ar 5:7

[영문] Woman, New York, 35mm, **Bird's Eye View** --ar 5:7
여성, 뉴욕, 35mm 카메라, **버즈 아이 뷰**, --ar 5:7

로우 앵글 또는 벅스 아이 뷰 예시

 [영문] Woman, New York, 35mm, **Low Angle** --ar 5:7
여성, 뉴욕, 35mm 카메라, **로우 앵글**, --ar 5:7

[영문] Woman, New York, 35mm, **Bug's Eye View** --ar 5:7
여성, 뉴욕, 35mm 카메라, **벅스 아이 뷰**, --ar 5:7

샷 프롬 핏 레벨 예시

[영문] Walking Woman, New York, 35mm, **Shot from Feet Level** --ar 5:7

여성, 뉴욕, 35mm 카메라, **샷 프롬 핏**, --ar 5:7

이처럼 다양한 구도의 이미지는 UX/UI 시나리오를 제작할 때 큰 도움이 됩니다. 단, 한 번에 원하는 구도가 생성되지 않을 수 있습니다. 같은 프롬프트를 여러 번 반복해서 사용해보거나 프롬프트를 조금씩 바꿔 보면 원하는 결과를 얻는 데 도움이 됩니다.

UX 시나리오 보드 제작하기

UX 시나리오 보드 Scenario Board는란, 사용자가 특정 환경에서 제품이나 서비스를 어떻게 사용하고, 어떤 경험을 하는지를 단계별로 정리한 시각적 자료입니다. 영화나 애니메이션 제작 과정에 쓰이는 '스토리보드'와 유사한 개념으로, UX/UI 디자인에서도 사용자의 행동 흐름을 구체적으로 파악하고 문제점을 발견하며, 혁신적인 아이디어를 도출하기 위해 폭넓게 활용합니다. 일반적으로 UX 시나리오 보드를 만드는 이유는 다음과 같습니다.

UX 시나리오 보드의 역할

- **사용자 관점 이해**: 사용자가 제품을 사용하는 가상의 시나리오를 구성함으로써 사용자 입장에서 불편함이나 강점을 파악할 수 있습니다.
- **팀 커뮤니케이션 개선**: 팀원들과 같은 그림을 공유할 수 있어 원활한 논의와 피드백에 용이합니다.
- **초기 디자인 방향성 확보**: 추상적인 아이디어에서 구체적인 디자인 방향을 잡기 전에 비주얼로 먼저 검증해볼 수 있습니다.

그렇다면 이미지 생성형 AI를 UX 시나리오 보드를 제작하는 데 어떻게 활용할 수 있는지 가상·증강 현실 서비스를 이용하는 사용자 예시를 통해 살펴보겠습니다.

UX 시나리오 보드 예시 ① VR 콘텐츠로 생일 파티하기

첫 번째 UX 시나리오 보드는 VRVirtual Reality(가상 현실) 콘텐츠에서 사용자(남성)가 친구들과 함께 생일을 축하하는 흐름을 담고 있습니다. UX 디자이너는 이 과정을 통해 가상 세계의 파티 경험이 실제 파티와 어떻게 다른지, 어떤 상호 작용이 필요한지를 구체적으로 도출할 수 있습니다.

먼저 이미지 생성형 AI로 사용자가 될 인물을 생성합니다. 이는 가장 기본이 되는 사용자 캐릭터를 얻기 위한 이미지 생성 단계입니다. 이 이미지를 기준으로 이후 VR 환경에서 변화될 캐릭터를 구상할 수 있습니다. 페르소나를 위한 인물 이미지를 생성할 때와 마찬가지로 인물의 특징과 흰색 배경을 프롬프트에 입력합니다.

[영문] Korean young man, white background
[한글] 한국인 청년, 흰색 배경

원하는 인물 이미지를 생성했다면 이번에는 스타일을 적용해보겠습니다. 19세기 프랑스의 화가 '툴루즈 로트렉Toulouse Lautrec'의 스타일로 그려진 남성을 생성합니다. 이는 실제 사진이 아닌 일러스트 기반의 느낌을 원할 때 적용하기 좋습니다. 터치나 색감이 독특해 시나리오 보드에 예술적 감각을 불어넣을 수

있습니다. --cw(콘텐츠 가중치)를 20으로 높여 '남성'이라는 주제가 더 뚜렷하게 드러나도록 합니다.

[영문] A Man by Toulouse-Lautrec --cw 20
[한글] 툴루즈 로트렉 스타일의 남성 --cw 20

사용자 인물과 이미지 스타일을 정했으니 이제 사용자의 배경과 주변 소품을 구현합니다. '남성이 VR 장비를 들고 있는' 장면을 요청합니다. 배경은 '탁트이고 밝은 거실'이며 창문 밖으로는 도시 전경이 보이도록 지정했습니다. --cw를 20으로 설정해서 얼굴은 동일하게 적용하되 다양한 주변 요소들이 반영되도록 하고 --sw(스타일 가중치)는 50으로 설정하여 스타일 일관성을 유지하면서도 유연하게 새로운 스타일이 적용되도록 합니다. 추가로 --ar이라는 비율을 지정하는 파라미터 값은 16:9로 지정합니다. 이 비율을 활용하면 시나리오 보드나 프레젠테이션에 활용하기 좋습니다.

[영문] A Man holds VR equipment in hand, spacious and bright living room, city skyline seen from window --cw 20 --sw 50 --ar 16:9
[한글] 남성이 VR 장비를 손에 들고 있는 모습, 넓고 밝은 거실, 창문 밖으로 도시 스카이라인이 보임 --cw 20 --sw 50 --ar 16:9

이제 가상 세계에 들어간 사용자의 캐릭터 이미지를 생성합니다. 가상 세계는 사이버펑크 스타일로, 네온 라인, 빛나는 블랙 재킷, 메탈 장식, 고층 빌딩, 그리고 네온 라이트 등을 묘사합니다. 이는 사용자에게 가상 세계가 어떠한 비주얼과 분위기인지 보여 주는 장면입니다. UX 시나리오상 사용자 동선이나 UI 요소들이 어디에 노출되는지를 상상해볼 수 있습니다. 파라미터는 --ar로 비율을 16:9로 설정하고, --sw, --cw 값도 적절하게 조정합니다.

 [영문] A Man wearing Cyberpunk style clothing, neon-colored lines with glowing black jackets and metal decorations, in virtual world, futuristic high-rise buildings and neon lights --ar 16:9 --sw 50 --cw 10
[한글] 사이버펑크 스타일 의상을 입은 남성, 네온 컬러 라인과 빛나는 검은색 재킷, 금속 장식, 가상 세계 배경, 미래형 고층 건물과 네온 불빛 --ar 16:9 --sw 50 --cw 10

이제 가상 세계에서의 생일 파티 장면을 좀 더 디테일하게 표현하기 위해 여러 가지 프롬프트를 시도할 수 있습니다. 미래 지향적인 파티룸, 네온 조명, 홀로그램 장식, 거대한 디지털 케이크, 여러 가지 놀이 기구 등 풍성한 요소를 추가해 가상 세계 파티 분위기를 극대화합니다. 이 이미지는 '가상 세계 파티'가 실제 파티와 무엇이 다른지, 사용자에게 어떤 추가 경험을 제공할 수 있는지를 보여 주는 데 탁월합니다.

[영문] A man wearing Cyberpunk style clothing, neon-colored lines with glowing black jackets and metal decorations, A futuristic virtual party room, neon lights and hologram decorations, spacious and colorful space, a giant digitally decorated cake, a variety of virtual rides and comfortable seating, Happy Birthday, Neon Light Style Virtual Cake, Virtual Avatar Friends Singing --ar 16:9 --sw 50 --cw 10
[한글] 사이버펑크 스타일 의상을 입은 남성, 네온 컬러 라인과 빛나는 검은 재킷, 금속 장식, 미래형 가상 파티룸, 네온 조명과 홀로그램 장식, 넓고 다채로운 공간, 거대한 디지털 장식 케이크, 다양한 가상 놀이기구와 편안한 좌석, 해피 버스데이, 네온 라이트 스타일 가상 케이크, 가상 아바타 친구들이 노래하는 모습 --ar 16:9 --sw 50 --cw 10

이번엔 앞서 생성한 이미지와 동일한 맥락이지만, 디테일을 조금 줄여 프롬프트를 간단화했습니다. 굳이 세부 묘사를 다 넣지 않아도 AI의 해석에 따라 충분히 멋진 가상 세계 파티 장면을 얻을 수 있습니다.

>
> [영문] A Man wearing Cyberpunk style clothing, neon-colored lines with glowing black jackets and metal decorations, Virtual Party Room, Happy Birthday, Neon Light Style Virtual Cake, Virtual Avatar Friends Singing --ar 16:9 --sw 50 --cw 10
> [한글] 사이버펑크 스타일 의상을 입은 남성, 네온 컬러 라인과 빛나는 검은 재킷, 금속 장식, 가상 파티룸, 해피 버스데이, 네온 라이트 스타일 가상 케이크, 가상 아바타 친구들이 노래하는 모습 --ar 16:9 --sw 50 --cw 10

이처럼 '가상 세계에서의 생일 파티'라는 테마는 사용자들이 VR 상호 작용, 캐릭터 커스터마이징, 미니 게임, 배달 연계(가상 케이크 + 실제 케이크 등) 등을 어떻게 경험하는지 파악하는 데 도움이 됩니다. 이 UX 시나리오 보드를 활용해 UX/UI 디자이너는 어떤 기능을 제품에 포함시켜야 할지, 어떤 인터페이스가 필요할지 뚜렷하게 구상할 수 있습니다.

UX 시나리오 보드 예시 ② AR 환경에서 생일 파티하기

두 번째 시나리오 보드는 AR_{Augmented Reality}(증강 현실) 환경에서의 생일 파티입니다. VR과 달리 AR은 실제 물리적 공간에 디지털 이미지를 겹쳐 보여 주는 기술로, 사용자가 주거 공간에서 가족들을 초대하거나 원격지에 있는 친구들과 함께할 수 있습니다.

앞서 다룬 UX 시나리오 보드 예시와 마찬가지로 가장 기본이 되는 인물 이미지를 먼저 생성합니다. '흰색 배경에 한국인 젊은 남성'이라는 동일한 설정으로 진행합니다.

[영문] Korean young man, white background
[한글] 한국인 젊은 남성, 흰색 배경

이미지 스타일 역시 앞서 예시와 동일하게 툴루즈 로트렉 스타일을 활용하겠습니다. 실제 사진 느낌을 원한다면 이 단계를 생략하거나 다른 아티스트 스타일을 시도하는 것도 좋습니다.

[영문] A man by Toulouse-Laurec
[한글] 툴루즈 로트렉 스타일의 남성

AR 기기(스마트 글래스 등)를 활용하여 멀리 떨어진 가족들에게 생일 파티 초대 메시지를 보내는 상황을 시각적으로 표현합니다. UX/UI 디자이너는 이 장면에서 기기의 UI 요소 위치, 초대장 디자인, 알림 방식 등을 구체적으로 구상할 수 있습니다. --ar은 동일하게 16:9로 설정하고 --sw, --cw는 적정하게 조절하면서 이미지를 생성합니다.

[영문] A cozy modern living room where a man wearing AR glasses connects to a virtual party. A futuristic digital interface floats around him, showing invitations from family members. A warm and welcoming atmosphere with natural lighting through large windows. --ar 16:9 --sw 15 --cw 10

[한글] AR 글래스를 쓴 남성이 가상 파티에 연결된 아늑하고 현대적인 거실. 그를 둘러싼 미래형 디지털 인터페이스에는 가족들의 초대장이 떠 있음. 큰 창문으로 자연광이 들어와 따뜻하고 환영하는 분위기 --ar 16:9 --sw 15 --cw 10

AR 글래스를 통해 가상의 파티룸이 현실 세계에 겹쳐 보이는 장면을 연출합니다. 사이버펑크 느낌의 파티룸이지만, 풍선, 조명 등 파티적인 요소를 포함하여 즐거운 분위기를 부각합니다. 실제 거실이나 방에 디지털 파티룸이 합성된 이미지를 얻을 수 있으며 가족, 친구들의 아바타가 모여 밝게 대화를 나누는 모습을 시각화합니다.

[영문] A man in a virtual reality party room. Cyberpunk-style space filled with festive decorations, including balloons. Avatars of diverse family members gather, chatting and laughing together. --ar 16:9 --sw 15 --cw 10
[한글] 가상 현실 파티룸에 있는 남성. 풍선 등 축제 장식으로 가득한 사이버펑크 스타일 공간. 다양한 가족 아바타들이 모여 함께 대화하고 웃는 모습 --ar 16:9 --sw 15 --cw 10

축하 장식과 함께 파티룸의 분위기를 더욱 직관적으로 드러냅니다. 이 이미지를 통해 UX/UI 디자이너는 AR 생일 파티에서 사용할 UI 요소(예: 생일 배너, 케이크, 기프티콘, 표정 이모티콘 등)를 고민해볼 수 있습니다. 또는 실제 물리 공간에는 간단한 파티 소품만 두고, AR 오브젝트로 더욱 풍성한 파티를 구현하는 콘셉트를 구상할 수 있습니다.

 [영문] A man in a virtual reality party room filled with festive decorations, including balloons and a large digital banner. Avatars of diverse family members gather, chatting and laughing together. --ar 16:9 --sw 15 --cw 10
[한글] 풍선과 대형 디지털 배너가 있는 축제 장식으로 가득한 가상 현실 파티룸에 있는 남성. 다양한 가족 아바타들이 모여 함께 대화하고 웃는 모습 --ar 16:9 --sw 15 --cw 10

VR과 달리 AR은 실제 물리적 공간에 디지털 요소가 합성되므로 사용자가 공간감을 어떻게 인식하고, 어떤 UI 레이어가 어디에 위치해야 하는지를 고려하는 것이 중요합니다. 또한 가족, 친구 등 여러 명이 함께 참여할 때 서로의 동작과 대화가 어떻게 증강될지를 상상해볼 수 있습니다.

가상 세계에 대한 사용자 경험은 이전에는 많은 비용과 시간을 들여야 시나리오 제작이 가능했습니다. 하지만 AI를 활용하면 눈으로 보기 전에는 모두가 동일하게 상상하기 어려운 요소들을 시각화함으로써 팀원들과의 협업을 원활하게 할 뿐만 아니라 디자이너 역시 어떤 요소가 사용자에게 필요할지 쉽게 떠올릴 수 있습니다.

UX 시나리오 보드에 전략적으로 AI 활용하기

앞서 이미지 생성형 AI를 UX 시나리오 보드 제작에 활용하는 2가지 사례를 살펴봤습니다. 이처럼 AI는 단순히 이미지를 생성해주는 도구가 아니라 UX/UI 디자인의 관점을 확장하고 놓치기 쉬운 맥락을 잡는 역할을 합니다.

AI 도구로 UX 시나리오 보드 확장하기

AI를 UX 시나리오 보드 작업에 더 폭넓게 활용하기 위해서는 다음 5가지를 고려하는 것이 좋습니다.

1. 사용자 여정과 연결하기

시나리오 보드는 단순한 이미지 나열로 끝나서는 안 됩니다. 사용자 여정에서 각 장면이 언제 발생하고, 사용자가 어떠한 목표를 가지고 움직이는지 타임라인 형태로 정리하면 훨씬 명확해집니다.

2. 페르소나 구체적으로 설정하기

앞서 예시에서 기본 캐릭터 생성을 위해 "Korean young man"이라는 간단한 프롬프트를 사용했지만, 여기에 연령, 직업, 성격, 디지털 사용 능력 등을 덧붙인 페르소나를 설정해보면 더 구체적인 UX/UI 요구 사항을 도출할 수 있습니다.

3. 세부 UI 요소 설계하기

장면을 구성할 때 어떤 아이콘, 버튼, 메뉴가 필요하고 어디에 배치할지를 생각해야 합니다. 예를 들어 'AR 파티 초대장 UI'는 어떤 형태여야 할지, 사용자에게 어떻게 알람을 보내야 할지, 가상 파티룸의 맵 또는 안내 인터페이스는 어떻게 구성해야 할지 등을 고민할 수 있습니다.

4. 스토리텔링과 감정 흐름 구현하기

시나리오에서 사용자가 어떻게 감정적으로 반응하는지도 중요합니다. 파티를 시작하기 전의 기대감, 메시지를 받고 모이는 과정의 설렘, 파티의 즐거움, 파티 이후의 후속 액션(사진 · 영상 공유, 기프트 교환 등)까지 감정 변화를 고려하면 훨씬 풍부한 UX를 설계할 수 있습니다.

5. 실제 테스트 및 프로토타이핑

미드저니로 만든 이미지를 근거로, 사용성 테스트나 프로토타입 제작에 돌입하면 좋습니다. 특히 AR, VR은 기술적인 부분(디바이스 제약, 네트워크 안정성 등)을 고려해야 하므로 초기 아이디어를 시각화한 뒤 빠르게 검증 과정을 거치는 것이 바람직합니다.

이처럼 UX 시나리오 보드는 사용자와의 접점을 구체화하고, 팀원들과 비전을 공유하는 매우 강력한 도구입니다. 특히 미드저니와 같은 AI 이미지 생성 도구를 사용하면 짧은 시간에 높은 품질의 시각 자료를 얻을 수 있습니다. 이는 곧 디자인 아이디어의 검증 속도를 높이고, 커뮤니케이션 비용을 절약하며, 창의적인 대안을 탐색하는 데 큰 도움이 됩니다.

미드저니 제대로 활용하기

UX 시나리오 보드 제작 과정에 AI를 전략적으로 활용하기 위해서는 미드저니를 제대로 다루는 것 역시 중요합니다. 미드저니를 활용할 때는 프롬프트를 단순히 '사이버펑크 파티룸' 정도로 끝내기보다는 네온 라이트, 홀로그램 케이크, 아바타 등 원하는 요소들을 구체적으로 작성하면 훨씬 머릿속에 그리던 것과 가까운 이미지를 생성할 수 있습니다.

종종 미드저니가 텍스트를 해석하다가 일부 요소를 생략하거나 무작위로 강조하는 경우도 있습니다. 이럴 때는 필요한 부분과 불필요한 부분을 명확히 나누어 여러 번 시도해보며 최적의 프롬프트를 찾는 것이 중요합니다. 미드저니가 생성한 이미지 속 인물의 표정이 부자연스럽거나, 옷차림이 어색할 수 있습니다. 이때는 포토샵 등 그래픽 도구를 사용해 후속 편집을 가볍게 해주면 완성도를 높일 수 있습니다.

지금까지 2가지 시나리오를 통해 미드저니를 활용한 시나리오 보드 제작 예시를 살펴보았습니다. 각 시나리오에서 인물을 생성하고, 스타일을 적용하며, 상황(환경)과 액션(사용자 행동)을 설정하는 방법까지 프롬프트 예시를 구체적으로 제시했습니다. 예시 프롬프트를 따라 해보면서 자신의 프로젝트 주제에 맞게 일부 키워드만 바꾼다면 손쉽게 다양한 시나리오 이미지를 얻을 수 있을 것입니다. 예를 들어, "생일 축하" 대신 "원격 협업", "가상 여행" 등으로 키워드를 바꿔 보면 완전히 새로운 맥락의 UX/UI 시나리오를 구성하는 것도 가능합니다.

중요한 것은 이 UX 시나리오 보드를 통해 '사용자는 어떤 맥락에서 어떤 경험을 하고 어떤 문제를 겪을 수 있는가'를 파악하는 것입니다. 그리고 그 발견점을 바탕으로 실제 서비스 디자인과 UI 구성 요소, 상호 작용 방식을 설계해 나가는 것이 UX/UI 디자이너의 역할입니다.

07장

실전, 이미지 모델과
UI 디자인하기

AI 이미지 생성 도구의 발전은 GUI 디자인의 접근 방식을 근본적으로 변화시키고 있습니다. 특히 미드저니는 자연어 프롬프트만으로 다양한 스타일, 구성의 GUI 이미지를 빠르게 생성할 수 있어 아이디어 탐색부터 시안 제작까지 디자이너의 작업 속도를 획기적으로 단축시켜 줍니다. 그러나 원하는 결과물을 얻기 위해서는 단순한 프롬프트 입력을 넘어 구조화된 기획이 필요합니다. 이 장에서는 이미지 구상, 주제 정의, 구성 요소 선정, 스타일 정의, 파라미터 설정, 프롬프트 완성까지 6단계로 나누어 실무에 활용 가능한 프롬프트 작성법을 체계적으로 알아보겠습니다.

GUI 디자인하기

UX/UI 디자이너에게 미드저니는 다양한 GUI 디자인 아이디어를 빠르게 시각화할 수 있는 강력한 도구입니다. 원하는 결과물을 얻기 위해서는 프롬프트를 체계적으로 작성하는 것이 중요합니다. 디자이너가 GUI 관련 이미지를 원하는 대로 생성하려면 다음과 같이 프롬프트를 6단계로 나눠 체계적으로 작성하는 것이 좋습니다.

GUI 제작을 위한 프롬프트 6단계

- **1단계** 이미지 구상
- **2단계** 주제 정의
- **3단계** 요소 정의
- **4단계** 스타일 정의
- **5단계** 파라미터 설정
- **6단계** 프롬프트 완성

각 단계에서 어떤 세부 요소가 필요한지 자세히 살펴보겠습니다.

1단계 이미지 구상

1단계는 어떤 이미지를 만들고 싶은지 큰 그림을 그리는 **이미지 구상 단계**입니다. 이 단계에서는 너무 세부적인 요소를 고려하기보다는 이번 디자인 작업에서 필요한 이미지가 어떤 것인지 구상합니다. 예를 들면 다음과 같습니다.

- 아이들이 즐겁게 사용할 수 있는 동화풍 날씨 앱 화면
- 사용자의 운동 기록을 보여 주는 헬스케어 대시보드 UI
- 우주 여행 테마의 미래 지향적인 모바일 게임 메뉴 화면

이 단계를 통해 결과물에 대한 전반적인 아이디어를 얻는 것이 목표며, 이를 바탕으로 다음 단계에서 작성할 프롬프트의 방향성이 정해집니다.

2단계 주제 정의

2단계에서는 앞서 구상한 아이디어를 구체화하여 GUI 주제를 명확히 정의합니다. 이 단계의 목표는 디자인할 GUI의 종류나 용도를 한 마디로 규정하는 것입니다.

- 도메인 측면: 여행 예약 앱 UI, 전자상거래(이커머스) 웹 상품 페이지, 소셜 미디어 피드 화면, 금융 관리 대시보드 등
- 특정 화면 유형: 로그인 화면, 회원 프로필 페이지, 설정 화면, 채팅 인터페이스 등

이렇게 UI 주제를 명확히 설정하면 프롬프트의 핵심이 잡히며, 미드저니가 생성할 이미지의 방향도 구체화됩니다. 주제를 분명히 하는 것은 프롬프트의 정확도를 높이는 첫걸음입니다.

3단계 요소 정의

3단계에서는 선택한 주제에 맞춰 핵심 UI 구성 요소를 결정합니다. 프롬프트에 이러한 요소들을 언급하면 미드저니는 해당 요소들이 담긴 화면을 그려냅니다.

- 내비게이션 바: 화면 상단의 메뉴 바 또는 앱바
- 검색창: 돋보기 아이콘과 텍스트 입력 필드

- 프로필 아이콘: 사용자 아바타나 프로필 사진 영역
- 카드 레이아웃: 게시글이나 아이템을 보여 주는 카드형 컨테이너
- 버튼: 주요 액션을 위한 CTA 버튼 또는 메뉴 버튼
- 지도 뷰: 위치 표시를 위한 지도 UI
- 차트/그래프: 데이터 시각화를 위한 막대그래프나 원형 차트 등

이 요소들은 예시일 뿐, 디자인하려는 GUI에 맞게 필요한 요소들을 선정하면 됩니다. 예를 들어 음악 플레이어 앱을 구상했다면 재생 버튼, 정지 버튼, 음량 조절 슬라이더, 재생 목록 등이 요소가 될 것입니다. 여행 앱이라면 지도, 장소 카드, 평점 아이콘 등이 있을 수 있겠죠. 이렇게 주요 UI 구성 요소를 프롬프트에 포함하면 보다 실제 UI에 가까운 이미지를 생성하는 데 도움이 됩니다. 중요한 요소를 명시함으로써 프롬프트의 표현력이 높아지고 원하는 결과에 더 근접하게 됩니다.

4단계 스타일 정의

4단계에서는 원하는 GUI 스타일을 정의합니다. 동일한 요소라도 시각적 스타일에 따라 느낌이 크게 달라지기 때문에 프롬프트에 스타일 정보를 넣어 주면 결과물이 기대하는 분위기에 가까워집니다. GUI 스타일을 정의할 때는 디자인 철학이나 기법, 시대적 분위기, 색상 테마, 전반적인 톤 등을 폭넓게 생각할 수 있습니다. 다음은 UI 스타일 정의를 위한 프롬프트에 활용할 수 있는 다양한 스타일 관련 용어 예시입니다.

- 플랫 디자인Flat Design: 입체감 없이 평평한 색상과 아이콘으로 구성된 스타일
- 뉴모피즘Neumorphism: 부드러운 음영과 양각 효과로 입체감을 주는 스타일
- 글래스모피즘Glassmorphism: 반투명 유리 효과(배경 블러)가 돋보이는 스타일

- 스큐어모피즘Skeuomorphism: 실제 물체의 질감와 형태를 그대로 반영하여 현실감 있는 스타일
- 레트로Retro/복고풍: 80~90년대 감성의 복고풍 UI 스타일(픽셀아트 등 레트로 웹 디자인)
- 사이버펑크Cyberpunk: 어두운 배경에 네온 색상과 미래 도시 느낌의 하이테크 스타일

디자인의 분위기를 나타내는 형용사(예: 우아한, 발랄한, 청량한, 고급스러운 등) 또는 원하는 색상 팔레트(예: 파스텔 톤, 모노크롬 등)를 지정할 수도 있습니다. 예를 들어 "우아하고 고급스러운 다크 모드 UI"처럼 여러 스타일 단어와 분위기 형용사를 조합하면 원하는 디자인 스타일을 더 구체적으로 생성할 수 있습니다.

중요한 것은 선택한 GUI 스타일이 앞서 정의한 주제, 요소들과 잘 어울리는 것입니다. 스타일을 프롬프트에 명시하면 미드저니가 이미지의 시각적 톤을 좀 더 명확히 이해하여 디자이너의 의도와 더 가까운 결과물을 생성합니다. 이로 인해 프롬프트의 효율을 높이고, 일관된 디자인 탐색이 가능해집니다.

5단계 파라미터 설정

5단계에서는 생성할 이미지의 비율, 품질, 스타일 강도 등 미세 조정을 위한 파라미터를 설정합니다. 적절한 파라미터 활용을 통해 결과를 원하는 형태로 최적화할 수 있습니다. 미드저니에서 자주 활용할 만한 파라미터는 다음과 같습니다.

- **화면 비율(--ar)**: 출력 이미지의 가로세로 비율을 지정합니다. 예를 들어 스마트폰 세로 화면은 --ar 9:16, 웹 화면은 --ar 16:9처럼 디바이스에 맞는 비율을 설정합니다.

- **모델 버전(--v)**: 미드저니 AI 엔진의 버전을 선택할 수 있습니다. 최신 버전이 꼭 좋은 것은 아닙니다. UI 관련 이미지는 보통 v5에서 더 잘 생성됩니다.
- **스타일 강도(--stylize 또는 --s)**: 스타일 적용 강도를 0~1000 사이로 조절합니다. 높을수록 화려하고 창의적이지만 프롬프트 반영률은 낮아집니다. 일반적인 UI 디자인은 --s 100~200 정도의 낮은 값을 권장합니다.
- **품질(--q)**: 이미지의 디테일 수준을 결정합니다. 기본값은 1로, 값이 높을수록 선명해지지만 생성하는 데 시간이 더 걸립니다. UI 세부 묘사를 위해 --q 2를 쓰거나, 빠른 결과가 필요하면 더 낮은 값을 사용합니다.
- **창의성(--chaos)**: 결과 이미지의 변형 정도를 결정합니다. 0~100 사이 값으로, 값이 높을수록 다양하게 생성됩니다. 여러 가지 시안을 폭넓게 얻고 싶을 때 활용합니다.
- **제외(--no)**: 특정 요소를 이미지에서 제외시킵니다. 예를 들어 사람을 빼려면 "–no people"을 프롬프트에 추가합니다. 꼭 제외할 항목이 있을 때만 신중히 사용하는 것이 좋습니다.

이처럼 파라미터를 적절히 활용하면 프롬프트의 효율이 높아지고, 의도에 더 부합하는 이미지를 생성할 수 있습니다.

6단계 프롬프트 완성

마지막 6단계에서는 앞서 결정한 모든 요소를 조합하여 최종 프롬프트를 완성합니다. 이제까지 정의한 내용을 하나의 문장 또는 문단으로 연결하면 됩니다. 순서는 먼저 UI 주제로 시작하고, 이어서 "~를 포함한" 등의 표현으로 핵심 UI 요소를 나열하고, 이어서 원하는 스타일과 분위기를 묘사합니다. 그리고 마지막으로 파라미터를 추가하면 됩니다. 이 순서로 완성한 프롬프트의 예시는 다음과 같습니다.

프롬프트 입력 순서 예시

[영문] Mobile travel planning app UI, screens with maps and calendar cards, and neuromorphism-style clean, intuitive design --ar 9:16 --v 5.2

[한글] 모바일 여행 계획 앱 UI, 지도와 일정 카드가 포함된 화면, 뉴모피즘 스타일의 깨끗하고 직관적인 디자인 --ar 9:16 --v 5.2

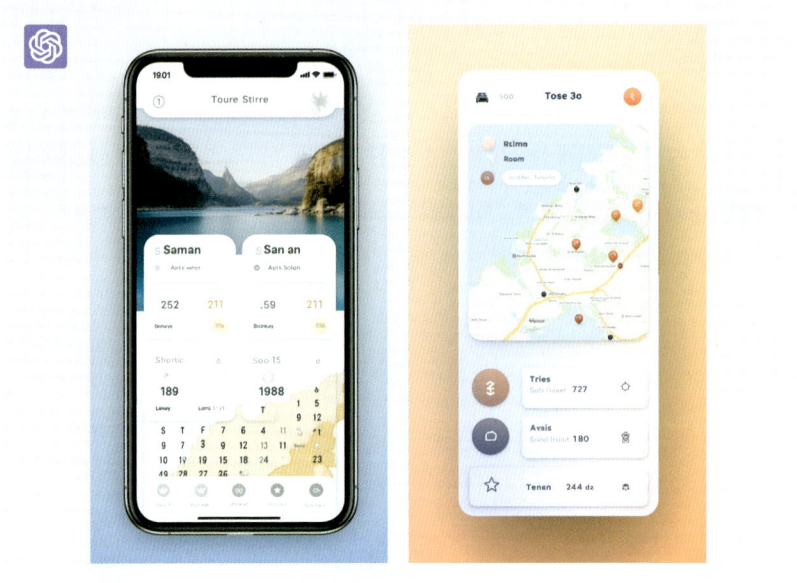

이 예시에서 보듯이 한 문장 안에 주제, 요소, 스타일, 파라미터가 모두 포함되어 있습니다. 중요한 것은 정보를 논리적인 순서로 나열하여 AI가 사용자의 의도를 쉽게 파악하도록 하는 것입니다. 쉼표(,)나 접속사를 활용해 각 속성을 구분해주면 명확성이 높아집니다.

프롬프트를 완성했다면 최종적으로 빠뜨린 부분은 없는지, 모호한 표현은 없는지 검토하는 것이 좋습니다. 이렇게 프롬프트를 체계적으로 작성하면 시행착오 과정을 줄일 뿐만 아니라 생성 결과가 기대와 다르더라도 어느 부분을 수정해야 할지 감이 잡히기 때문에 이후 수정과 실험을 통한 재생성도 수월합니다. 이 단계까지 거치면 명확하고 구체적인 지침을 가진 프롬프트가 완성됩니다.

6단계 프롬프트로 완성한 GUI

앞서 6단계를 적용해 만든 3가지 GUI 화면 예시를 살펴보겠습니다.

여행 일정 관리 앱 UI

다음은 여행 일정을 관리하는 모바일 앱 UI 예시입니다. 지도와 일정 카드 요소를 포함하고 뉴모피즘 스타일로 부드럽고 현대적인 느낌을 표현했습니다. 프롬프트에 주제, 요소, 스타일, 파라미터를 차례대로 작성한 것을 확인할 수 있습니다. 모바일이므로 비율을 9:16으로 설정했습니다.

[영문] A travel itinerary planner mobile app UI, featuring a map view and daily schedule cards, in a clean neumorphic design style with soft shadows, pastel color scheme --ar 9:16 --v 5.2
[한글] 여행 일정 계획 모바일 앱 UI, 지도 보기와 일일 일정 카드 포함, 부드러운 그림자와 파스텔 색상 조합의 깔끔한 뉴모픽 디자인 스타일 --ar 9:16 --v 5.2

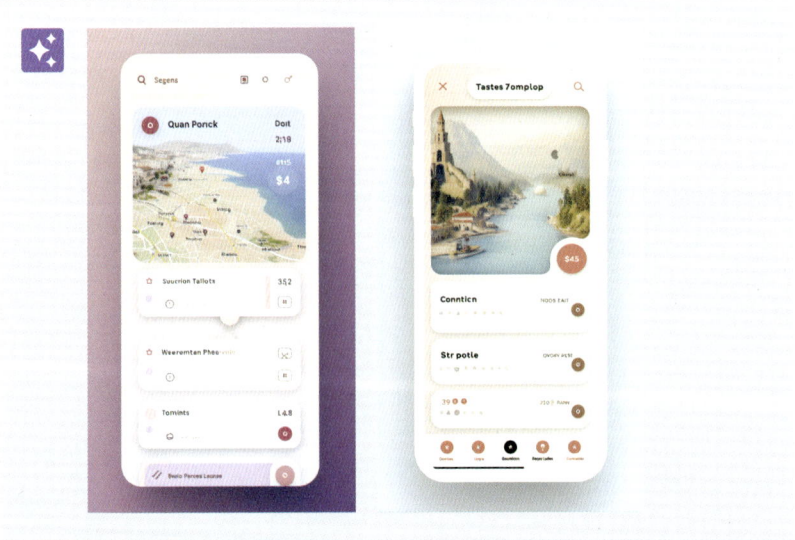

금융 대시보드 UI

다음은 개인 재정 정보를 한눈에 보여 주는 금융 대시보드 UI 예시입니다. 여러 차트와 통계 패널에 글래스모피즘 투명 카드 스타일을 적용해 세련된 느낌을 주었습니다. 마찬가지로 프롬프트에 주제, 요소, 스타일, 파라미터를 차례대로 작성한 것을 확인할 수 있습니다. 웹 대시보드이므로 비율을 16:9로 설정했습니다.

[영문] A finance analytics dashboard UI for web, featuring transparent glassmorphic cards, charts and financial stats, sleek and modern style, dark background --ar 16:9 --v 5.2
[한글] 금융 분석 대시보드 웹 UI, 투명한 글래스모픽 카드와 차트, 금융 통계 포함, 세련되고 현대적인 스타일, 어두운 배경 --ar 16:9 --v 5.2

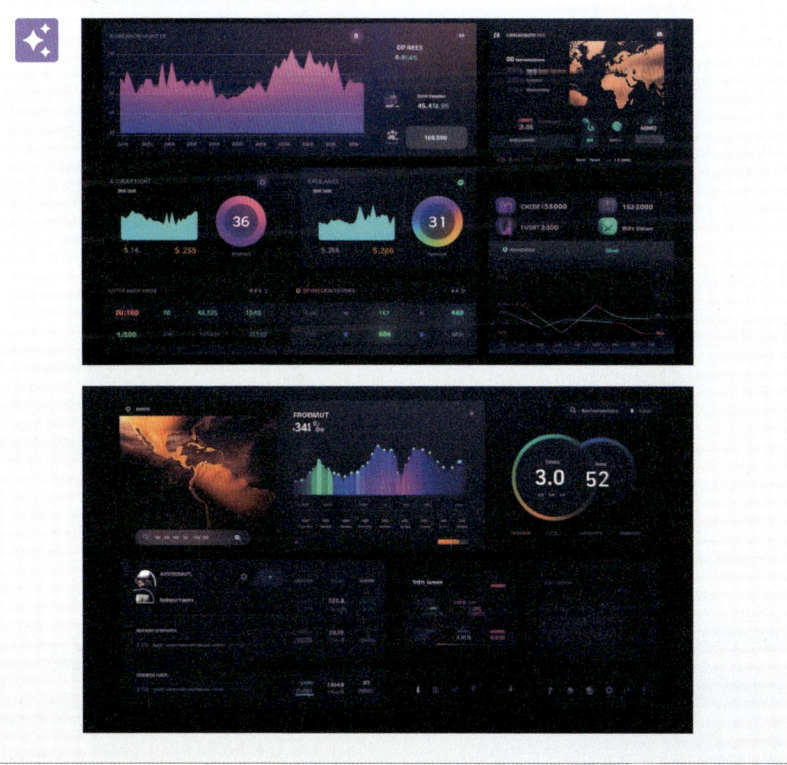

뮤직 플레이어 앱 UI

다음은 레트로 감성의 모바일 뮤직 플레이어 UI 예시입니다. 빈티지한 감성이라는 이미지를 구상했으므로 그에 어울리는 스타일로 스큐어모피즘을 선택했습니다. 앨범 커버와 재생 버튼 등 세부 요소에 스큐어모피즘을 적용하여 빈티지 오디오 기기의 질감과 입체감을 살렸습니다.

[영문] A vintage-inspired music player app UI, featuring album cover art, playback controls(play, pause, volume knob), skeuomorphic design with realistic textures and retro colors --ar 9:16 --v 5.2
[한글] 빈티지 감성의 음악 플레이어 앱 UI, 앨범 커버 아트, 재생 컨트롤(재생, 일시정지, 볼륨 노브) 포함, 사실적인 질감과 레트로 컬러의 스큐어모픽 디자인 --ar 9:16 --v 5.2

이처럼 체계적인 프롬프트 작성을 통해 AI에게 정확한 의도를 전달하면 시행착오를 줄이고 원하는 GUI 이미지를 효과적으로 얻을 수 있습니다.

무드 보드 디자인하기

무드 보드 Mood board는 디자인 콘셉트와 분위기를 공유하기 위해 여러 이미지를 모아 구성한 보드입니다. 이전까지 무드 보드를 만들기 위해 핀터레스트Pinterest나 구글 이미지에서 레퍼런스를 일일이 검색하여 모아야 했습니다. 그러나 AI 이미지 생성 도구의 등장은 이러한 접근 방식에 패러다임의 변화를 가져왔습니다. 이제는 원하는 스타일이나 분위기를 텍스트로 설명하면 AI가 그에 맞는 이미지를 생성해주기 때문에 더 이상 다른 사람이 만든 이미지를 찾을 필요가 없어졌습니다.

프롬프트로 생성한 웹사이트 UI 무드 보드

어느덧 미드저니는 디자이너들에게 아이디어 발상과 콘셉트 결정에 도움을 주는 유용한 도구로 자리 잡고 있습니다. 물론 아직까지는 AI가 생성한 이미지가 완벽한 최종 산출물은 아닐지라도, 디자인 초기 단계의 영감을 제공하는 훌륭한 참고 자료가 되기 때문입니다. 여러 장의 이미지를 한데 모아 무드 보드를 만들면, 팀원들과 시각적 언어를 공유하고 디자인 방향을 논의하는 데 큰 도움을 받을 수 있습니다.

무엇보다 이러한 '생성의 시대'에는 디자이너의 새로운 역할이 강조됩니다. 디자이너는 AI 도구를 통해 자신이 구상하는 것들을 빠르게 비주얼로 구현하고, 주도적으로 디자인 콘셉트를 정의할 수 있습니다. 다시 말해, 무드 보드를 직접 생성하는 능력은 자신의 아이디어를 설득력 있게 전달하는 커뮤니케이션 수단인 것입니다. 그럼 앞서 GUI를 디자인할 때와 동일하게 6단계로 나누어 GUI 무드 보드를 만드는 방법을 상세히 알아보겠습니다.

1단계 이미지 구상

1단계는 무드 보드를 위한 이미지를 구상하는 단계입니다. 말 그대로 어떤 이미지를 생성할지 머릿속으로 그려 보는 과정입니다. 디자인 작업을 시작하기 전에 콘셉트를 구상하듯이 AI에게 어떤 그림을 그려달라고 할지 미리 그려 봅니다. 경험이 많지 않다면 막연하게 느껴질 수 있지만, 이 단계에서는 너무 거창하게 생각하기보다 간단한 질문부터 시작하면 됩니다.

- 나는 어떤 제품 또는 주제의 GUI를 만들고 싶은가?(예: 피자 주문 앱, 헬스케어 운동 트래커, 은행 웹사이트 등)
- 해당 GUI를 통해 전달하려는 느낌이나 목적은 무엇인가?(예: 사용하기 쉬운 느낌, 미래 지향적 분위기, 귀여운 감성 등)

이러한 질문에 대한 답이 곧 생성하려는 이미지의 밑그림이 됩니다. 예를 들어 피자 주문 앱 아이디어를 시각화하고 싶다고 가정을 해봅니다. 디자이너의 머릿속에는 '사용자 친화적인 모바일 피자 주문 앱 UI'라는 막연한 아이디어가 떠올랐습니다. 노란색이나 빨간색처럼 식욕을 돋우는 색상, 피자 일러스트가 들어간 깔끔한 앱 화면이 떠오를지도 모릅니다. 이렇게 어떤 장면이나 화면을 만들지 이미지로 그렸다면 일단 구상 단계는 성공입니다.

중요한 점은 이 단계에서는 디자인의 큰 방향을 잡을 수 있는 정도의 이미지만 구상하면 된다는 것입니다. 복잡한 장면일 필요도 없습니다. 하나의 화면, 하나의 장면이어도 괜찮습니다. 요컨대 무엇을 그리고 싶은지를 스스로에게 정의하는 것이 1단계의 목표입니다.

2단계 주제 정의

다음은 무드 보드의 주제를 정의하는 단계로, 머릿속에 그린 이미지를 한두 문장으로 명확히 표현해보는 과정입니다. 쉽게 말해, 만들고 싶은 이미지의 주제 또는 콘셉트를 간결하게 문장으로 정의합니다. 이 단계에서 작성한 문장은 나중에 프롬프트의 골격이 됩니다.

주니어 디자이너들은 아이디어가 머릿속에 있더라도 말이나 글로 표현하는 게 익숙하지 않아 어려움을 느낄 수 있습니다. 그럴 때는 1단계에서 떠올린 이미지를 친구에게 설명한다는 느낌으로 가볍고 짧은 문장을 작성해봅니다. 핵심은 무엇에 관한 이미지인지, 어떤 특징이 두드러지는지를 구체화하는 것입니다. 예를 들어 피자 주문 앱 UI를 구상했다면 주제를 '피자 주문 앱의 사용자 친화적인 인터페이스'라고 정의할 수 있습니다. 한 문장 안에 **무엇**(피자 주문 앱 UI)과 **특징**(사용자 친화적)이 들어 있습니다. 이렇게 정의된 주제만 봐도 어떤 그림을 기대하는지 대략 감이 옵니다. 또 다른 예로, 운동 관리 앱을 기획 중이라면 주제를 '운동 동기를 북돋아 주는 혁신적인 피트니스 앱 UI'로 정리할 수 있을 것입니다.

이처럼 주제 정의 단계에서는 짧지만 핵심을 찌르는 문장을 만들면 됩니다. 무드 보드의 주제는 우리가 생성할 이미지의 한 줄짜리 시놉시스라고 볼 수 있습니다. 이 한 줄로 이후 프롬프트의 방향성이 결정되니 명확하게 작성하는 것이 중요합니다.

3단계 요소 정의

3단계는 무드 보드의 요소를 정의하는 단계입니다. 주제를 정했으면 이제 그 주제를 시각적으로 구현하기 위해 이미지에 담아야 할 요소들을 구체적으로 정해야 합니다. 쉽게 말해, 이미지에 어떤 구성 요소가 들어가야 할지를 목록으로 적는 것입니다. 이것은 마치 무드 보드에 어떤 사진이나 그래픽을 붙일지 고르는 과정과 비슷합니다. 다만 우리는 필요한 것들을 텍스트로 나열만 하면 됩니다.

계속 피자 주문 앱 예시를 따라가 보겠습니다. '사용자 친화적인 피자 주문 앱 UI'라는 주제를 시각화하려면 어떤 요소들이 필요할지 나열해 봅시다. 우선 스마트폰 화면에 피자 주문 인터페이스를 떠올려 보면 다음과 같은 요소들을 포함할 수 있습니다.

피자 주문 앱의 요소 정의

- **여러 개의 앱 화면**: 무드 보드 느낌을 내려면 한 장면에 앱의 여러 화면(예: 메뉴 화면, 장바구니 화면 등)이 나란히 배치된 이미지를 생각해볼 수 있습니다.
- **피자 관련 그래픽**: 화면 속에 피자 사진이나 일러스트가 등장하면 이 앱이 피자 주문과 관련됐음이 한눈에 드러납니다. 예컨대 맛있는 피자 이미지나 피자 아이콘을 넣을 수 있습니다.
- **사용자 인터페이스 요소**: 주문하기 버튼이나 메뉴 카테고리 같은 UI 구성 요소를 생각해볼 수 있습니다.

마찬가지로 피트니스 앱 무드 보드를 만든다면 어떤 요소가 들어갈지 다음과 같이 정의해볼 수 있습니다. '운동 동기를 북돋아 주는 혁신적인 피트니스 앱 UI'라면 생각할 수 있는 요소들을 적으면 됩니다.

피트니스 앱의 요소 정의

- **여러 가지 앱 화면**: 달리기 기록 화면, 운동 통계 대시보드, 랭킹 화면 등을 한 이미지에 모아 보여 주면 좋습니다(예: 여러 화면이 한꺼번에 배열된 UI 콘셉트 이미지 형태).
- **달리는 사람 모습**: 실제 사용자 경험을 암시하기 위해 운동하는 사람(예: 달리는 여성)의 이미지를 넣으면 운동 앱임을 직관적으로 전달할 수 있습니다.
- **운동 아이콘/그래픽**: 심박수 아이콘, 지도 아이콘, 트로피 배지 등 운동과 관련된 UI 아이콘이나 그래픽 요소들을 화면에 포함하면 앱의 역할을 일관되게 시각화할 수 있습니다.

이렇게 필요한 요소들을 정의하면 프롬프트에 포함할 키워드가 드러납니다. 이러한 요소를 구체적으로 언급하면 AI가 이미지를 생성할 때 해당 요소들을 반영합니다. 예를 들어 피트니스 앱의 프롬프트에 "Multiple screen views of UI design with woman running and exercise images(달리는 여성의 모습과 운동 이미지가 포함된 UI 디자인의 다중 화면 뷰)"와 같이 한 이미지 안에 여러 UI 화면과 달리는 여성의 모습을 함께 요청하는 식으로 요소를 상세히 명시할 수 있습니다. 요소를 충분히 정의해 두면 AI가 생성한 결과물이 사용자가 의도한 맥락을 더 잘 담아냅니다.

4단계 스타일 정의

4단계는 이미지의 시각적 분위기와 표현 양식을 결정하는 스타일 정의 단계로, 생성할 GUI 이미지의 아트 디렉션을 잡는 과정입니다. 동일한 내용이라도 어떤 스타일로 표현하느냐에 따라 이미지 느낌이 완전히 달라지기 때문에 원하는 디자인 스타일, 색감, 질감 등을 구체적으로 기술해야 합니다.

스타일 정의에는 여러 가지 접근 방식이 있습니다. 크게 다음과 같이 3가지로 정리할 수 있습니다.

스타일 정의를 위한 접근 방식

- **디자인 용어 활용**

  우선 디자인 업계에서 통용되는 용어를 활용할 수 있습니다. 예를 들어 미니멀리즘 Minimalism, 레트로 Retro, 플랫 디자인 Flat Design, 머티리얼 디자인 Material Design, 네오브루탈리즘 Neo-Brutalism 등 스타일을 나타내는 단어들을 사용할 수 있습니다.

- **레퍼런스 웹사이트 언급**

  참고하고 싶은 레퍼런스를 직접 언급할 수도 있습니다. 디자인 작품 공유 플랫폼인 드리블 스타일 Dribbble Style 또는 비핸스 트렌드 Behance Trend를 언급해 해당 플랫폼에서 볼 법한 세련된 스타일을 얻는 것입니다. 예컨대 "trending on Dribbble"이라는 문구를 프롬프트에 포함하면 드리블에서 흔히 볼 수 있는 세련되고 완성도 높은 UI 시안을 반영합니다.

- **색감 또는 질감 표현**

  색감이나 질감을 위해 파스텔 톤(Pastel Tone), 어두운 모노크롬(Dark monochrome), 유리 같이 투명한(Transparent like glass) 등 형용사를 넣거나, 3D 렌더링(3D Rendering), 스케치 스타일(Sketch style)처럼 표현 기법을 지정할 수도 있습니다. 요컨대, 어떤 분위기와 룩앤필 Look & feel을 원하는지를 문장으로 풀어내는 단계입니다.

이 3가지 접근 방식을 모두 사용해 "미니멀리즘 스타일의 음악 스트리밍 앱 UI, 파스텔 톤의 색상과 둥근 모서리 요소"라는 프롬프트를 입력하면 해당 스타일에 어울리는 모바일 UI 이미지를 얻을 수 있습니다. 이런 경우 배경은 부드러운 파스텔 핑크와 노랑으로 처리되고, 각 화면에는 동글동글한 헤드폰 아이콘과 최소한의 텍스트만 배치됩니다. 이는 미드저니가 '미니멀리즘 + 파스텔 톤'이라는 스타일 지침을 충실히 따른 결과물입니다. 이처럼 스타일을 명확히 정의하면 AI가 생성하는 이미지의 분위기를 원하는 방향으로 끌고 갈 수 있습니다.

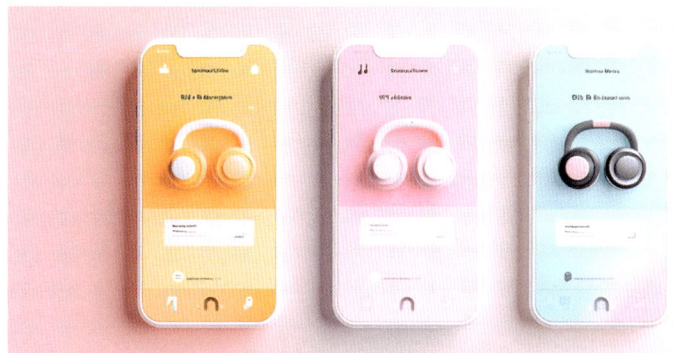

미니멀리즘, 파스텔 톤으로 생성한 음악 스트리밍 앱(출처: 미드저니 생성)

스타일 정의 단계에서 유의할 점은 너무 많은 스타일 키워드를 혼합하면 때로 예기치 않은 결과가 나올 수 있다는 것입니다. 핵심적인 2~3가지 스타일 요소를 콕 집어 주고, 필요한 경우 부가적인 설명을 덧붙이는 식으로 프롬프트를 구성하면 좋습니다. 또, 아무리 스타일을 자세히 작성해도 AI가 항상 그 느낌을 정확히 구현하는 것은 아니므로 생성 결과를 보고 추가로 프롬프트에서 키워드를 가감하는 실험 과정도 필요합니다.

5단계 파라미터 설정

5단계는 파라미터 정의입니다. 앞 단계에서 프롬프트의 내용을 준비했다면, 이제 미드저니 명령어의 옵션 사항들로 이미지 비율, 품질, 스타일 강도 등을 세부 조정할 차례입니다. 몇 가지 기본 파라미터만 알면 손쉽게 원하는 이미지를 얻는 데 도움이 됩니다. 자주 사용하는 몇 가지 파라미터를 살펴보겠습니다.

- **--stylize 또는 --s**: 이미지의 스타일화 정도를 조절하는 값으로, 기본값은 100이며 0부터 1000까지 줄 수 있습니다. 값이 클수록 미드저니 고유의 화풍이나 창의적 해석이 강하게 반영되고, 0에 가까울수록 프롬프트에 요청한 대로 출력됩니다.

- **--quality 또는 --q**: 이미지 품질과 해상도를 조절합니다. 기본값은 --q 1이며, --q 2를 주면 화질이 더 좋아집니다. 품질을 높이면 해상도가 올라가 작은 텍스트나 요소도 비교적 뚜렷하게 표현됩니다. 다만 이 경우 한 번 생성할 때 걸리는 시간이 더 길어지고, 콘텐츠 자체가 달라지는 것은 아닙니다.
- **--version 또는 --v**: 사용할 미드저니 버전 모델을 지정합니다. 미드저니는 버전에 따라 이미지 스타일이나 해석이 조금씩 다릅니다. 버전 5.1과 5.2는 버전 6보다 UI에 대한 무드 보드를 잘 생성합니다. 이 책에서 생성하는 대부분 이미지도 버전 5 모델들을 사용합니다.

프롬프트의 본문에는 내용과 스타일을 쓰고, 맨 끝에 파라미터 옵션들을 붙여서 세부 설정을 합니다. 옵션을 나열하는 순서는 상관없지만, 일반적으로 --s, --q처럼 값을 숫자로 받는 옵션을 먼저 쓰고 마지막에 --v로 버전을 지정하는 식으로 많이 활용합니다.

6단계 프롬프트 완성

6단계는 앞서 결정한 주제, 요소, 스타일, 파라미터를 모두 하나의 문장으로 종합하여 프롬프트를 완성하면 됩니다. 문장이 어색하거나 너무 장황하지 않은지 한 번 검토하는 것이 좋습니다. 핵심 정보를 뽑아 정제된 표현만 남기고 군더더기를 제거합니다. 영어 철자나 문법이 틀리지 않았는지도 확인합니다. 미드저니는 영어 입력을 기반으로 하기 때문에 오탈자가 있으면 의도와 다른 해석을 할 수 있습니다(예를 들어 "color palette"를 잘못 써서 "color pallet"으로 쓰지 않도록 주의해야 합니다.).

이제 준비한 프롬프트를 미드저니에 입력하면 보통 수 초에서 수십 초 내에 요청한 이미지를 4가지 버전으로 보여 줄 것입니다. 마음에 드는 이미지는 업스케일Upscale하거나 변형Variation해보고, 의도와 다르면 프롬프트를 일부 수정하면서 재시도하는 과정을 거칩니다. 완벽한 프롬프트는 한 번에 나오지 않을 수 있으므로 결과물을 보면서 단계별로 조정하는 반복 과정도 학습의 일부로 즐겨보는 것도 좋습니다.

종종 텍스트가 알아볼 수 없는 글자로 나온다거나(예: 버튼에 "Lorem" 같이 의미 없는 문구), 레이아웃이 현실적이지 않을 수 있습니다. 하지만 무드 보드를 만드는 목적은 시각적 영감과 방향 제시이므로 결과물의 작은 부족함에 연연하기보다는, 전체적인 분위기와 아이디어를 파악한다는 관점으로 활용하면 좋습니다.

6단계 프롬프트로 생성한 무드 보드 예시

앞서 설명한 구조에 따라 생성한 2가지 무드 보드 예시를 살펴보겠습니다. 첫 번째는 피자 주문 앱 UI에 대한 무드 보드용 프롬프트이고, 두 번째는 피트니스 앱 UI에 대한 무드 보드용 프롬프트입니다. 각 프롬프트가 어떻게 구성되어 있는지 비교하면서 확인해보세요.

피자 주문 앱 UI 무드 보드 프롬프트

첫 번째 프롬프트는 피자 주문 앱의 무드 보드용 이미지를 생성하기 위한 것입니다. 앱의 사용자 친화적이고 발랄한 느낌을 주기 위해서 스타일 키워드로 "Simple flat vector design(단순한 플랫 벡터 디자인)"으로 스타일을 정의합니다. 이는 요소가 복잡하지 않고 평탄한 2D 일러스트의 모던한 UI 스타일을 뜻합니다. 여기에 "Soft colors that you would see in a dribble(드리블에서 볼 법한 부드러운 색감)"이라는 아이디어도 더해봅니다. 더 간단하게 "sub color Dribbble(드리블의 색감 참고)"이라는 문구를 넣으면 드리블에서 유행하는 보조 색상 팔레트를 사용할 수 있습니다. 즉, 원색이 튀지 않고 세련된 파스텔이나 톤다운된 색 조합을 활용할 수 있습니다. 마지막으로 "Illustrator(어도비 일러스트레이터)"를 언급하여 마치 일러스트레이터로 그린 듯한 느낌을 유도할 수도 있습니다. 쉼표로 구분된 구_Phrase_ 하나하나가 각각 하나의 토큰 같은 역할을 하여 AI가 사용자의 의도를 쉽게 파악하도록 합니다.

파라미터로는 --s 250을 사용했습니다. 이는 기본값인 100보다 조금 더 높은 값으로, 더 화사하고 예술적인 터치를 추가해 달라는 의미입니다. UI가 너무 딱딱하게 그려지기보다는 색채나 구성에서 더 풍부한 변주를 얻기 위한 것입니다. 반면 아이콘처럼 정확한 형태가 중요한 요소에는 --s를 낮춰야 할 수도 있습니다. 예를 들어 "둥근 모서리의 푸른색 로그인 버튼"만 그려달라고 할 때 --s 값을 낮추면 AI가 덜 화려하고 좀 더 단순한 아이콘을 내놓을 것입니다. 마지막에는 미드저니 버전으로 --v 5.2를 지정하면 최종 완성입니다. 이를 각 단계에 따라 정리하면 다음과 같습니다.

피자 주문 앱 UI 프롬프트의 구조

- **이미지 구상**: 사용하기 쉽고 친근한 느낌의 모바일 피자 주문 앱 UI
- **주제 정의**: 사용자 친화적인 모바일 피자 앱 인터페이스 – 무엇을, 어떤 느낌으로 만들지 명확히 표현
- **요소 정의**: 다중 화면으로 구성된 앱 UI, 피자 관련 아이콘 또는 이미지, 깔끔한 인터페이스 구성 요소
- **스타일 정의**: 심플하고 미니멀한 플랫 벡터 스타일, 드리블에서 볼 법한 파스텔 톤 색감, 어도비 일러스트레이터로 제작한 듯한 그래픽 느낌
- **파라미터**: --s 250(스타일화 정도 약간 높게), --v 5.2(미드저니 버전 5.2 모델 사용)

이 모든 요소를 합쳐 완성한 프롬프트는 다음과 같습니다.

피자 주문 앱 UI 생성

[영문] User-friendly interface of a mobile pizza app, simple flat vector design, sub color Dribbble, user interface, adobe Illustrator --s 250 --v 5.2
[한글] 사용자 친화적인 모바일 피자 앱 인터페이스, 다중 화면으로 구성된 앱 UI, 피자 관련 아이콘 또는 이미지, 깔끔한 인터페이스 구성 요소, 심플하고 미니멀한 플랫 벡터 스타일, 드리블에서 볼 법한 파스텔 톤 색감, 어도비 일러스트레이터로 제작한 듯한 그래픽 느낌, -s 250, --v 5.2

이렇게 밝은 색상의 심플한 UI 화면 여러 개에 피자 그래픽이 포함된, 사용자 친화적인 분위기의 콘셉트 이미지를 얻을 수 있습니다. 실제로 미드저니가 생성한 결과물은 마치 잘 정리된 드리블 샷처럼 깔끔한 피자 주문 앱 UI 화면들을 보여 줄 것입니다.

피트니스 앱 UI 무드 보드 프롬프트

두 번째 예시인 피트니스 앱에서는 좀 더 실험적인 스타일을 적용해보겠습니다. 이번에는 "Soviet Lens Style(소련 렌즈 스타일)"이라는 독특한 키워드를 사용했습니다. 이는 소련 시대 카메라로 촬영한 듯한 빈티지 느낌 또는 그래픽 스타일을 암시하는 표현입니다. 여기에 "post-war(전후 시대)"라는 키워드를 함께 쓰면 레트로한 분위기를 더하고 "soft and dreamy tones(부드럽고 꿈꾸는 듯한 톤)"와 "light matte pink color palette(옅은 무광 핑크색 계열 팔레트)"를 지정하면 산뜻하고 몽환적인 현대적 색감도 함께 부여합니다. 여기에 "realistic and hyper-detailed renderings(사실적이고 아주 디테일한 렌더링)"라는 문구를 추가해 매우 사실적이고 디테일한 묘사도 요구해보겠습니다. 이처럼 다소 상반되어 보이는 스타일 요소들을 조합하면 독특한 혼합 질감을 가진 이미지를 생성합니다.

마지막으로 최신 UI 디자인 트렌드의 특징인 자연스러운 곡선 형태, 부드러운 전환, 동적인 요소 등을 통한 몰입감을 설명하기 위해 "The latest trend in UI design..."으로 시작하는 문구를 추가하면 미드저니가 보다 현대적인 디자인 감성을 따릅니다. 정리하면, 빈티지함과 현대적 트렌드를 교묘하게 섞은 독창적 분위기를 의도합니다.

파라미터에는 --q 2를 추가합니다. 운동 앱 UI는 세밀한 표현과 여러 요소를 한 장에 담아야 하니 기본 품질보다 높은 품질로 생성하는 것이 유리합니다. 맨 끝에는 미드저니 버전으로 --v 5.1을 지정하면 최종 완성입니다. 이를 각 단계에 따라 정리하면 다음과 같습니다.

피트니스앱 UI 프롬프트의 구조

- **이미지 구상**: 운동하는 사용자(달리는 여성)가 등장하고 여러 개의 화면으로 구성된 피트니스 앱 UI 장면
- **주제 정의**: 혁신적인 디자인의 콘셉트 앱 인터페이스 – 최신 트렌드를 반영한 운동 앱 UI 콘셉트
- **요소 정의**: 다수의 UI 화면(여러 스크린 뷰)들이 한 이미지에 배치, 달리는 여성 이미지와 운동 관련 그래픽 포함
- **스타일 정의**: 빈티지 카메라 느낌의 소련 렌즈 스타일, 서로 다른 레이아웃과 화이트 및 연한 매트 핑크 색상 팔레트, 부드럽고 몽환적인 톤, 전후 시대(post-war) 분위기의 아날로그 감성과 극사실적 디테일, 최신 UI 디자인 경향인 자연스러운 형태와 동적 요소를 모두 융합
- **파라미터**: --q 2(이미지 품질 향상), --v 5.1(미드저니 버전 5.1 모델 사용)

이 모든 요소를 합쳐 완성한 프롬프트는 다음과 같습니다.

피트니스앱 UI 생성

[영문] innovative design, concept app interface, images of multiple screen views of UI design with woman running and exercise images, in the style of soviet lens, different layouts [white and light matte pink color palette], innovative page design, soft and dreamy tones, post-war, digital as manual, in the style of realistic and hyper-detailed renderings, The latest trend in UI design, It embraces natural forms, seamless transitions, and dynamic elements to create an engaging user experience --q 2 --v 5.1

[한글] 혁신적인 디자인, 콘셉트 앱 인터페이스, 여성 러닝 및 운동 이미지가 포함된 여러 화면 UI 디자인, 소련 렌즈 스타일, 다양한 레이아웃 [화이트와 연한 매트 핑크 색상 팔레트], 혁신적인 페이지 디자인, 부드럽고 몽환적인 톤, 전후 시대 감성, 디지털과 수작업의 결합, 사실적이고 초고해상도 렌더링 스타일, 최신 UI 디자인 트렌드, 자연스러운 형태와 매끄러운 전환, 역동적인 요소를 포함하여 몰입감 있는 사용자 경험 제공 --q 2 --v 5.1

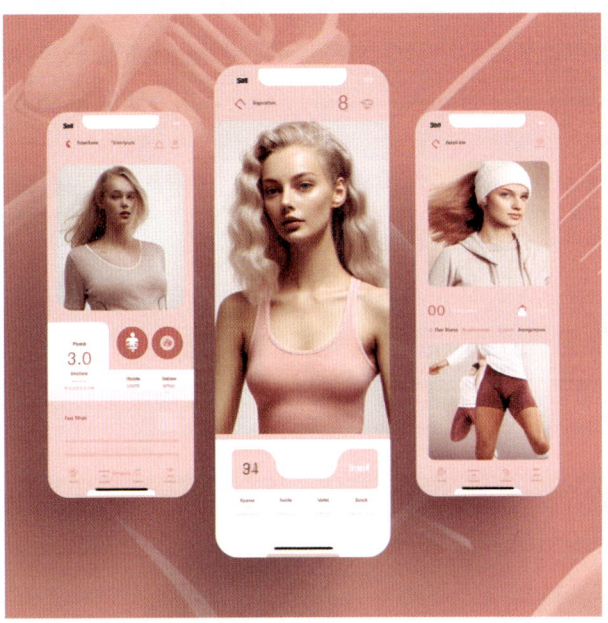
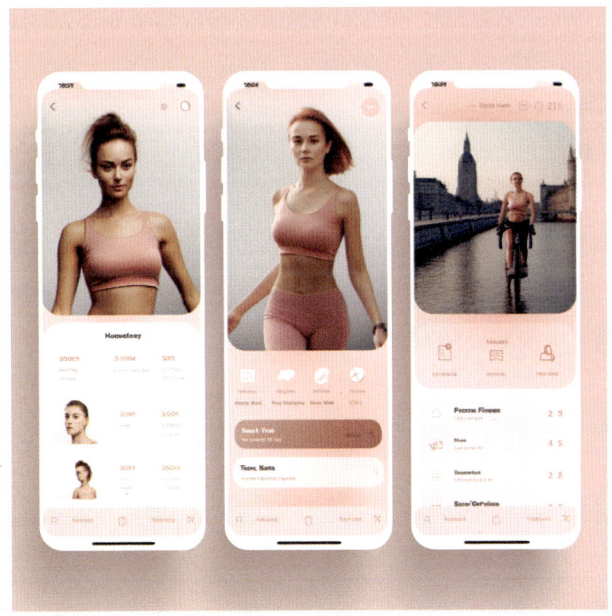

이 프롬프트의 결과물은 여러 개의 피트니스 앱 화면이 한데 모여 있고, 화면 속에는 운동하는 여성 이미지와 핑크빛 그래픽 연출이 섞인, 미래 지향적이면서도 빈티지한 느낌이 공존하는 독특한 UI 콘셉트 아트가 될 것입니다.

이렇게 무드 보드를 생성하기 위해 어떤 식으로 프롬프트를 구성해야 하는지 살펴보았습니다. 여기서 기억해야 할 3가지 핵심은 ① 원하는 무드 보드의 장면과 콘셉트를 명확히 하고 ② 해당 무드 보드의 콘셉트를 구성하는 요소와 스타일을 세밀하게 글로 묘사하며 ③ 파라미터로 AI의 표현 방식을 조율하는 것입니다.

이제 여러분도 이 가이드라인을 참고하여 자신만의 GUI 무드 보드 이미지를 생성할 수 있습니다. 처음에는 시행착오가 있더라도 몇 번 시도하다 보면 금세 감을 잡고 멋진 결과물을 얻을 수 있을 것입니다. 검색의 시대에서 생성의 시대로 넘어온 지금, 직접 무드 보드를 만드는 경험을 통해 한층 발전된 디자인 발상법을 체득하길 바랍니다.

아이콘 생성하기

아이콘Icon은 디자인의 분위기와 기능을 명확하게 전달하기 위해 사용하는 시각적 요소입니다.

이전까지 디자이너들은 아이콘을 만들거나 선택할 때 플랫아이콘Flaticon이나 구글 머티리얼 아이콘Google Material Icons처럼 아이콘 라이브러리에서 적절한 것을 검색해 사용하는 방식이 일반적이었습니다. 그러나 AI 이미지 생성 도구의 등장은 이러한 접근 방식에 근본적인 변화를 가져왔습니다. 이제는 자연어로 원하는 기능, 스타일, 사용 환경 등을 텍스트로 설명하면 AI가 그에 맞는 아이콘을 직접 생성해주는 시대가 된 것입니다. 덕분에 디자이너는 더이상 방대한 아이콘 목록을 뒤지지 않아도 되고, 자신만의 고유한 디자인 언어에 맞는 맞춤형 아이콘을 만들 수 있게 되었습니다. 이제 콘셉트와 UI 흐름에 딱 맞는 아이콘을 빠르게 시각화하고, 전체 인터페이스의 통일성과 정체성을 스스로 주도할 수 있습니다.

그럼 이제부터 미드저니를 활용해 GUI 아이콘을 만드는 방법을 6단계로 나누어 상세히 알아보겠습니다

1단계 이미지 구상

1단계는 어떤 아이콘을 만들지 머릿속으로 그림을 그려 보는 과정입니다. 종이에 간단히 스케치해보거나 참고할 이미지를 찾아보는 것도 좋습니다. 아이콘은 보통 화면에서 작게 배치되므로 한눈에 알아볼 수 있도록 명확하고 단순

한 형태여야 합니다. 이 단계에서 아이콘의 용도와 나타낼 의미를 생각하며 큰 그림을 잡아 두면 이후 과정이 수월하게 진행됩니다.

아이콘 이미지 구상 시 고려

- **맥락과 용도**: 아이콘이 쓰일 앱이나 웹사이트의 맥락을 떠올려 보는 것이 좋습니다. 예를 들어 설정 아이콘이면 기어(톱니바퀴)를, 채팅 아이콘이면 말풍선을 떠올릴 수 있습니다. 어떤 기능이나 개념을 나타낼지 분명히 합니다.
- **단순한 형태**: 아이콘은 복잡하면 식별하기 어렵습니다. 기본 도형이나 심볼을 조합해 단순한 실루엣을 구상해보면 도움이 됩니다. 필요한 경우 손으로 러프 스케치를 그려보며 형태를 다듬습니다.
- **배경과 구도**: 아이콘의 배경은 일반적으로 단색(흰색 등)이 좋습니다. 복잡한 배경은 아이콘을 화면에 적용했을 때 불편함을 줄 수 있습니다. 또한 아이콘을 정면에서 볼지, 각도를 줄지(예: 아이소메트릭Isometric) 등을 미리 구상합니다.

2단계 주제 정의

다음으로 아이콘의 주제를 명확히 정의합니다. 주제는 아이콘이 무엇을 표현하는지 나타내는 핵심 개념입니다. 1단계에서 구상한 아이디어를 한두 단어로 압축해봅시다. 주제가 명확해졌다면, 이를 프롬프트에 포함할 주요 키워드로 메모해 둡니다. 예컨대 로켓 아이콘이라면 '로켓'을, 구름 아이콘이면 '구름'을 주제로 삼습니다. 가능하다면 아이콘이 어떤 의미나 기능을 나타낼지도 생각해보세요. 예를 들어 로켓은 '출시'나 '시작'을 의미할 수 있고, 구름은 '클라우드 서비스'를 상징할 수 있습니다.

주제를 정의할 때는 추상적이지 않도록 구체적인 단어를 선택합니다. 미드저니 프롬프트에서는 이 주제 키워드가 매우 중요합니다. 실제로 많은 전문가가 프롬프트에 반드시 "icon"이라는 단어와 함께 구체적인 주제를 넣으라고 조언합니다. 예를 들어 "robot icon"처럼 대상+아이콘 형태로 입력하면 AI가 아이콘용 이미지를 만들기 수월합니다.

3단계 요소 정의

주제를 정했다면 아이콘에 담길 필수 요소를 구체화합니다. 아이콘을 구성하는 주요 시각적 요소들이 무엇인지 리스트업하는 단계입니다. 아이콘은 복잡한 그림이 아니므로 핵심적인 1~2개의 요소만 포함하는 것이 좋습니다.

요소 정의 시 고려

- **주요 심볼 결정**: 아이콘에서 가장 중요한 요소, 즉 메인 심볼이 무엇인지 정합니다. 예를 들어 로봇 아이콘의 주요 심볼은 로봇의 머리나 몸체 모양이고, 로켓 아이콘은 로켓 본체입니다. 클라우드 아이콘이라면 구름 모양이 주된 요소가 됩니다.
- **부가 요소 고민**: 메인 심볼을 보조할 부가 요소가 필요한지 판단합니다. 너무 많은 요소를 넣으면 아이콘이 산만해지니 최소한의 디테일만 추가하는 것이 좋습니다. 예를 들어 로켓 아이콘에 불꽃이나 연기를 살짝 덧붙일 수는 있지만, 그조차도 아이콘 크기에서 알아보기 어렵다면 생략합니다.
- **불필요한 디테일 제거**: 아이콘 요소를 가장 단순한 형태로 표현하는 게 좋습니다. 아이콘은 쉽게 알아볼 수 있고 미니멀해야 하기 때문에 꼭 필요한 요소만 담아야 합니다. 작은 픽셀 단위에서도 또렷하게 보이도록 복잡한 무늬나 장식은 최대한 배제합니다.

이렇게 정의한 핵심 요소는 프롬프트에 묘사할 때 활용합니다. 필요한 경우 숫자나 형태를 구체적으로 명시하는 것도 방법입니다. 예를 들어 "스쿠터"만 적으면 바퀴 개수가 모호해질 수 있으므로 "두 개의 바퀴가 있는 스쿠터" 같이 꼭 필요한 경우 숫자를 제시합니다.

4단계 스타일 정의

이제 아이콘의 시각적 스타일을 결정할 차례입니다. 같은 주제라도 스타일에 따라 이미지가 크게 달라지므로 원하는 느낌을 잘 떠올려야 합니다. 미드저니는 프롬프트에 스타일 관련 키워드를 넣으면 그 방향에 맞춰 이미지를 만들어 줍니다. 대표적인 아이콘 스타일 몇 가지와 프롬프트에 활용하는 방법을 살펴보겠습니다.

아이콘 스타일 예시

- **2D 플랫 스타일**: 그림자나 입체감 없이 평면적인 아이콘을 원한다면 "flat" 또는 "2D" 키워드를 사용합니다. 머티리얼 디자인이나 iOS의 단순한 아이콘처럼 선이나 면으로만 표현된 깔끔한 디자인입니다. 색상은 단색이나 파스텔 등으로 제한하고, 필요한 경우 "vector icon(벡터 아이콘)"처럼 벡터 느낌을 강조하는 단어를 곁들이면 좋습니다.

- **아웃라인(선형) 스타일**: 채워진 면 없이 윤곽선으로만 그린 아이콘을 원한다면 "line icon(라인 아이콘)" 또는 "outline icon(아웃라인 아이콘)" 같은 키워드를 사용합니다. 선 굵기는 균일하고 모서리는 둥글게 등 디테일을 추가로 지정할 수 있지만, 미드저니에서는 세부 두께까지 통제하긴 어렵기 때문에 "minimal line art(미니멀 라인 아트)" 정도의 키워드로 간략히 의도만 전달하는 것을 추천합니다(예: "flat colored outline icon style(플랫 색상 아웃라인 아이콘 스타일)"처럼 색이 입혀진 아웃라인 아이콘 스타일).

- **3D 입체 스타일**: 입체감 있는 아이콘을 원한다면 "3D icon"이나 "3D illustration"을 넣어 보세요. 3D에도 다양한 스타일이 있는데, 현실감 있는 포토리얼리스틱Photo realistic 3D부터, 장난감이나 클레이로 만든 것처럼 귀여운 3D, 혹은 메타버스풍의 미래 지향 3D 등이 있습니다. 예를 들어 "3D isometric icon, blender, octane render(3D 아이소메트릭 아이콘, 블렌더, octane 렌더)" 등의 키워드는 3D 소프트웨어로 렌더링한듯한 현실감과 광원 효과를 구현합니다. 아이소메트릭 뷰를 사용하면 45도 각도의 입체 아이콘으로, 정면보다 입체적인 느낌을 줄 수 있습니다.

- **미니멀리즘 스타일**: 미니멀리즘은 최소한의 색과 형태로 디자인하는 것을 말합니다. 아이콘에 "minimalist"나 "simplistic design" 등의 키워드를 넣으면 불필요한 요소를

줄이고 핵심만 표현하는 경향을 강화합니다. 이는 다른 스타일과 결합해서도 쓸 수 있습니다. 예컨대 "minimalist 3D icon(미니멀리스트 3D 아이콘)"이라고 하면 디테일을 줄인 단순한 3D 아이콘을 기대할 수 있습니다. 미드저니 기본 스타일이 종종 과도한 디테일을 넣는 경향이 있어서, 프롬프트에 미니멀리즘을 명시하면 보다 깔끔하고 단순한 디자인이 가능합니다.

- **기타 스타일 키워드**: 그 외에 원하는 분위기에 따라 키워드를 섞을 수 있습니다. 귀여운 느낌을 원하면 "cute"나 "cartoon style"을, 미래 지향적이면 "futuristic(미래적인)"이나 "aurorapunk style(미래적인 펑크 스타일)" 같은 용어를 사용할 수 있습니다. 디자인 영감을 얻기 위해 드리블이나 비핸스 같은 플랫폼을 언급하면 해당 플랫폼에 어울릴 만한 세련된 디자인을 의도할 수 있고, "made in Figma"나 "Adobe XD"와 같은 도구를 언급하면 실제 UI 도구로 만든 아이콘처럼 깔끔한 결과를 유도할 수도 있습니다. 다만, 브랜드나 아티스트 이름은 저작권 문제로 미드저니가 제한하는 경우도 있으니 저작권에 대한 고려가 필요합니다.

스타일을 정의할 때는 이렇게 키워드들을 나열하여 프롬프트에 포함하면 됩니다. 아이콘 세트를 만들 경우 스타일의 일관성이 특히 중요하므로 프롬프트에 사용한 스타일 표현들을 메모해 두고 반복 활용하면 됩니다. 예를 들어, 모든 아이콘에 "flat pastel icon, bold outline(플랫 파스텔 아이콘, 두꺼운 아웃라인)" 스타일을 적용하는 식으로 일관성을 줄 수 있습니다.

5단계 파라미터 설정

여러 파라미터를 붙여서 이미지 출력 방식을 제어할 수 있습니다. 아이콘 생성에 유용한 파라미터와 원하는 아이콘의 스타일에 따른 적절한 파라미터 값을 살펴보겠습니다.

- **--v**: 미드저니는 버전에 따라 그림 스타일과 해상도가 조금씩 다릅니다. 최신 버전일수록 디테일이 좋아지지만, 이전 버전의 결과물이 생성하려는 이미지에 더 적합할 수도 있습니다. 예를 들어 v5는 사실적인 표현이 뛰어나고, v5.1은 이를 개선하면서도

--style raw 같은 옵션으로 디테일 제어가 용이합니다. v6은 고해상도와 사실적인 이미지를 생성할 수 있지만 가끔은 너무 복잡한 결과가 나와 아이콘처럼 단순한 그래픽에는 오히려 v5 계열을 선호하기도 합니다.

- **--quality 또는 --q**: 이 파라미터는 이미지 생성에 들이는 연산 시간(품질 수준)을 조절합니다. --q 2처럼 값이 높으면 더 오랜 시간과 자원을 써서 상세하고 선명한 이미지를 얻을 수 있습니다. 단, 너무 높은 품질은 때때로 불필요한 디테일까지 생성할 수 있으므로 아이콘처럼 단순한 그래픽에는 적절한 수준이 중요합니다. 기본 품질 값은 1이고 보통 0.25, 0.5, 1, 2 배로 설정할 수 있습니다. 예를 들어 --q 0.5는 스케치하듯 빠르게 결과를 보고 싶을 때 사용하고, 최종 고해상도 시안이 필요할 땐 --q 2를 사용하는 식입니다.

- **--stylize 또는 --s**: AI가 얼마만큼 창의적으로 꾸며줄지를 설정하는 파라미터입니다. 아이콘을 생성할 때는 프롬프트 그대로 단순하게 나오도록 이 값을 낮추거나 아예 0에 가깝게 줄이는 것이 좋습니다. 이 값이 높을수록 프롬프트의 정확한 구현보다는 분위기에 치우칠 수 있으니 아이콘처럼 정확성이 필요한 경우 너무 높이지 않는 것을 권장합니다.

- **--ar**: 아이콘은 보통 정사각형이므로 --ar 1:1 비율이 기본입니다. 미드저니 기본도 1:1 정방형 이미지를 출력하지만, 만약 다른 작업으로 설정이 바뀌었다면 아이콘 프롬프트에 --ar 1:1을 명시하여 정사각형 캔버스에 그리도록 합니다. 해상도는 1024×1024 정도가 나오는데, 필요하면 업스케일 후 추가로 AI 업스케일러를 활용해 더 키우거나 벡터로 변환하는 후속 작업을 합니다.

6단계 프롬프트 완성

앞서 정리한 주제, 요소, 스타일 키워드, 파라미터를 모두 모아 이제 최종 프롬프트 문장을 구성합니다. 미드저니의 권장 사항에 따르면 짧고 단순한 프롬프트가 가장 좋은 이미지를 낸다고 합니다. 너무 세세하게 지시하면 오히려 AI가 혼란스러워할 수 있습니다. 다만 아이콘처럼 특정 스타일을 원할 때는 여러 키워드를 나열하여 세부 요구를 전달해도 됩니다. 중요한 것은 원하는 이미지를 선명하고 구체적으로 묘사하면서 각 키워드들이 가리키는 바가 서로 충돌하지 않는 것입니다. 아이콘 생성을 위한 프롬프트를 구성할 때는 다음과 같은 요소를 한 문장에 나열합니다.

아이콘 생성 프롬프트의 구성

1. **아이콘 주제와 간단한 설명**: 무엇을 그릴지 한두 단어로 명시하고, 필요하면 크기나 배경색 같은 기본 사항을 덧붙입니다.
   예: A rocket icon on a light blue background(연한 파란색 배경 위에 있는 로켓 아이콘)

2. **스타일과 재질 표현**: 아이콘의 스타일을 2D/3D, 색감, 재질, 분위기 등을 키워드로 나열합니다. 쉼표로 구분하면서 원하는 모양새를 자세히 적습니다.
   예: photorealistic, 3d illustration, isometric style, light colors(사실적인, 3D 일러스트, 아이소메트릭 스타일, 연한 색상

3. **참고할 레퍼런스 언급**: 특별히 참고하고 싶은 디자인 스타일이나 도구가 있다면 추가합니다. 아이콘의 경우 "flat icon by Flaticon"처럼 벡터 아이콘 느낌을 내기 위해 디자인 커뮤니티 이름을 넣기도 합니다.
   예: in Pixar style, made in Blender, octane render

4. **품질/기술 파라미터**: 문장의 끝에 --v, --q, --s 등의 파라미터를 붙여서 프롬프트 작성을 마무리합니다. 파라미터는 항상 프롬프트 마지막에 작성해야 적용됩니다.

이 요소들을 모두 조합하면 하나의 긴 문장으로 구성된 프롬프트가 됩니다. 예를 들어, 로봇 아이콘을 만들기 위해 주제(로봇) + 요소(심플한 로봇 머리와 몸통) + 스타일(2D 벡터, 선명한 라인, 밝은 네온색) + 배경(흰색) + 파라미터(버전, 모드 등)를 합치면 다음과 같이 프롬프트를 완성할 수 있습니다.

[영문] Robot icon on a white background, 2D flat vector style, crisp and pixel-perfect outlines, bright neon accents, minimalistic design --v 5.1 --style raw --s 500
[한글] 하얀 배경 위의 로봇 아이콘, 2D 플랫 벡터 스타일, 또렷하고 픽셀 단위로 완벽한 외곽선, 밝은 네온 포인트, 미니멀한 디자인 --v 5.1 --style raw --s 500

이 예시는 하나의 가능한 조합일 뿐이며 표현은 얼마든지 달라질 수 있습니다. 프롬프트는 영어로 작성하고 쉼표(,)를 이용해 키워드를 구분하면 됩니다. 마침표로 문장을 구분해도 상관없지만, 너무 장황하지 않게 핵심 키워드 위주로 나열하는 게 좋습니다. 또한 아이콘임을 강조하기 위해 "icon"이라는 단어를 꼭 포함해야 합니다.

마지막으로 미드저니로 생성한 아이콘 이미지는 최종 완성품이 아닙니다. 필요하다면 이미지에서 배경을 지우고(예: 포토샵이나 온라인 도구 활용) 벡터로 트레이스하여 실제 UI에 사용하는 아이콘으로 다듬는 과정이 필요합니다.

6단계 프롬프트로 생성한 아이콘 예시

이제 앞서 6단계를 따라 3가지 아이콘을 생성해보겠습니다. 예시마다 주제, 요소, 스타일, 사용한 파라미터를 간략히 분석하고, 최종 완성된 프롬프트와 아이콘 이미지를 함께 살펴보겠습니다.

로봇 아이콘(2D 벡터 스타일)

흰 배경 위에 로봇 아이콘을 그리되 플랫아이콘과 드리블 스타일의 2D 선형 벡터 아이콘으로 만들어 보겠습니다.

- **주제**: 작은 로봇 캐릭터 아이콘 – 미래 지향적이지만 친근한 느낌의 로봇을 상징합니다. UI에서 기술 또는 봇을 나타내는 아이콘 용도입니다.
- **구성 요소**: 로봇의 머리와 몸통 실루엣이 핵심입니다. 팔이나 바퀴 등이 있을 수도 있으나 아이콘 크기에서는 단순화했습니다. 동그란 눈이나 안테나 같은 디테일로 로봇임을 암시합니다.
- **스타일**: 2D 평면 벡터 아이콘 스타일입니다. 선으로 외곽을 따고 내부는 단색을 채운 형태로, 플랫아이콘이나 드리블에서 볼 법한 아이콘처럼 픽셀 퍼펙트한 깔끔함을 추구했습니다. 색상은 어두운 배경에서 돋보일 밝은 네온 컬러를 강조색으로 주어 미래적인 느낌을 더했습니다. 전반적으로 미니멀하고 단순한 디자인입니다. 배경은 투명하게 쓰기 쉽도록 흰색으로 지정합니다.
- **파라미터**: 미드저니 버전 5.1 모델을 사용했고, 기본 스타일 효과를 억제하기 위해 --style raw를 적용했습니다. --s 값은 1000으로 설정하여 최대한 창의적인 자유도를 주었습니다. raw 모드에서도 스타일 값을 높이면 어느 정도 미드저니 특유의 세련된 느낌을 부여할 수 있습니다. 버전 5.1 모델의 raw 모드로 생성하여 지정한 대로 최대한 깔끔한 아이콘이 나오도록 합니다.

[영문] Robot icon on a white background, 2D linear vector style inspired by Flaticon and Dribbble, crisp and pixel-perfect design, bright neon accents, minimal flat colored outline, simplistic design --v 5.1 --style raw --s 1000
[한글] 흰색 배경 위 로봇 아이콘, 플랫아이콘과 드리블에서 영감을 받은 2D 선형 벡터 스타일, 선명하고 퍼펙트 픽셀 디자인, 밝은 네온 강조, 미니멀 플랫 컬러 윤곽선, 단순한 디자인 --v 5.1 --style raw --s 1000

로켓 아이콘(3D 아이소메트릭 스타일)

이번에는 현실감 있는 3D 아이소메트릭 일러스트 스타일로 매우 정교하게 표현한 로켓 아이콘을 생성하겠습니다.

- **주제**: 로켓(우주선) 아이콘 – 보통 '출시'나 '시작'을 상징하는 아이콘으로 쓰일 수 있습니다. 여기서는 우주를 배경으로 하지 않고 UI 아이콘으로서의 로켓만 표현합니다.
- **구성 요소**: 핵심 요소는 로켓 본체입니다. 뾰족한 앞부분(노즈콘), 원통형 동체, 날개 핀 등 로켓의 특징적인 형태를 담습니다. 추가로 '로켓'하면 떠오르는 불꽃이나 연기는 아이콘에서는 생략하거나 최소화했습니다.
- **스타일**: 3D 입체 일러스트 스타일을 적용했습니다. 특히 아이소메트릭 기법을 사용해 45도 각도로 기울여 입체감을 줍니다. 재질과 렌더링은 실제 3D 소프트웨어로 만든

것처럼 보이도록 의도합니다. 블렌더로 제작하고 octane 렌더로 출력한 듯한 느낌을 주기 위해 해당 키워드를 넣습니다. 사진처럼 사실적인 포토리얼리스틱 질감과 조명을 추가하고, 색감은 밝은 파스텔 톤의 라이트 색상 팔레트로 정합니다. 배경은 아이콘을 돋보이게 할 옅은 하늘색 지정해 로켓의 흰색 부분도 구분되도록 합니다.

- **파라미터**: 미드저니 버전 5를 사용했습니다. 품질 파라미터는 --q 2로 최상으로 올려 8K에 달하는 고해상도와 디테일을 얻습니다. 로켓처럼 비교적 복잡한 디테일을 가진 아이콘은 v5 모델의 기본 스타일만으로도 충분히 세밀한 표현이 나오므로 추가 파라미터는 최소화하는 것이 좋습니다. --s는 별도로 지정하지 않고 기본값(100)으로 둡니다.

[영문] Illustration of a rocket icon on a light blue background, photorealistic 3D isometric style, very detailed, made in Blender(Octane render), soft light colors --v 5 --q 2
[한글] 연한 하늘색 배경 위의 로켓 아이콘 일러스트, 포토리얼리스틱 3D 아이소메트릭 스타일, 매우 디테일, 블렌더(Octane 렌더) 제작, 부드러운 은은한 색상 --v 5 --q 2

구름 아이콘(미니멀 & 오로라핑크 스타일)

순백 배경 위에 미니멀한 아이소메트릭 스타일의 구름 아이콘을 생성해보겠습니다. 구체적으로는 투명한 유리 구조에 그러데이션 색을 가진 구름으로, 크리스털 같은 질감과 빛나는 몽환적 효과(오로라펑크 스타일)를 구현해보겠습니다.

- **주제**: 구름 아이콘 – 주로 클라우드 서비스나 날씨를 상징할 수 있는 아이콘입니다. 여기서는 특별히 환상적인 느낌의 클라우드 아이콘을 생성하겠습니다.
- **구성 요소**: 구름 외에 별도 요소를 넣지 않고, 구름의 형태 자체를 아이콘으로 만듭니다. 동글동글하고 귀여운 구름 형상을 떠올렸습니다.
- **스타일**: 기본적으로 미니멀리즘을 유지하면서도, 재질과 효과에 개성을 부여합니다. 아이소메트릭 3D 관점으로 입체감은 살리고 디테일은 단순화를 유지합니다. 독특하게 구름을 유리나 크리스털 재질로 표현하여 투명하고 빛나는 효과를 주기 위해 키워드에 "glass structure, translucent, crystal texture, luminous effect(유리 구조, 반투명, 수정 같은 질감, 빛나는 효과)" 등을 넣습니다. 색상은 그러데이션을 활용해 오로라처럼 신비로운 색 변화를 주고, 전체 분위기를 몽환적이고 판타지 느낌이 나는 오로라펑크 스타일로 잡았습니다. 또, 너무 복잡해지지 않도록 적당히 단순한 표현을 요구합니다. 배경은 순백색으로 설정하여 투명한 구름의 윤곽이 잘 보이게 합니다.
- **파라미터**: 미드저니 버전 6.0(알파 버전) 모델을 사용합니다. v6은 사실적인 표현과 조명에 강점이 있어 유리 같은 질감 표현에 유리합니다. 품질은 별도로 지정하지 않고 기본값(1)으로 생성합니다. 프롬프트 자체에 스타일 키워드를 다양하게 넣었으므로 --s 값도 기본으로 둡니다. 조명은 "studio light(스튜디오 조명)" 키워드로 스튜디오에서 제품 사진을 찍듯 깔끔한 조명을 의도합니다. 필요한 경우 --style raw를 추가해 디테일을 제어할 수도 있지만, 여기서는 기본 설정으로도 문제없습니다.

 [영문] Minimalist isometric cloud icon on a pure white background, translucent glass structure with gradient colors, crystal-like texture, dreamy and luminous(aurorapunk) style, simplified cartoon design with high detail, studio lighting(C4D 3D Blender Octane render) --v 6.0

[한글] 미니멀한 아이소메트릭 클라우드 아이콘, 순백 배경 위에 반투명 유리 구조, 그러데이션 색상과 수정 같은 질감, 몽환적이고 빛나는 오로라핑크 스타일, 고해상도의 단순화된 만화풍 디자인, 스튜디오 조명(C4D 3D 블렌더, Octane 렌더링) --v 6.0

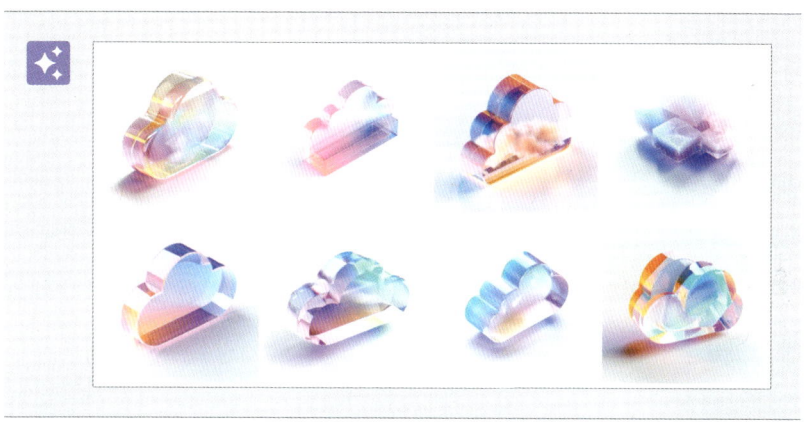

지금까지 미드저니를 활용한 GUI 아이콘 생성 과정을 6단계에 걸쳐 살펴보았습니다. 요약하면 아이콘의 콘셉트를 명확히 하고, 핵심 요소와 스타일을 결정한 뒤 이를 자세히 묘사하는 프롬프트를 작성하면 됩니다. 미드저니 프롬프트 작성에 정답은 없지만, 이번 예시에서 제시한 구조와 사례를 참고하면 나만의 아이콘 프롬프트를 만드는 데 도움이 될 것입니다.

프롬프트가 자산이 되는 시대

과거에는 디자인 결과물 자체가 주요 자산이었다면, AI의 등장 이후 이제는 그 결과물을 만들어 내는 방법, 즉 프롬프트도 중요한 자산이 되고 있습니다. 특히 잘 만들어진 프롬프트는 같은 유형의 이미지를 반복 생산할 수 있기 때문에 프롬프트 자체가 하나의 '디지털 자산'처럼 여겨지고 있습니다. AI 모델에 무엇을 어떻게 그려달라고 질문을 하느냐에 따라 결과물이 천차만별이기 때문에 뛰어난 프롬프트를 만드는 능력은 곧 경쟁력으로 이어집니다. 실제로 프롬프트는 AI 모델의 핵심이자 지적 재산으로 간주되기도 합니다. 다음 그림은 하나의 프롬프트로 여러 개의 모바일 앱 UI 디자인 시안을 생성한 것입니다. 각 이미지의 색감과 분위기는 조금씩 다르지만, 모두 동일한 프롬프트에서 출발했기 때문에 일관된 테마와 스타일을 공유하고 있습니다.

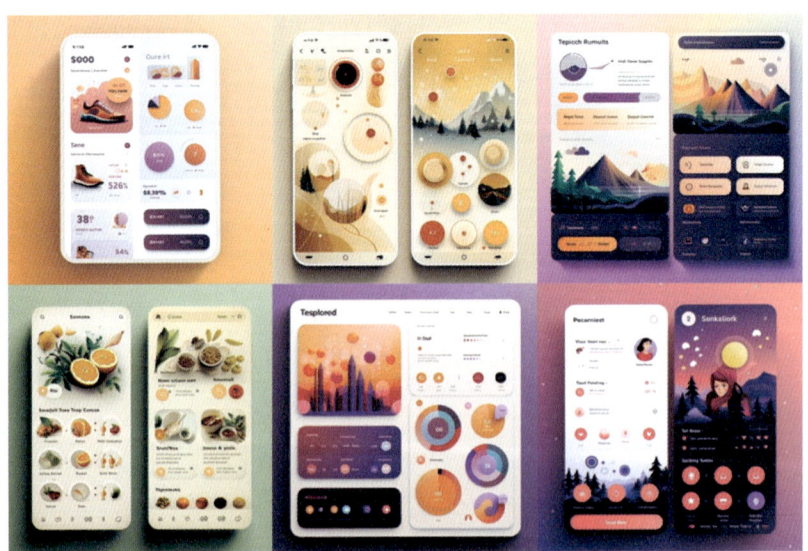

하나의 프롬프트로 생성한 UI 디자인 예시(출처: promptbase.com)

이제 "프롬프트가 곧 경쟁력"이라는 말이 나올 정도로, 잘 만든 한 줄의 프롬프트는 작업의 효율과 결과물의 품질을 좌우하기도 합니다. 예를 들어 특정 브랜드에 어울리는 UI 테마를 만드는 프롬프트를 확보했다면, 새로운 화면을 디자인할 때마다 일일이 스타일을 잡을 필요 없이 그 프롬프트를 활용해 일관된 품질의 시안을 빠르게 생성할 수 있습니다. 이는 프로토타입 제작 시간을 줄여주고 결과물의 표준화된 일관성을 유지하는 데 큰 도움이 됩니다.

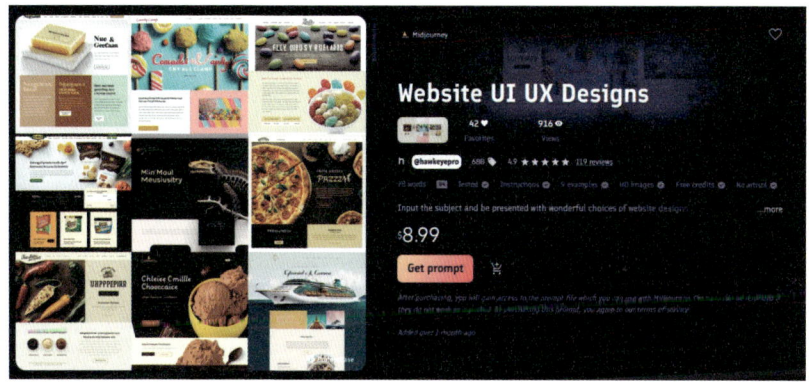

웹사이트 UX/UI 디자인을 위한 프롬프트 상품(출처: promptbase.com)

잘 만든 하나의 프롬프트는 여러 프로젝트에서 여러 결과물로 손쉽게 변형할 수 있어 시간과 비용을 획기적으로 절약할 수 있습니다. 장기적으로 디자인 자산으로 축적되는 것입니다. 마치 UI 디자인 가이드나 컴포넌트 라이브러리를 만들어 두고두고 활용하는 것처럼 훌륭한 프롬프트도 회사나 개인의 노하우 자산으로 남게 됩니다. 실제로 '프롬프트 엔지니어'라는 새로운 직업까지 생겨나 수억 원대 연봉의 채용이 이루어지는 등 이러한 역량의 중요성이 부각되고 있습니다. 이제 디자이너들은 멋진 결과물을 직접 그리는 것뿐만 아니라 멋진 결과물을 만드는 프롬프트를 작성할 줄 아는 역량까지 갖춰야 하는 시대가 되었습니다.

프롬프트 마켓 플레이스 '프롬프트 베이스'

이러한 흐름 속에서 등장한 것이 **프롬프트 베이스**Prompt Base라는 온라인 플랫폼입니다. 프롬프트 베이스는 이미지 생성형 AI와 텍스트 생성형 AI를 위한 프롬프트를 사고팔 수 있는 마켓 플레이스입니다. 이제 프롬프트 자체가 상거래의 대상이 되면서 디자이너들은 프롬프트를 설계하고 가꾸는 능력을 새로운 경쟁력으로 받아들이게 된 것입니다.

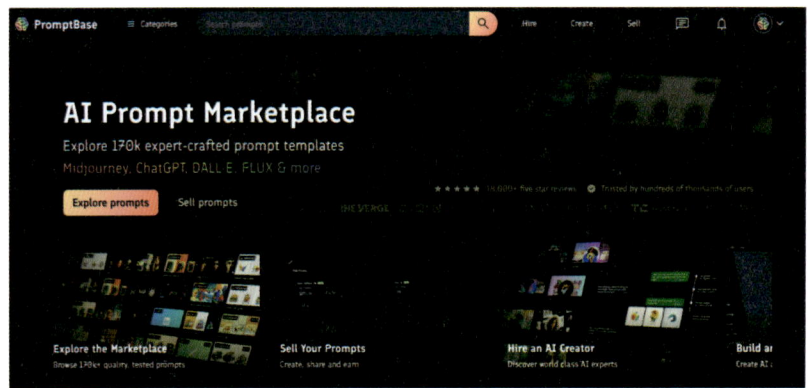

프롬프트 베이스 홈페이지(출처: promptbase.com)

프롬프트 엔지니어 또는 디자이너가 자신만의 프롬프트를 프롬프트 베이스에 올려 놓으면, 그 프롬프트로 만든 샘플 이미지들이 함께 전시됩니다. 구매자는 마치 작품을 고르듯이 결과물 이미지를 보고 마음에 드는 프롬프트를 구매할 수 있습니다. 각 프롬프트의 판매 페이지에는 상세 설명, 사용 가이드와 여러 개의 예시 이미지가 포함되어 있어, 구매자는 프롬프트를 실행하면 어떤 결과물이 나올지 미리 확인할 수 있습니다.

프롬프트 베이스에서는 미드저니 외에도 스테이블 디퓨전, 챗GPT 등 다양한 AI 모델의 프롬프트가 거래됩니다. 원하는 AI 도구와 이미지 종류에 따라 카테고리를 선택해 탐색할 수 있고, 수많은 판매자가 올린 프롬프트 중에서 자신의 프로젝트에 맞는 것을 고를 수 있습니다. 현재 프롬프트 베이스에는 수십만 개 이상의 프롬프트가 등록되어 있을 정도로 규모가 커졌고, 수많은 창작자가 활발히 이용하는 거대한 시장으로 성장했습니다. 또한 사이트 내 별점과 리뷰 시스템으로 품질이 검증된 프롬프트를 쉽게 식별할 수 있습니다.

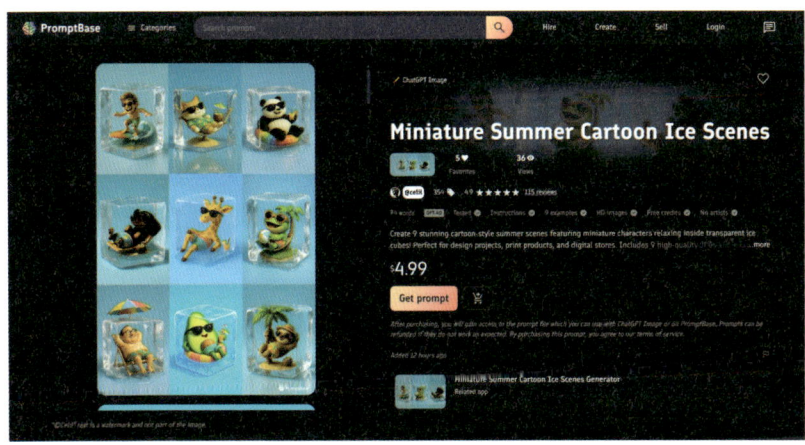

프롬프트 판매 상세 페이지(출처: promptbase.com)

판매 구조는 매우 간단합니다. 필요한 프롬프트를 구매하면 프롬프트 문장과 사용 방법이 담긴 파일을 받게 됩니다. 이 프롬프트를 해당 AI 모델에 입력하면, 판매 페이지에서 보았던 것과 유사한 스타일의 결과물을 직접 생성할 수 있습니다. 반대로 자신이 만든 프롬프트를 판매하여 지속적인 수익을 창출하는 것도 가능합니다.

프롬프트 기반 작업이 미치는 영향

UX/UI 디자이너가 프롬프트 베이스에서 얻을 수 있는 장점은 다음과 같이 3가지가 있습니다.

- **다양한 스타일과 분야의 프롬프트**: 프롬프트 베이스에는 예술, 게임, 일러스트부터 그래픽 디자인, 웹/앱 UI까지 다양한 분야의 프롬프트를 판매합니다. 덕분에 UI 디자인과 관련된 거의 모든 스타일을 커버할 수 있을 정도로 폭넓은 선택지를 제공받을 수 있습니다. 미니멀리즘한 앱 화면, 화려한 웹 랜딩 페이지, 픽셀 아트 아이콘, 3D 그래픽 인터페이스 등 어떤 디자인 방향이든 원하는 프롬프트를 찾아볼 수 있어 원하는 스타일의 예시를 쉽게 얻고 벤치마킹할 수 있습니다.

- **고품질 GUI 프롬프트의 풍부한 사례**: 프롬프트 베이스에는 특히 GUI 디자인과 관련된 고품질 프롬프트가 많습니다. 예를 들어 앱 화면 목업Mock-up을 자동으로 생성해주는 프롬프트나, 웹사이트 레이아웃을 제안하는 프롬프트, 다양한 스타일의 아이콘 세트를 만들어 주는 프롬프트 등이 실제 UI 설계에 활용할 수 있는 실용적인 프롬프트를 쉽게 찾을 수 있습니다. 이러한 프롬프트들을 활용하면 초안(목업)을 빠르게 생성하여 아이디어를 실험해볼 수 있고, 고객이나 팀원에게 시각적인 자료를 신속히 제시할 수 있습니다.

- **부수입 창출 기회**: 프롬프트 베이스는 단순히 프롬프트를 구매하는 곳이 아니라, 누구나 직접 만든 프롬프트를 판매할 수도 있는 장터입니다. 만약 자신만의 특별한 UI 디자인 프롬프트를 개발했다면, 이를 플랫폼에 올려 판매함으로써 수익을 낼 수 있습니다. 예를 들어 독특한 대시보드 UI를 손쉽게 만들어 주는 프롬프트나, 특정 브랜드 스타일 가이드에 맞춘 아이콘 생성 프롬프트를 고안해 판매한다면 전 세계 곳곳에서 이 프롬프트를 필요로 하는 사용자가 그 프롬프트를 구매할 것입니다. 이는 디자이너들에게 프롬프트 엔지니어로서 새로운 역할과 기회를 제공할 뿐만 아니라 자신의 창의력을 다른 방식으로 수익화하는 길이기도 합니다.

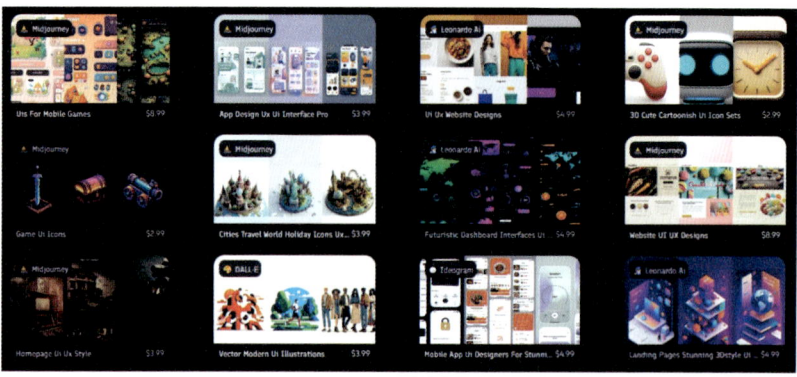

판매 중인 프롬프트 상품들(출처: promptbase.com)

프롬프트 베이스에 올라온 다양한 프롬프트를 구경하는 것만으로도 큰 공부가 됩니다. 꼭 구매를 하지 않더라도, 다른 사람이 만든 창의적인 프롬프트와 그 결과물을 보면서 최신 디자인 트렌드와 표현 기법을 배울 수 있기 때문입니다. 어떤 키워드 조합이 어떤 스타일을 만드는지 비교해보고 영감을 얻는 것만으로도 충분히 가치가 있습니다.

이와 같은 프롬프트 기반 작업 흐름이 가져온 가장 큰 변화는 디자인 분야에 진입하기 위한 문턱이 낮아졌다는 것입니다. 이제 비전문가도 훌륭한 프롬프트만 있다면 고품질의 디자인 시안을 만들 수 있습니다. 이는 전문가와 비전문가 사이의 격차를 어느 정도 줄여 주며, 아이디어만 있으면 누구나 고품질로 시각화할 수 있는 환경을 조성합니다. 가령 스타트업 창업자가 전문 디자이너 없이 프롬프트 베이스에서 구매한 UI 프롬프트를 활용해 서비스 화면 콘셉트를 그려볼 수 있고, 이를 바탕으로 디자이너와 소통하며 발전시킬 수 있습니다.

경험 많은 디자이너에게도 프롬프트는 창의적 업무에 집중할 수 있게 해주는 도구입니다. 반복 업무나 여러 시안을 만드는 작업은 AI에 맡기고, 중요한 사용자 경험 설계나 섬세한 디테일 조정에 더 많은 시간을 할애할 수 있습니다. 예를 들어 새로운 아이콘 세트를 디자인해야 할 때 일일이 수작업으로 아이콘을 그리기보다 아이콘 생성 프롬프트를 이용해 기본 스타일을 쭉 뽑은 뒤, 괜찮은 것들을 골라 다듬는 식으로 작업 효율을 높일 수 있습니다. 이렇게 하면 단순 반복 작업에 소요되는 시간이 줄어 생산성이 올라가고, 보다 창의적인 문제 해결에 집중할 수 있습니다.

또한 프롬프트 베이스와 같은 플랫폼은 디자이너 커뮤니티의 지식 공유 측면에서도 의미가 있습니다. 잘 만든 프롬프트를 전 세계 디자이너에게 공유함으로써 서로의 프롬프트를 연구하며 새로운 아이디어와 트렌드를 발견할 수 있습니다. 이는 단순히 프롬프트 거래에 그치지 않고, 디자이너들 사이에 암묵적인 협업과 학습이 이뤄지는 장으로 볼 수도 있습니다. 하나의 프롬프트를 여러 사람이 각자 응용해본 결과물을 비교해보면서 다양한 관점을 배우는 식입니다. 결국 이러한 환경이 디자이너들의 전반적인 성장을 촉진하고, AI 시대에 걸맞은 새로운 디자인 역량을 개발하는 데 기여합니다.

이미지 생성형 AI 시대에 프롬프트는 그 자체로 가치 있는 자산이며, 프롬프트 베이스를 통해 그 가치를 쉽게 교환하고 활용할 수 있게 되었습니다. 이제 비전문가도 프롬프트 베이스에서 검증된 프롬프트를 구해 자신의 프로젝트에 활용함으로써 높은 품질의 결과물을 빠르게 얻을 수 있고, 이를 통해 실력 향상과 포트폴리오 구축에도 도움을 받을 수 있습니다. 반대로 역량 있는 디자이너라면 자신의 프롬프트를 판매하여 부가 수익을 얻고, 본인의 이름을 알릴 기회로 삼을 수도 있습니다. 프롬프트 베이스는 디자이너들에게 AI 활용 시대의 새로운 가능성을 열어 주는 무대가 되는 셈입니다.

물론 AI가 만들어 준 시안은 초안일 뿐이므로 디자이너의 판단과 보완 작업이 반드시 뒤따라야 합니다. 프롬프트 베이스와 같은 공간은 디자이너의 역량을 보조하고 증폭시키는 역할을 할 뿐, 창의적 통찰과 사용자 경험에 대한 고민은 여전히 디자이너의 몫입니다.

4부

UX/UI 디자인 패러다임의 변화, AI로 UI 디자인하기

08장

Text to UI 디자인의 패러다임, 갈릴레오 AI

UI 디자인 분야에 혁신을 불러온 Text to UI 기술은 자연어 프롬프트만으로도 화면 레이아웃과 UI 구성 요소를 자동 생성해주는 새로운 패러다임입니다. 그중에서도 갈릴레오 AI는 GPT 기반의 언어 이해 능력과 수천 개의 고품질 UI 데이터를 학습한 모델을 바탕으로, 사용자의 요구를 정교하게 해석해 실용적이고 아름다운 UI 시안을 빠르게 생성해줍니다. 프로토타입 제작 속도를 획기적으로 높이는 동시에 디자이너의 사고를 확장시키는 이 도구는, 이제 UX/UI 디자인의 아이디어 발상과 반복 작업의 방식을 근본적으로 바꾸고 있습니다.

Text to UI 디자인의 패러다임, 갈릴레오 AI

Text to UI란 텍스트 프롬프트로 UI를 자동 생성하는 기술을 말합니다. 원하는 화면 레이아웃이나 요소를 텍스트로 작성하면, AI가 이를 해석해 즉시 UI 시안으로 변환하는 방식입니다. 기존에는 스케치나 도구를 사용해 화면을 하나하나 설계하고, 픽셀 단위까지 수작업으로 진행을 했기 때문에 많은 시간이 들었습니다. 그러나 Text to UI 기술을 활용하면 아이디어 단계에서 곧바로 시각적 결과물을 얻을 수 있어 프로토타이핑 속도를 비약적으로 높일 수 있습니다.

AI와 자동화 기술은 UI 디자인 프로세스 자체에 큰 변화를 가져오고 있습니다. 이전까지 UI 자동 생성이란 스케치 이미지를 코드로 바꿔 주는 정도였습니다. 실제로 2018년 마이크로소프트가 공개한 **스케치2Code**는 손으로 그린 UI 스케치를 촬영해 HTML로 변환해주는 초기 시도를 보여 주었습니다. 이제는 여기서 더 나아가 자연어로 요구 사항을 작성하면 AI가 이를 이해하여 UI를 만들어 내는 수준에 이르렀습니다.

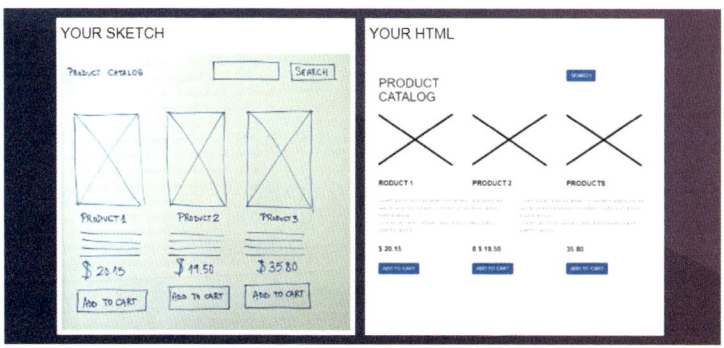

스케치2Code로 생성한 결과물(출처: 스케치2Code 서비스 소개)

Text to UI의 등장은 디자이너의 작업 방식과 역할에도 영향을 미치고 있습니다. 예를 들어, 스타일 가이드에 맞춰 버튼이나 폼을 일일이 그리는 대신 AI에게 기본 스타일의 컴포넌트를 생성하도록 시키고 디자이너는 UX 전략이나 사용자 흐름 설계에 집중하는 것입니다.

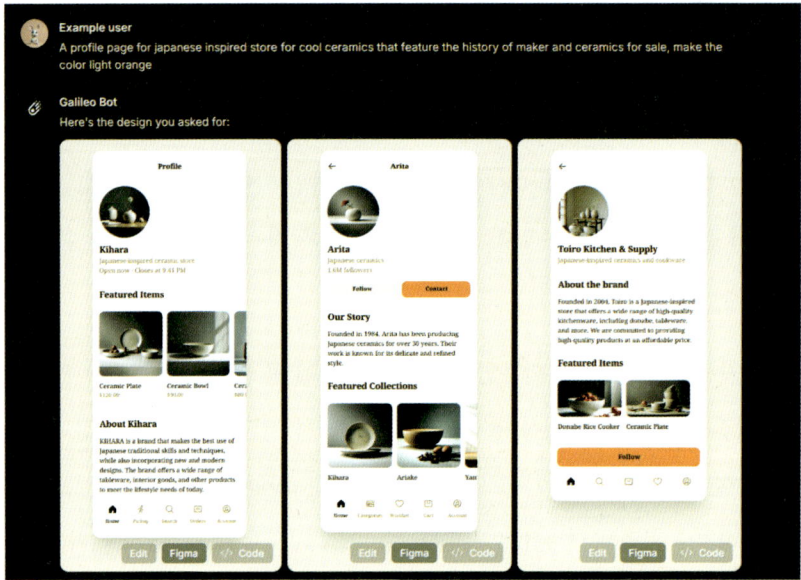

Text to UI 방식으로 UI를 생성하는 모습(출처: usegalileo.ai)

다만 아직까지는 Text to UI로 만든 결과물의 완성도가 높지 않고 유사한 디자인을 많이 만들어 낸다는 한계도 있습니다. 그러나 지금도 AI 기반 UI 생성 기술은 빠르게 발전하고 있으며, 디자인 업계에 새로운 가능성을 열어 주고 있습니다. Text to UI를 접목한 다양한 프로토타이핑 도구들이 있지만 특히 갈릴레오 AI는 GPT 언어 모델을 적용하여 가장 높은 수준의 소통 능력을 보여 주고 있습니다.

갈릴레오 AI의 주요 기능

갈릴레오 AI Galileo AI는 Text to UI 개념을 현실화한 대표적 AI 기반 UI 디자인 생성 플랫폼입니다. 갈릴레오 AI의 목적은 "한 줄의 텍스트로 아름답고 실용적인 UI 시안을 만들어 주는 것"으로, 사용자의 설명을 입력으로 받아 해당 요구에 맞는 매우 깔끔한 인터페이스 디자인을 자동으로 생성해줍니다.

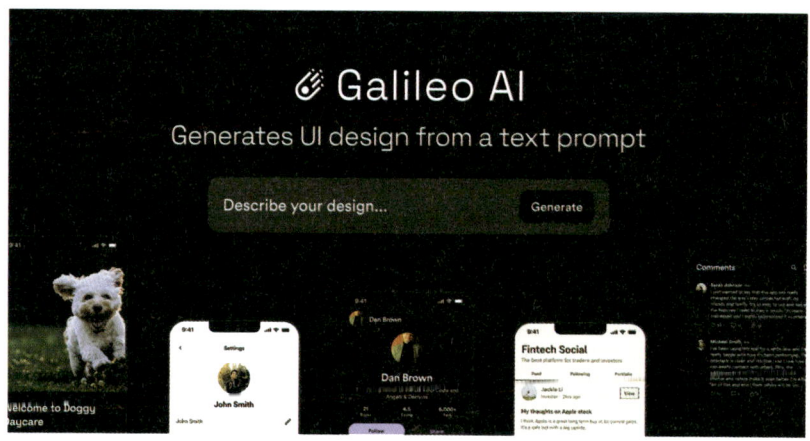

갈릴레오 AI 서비스 소개 이미지(출처: usegalileo.ai)

예를 들어 사용자가 "여행 예약 앱의 메인 화면을 디자인해주세요."라고 프롬프트를 입력하면, 관련 분야의 뛰어난 UI들을 학습한 AI 모델이 그에 맞는 레이아웃, 색상, 이미지, 텍스트 등을 조합하여 하나의 화면 시안을 만들어 줍니다. 개발사에 따르면, 갈릴레오 AI는 출시 전에 수천 개에 달하는 뛰어난 UI 디자인 사례를 데이터 세트로 훈련했고, 이를 통해 사용자의 자연어 요청을 이해하고 컨텍스트를 파악하는 능력을 갖추었다고 합니다. 미드저니에서 UI를 생성하면 디자인 레이아웃이 깨져서 나오는 경우가 종종 있지만, 갈릴레오 AI는 학습한 데이터 세트 덕분에 UI 표준 가이드를 준수하는 디자인 결과물을 만들어 줍니다.

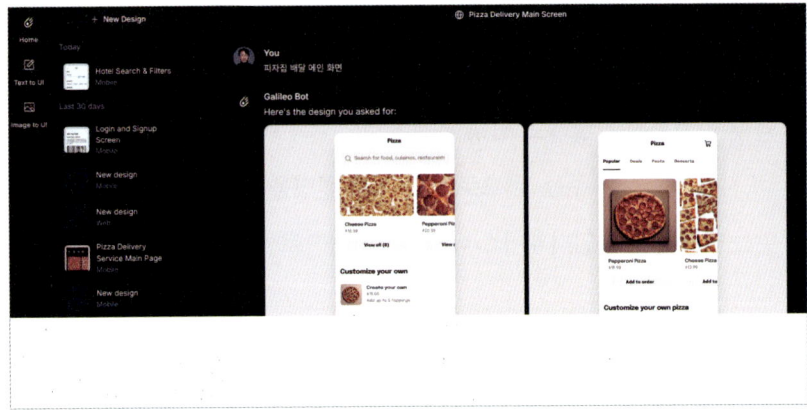

갈릴레오 AI에서 생성한 피자 앱 UI

텍스트 기반 UI 생성(Text to UI) 외에도 이미지 참고 기반 UI 생성(Image to UI) 기능도 제공하여, 스케치나 레퍼런스 이미지를 입력하면 해당 스타일을 모방한 UI를 만들어 내는 등 다양한 입력을 지원합니다. 생성된 디자인 결과물은 피그마로 내보내 편집이 가능합니다. 갈릴레오 AI로 생성한 파일을 피그마에서 열어 보면 레이어가 아주 깔끔하게 정리되어 있어서 수정하기가 매우 용이합니다. 또, 생성 과정에서 제품 카피라이터처럼 더미 텍스트도 자동 삽입해주는 등 실제 작업에 바로 활용하기 쉽도록 설계되었습니다.

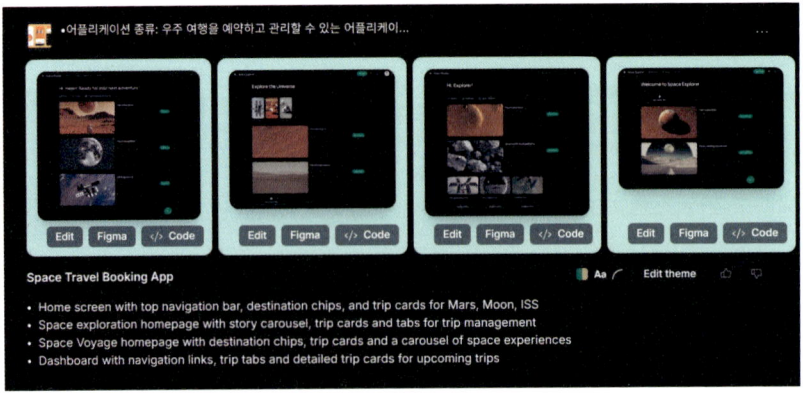

갈릴레오 AI로 생성한 UI 페이지 예시

갈릴레오 AI의 기술적 특장점을 살펴보면, 우선 자연어를 이해하여 UI로 변환하는 데 특화된 모델이라는 점이 눈에 띕니다. 오픈AI의 GPT와 유사한 대규모 언어 모델 기술을 활용하여 방대한 UI 디자인 데이터를 학습함으로써 사용자의 모호한 요구 사항도 맥락을 파악해 적절한 디자인 출력으로 바꿔 주는 것입니다. 예를 들어 "친환경 느낌의 쇼핑 앱 화면"이라고만 입력해도 관련 키워드에 맞는 색상 팔레트나 아이콘 스타일을 추론하여 적용할 수 있습니다.

그리고 생성 결과물이 편집 가능한 형태라는 점도 무척 큰 장점입니다. 갈릴레오 AI가 만들어 낸 UI는 단순한 이미지 한 장이 아니라 레이어와 구성 요소가 있는 피그마 파일로 추출되어 디자인 작업 파이프라인과 쉽게 연결됩니다. 피그마, 스케치와 같은 기존 디자인 도구는 강력한 편집 능력을 갖췄지만 초기 아이디어나 반복 시안 생성에 시간이 걸렸던 반면, 갈릴레오 AI는 짧은 시간에 여러 시안을 생성할 수 있다는 강점이 있습니다. 실제로 갈릴레오 AI를 사용하면 몇 분 내에 다양한 스타일의 UI 시안 수십 개를 자동 생성할 수 있어, 디자이너가 여러 아이디어를 폭넓게 실험해볼 수 있습니다. 완성도 높은 결과물보다는 초기에 다양한 아이디어를 빠르게 구현할 수 있는데 장점이 있다고 할 수 있습니다.

갈릴레오 AI로 생성한 피자 주문 앱 UI 예시

물론 갈릴레오 AI에도 한계와 보완이 필요한 부분이 있습니다. 예를 들어 인터랙션 설계나 애니메이션 같은 정교한 부분은 사람이 직접 다듬어야 하고, 생성된 결과를 그대로 개발에 넘길 수 있을 정도의 완벽한 코드 생성 능력은 아직 갖춰져 있지 않습니다. 즉, 현재는 정적인 UI 시안 생성에 중점을 두고 있으며, 디자인 결과물을 개발자에게 인수인계할 때는 추가적인 코드 작업이나 수정이 필요합니다. 또, 한국어 카피는 제대로 생성되지 않는 경우가 있어 한국어 활용에도 한계가 있습니다.

그럼에도 불구하고 갈릴레오 AI의 Text to UI 패러다임은 UI 디자인 자동화의 새로운 가능성을 보여 주고 있습니다.

갈릴레오 AI의 프롬프트 입력 가이드

갈릴레오 AI를 효과적으로 활용하려면 역시 '잘 작성한 프롬프트'가 핵심입니다. 명확하고 구체적인 지시를 내릴수록 원하는 결과에 가까운 UI 디자인을 얻을 수 있기 때문입니다. 갈릴레오 AI는 사용자들이 서비스를 원활하게 사용할 수 있도록 다음과 같은 프롬프트 가이드를 제안합니다.

갈릴레오 AI를 효과적으로 활용하기 위한 프롬프트 가이드

- **구체적으로 원하는 내용을 서술하기**: 프롬프트 작성의 원칙은 '구체적인 표현'입니다. 추상적인 표현보다는 가능한 한 상세하게 요구 사항을 적는 것이 좋습니다. UI의 목적, 포함해야 할 기능 요소, 원하는 레이아웃 구조 등을 요청할 수 있습니다. 예를 들어 "심플한 느낌의 텍스트 박스"보다는 "사용자 로그인용 텍스트 박스, 이메일/비밀번호 입력 필드와 로그인 버튼이 중앙에 배치된 단순 화면"처럼 구체적으로 서술하면 AI가 더 정확히 파악합니다.

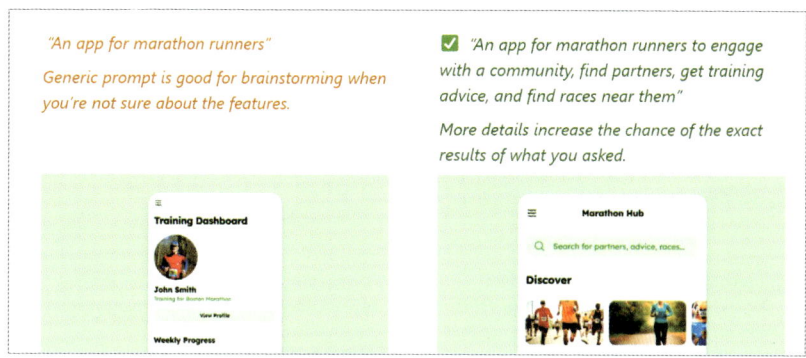

명확하고 상세한 프롬프트 예시(출처: usegalileo.ai)

- 시각적 스타일과 분위기 제시: 원하는 색상 팔레트나 스타일 키워드를 정의합니다. 예를 들어 "차분한 파스텔 색상", "미니멀리즘 스타일", "레트로 느낌 아이콘" 등의 프롬프트를 넣으면 AI가 디자인 톤을 잡는 데 도움이 됩니다. 또는 "브랜드 CI 색상에 파랑과 흰색 사용", "산세리프 폰트로 큰 제목 표시"처럼 폰트나 브랜딩 요소도 포함하면 UI 결과물이 브랜드 가이드에 맞게 생성됩니다.

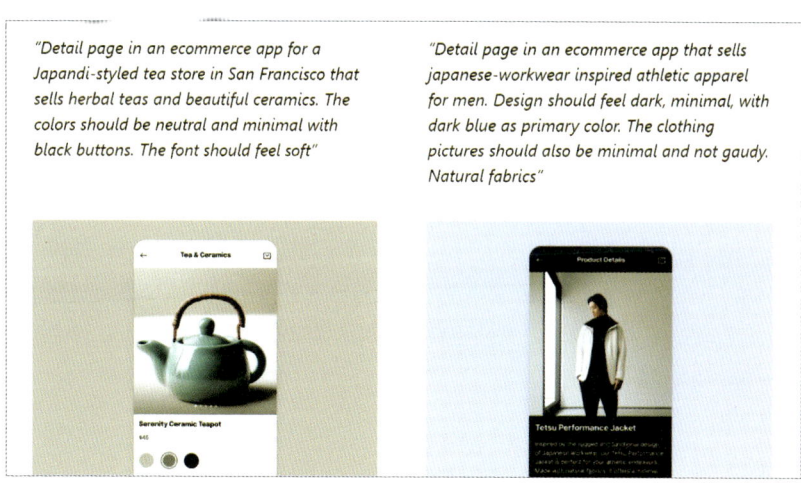

시각적 스타일과 분위기를 제시한 프롬프트 예시(출처: usegalileo.ai)

- **기능적 요구 포함**: UI의 기능이나 동작 요소를 프롬프트에 포함할 수 있습니다. "사용자가 검색어를 입력하면 추천 결과가 드롭다운으로 나타나는 검색창", "사진 갤러리에서 이미지를 좌우로 스와이프할 수 있는 슬라이더"처럼 UX 인터랙션을 설명하면 AI도 해당 요청에 맞게 결과물을 생성합니다. 실제 인터랙션 동작 과정은 개발 단계에서 처리해야 하지만, 디자인 결과물에서 시각적으로 표현할 수 있습니다.

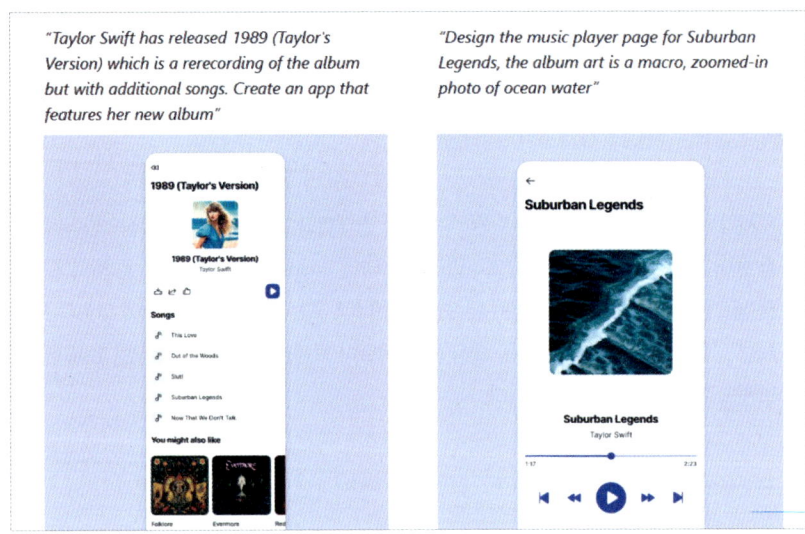

기능적 요구를 포함한 프롬프트 예시(출처: usegalileo.ai)

- **레이아웃 구조와 구성 요소 명시**: 화면에 들어갈 주요 컴포넌트와 배치를 언급해야 합니다. "상단에 헤더와 내비게이션 바, 좌측에 메뉴 패널, 우측에 콘텐츠 카드 그리드 배치", "하단에는 합계 정보를 보여 주는 고정 푸터 포함" 등 원하는 구조를 설명합니다. 갈릴레오 AI 가이드에서도 색상, 폰트, 레이아웃, 컴포넌트를 미리 생각하고 상세히 기술할 것을 권장하고 있습니다.

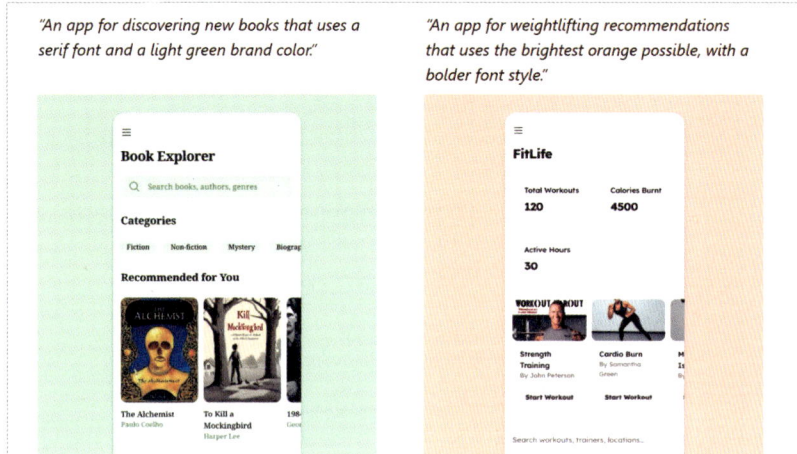

레이아웃 구조와 구성 요소를 명시한 프롬프트 예시(출처: usegalileo.ai)

- **참고 사례나 레퍼런스 제시**: 특정 앱이나 웹사이트의 느낌을 원한다면 프롬프트에 레퍼런스로 추가할 수 있습니다. 예를 들어 "에어비앤비 같은 탐색 구조" 또는 "스포티파이처럼 어두운 테마"라고 하면 AI가 해당 서비스의 스타일을 반영합니다. 다만 구체적인 서비스나 플랫폼을 언급했다고 그 디자인을 복제하는 것이 아니라 분위기만 참조하므로 방향 제시를 위한 방안으로 프롬프트를 활용할 수 있습니다.

갈릴레오 AI로 UI 생성하기

앞서 살펴본 프롬프트 활용 가이드를 참고해 갈릴레오 AI로 3가지 화면 예시를 생성하는 과정을 살펴보겠습니다.

예시 ① To-Do 앱 홈 화면

다음 프롬프트는 할 일을 체크하기 위한 To-Do 앱의 홈 화면을 생성합니다. 구성 요소(헤더, 리스트, 버튼)를 구체적으로 명시하고 스타일(밝은 톤, 심플 아이콘)도 제시했습니다. AI는 이를 토대로 헤더와 리스트를 가진 모바일 화면 시안을 생성합니다.

To-Do 앱 홈 화면 시안 생성

 [영문] The home screen of a mobile app that displays the user's to-do list. At the top, there is a title "Today's To-Do" along with the date. Below, the to-do items are listed in a card format with checkboxes. On the right side of each item, there is a completion check button and a delete icon. At the bottom, a fixed round "+" button is placed for adding new tasks. The overall design features bright tones and simple icons.

[한글] 사용자의 할 일 목록을 보여 주는 모바일 앱 홈 화면. 상단에는 '오늘의 할 일' 제목과 날짜 표시, 그 아래 체크박스 형태의 할 일 항목 리스트가 카드 형태로 나열. 각 항목 우측에는 완료 체크 버튼과 삭제 아이콘. 하단에 새 할 일 추가 위한 둥근 + 버튼을 고정 배치. 전체적으로 밝은 톤의 색상에 심플한 아이콘 사용.

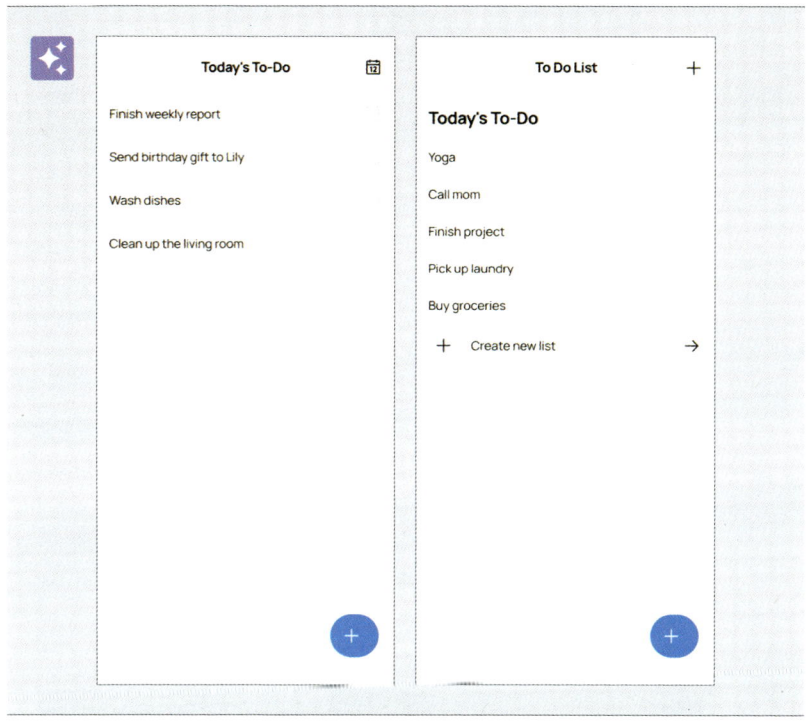

예시 ② 전자상거래 웹 대시보드

다음 프롬프트는 전자상거래 웹 관리자용 대시보드 UI를 생성합니다. 레이아웃과 콘텐츠(메뉴, KPI 카드, 그래프)를 상세히 기술하고, 스타일로는 플랫 디자인과 어두운 파란색 계열을 포인트 색으로 요청했습니다. 결과적으로 AI는 좌측 내비게이션과 메인 KPI 위젯들로 구성된 현대적인 대시보드 UI를 만들어 냅니다.

전자상거래 웹 관리자용 대시보드 UI 생성

[영문] A desktop web admin dashboard UI design. At the top, there is a header featuring the company logo and a user profile menu. On the left, a vertical menu bar includes icons for Dashboard, Product Management, Order Management, and more. The main area displays four KPI cards in a 2×2 grid, showing metrics such as today's sales and the number of new orders. Each card prominently displays an icon and bold figures, with a small sparkline graph at the bottom indicating monthly trends. The overall design follows a modern flat style, using blue-toned accent colors.

[한글] 데스크톱 웹용 관리자 대시보드 UI 디자인. 상단에 회사 로고와 사용자 프로필 메뉴가 있는 헤더, 좌측에 세로 메뉴바(대시보드, 상품 관리, 주문 관리 등 아이콘 포함). 메인 영역에는 오늘의 매출, 신규 주문 수 등의 KPI를 보여 주는 카드 4개가 2x2 그리드로 배치. 각 카드에는 아이콘과 수치를 굵게 표시하고, 하단에 월간 추이 그래프를 작은 스파크라인으로 첨부. 전체적으로 모던한 플랫 디자인 스타일에 어두운 파란색 계열을 포인트 색상으로 사용.

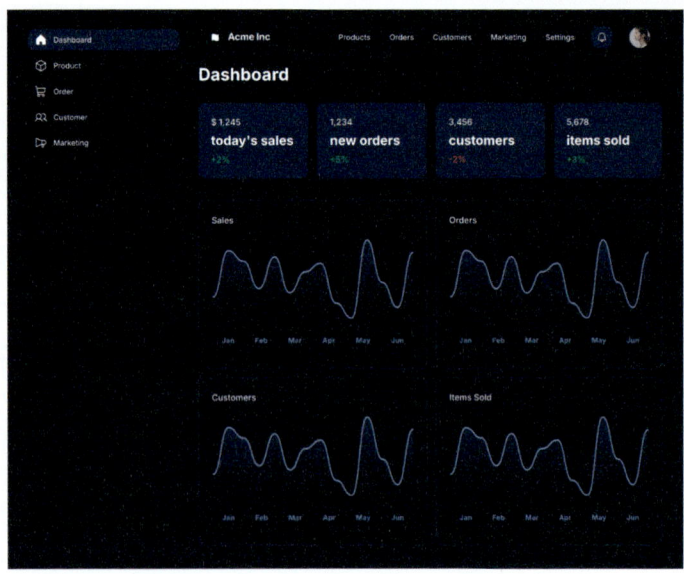

예시 ③ 여행 앱 랜딩 페이지

다음 프롬프트는 여행 앱의 첫 화면인 랜딩 페이지를 생성합니다. 랜딩 페이지에 필요한 요소(슬로건, 아이콘, CTA 버튼)를 나열하고, 배경 이미지와 색상 등 시각적 요소의 방향도 함께 제시합니다. AI는 이를 받아들여 밝은 색감의 여행 테마 이미지를 배경으로 하고, 지시된 아이콘과 텍스트를 배치한 디자인을 생성합니다.

여행 앱 랜딩 페이지 UI 생성

[영문] A mobile travel app's onboarding and landing screen design. The background features a travel-related image or illustration(e.g., a beach photo). At the center of the screen, a bold slogan reads, "Explore the World!" Below it, three icons introduce the app's key features: an airplane icon for flight search, a hotel icon for accommodation booking, and a map icon for popular travel recommendations. At the bottom, a prominent "Get Started" call-to-action button is placed in an eye-catching color. The overall design is vibrant and bright, with an emphasis on the brand's signature orange color.

[한글] 모바일 여행 앱의 온보딩 겸 랜딩 화면 디자인. 배경에 여행 관련 이미지나 일러스트(예: 해변 사진) 사용. 화면 중앙에 '전 세계를 탐험하세요!'라는 슬로건을 큰 텍스트로 표시. 그 아래에 주요 기능을 소개하는 아이콘 3개(예: 비행기 아이콘 – 항공권 검색, 숙소 아이콘 – 호텔 예약, 지도 아이콘 – 인기 여행지 추천). 화면 하단에는 시작하기 버튼(CTA)을 눈에 띄는 색상으로 배치. 전체적으로 활기차고 밝은 분위기이며, 브랜드 컬러인 오렌지 색상을 강조.

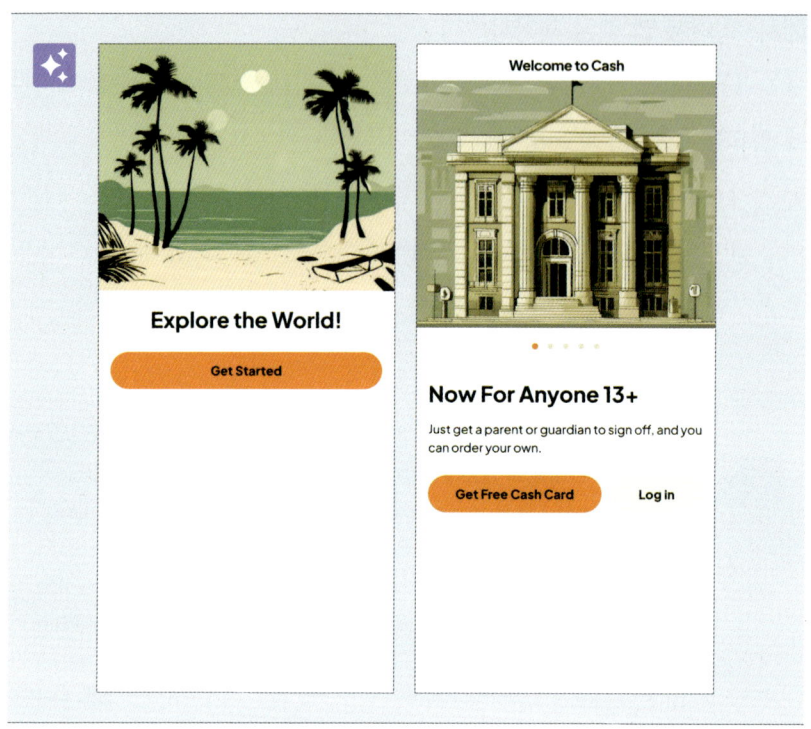

이처럼 각 도메인에 특화된 요구 사항을 명확히 명시하면 보다 맥락에 맞는 디자인을 생성하는 데 도움이 됩니다. 갈릴레오 AI는 프롬프트 1개당 여러 개의 시안을 제시하는데, 프롬프트를 잘 작성해 두면 모든 시안의 품질을 일정 수준 이상으로 유지할 수 있습니다. 만약 처음에 얻은 결과가 마음에 들지 않더라도 프롬프트를 구체화하거나 추가 지시 사항을 넣어서 재생성하면 개선된 결과를 얻을 수 있습니다. 예를 들어 색상이나 글꼴이 마음에 들지 않을 때 "다른 색상 팔레트를 사용하여 재생성" 혹은 "더 굵은 헤딩 폰트로 변경" 등의 요구를 추가하면 수정된 디자인을 얻을 수 있습니다.

갈릴레오 AI의 디자인 품질을 높이는 5가지 팁

갈릴레오 AI를 활용한 UI 디자인은, 프롬프트 엔지니어링이 곧 디자인 능력의 일부가 되는 과정이라 볼 수 있습니다. 디자이너는 구체적이고 전략적인 프롬프트 작성과 AI 결과물을 창의적으로 활용함으로써 최상의 결과물을 도출할 수 있습니다. AI를 활용한 더 나은 품질의 결과물을 얻기 위해서는 단순히 프롬프트 작성뿐 아니라 결과 활용 및 피드백 과정에서도 전략이 필요합니다. 다음은 Text to UI 디자인 프롬프트를 작성할 때 참고할 만한 몇 가지 팁입니다.

① **결과물에 대한 사후 편집 고려**
AI가 생성한 디자인은 초안으로 보는 것이 좋습니다. AI는 완벽히 픽셀 단위까지 맞추기 어렵기 때문에 생성된 시안을 피그마 등으로 가져와 세부적으로 다듬는 과정을 염두에 두어야 합니다. 특히 여백, 정렬, 일관성 측면에서 수정이 필요할 수 있으므로 AI 결과물로 베이스를 빠르게 잡은 후 마무리 완성도를 높이는 과정을 워크플로우로 채택하면 좋습니다.

② **프롬프트 피드백 루프**
한 번에 완벽한 프롬프트를 작성하는 것은 쉽지 않습니다. 처음 생성된 결과물을 보고 수정 사항을 도출한 뒤 프롬프트를 개선하여 재생성하는 반복 과정을 거쳐야 합니다. 예를 들어 생성한 결과물의 버튼이 너무 작다고 느껴지면 프롬프트에 "버튼은 눈에 띄게 크고 넓게"와 같은 표현을 추가해 다시 시도해볼 수 있습니다. AI와의 반복적인 협업을 통해 점진적으로 디자인의 품질을 높이는 것입니다.

③ 스타일 일관성 유지

프로젝트 전체에 걸쳐 일관된 디자인 시스템이나 스타일 가이드가 있다면, 프롬프트마다 일관성을 명시적으로 상기시키는 것이 좋습니다. AI는 각각의 프롬프트를 독립적으로 처리하므로 앞서 생성한 화면에서 사용한 색상, 폰트 정보를 새로운 프롬프트에도 포함시켜야 전체적인 통일성을 유지할 수 있습니다. 예를 들어 "이전에 생성한 화면과 동일한 브랜드 색상과 폰트 사용"이라고 매번 언급하면 AI도 최대한 일관되게 출력할 것입니다.

④ 복잡한 UI는 영역별로 나누어 생성

한 번의 프롬프트에 너무 많은 것을 담기보다는, 여러 단계로 나눠 생성하는 것도 방법입니다. 예를 들어 대시보드와 상세 설정 화면을 한꺼번에 요청하는 대신 먼저 대시보드 메인 화면을 디자인하고 이어서 설정 패널 디자인과 같이 디자인 영역 또는 요소를 각각 생성하면 AI가 각 프롬프트에 집중된 주제를 처리하기 때문에 더 정교한 결과를 얻을 수 있습니다. 그런 다음 부분별 최적의 시안을 취합하여 전체 UI를 완성할 수 있습니다.

⑤ 제약 조건 활용

갈릴레오 AI에 명시적으로 금지하거나 피하고 싶은 요소를 프롬프트에 포함할 수 있습니다. 예를 들어 "배경은 너무 어두운 색은 피하고, 가능한 한 흰색이나 밝은색으로"라고 제약을 걸거나 "이미지는 사용하지 말고 순수 타이포그래피와 아이콘만으로 구성"처럼 원하거나 원하지 않는 것을 분명히 하면 그 조건을 반영한 결과를 얻을 수 있습니다. 이러한 명확한 제약은 특히 브랜드 규칙을 지킬 때 유용합니다.

09장

Text to 와이어프레임의 강자, 릴룸

릴룸은 텍스트 입력만으로 사이트맵과 와이어프레임을 자동 생성해주는 AI 기반 UI 디자인 도구로, 웹사이트 기획과 초기 설계 과정을 획기적으로 단축시킵니다. 반복적인 레이아웃 구성, 섹션 배치, 문구 작성 등을 자동화할 수 있어 디자이너는 색상·폰트·이미지 등 창의적 요소에 집중할 수 있습니다. 피그마, 웹플로우, 코드로 내보내기 기능까지 제공하며, 디자이너와 개발자 간의 협업 효율도 크게 향상됩니다. 이 장에서는 릴룸을 활용한 실무 중심 UI 디자인 프로세스를 단계별로 소개합니다.

디자인 초기 단계의 빠른 자동화

릴룸Relume은 UX/UI 디자인 과정을 획기적으로 단축해주는 AI 기반 UI 디자인 도구입니다. 텍스트 프롬프트로 기업 또는 브랜드에 대한 간단한 설명만 입력하면 사이트맵과 와이어프레임을 몇 분 만에 자동 생성하여, 디자이너가 빠르게 디자인을 시작할 수 있도록 도와줍니다.

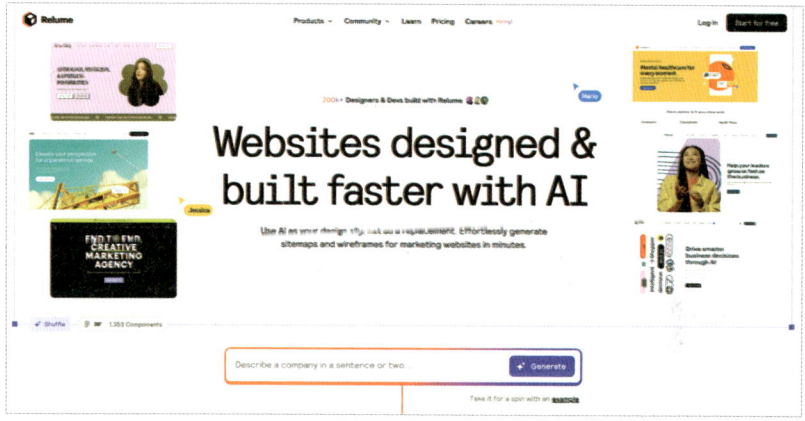

AI로 웹사이트 구조와 와이어프레임을 자동 생성해주는 릴룸(출처: relume.io)

릴룸이 가져온 가장 큰 변화는 웹사이트 디자인 초기 단계의 자동화입니다. 과거에는 디자이너가 새로운 웹 프로젝트를 시작할 때 페이지 구성이나 콘텐츠 구성을 일일이 구상해야 했습니다. 그러나 릴룸을 활용하면 초안을 제시해주어 전문적인 웹사이트 구조를 참고할 수 있고, 반복 작업에 들이는 시간을 줄이면서 더 빠르게 많은 프로젝트를 처리할 수 있습니다. 릴룸은 템플릿 생성, 레이아웃 구성, 문구 작성 등 전체 작업의 약 70%를 자동화하고 폰트 선택, 색상 결정, 이미지 삽입 등 최종적인 작업에 속하는 30%는 디자이너가 조정하도록 설계되어 있습니다. 이처럼 AI와 디자이너의 협업을 통해 생산성을 높이고 결과물의 품질도 유지하는 것이 릴룸의 핵심 목표입니다.

이렇게 작업한 결과물은 피그마나 웹플로우 같은 디자인 도구로 손쉽게 내보낼 수 있습니다. 수천 개에 달하는 플랫폼 컴포넌트 라이브러리와 디자인 시스템을 갖추고 있어 다양한 레이아웃과 UI 요소를 활용해 디자인 작업을 쉽고 빠르게 수행할 수 있습니다. 릴룸에서도 "AI는 디자이너의 조력자이지 대체물이 아니다."라고 명시하고 있습니다.

릴룸의 주요 기능

릴룸의 주요 기능은 크게 다음 4가지입니다.

- 사이트맵 자동 생성
- AI 와이어프레임 생성
- 스타일 가이드 적용
- 다양한 플랫폼으로 코드 내보내기

각 기능이 어떤 방식으로 디자인 업무를 자동화하는지 하나씩 살펴보겠습니다.

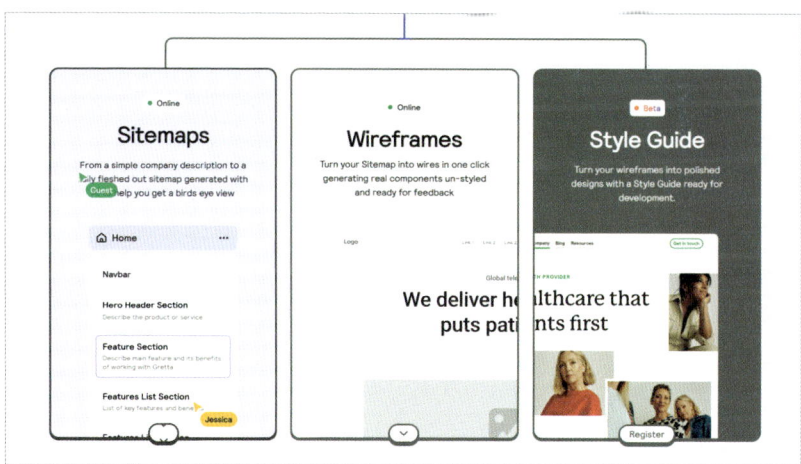

AI로 웹 구성 요소를 생성하는 릴룸의 기능 소개(출처: relume.io)

사이트맵 자동 생성

사이트맵Sitemap이란, 사이트의 페이지 구조와 각 페이지에 포함될 섹션들을 한눈에 볼 수 있는 맵으로, 이전까지는 디자이너가 직접 사이트의 구조를 파악하고 일일이 그려야 했지만, 릴룸에서는 프로젝트에 대한 간략한 프롬프트를 입력하는 것만으로 자동으로 사이트맵을 생성할 수 있습니다. 간단하게 회사가 어떤 서비스를 제공하고 웹사이트에서 어떤 정보를 제공할 것이라는 간단한 몇 문장만으로 AI가 핵심 페이지들을 추론하여 사이트 구조를 제안합니다. 이렇게 생성된 사이트맵에는 홈페이지, 소개, 기능, 가격, 연락처 등 업종과 목적에 맞는 페이지들이 계층적으로 나열되고, 각 페이지에 들어갈 세부 섹션(예: 배너 문구, 소개 문단, 고객 후기 섹션 등)까지 포함됩니다. 이렇게 몇 초 만에 얻은 웹사이트 전반의 큰 그림을 바탕으로 클라이언트와 초기 기획 방향을 신속히 공유 및 확인할 수 있습니다.

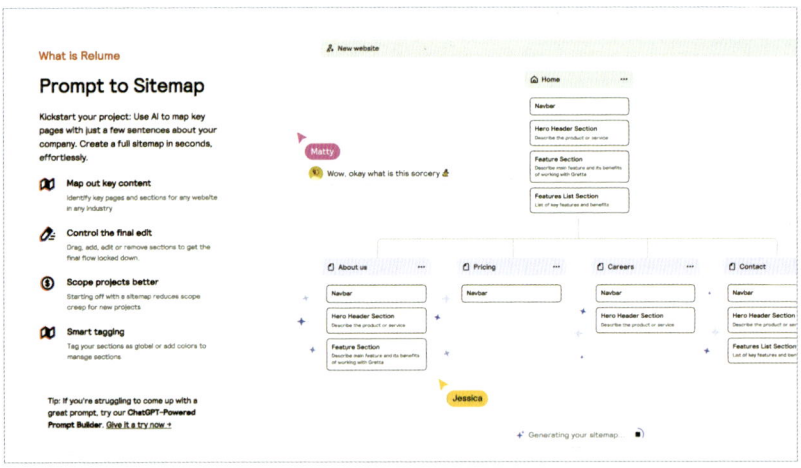

프롬프트로 생성한 사이트맵(출처: relume.io)

이렇게 생성된 사이트맵을 그대로 사용할 수도 있지만, 드래그 앤 드롭으로 직접 페이지를 추가하거나 섹션을 이동시키는 등 세부적인 조정 기능도 제공합니다. 사이트맵에 기반한 클라이언트와의 소통은, 프로젝트 초반에 웹사이트의 범위와 구성 요소를 명확히 정의할 수 있기 때문에 요구 변경으로 인한 방향 수정과 업무 범위 변경에 대한 어려움을 줄이는 데 큰 도움을 줍니다.

AI 와이어프레임 생성

릴룸은 앞서 생성한 사이트맵을 바탕으로 와이어프레임을 생성하는 기능을 제공합니다. 사이트맵에서 정의된 각 페이지 구조를 해석하여 해당 페이지의 헤더, 본문 섹션, 이미지 배치, CTA 영역 등 웹 구성 요소들로 채워진 와이어프레임을 원클릭만으로 만들어 줍니다. 이 결과물은 이미 사전에 정의된 수천 개의 고품질 컴포넌트 라이브러리를 활용하기 때문에 실무에 바로 적용할 수 있을 정도로 정교합니다. 예를 들어 홈페이지라면 상단에 내비게이션과 히어로 섹션, 소개 문구, 특징 설명 섹션, 고객 후기, 하단 연락처 폼과 푸터까지 웹사이트 전반에 일반적으로 들어가는 섹션들을 모두 포함한 레이아웃 초안이 몇 초 만에 완성됩니다.

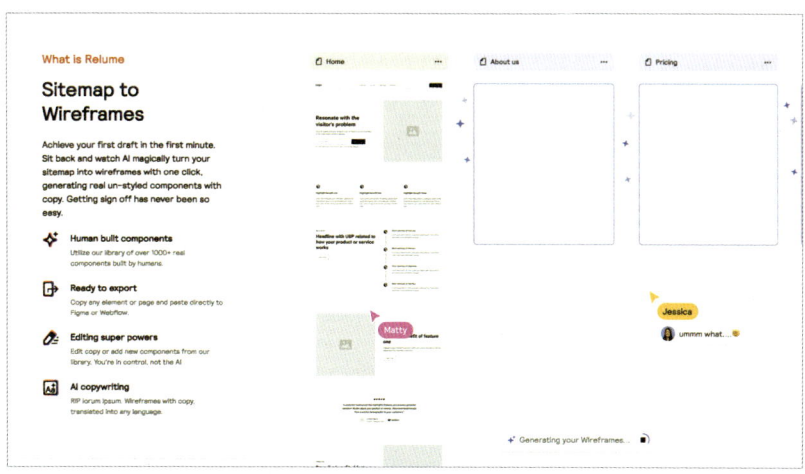

사이트맵을 와이어프레임으로 변환(출처: relume.io)

빠른 속도와 정교한 구성 요소뿐만 아니라 품질에서도 충분히 좋은 결과를 생성할 수 있습니다. 릴룸이 제안하는 레이아웃은 기존에 전문 UX/UI 디자이너들이 만든 컴포넌트들을 조합한 것이어서 즉시 피드백을 받거나 내부에 공유할 수 있을 만큼 구체적입니다.

이렇게 생성한 와이어프레임 역시 간단하게 수정과 추가 작업이 가능합니다. 생성한 와이어프레임에서 텍스트를 편집하거나 컴포넌트를 추가/삭제할 수 있습니다. 예를 들어 후기 섹션이 마음에 들지 않으면 라이브러리에서 다른 스타일의 디자인을 골라 교체할 수 있고, 변경한 컴포넌트에도 자동으로 다시 텍스트가 채워집니다. 이렇게 AI의 제안과 디자이너의 결정이 어우러져 최종 와이어프레임을 만들어 가는 것입니다.

스타일 가이드 적용

스타일 가이드란 UIUX 디자인에서 색상, 타이포그래피, 버튼, 아이콘 등 시각 요소의 일관된 사용을 위해 정의된 규칙 모음으로, 스타일 가이드가 잘 설계되면 대규모 웹사이트 프로젝트에도 일관된 디자인을 적용하여 브랜드 아이덴티티를 유지할 수 있습니다. 릴룸은 아직 베타 단계지만, 와이어프레임에서 더 나아가 브랜드의 스타일 가이드를 적용하여 고품질의 시각 디자인 시안을 만들어 주는 스타일 가이드 빌더 기능을 제공합니다.

이는 단순한 테마 템플릿이 아니라 디자이너가 설정한 브랜드 고유의 스타일을 AI가 학습하여 와이어프레임에 일괄 적용해주는 시스템입니다. 예를 들어 디자이너가 브랜드의 대표 색상이나 선호하는 폰트 스타일을 입력하면, 릴룸은 해당 정보를 토대로 전체 페이지에 걸쳐 색상 팔레트와 타이포그래피를 일관되게 적용한 결과를 보여 줍니다. 몇 번의 클릭으로 UI 스타일 가이드를 만들고 이를 적용한 완성형 디자인 시안으로 볼 수 있기 때문에 디자인 작업의 최종 결과물을 보다 빠르게 정의할 수 있습니다.

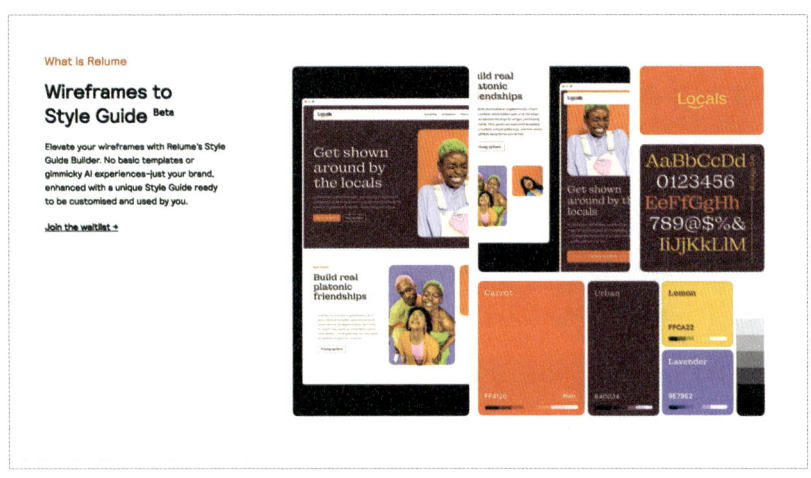

와이어프레임을 스타일 가이드로 확장하는 릴룸(출처: 릴룸 웹사이트)

릴룸의 스타일 가이드 빌더를 사용하면 사람이 하나씩 스타일을 적용할 때 발생하기 쉬운 오류나 편차 없이, 모든 UI 요소에 동일하게 스타일 가이드의 변경 사항을 적용할 수 있습니다. 예를 들어 한 번의 설정으로 주요 색상에 대해 명암비를 고려한 밝은 톤, 어두운 톤 변형 색상 팔레트까지 자동 생성되므로 어떤 배경에서 텍스트나 아이콘이 또렷하게 보이는지 대비를 파악할 수 있습니다. 덕분에 디자이너는 팔레트 구성에 드는 시행착오를 줄이고 시각적 접근성까지 확보된 디자인을 빠르게 얻을 수 있습니다. 폰트 역시 빠르게 변경하고 적용해볼 수 있지만 아직 한국어 폰트를 다양하게 제공하고 있지는 않습니다.

무엇보다 이 과정은 대화형 또는 몇 번의 클릭만으로 진행할 수 있어 디자인 시안을 여러 버전으로 시험해보는 데에 용이합니다. 디자이너는 몇 가지 색상 조합이나 스타일 테마를 즉각 적용해보면서 실시간으로 결과물을 비교할 수 있고, 프로젝트 초기에 클라이언트에게 다양한 비주얼 방향을 제안하는 용도로 활용할 수 있습니다. 예컨대 "이 브랜드의 스타일을 좀 더 현대적으로 변주한다면?"이라는 가정을 빠르게 시도해볼 수 있는 것이죠. 결국 릴룸의 스타일 가이드 기능은 브랜드 정체성을 반영한 하이파이Hi-fi 디자인을 단시간에 만들어 주고, 이를 통해 디자인의 일관성과 품질을 보장하면서도 작업 시간을 혁신적으로 단축할 수 있습니다.

다양한 플랫폼으로 코드 내보내기

디자인 시안과 개발 간의 격차로 디자이너와 개발자 간에 소통이 원활하지 않은 경우가 있습니다. 릴룸은 생성한 디자인 결과물을 다양한 플랫폼으로 손쉽게 내보낼 수 있어 이러한 간극을 최소화하는 데 도움을 줍니다. 릴룸에서 생성한 사이트맵이나 와이어프레임을 피그마나 웹플로우에서 편집 가능한 형태로 내보낼 수 있습니다. 예를 들어 와이어프레임을 피그마로 복사하면 피그마에서 벡터 형태로 레이아웃이 재현되어 세밀한 픽셀 단위 작업이나 추가 디자인을 이어서 할 수 있습니다. 마찬가지로 웹플로우로 내보내면 섹션과 요소들이 그대로 생성되어 개발자가 일일이 HTML/CSS를 코딩하지 않고 즉시 웹사이트를 구축할 수 있습니다. 이처럼 디자인에서 개발까지 프로세스의 연속성을 유지해주는 점이 협업에 큰 가치를 제공합니다.

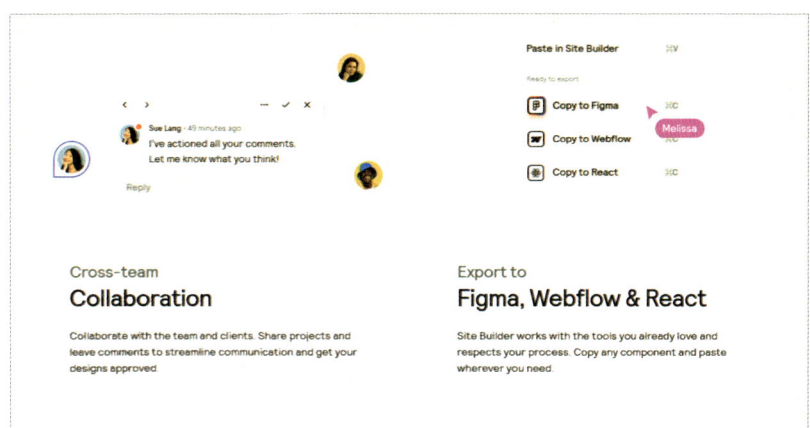

협업 기능과 다양한 도구로 내보내기 기능(출처: relume.io)

특히 코드 내보내기 Export to Code 기능에서 생성된 사이트를 리액트 컴포넌트 또는 표준 HTML/CSS 코드 형태로도 한 번에 변환하는 등 뛰어난 생산성을 발휘합니다. 버튼 하나만 누르면 현재 디자인된 페이지들이 최신 웹 기술 스택에 맞는 깔끔한 코드로 출력됩니다. 예를 들어 리액트 버전으로 추출하면 현대적인 프레임워크 기반으로 구성된 컴포넌트 코드가 생성됩니다. 개발자는 이 코드를 프로젝트에 활용하거나 커스텀 기능을 추가하면 되므로 디자이너의 의도가 정확히 반영된 마크업을 신속하게 구현할 수 있습니다.

이러한 유연성 덕분에 어떤 개발 환경이든 릴룸의 결과물을 접목시키기 수월하며, 디자인-개발 워크플로우가 간소화될 뿐만 아니라 팀 내 결과물 전달과 의사소통이 원활해집니다. 디자이너는 자신이 구상한 레이아웃이 그대로 코드화되니 의도한 대로 구현될 것이라는 신뢰감을 얻을 수 있고, 개발자는 반복적인 마크업 작업에 대한 부담을 덜 수 있어 더 중요한 기능 구현에 집중할 수 있습니다. 또한 피그마나 웹플로우로 내보낸 결과물은 디자인 팀이나 마케팅 팀과도 쉽게 공유할 수 있기 때문에 협업에도 용이합니다. 예를 들어, 디자이너가 릴룸으로 뼈대를 만든 후 피그마로 보내서 UI 디자이너와 함께 디테일을 다듬거나 완성된 디자인을 웹플로우로 보내 개발자와 함께 바로 퍼블리싱하는 식의 협업이 가능합니다.

릴룸의 등장은 디자인 업계에 상당한 패러다임 전환을 가져왔습니다. 가장 큰 변화는 디자이너의 역할 변화입니다. AI가 사이트맵 작성부터 와이어프레임, 기본 카피라이팅과 스타일 가이드 적용까지 많은 부분을 자동화해준 덕분에 디자이너는 전략적이고 창의적인 업무에 집중할 수 있게 되었습니다. 반복 작업은 줄고 대신 사용자 경험 향상, 혁신적인 인터랙션 구상, 브랜드 감성 반영 등 인간만이 할 수 있는 고차원 작업에 시간을 투자할 수 있습니다. 이는 디자이너가 단순 UI 생산자가 아닌 크리에이티브 디렉터에 가까운 역할을 담당하게 될 것임을 보여 줍니다.

AI 기술의 발전 방향을 본다면 앞으로 릴룸과 같은 도구들은 더 정교한 디자인 결과물과 폭넓은 기능을 제공할 것입니다. 이미 릴룸은 매달 1000개 이상의 새로운 컴포넌트와 최신 디자인 트렌드를 라이브러리에 추가하고 있으며 시간이 지날수록 출력물의 수준이 높아지고 다양해지고 있습니다. 이처럼 자체 진화하는 디자인 지능과 방대한 데이터베이스를 기반으로, AI 디자이너는 갈수록 똑똑해지고 창의적인 제안도 가능해질 것입니다.

10장

모든 UX 프로세스를 함께, UX 파일럿

UX 디자인 분야에 AI가 본격적으로 접목되며 '디자인 코파일럿'이라는 새로운 개념이 주목받고 있습니다. 그 중심에 있는 UX 파일럿은 아이데이션부터 와이어프레임, UX 리서치, 디자인 리뷰까지 모든 디자인 과정을 하나의 도구로 통합해주는 혁신적인 AI 플랫폼입니다. 특히 피그마와의 연동을 통해 디자이너의 워크플로우를 방해하지 않으면서도, 반복적인 작업은 자동화하고 창의적인 작업에 집중할 수 있도록 지원합니다. 이 장에서는 UX 파일럿이 어떻게 UX/UI 실무에 변화를 일으키는지 구체적으로 살펴봅니다.

디자인 작업의 혁신

최근 **UX 파일럿**UX Pilot이라는 AI 기반 UX/UI 디자인 도구가 주목받고 있습니다. UX 파일럿은 UX 디자이너들의 작업 흐름을 혁신적으로 향상시키고, 쉽게 전문적인 결과물을 얻을 수 있도록 도와주는 AI 서비스로, 웹을 통한 서비스와 피그마 플러그인 방식으로 제공되고 있습니다. 아이데이션 구상부터 와이어프레임 작성, UI 시안 제작, 사용자 리서치, 디자인 검토까지 제품 디자인 전 과정을 하나의 도구에서 수행할 수 있다는 것이 가장 큰 특징입니다. 다시 말해, 숙련된 UX 전문가의 노하우를 AI에 담아 디자이너들이 빠르고 효율적으로 고품질 디자인을 만들 수 있도록 도와주는 디자인 코파일럿Design Copilot인 것입니다.

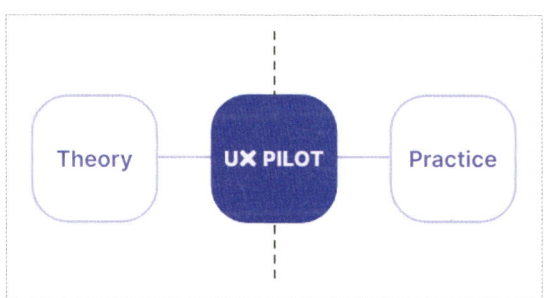

이론과 실무를 연결하는 UX 파일럿의 구조 다이어그램(출처: uxpilot.ai)

UX 파일럿은 해외에서 잘 알려진 UX 컨설팅 회사인 아담 파드 스튜디오Adam Fard Studio에서 개발한 도구로, 이론과 실무 사이 간극을 좁히기 위한 목적을 가지고 만들어졌습니다. 창립자 아담 파드Adam Fard는 많은 디자이너가 UX 원칙을 배워도 실제 프로젝트에 적용하는 데 어려움을 겪거나, 반복적이고 시간이 드는 작업들 때문에 정작 중요한 문제 해결과 창의적인 작업에 집중하지 못한다는 데 착안해, AI로 반복 작업을 자동화하고 디자인 프로세스를 최적화함으로써 디자이너들이 더 중요한 일에 집중할 수 있도록 UX 파일럿을 개발했습니다.

UX 파일럿의 주요 기능

UX 파일럿의 가장 큰 장점은 피그마와 통합해 작업할 수 있다는 것입니다. 디자이너는 피그마 환경을 벗어나지 않고도 UX 파일럿의 AI 기능들을 활용할 수 있어 워크플로우를 매끄럽게 유지할 수 있습니다. UX 파일럿은 요구 사항 정의에서 최종 스타일 가이드 제작까지 UX 디자인 프로세스 전반에 걸쳐 다음과 같은 핵심 기능을 제공합니다.

- UI 디자인 자동화
- UX 리서치 지원 및 인사이트 도출
- AI 기반 디자인 리뷰 및 최적화
- 맞춤형 워크숍 생성 및 협업 지원
- 다양한 AI 보조 기능

각 기능이 어떤 방식으로 디자인 프로세스를 자동화하는지 하나씩 살펴보겠습니다.

UI 디자인 자동화(와이어프레임 & 하이파이 디자인 생성)

UX 파일럿의 대표 기능은 텍스트 프롬프트만으로 UI 디자인을 자동 생성하는 기능입니다. 원하는 콘셉트나 서비스를 간략한 문장으로 입력하면, AI가 해당 설명에 맞는 화면 디자인을 생성해줍니다. 생성된 결과물은 와이어프레임부터 하이파이 UI 디자인까지 원하는 수준을 선택하여 생성할 수 있습니다. 예를 들어, 와이어프레임은 피그마 플러그인을 통해 바로 피그마 캔버스에서 실행되며, 필요한 화면의 수를 지정하여 빠르게 여러 화면을 만들 수 있습니다. 이렇게 간단한 아이디어만 제공하면 몇 초 만에 거의 완성된 와이어프레임을 얻을 수 있고, 생성된 디자인은 피그마에서 곧바로 편집이 가능합니다.

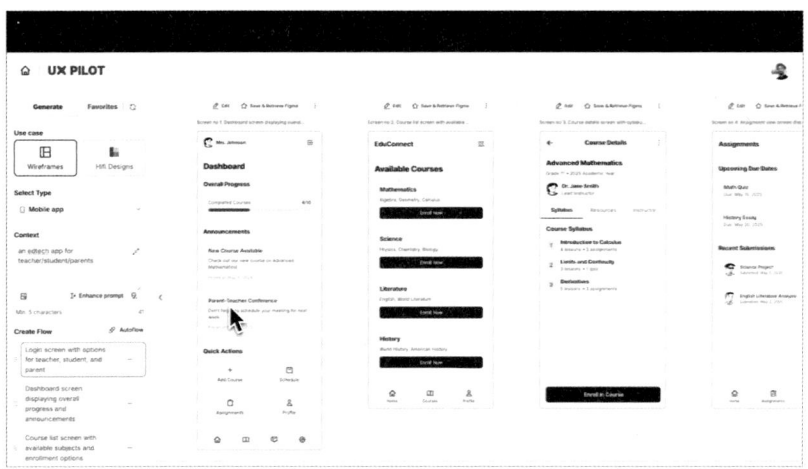

모바일 앱 와이어프레임을 생성한 UX 파일럿의 화면(출처: uxpilot.ai)

UX 파일럿은 단순히 템플릿에 요소들을 끼워 넣는 수준을 넘어, 프롬프트에 따라 자유로운 레이아웃을 구성해주므로 콘셉트 아이디어에 부합하는 결과물을 만들 수 있습니다. 생성된 디자인에서 소스 코드를 추출하는 기능도 제공하여, 디자인을 개발 단계로 잇는 역할도 수행하고 있습니다. 현재는 웹앱 디자인 위주로 와이어프레임을 생성하지만, 앞으로 모바일 앱과 랜딩 페이지도 지원할 예정이어서 활용 범위가 더욱 확대될 전망입니다.

UX 리서치 지원 및 인사이트 도출

UX 디자인에서 사용자 연구는 중요한 단계지만 많은 시간과 노력을 필요로 합니다. UX 파일럿의 Turn text to insight 기능은 UX 리서치 과정을 AI로 자동화할 수 있도록 도와줍니다. 예를 들어, 사용자 인터뷰를 계획할 때 AI가 적절한 인터뷰 질문들을 자동으로 생성해주고, 인터뷰 진행 후에 얻은 텍스트 데이터(응답 내용)를 분석하여 핵심 인사이트를 추출해줍니다. 과거에는 인터뷰 녹취를 일일이 포스트잇에 정리하며 패턴을 찾던 작업을 이제 AI가 대신해 주는 것입니다. 이를 통해 사용자 요구나 불편 사항을 신속하게 파악할 수 있고, 연구 단계에 소요되는 시간을 크게 줄여 줍니다. 이외에도 이해관계자 인터뷰 질문 생성 기능도 제공하여, 프로젝트 착수 단계에서 다양한 이해관계자의 목표와 우려 사항을 효율적으로 수집하도록 도와줍니다.

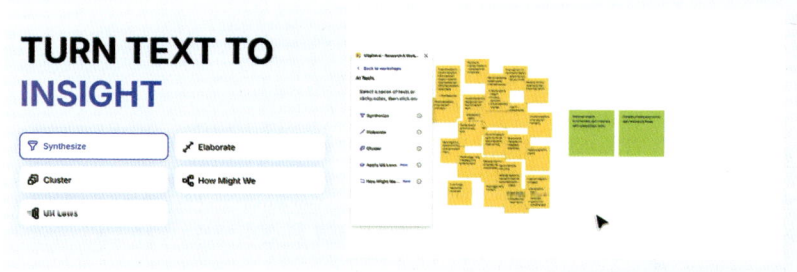

텍스트를 인사이트로 변환하는 Turn text to insight 기능(출처: uxpilot.ai)

AI 기반 디자인 리뷰 및 최적화

디자인 시안을 완성한 후에는 사용성 측면에서 경험을 평가하고 개선하는 단계가 필요합니다. UX 파일럿의 AI-based UX Design Review(AI 기반 UX 디자인 리뷰) 기능은, 이전까지 일일이 평가해야 했던 사항들을 AI가 자동으로 분석하고 피드백을 제공해줍니다. 뿐만 아니라 디자인된 화면을 스캔하여 UI의 사용성 문제나 시각적 개선점을 찾아내고 개선을 위한 구체적인 제안까지 제공합니다. 마치 경험 많은 시니어 디자이너에게 리뷰를 받는 것처럼 개선 방향을 조언해주는 셈입니다.

예를 들어, 텍스트와 배경 색상의 명암 대비 비율이 낮으면 AI가 이를 감지해 해당 텍스트의 색상을 더 어둡게 하여 대비를 높이라고 권고할 수 있습니다. 실제로 UX 파일럿의 색상 팔레트 생성 기능은 생성된 색상의 대비 수치와 WCAG_{Web Content Accessibility Guidelines} 준수 여부를 자동으로 알려 주어 접근성까지 고려한 디자인이 가능합니다.

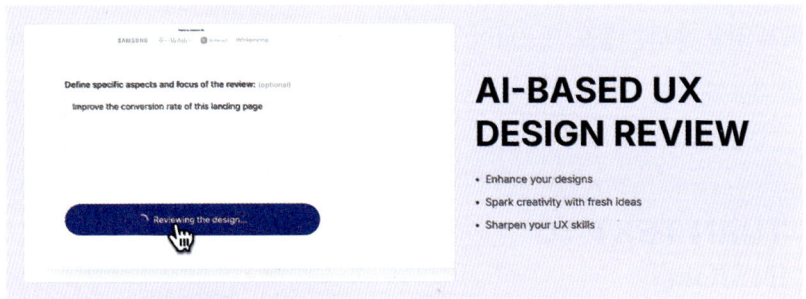

AI 기반 UX 디자인 리뷰 기능을 제공하는 UX 파일럿(출처: uxpilot.ai)

이러한 AI 리뷰 기능은 피그마와 피그잼_{FigJam}에 완전히 통합되어 있어 익숙한 작업 화면에서 바로 활용할 수 있으며 워크플로우를 방해하지 않습니다. 물론 현재 AI가 제시하는 의견이 베테랑 전문가의 수준에 완벽히 도달한 것은 아니지만, 상당히 유용한 인사이트를 제공하여 디자인 개선에 도움이 됩니다.

맞춤형 워크숍 생성 및 협업 지원

제품 디자인 과정에는 팀원들과 워크숍을 진행하며 아이디어를 모으고 방향성을 수립하는 일이 빈번합니다. UX 파일럿의 Generate Custom Workshops(맞춤형 워크숍 생성) 기능은 이러한 워크숍 기획을 손쉽게 만들어 줍니다. 해결하려는 디자인 과제나 목표를 입력하면, 30가지 이상의 워크숍 템플릿을 기반으로 AI가 해당 상황에 최적화된 워크숍 어젠다_{Agenda}와 활동 계획을 만들어 줍니다.

예를 들어, 새로운 기능 발굴을 위한 브레인스토밍 워크숍이나, 사용자 여정 지도를 작성하는 세션 등을 즉석에서 생성할 수 있습니다. 생성된 워크숍 플랜은 피그잼 파일 형태로 변환되어 팀원들과 즉시 공유하여 협업할 수 있습니다. 이를 통해 디자인 초기에 팀의 의견을 수렴하고 목표를 정렬하는 작업을 빠르게 진행할 수 있어 팀 전체가 한 방향으로 나아갈 수 있습니다. 이 기능은 특히 전략 수립이나 이해관계자 참여가 중요한 프로젝트에서 유용하며 워크숍 준비에 드는 시간도 아낄 수 있습니다.

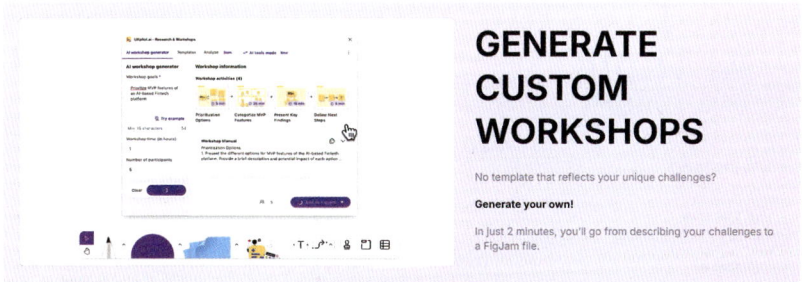

맞춤형 워크숍을 생성하는 Generate Custom Workshops 기능(출처: uxpilot.ai)

다양한 AI 보조 기능

UX 파일럿은 앞서 살펴본 주요 기능들 외에도 디자이너의 생산성을 높여 주는 다양한 AI 보조 기능들을 제공합니다. 그중 하나가 피그마, 피그잼과 챗GPT의 통합입니다. ChatGPT in your Figma & FigJam file(피그마 & 피그잼 파일의 챗GPT) 기능을 활성화하면 디자인 작업 중 언제든지 챗GPT에게 질문하거나 도움을 받을 수 있습니다. 예를 들어, UI에 들어갈 문구를 다듬거나 새로운 아이디어에 대한 힌트를 얻거나, 기술적인 문제에 대한 설명이 필요할 때 이 기능을 활용할 수 있습니다. 이 모든 것이 피그마 환경에서 실시간으로 이뤄지므로 작업 흐름을 중단하지 않고도 AI의 도움을 받을 수 있습니다.

또, 사용자 흐름 다이어그램이나 플로우차트를 자동으로 그려 주는 기능도 지원합니다. 예를 들어, '사용자가 제품을 검색한 다음 장바구니에 담고 결제하는 과정'을 설명하면 AI가 이에 맞는 사용자 흐름 다이어그램을 그려 줍니다. 색상 팔레트 및 그러데이션 자동 생성 기능으로는 프로젝트 전반에 일관된 디자인 시스템을 손쉽게 구축할 수 있습니다. 다른 디자인 시스템(예: 머티리얼 디자인, 휴먼 인터페이스 등)을 적용하고자 할 때도 AI가 요소를 변환해주어 디자인 시스템 간 전환을 유연하게 처리할 수 있습니다.

UX 프로세스 자동화를 위한 UX 파일럿의 다양한 AI 도구(출처: uxpilot.ai)

이처럼 UX 파일럿의 AI 기능들은 유기적으로 연결되어 '요구 사항 수집 → 사용자 연구 → 아이디어 구체화 → 와이어프레임/시안 제작 → 디자인 검토 → 스타일 가이드 완성'까지 UX 디자인 워크플로우 전체를 지원하여 초기 기획부터 최종 단계까지 폭넓게 활용할 수 있습니다.

UX 파일럿의 실무 활용 사례

다음은 한 스타트업에서 UX 파일럿을 사용해 대출 중개 플랫폼의 초안 UI를 빠르게 만든 사례입니다. 디자이너는 "현금이 부족한 개인과 잠재적 대출 기관을 연결해주는 플랫폼"이라는 한 문장을 프롬프트로 입력했고, AI는 단 몇 초 만에 그 설명에 맞는 웹 앱 와이어프레임을 생성해주었습니다. AI는 해당 서비스의 필수 기능이 모두 포함된 4개의 화면을 제안했습니다. 대출 요청 양식, 사용자 대시보드, 검색 창, 대출 요청 카드, 대출 상품 리스트, 메시지 기능 등 관련 서비스에 어울리는 요소들이 자동으로 구성된 것을 볼 수 있습니다.

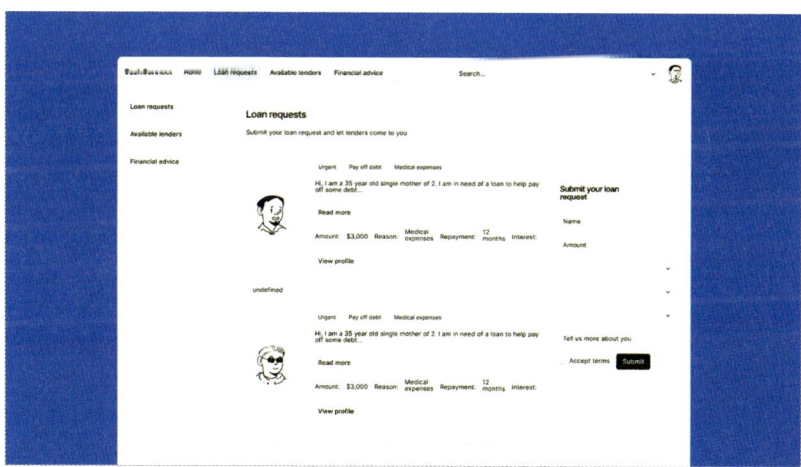

UX 파일럿으로 생성한 대출 요청 UI 예시(출처: brunch.co.kr/@ghidesigner/158)

불과 한 문장의 아이디어를 제공했을 뿐인데, AI가 제품의 주요 화면 흐름을 일목요연하게 시각화해 준 것입니다. 스타트업 팀은 이렇게 얻은 초기 와이어프레임을 바탕으로 아이디어를 구체화하고, 세부 사항을 피그마에서 직접 수정·보완하면서 프로토타입을 완성할 수 있었습니다. 기존 과정대로라면 며칠이 걸릴 작업을 몇 분 만에 끝낸 것입니다. AI가 여러 화면을 한꺼번에 만들어 주니 초기 설계에 걸리는 시간이 대폭 단축되었고, 레이아웃 스케치에 시간을 소모할 필요 없이 바로 사용성 개선과 비즈니스 로직에 집중할 수 있기 때문입니다.

UX 파일럿은 참신한 서비스 아이디어를 빠르게 시각화하는 데에도 유용합니다. 또 다른 사례를 살펴보겠습니다. 다음은 프리랜서 UX 디자이너가 '사용자가 자신의 식료품 보유 목록을 입력하면, 그 재료들로 만들 수 있는 레시피를 추천해주는 플랫폼'이라는 독특한 아이디어를 프로토타입으로 제작한 것입니다. 디자이너는 이 아이디어를 텍스트 프롬프트로 작성하여 UX 파일럿에 입력하였고, AI는 해당 아이디어에 정확히 부합하는 와이어프레임을 생성해주었습니다. 생성된 화면에는 사용자가 가진 재료를 입력하는 필드, 자주 쓰이는 재료 리스트, 추천 레시피 목록 그리고 레시피 상세 페이지까지 아이디어 실현에 필요한 요소들이 빠짐없이 포함되었습니다. 이 작업을 수행한 디자이너는 "AI가 내 머릿속 구상을 그대로 꺼내 준 듯하다."라는 리뷰를 남겼습니다.

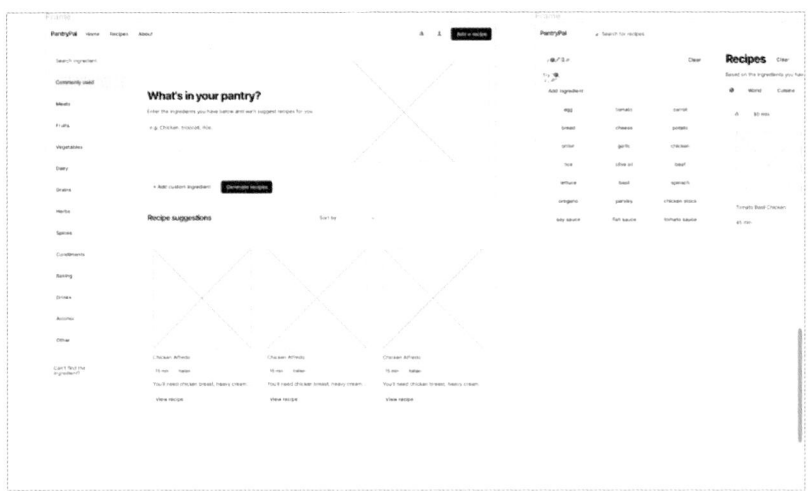

UX 파일럿으로 생성한 레시피 추천 플랫폼 UI 예시 화면(출처: adamfard.com/blog)

이 사례에서 볼 수 있듯이 UX 파일럿은 흔치 않은 새로운 아이디어의 맥락을 이해하고 적절한 UX 구성 요소를 제안할 수 있습니다. 이를 통해 디자이너는 아이디어의 가능성을 빠르게 검증해볼 수 있고, 초기 사용자 피드백을 얻는 용도로도 활용할 수 있습니다. 나아가 AI가 예측해서 제안한 요소들을 보며 생각하지 못했던 기능이나 흐름을 떠올리는 등 창의적인 인사이트도 얻을 수 있습니다. 이처럼 UX 파일럿을 아이디어 발상 단계부터 적극적으로 활용하면 디자인 혁신을 이끄는 촉매제가 될 수 있습니다.

앞으로 AI 기술의 발전은 UX 디자인 분야에 더욱 놀라운 가능성을 열어 줄 것입니다. 자연어 처리, 생성형 AI, 머신러닝 등이 고도화되면서 UX 파일럿과 같은 도구들도 지금보다 더 똑똑하고 강력해질 전망입니다. 가까운 미래에는 현재보다 더 복잡한 디자인 과제도 능숙하게 다루고, 실시간 사용자 행동 데이터까지 반영하여 맥락에 따라 유동적으로 UX/UI를 최적화해주는 수준에 이를지도 모릅니다. 예를 들어, 사용자 클릭 히트맵이나 사용 패턴을 학습해 UI

배치를 조정하거나, A/B 테스트를 자동으로 제안하는 식의 기능도 충분히 가능할 것입니다.

UX 파일럿 역시 사용자들에게 받은 피드백과 축적된 데이터를 바탕으로 지속적으로 업데이트될 것입니다. 이미 모바일 앱 화면 생성이나 랜딩 페이지 디자인 지원 등 새로운 기능 추가가 계획되어 있고, 디자인 결과물에서 바로 코드 스니펫을 추출하는 기존 기능을 넘어 디자인에서 개발의 자동화 통합을 더욱 강화할 가능성도 있습니다. 이렇게 되면 디자이너와 개발자의 협업도 한층 수월해져 아이디어가 제품으로 구현되는 속도가 비약적으로 빨라질 것입니다.

향후 버전에서는 감성적인 측면의 UX 평가나 보다 창의적인 대안 제안과 같이 더욱 정교한 AI 디자인 리뷰, 디자인 시스템 자동 구축, 음성 인터페이스나 AR/VR UX 디자인 지원 등 새로운 분야로의 확장도 기대해볼 만합니다. 이러한 발전은 UX 디자이너의 역할을 재정의할 것입니다. AI가 제안과 생산을 담당하는 부분이 커질수록 디자이너는 AI가 놓칠 수 있는 인간적인 통찰(공감, 윤리, 브랜딩 감성)을 더 깊이 탐구하고 AI를 적재적소에 활용하여 최상의 결과물을 이끌어내는 디렉터로서 디자인 전략가이자 큐레이터로서의 역할이 강화될 것입니다.

11장

멀티모달 인터랙션 시대의 디자인 도구, 크리에이티

UX/UI 디자인은 이제 단일 입력 방식에서 벗어나, 음성·제스처·시각적 요소가 결합된 **멀티모달 인터랙션**의 시대로 진입하고 있습니다. 이러한 변화는 UX/UI 디자이너에게 새로운 도전과 기회를 동시에 제시합니다. 특히 AI 기술은 다양한 입력을 통합적으로 이해하고 반응하는 시스템의 핵심 기반이 되며, 디자인 방식 전반을 재편하고 있습니다. 이번 장에서는 멀티모달 인터랙션의 개념과 발전 과정을 짚고, AI 기반 디자인 도구인 크리에이티를 중심으로 이 새로운 디자인 패러다임이 실무에서 어떻게 구현되는지 알아보겠습니다.

멀티모달 인터랙션이 등장하기까지

오늘날 우리는 다양한 감각과 입력 방식을 동시에 활용하는 **멀티모달 인터랙션** Multimodal Interaction 의 시대로 접어들고 있습니다. 음성 명령, 손짓(제스처), 시각적 요소 등 여러 가지 수단을 한꺼번에 사용하는 상호 작용 방식이 보편화되면서 UX/UI 디자인 분야에도 큰 변화가 일어나고 있습니다. 특히 AI 기술의 발전은 이러한 변화를 가속화하며, 디자이너들에게 새로운 도구와 기회를 제공하고 있습니다.

그렇다면 멀티모달 인터랙션과 기존 디자인 방식에는 어떤 차이가 있을까요? AI 기반 디자인 플랫폼인 크리에이티의 철학과 비전, 주요 기능과 활용 사례를 통해 멀티모달 인터랙션 시대의 UI 디자인 방식의 미래 전망에 대해서 살펴보겠습니다.

과거 실제 세계의 모습과 현상, 사물의 형태나 상황을 다른 매체에 그대로 재현하는 방식인 스큐어모픽 디자인 Skeuomorphic design 이 중점을 이루던 시대가 있었습니다. 당시 UI는 대부분 현실 세계에 있는 대상들을 메타포로 가지고 와서 실물과 유사한 아이콘이나 UI 테마를 제공했었습니다. 이런 메타포를 디자인하기 위해서 가장 많이 사용했던 도구는 포토샵이었습니다. 이후 애플의 전 최고 디자인 책임자 CDO 였던 조너선 아이브 Jonathan Ive 가 추상화되고 단순화된 플랫 디자인 Flat design 스타일을 iOS에 적용하면서 지난 10년 동안은 거의 플랫 디자인의 시대였다고 볼 수 있습니다. 피그마와 스케치는 이 기간을 거치면서 가장 강력한 UI 디자인 도구로 자리를 잡게 되었습니다.

그리고 현재, 우리는 멀티모달 인터랙션의 시대로 넘어가고 있습니다. 멀티모달 인터랙션은 사용자와 시스템이 여러 가지 입력 방식을 통해 동시에 상호 작용하는 개념을 말합니다. 사용자는 음성, 터치, 제스처, 시각적 신호 등 다양한 모달리티Modality를 조합하여 기기를 제어하거나 정보를 입력할 수 있고, 시스템은 이러한 복합 입력을 모두 이해하여 적절한 응답을 제공하는 것을 의미합니다. 이제는 사용자가 컴퓨터와 프로그램을 학습하여 작동시키던 기존 방식에서 벗어나 컴퓨터가 인간의 다채로운 의사소통 수단을 이해하고 반응하는 새로운 소통 기반의 디자인 패러다임으로 나아가고 있는 것입니다.

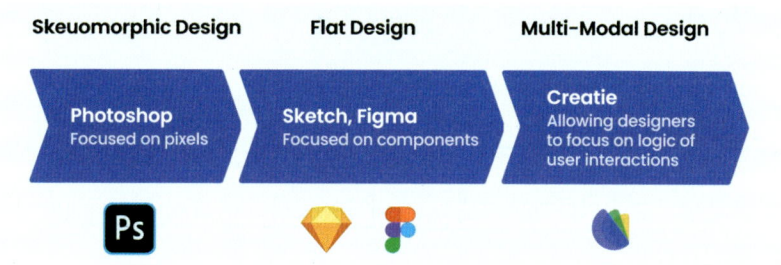

디자인 도구의 진화 과정(출처: creatie.ai)

특히 AI 기술의 발전은 멀티모달 인터랙션을 실현하는 데 핵심 역할을 하고 있습니다. 음성 인식을 위한 자연어 처리 기술, 손짓이나 얼굴 표정을 해석하는 컴퓨터 비전 기술, 사용자의 의도를 학습하는 머신러닝 등 다양한 AI 기술이 결합되어 복합 입력을 정확하게 이해하고 대응할 수 있게 된 것입니다. 예를 들어 음성 비서에는 음성 명령을 이해하는 자연어 처리NLP와 사용자의 말투나 감정을 파악하는 감성 분석 AI가 적용되고, 제스처 기반 인터페이스에는 카메라를 통해 손동작을 인식하는 컴퓨터 비전 기술이 활용됩니다. 이렇게 AI를 등에 업은 멀티모달 시스템은 상황에 맞는 맥락을 인식할 수 있어 사용자에게 더욱 풍부한 상호 작용 경험을 제공합니다.

멀티모달 인터랙션 기반 UI 디자인 도구, 크리에이티

크리에이티Creatie는 고성능 AI를 기반으로 멀티모달 인터랙션을 활용하는 UI 디자인 도구입니다. 피그마의 대부분 기능을 제공함과 동시에 AI 기능들을 파격적으로 제공하여 가장 강력한 UI 디자인 플랫폼이 되겠다는 의지를 보여 주고 있습니다. 크리에이티를 이해하면 멀티모달 인터랙션 시대에는 UI 디자인 방식이 어떻게 변화하는지 잘 알 수 있습니다.

크리에이티 팀은 UX/UI 디자이너들을 주축으로 구성되어, 디자이너 관점에서 유용한 AI 도구를 만들겠다는 뚜렷한 철학을 가지고 있습니다. 이들의 방향성은 분명합니다. "AI는 디자인의 부가적 도구가 아니라, 디자인 프로세스 자체에 통합되어야 한다." 다시 말해, 단순히 몇 가지 자동 기능을 추가하는 수준이 아니라 제품 및 서비스 설계의 모든 단계에 AI를 녹여 디자이너의 사고 흐름을 방해하지 않고 자연스럽게 도와주는 역할을 해야 한다는 것입니다. 이런 철학을 기반으로 크리에이티는 디자인 워크플로우 전반을 지원하는 포괄적인 플랫폼을 지향하며, 사용자의 피드백을 빠르게 반영해 필요한 AI 기능을 계속해서 발전시키는 유연한 전략을 추구하고 있습니다.

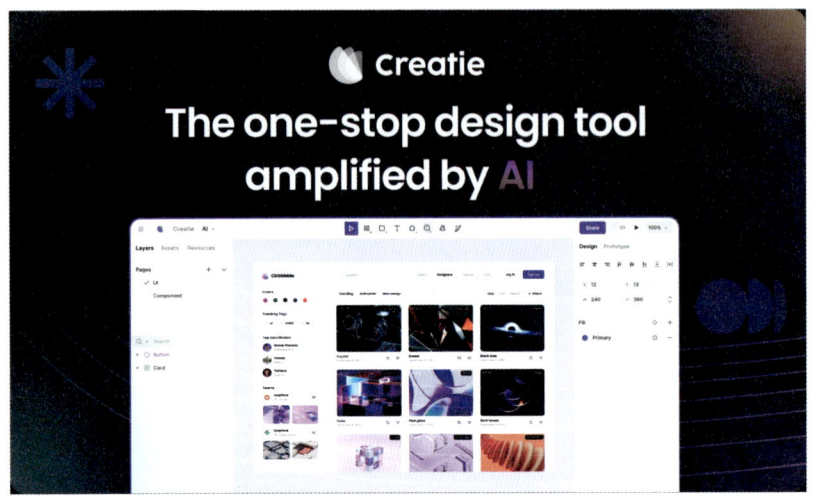

AI 기반 올인원 디자인 도구 크리에이티(출처: creatie.ai)

크리에이티는 AI가 디자인 프로세스를 어떻게 보조하고 향상시키는가에 대한 분명한 비전을 가지고, 아이데이션(구상)부터 세부 디자인, 검수에 이르기까지 모든 단계에서 AI의 도움을 받을 수 있도록 만들어졌습니다. 예를 들어, 텍스트 프롬프트를 입력하면 레이아웃 아이디어를 즉시 제안해주는 Creatie Wizard, 한 번의 클릭으로 시각적 디자인을 개선해주는 Image Enhancer, 디자인 스타일의 일관성을 검사해주는 Design Auditor 등 다양한 AI 기능을 디자인 주요 단계에 걸쳐 통합하여 제공함으로써 번거로운 작업에 소모하는 시간을 대폭 줄여 주고 있습니다.

크리에이티의 창업자들은 가능한 한 AI를 디자인 단계 전체에 활용하려 하면서도 '인간 중심'의 디자인을 잊지 않고 있습니다. 창의성은 인간의 고유한 자산이며 디자인의 즐거움이라고 보고, 결코 AI가 인간의 역할을 대체해서는 안 된다는 것이 크리에이티의 기반 철학입니다. AI는 어디까지나 창작을 보조하고 가속하는 도구, 즉 코파일럿이나 파트너로서 기능할 뿐 디자이너로부터 창의적인 결정권을 빼앗아서는 안 된다는 것입니다. 이러한 철학 아래 크리에이티는 언제나 인간이 주도권을 쥐고, AI는 배경에서 아이디어를 실현하는 조력자로 작동하도록 설계되었습니다. 그래서 크리에이티는 자동 생성된 디자인 안이라도 최종 선택과 판단은 디자이너의 몫으로 남겨 두며, AI의 제안은 사람의 검토와 수정을 거칠 수 있는 형태로 제공하고 있습니다.

크리에이티의 주요 기능

크리에이티는 UX/UI 디자인 워크플로우 전반을 개선하기 위해 다양한 AI 기반 기능을 제공합니다. 자동 디자인, 스타일 가이드, 아이콘 생성 기능은 물론이고 디자인 일관성 검사 등을 적절히 활용하면 디자인 작업의 효율과 결과물의 퀄리티 모두를 향상시킬 수 있습니다. 각 기능이 어떤 방식으로 디자인 프로세스를 자동화하는지 하나씩 살펴보겠습니다.

디자인 자동화를 위한 기능, Creatie Wizard

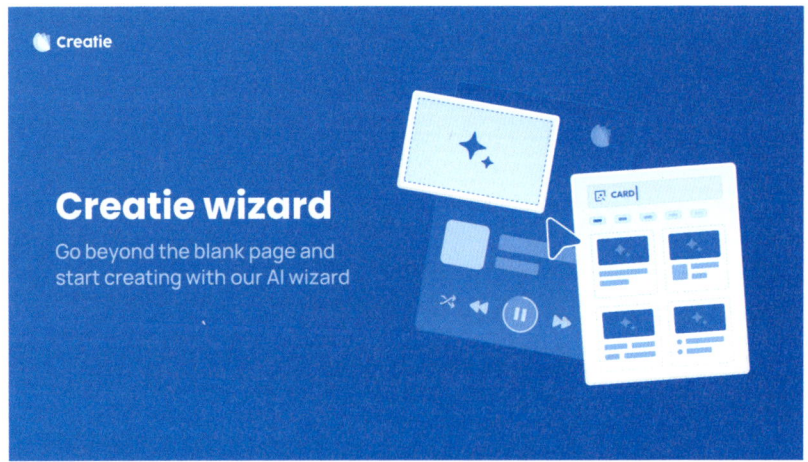

완성도 높은 목업 디자인을 생성하는 Creatie Wizard 기능(출처: creatie.ai)

Creatie Wizard는 아이디어를 빠르게 UI 목업으로 바꿔 주는 도구입니다. 빈 프레임을 그리면 AI가 알맞은 UI 컴포넌트를 제안하여 몇 분 만에 높은 완성도의 목업을 만들 수 있습니다. 사용자가 화면에 대략적인 영역만 표시해 두면 크리에이티가 해당 부분에 들어갈 적절한 버튼이나 이미지, 텍스트 레이아웃 등을 추천해주는 식입니다.

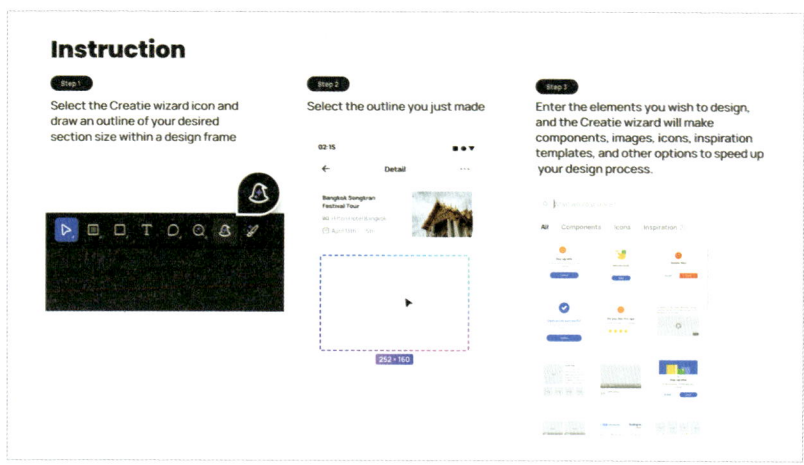

Creatie Wizard 사용 가이드(출처: creatie.ai)

또, AI 디자인 생성기 기능을 통해 텍스트 프롬프트만으로 전체 UI 시안을 만들 수도 있습니다. 원하는 화면을 글로 설명하면 레이아웃, 구성 요소, 스타일이 모두 갖춰진 전체 페이지 디자인 초안을 자동 생성해줍니다. 이렇게 생성된 디자인은 바로 편집이 가능하며, 추가로 프롬프트를 수정하거나 크리에이티의 캔버스로 가져와 세부 수정을 할 수도 있습니다.

이 기능들은 와이어프레임이나 초기 목업을 만들 때 유용합니다. 아이디어 단계에서 빈 화면을 마주하고 막막할 때 AI가 제시하는 초안을 기반으로 빠르게 레이아웃을 잡을 수 있습니다. AI가 생성한 디자인을 보며 레이아웃 구성이나 UI 패턴을 학습할 수도 있고, AI가 제안한 디자인을 바탕으로 자신만의 창의적인 아이디어를 더해 최종 결과물을 얻을 수 있습니다.

스타일 가이드 생성 기능, Style Guide Generator

Style Guide Generator 기능은 디자인 파일을 분석하여 스타일 가이드를 자동으로 만들어 줍니다. 예를 들어 디자인에 사용한 색상 값, 폰트 유형과 크기, 간격 등의 정보를 몇 초 만에 추출하고 정리하여 스타일 라이브러리로 제공합니다.

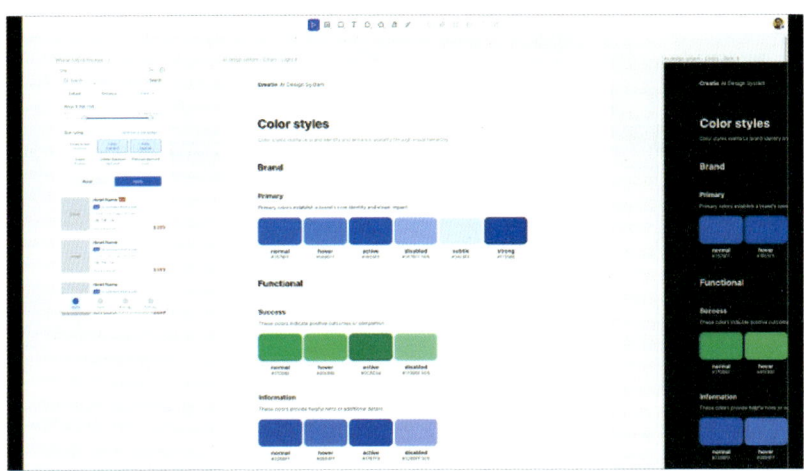

Style Guide Generator로 생성한 컬러 스타일 가이드(출처: creatie.ai)

이 기능은 프로젝트를 진행하면서 체계적인 스타일 가이드를 직접 만들 시간이 부족할 때 유용합니다. 이미 만들어 놓은 시안들을 입력만 하면 자동으로 색상 팔레트와 폰트를 뽑아 주므로 일일이 정리하지 않아도 디자인 시스템이 마련됩니다. 이를 통해 디자인의 일관성을 쉽게 유지할 수 있고, 특히 여러 명이 함께 작업하는 팀 프로젝트나 신규 팀원이 기존 프로젝트에 합류할 때 큰 도움이 됩니다. 자동 생성된 가이드를 참고하면 디자이너들은 모든 화면에서 동일한 스타일을 적용해 브랜드 아이덴티티를 지키고, 개발자에게 넘길 핸드오프Hand off 단계에서도 명확한 기준을 전달할 수 있습니다.

AI 아이콘 생성 도구, Magicon

Magicon은 텍스트 또는 참고 이미지를 입력하면 원하는 스타일의 2D 또는 3D 아이콘을 즉시 생성해주는 AI 기능입니다. 일일이 웹에서 아이콘을 찾거나, AI로 원하는 아이콘 이미지를 생성하기 위해 프롬프트를 수정하는 과정을 거칠 필요 없이 원하는 이미지를 첨부하기만 해도 간단하게 아이콘을 만들 수 있는 무척 유용한 기능입니다.

2D 및 3D 아이콘을 생성하는 크리에이티의 Magicon(출처: creatie.ai)

예를 들어 "카메라 모양 아이콘, 평면 스타일"과 같은 프롬프트를 입력하면 해당 설명에 맞는 아이콘을 만들어 줍니다. 또는 아이콘 이미지를 업로드하고 비슷한 느낌의 아이콘을 더 생성하도록 요청할 수도 있습니다. 이렇게 생성한 아이콘은 요청한 디자인 스타일에 따라 일관성을 가지면서도 새롭고 다양한 그래픽 요소를 제공해 줍니다.

다양한 3D 스타일의 아이콘 예시 이미지(출처: 크리에이티 생성)

아이콘이 부족하거나 커스텀 아이콘이 필요할 때 일일이 그리거나 외부에서 찾아 헤매는 대신 Magicon을 활용해 시간을 절약할 수 있습니다. 디자인 콘셉트에 맞는 아이콘 세트를 빠르게 만들어 프로토타입에 활용하거나, 기존 아이콘과 유사한 느낌의 추가 아이콘을 생성할 수 있어 디자인의 통일성을 높이고 비주얼 작업의 진입장벽을 낮춰 주는 유용한 도구입니다.

AI 이미지 보정 도구, Image Enhancer

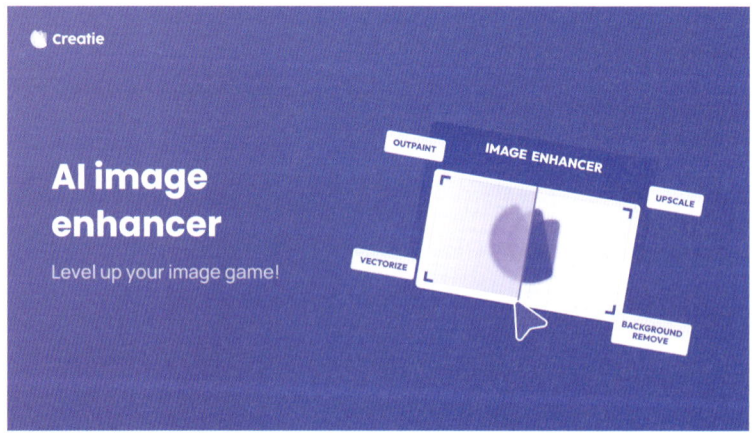

AI 이미지 보정 기능을 소개하는 크리에이티 화면(출처: creatie.ai)

Image Enhancer는 디자인 작업 중 별도의 도구로 전환할 필요 없이 크리에이티에서 한 번의 클릭으로 이미지를 보정하고 편집할 수 있는 자동 이미지 보정 도구입니다. 대표적으로 다음과 같은 기능이 있습니다.

- **배경 제거**: 제품 사진이나 로고 이미지의 배경을 제거해 투명하게 만들 수 있습니다.
- **이미지 확장 및 확대**: 부족한 화면 비율을 채우거나 이미지를 고해상도로 확대하여 디자인에 맞게 조정할 수 있습니다.
- **해상도 업스케일**: 저해상도 이미지를 손실 없이 고해상도로 선명하게 키웁니다.
- **벡터화**: PNG나 JPG 이미지를 확대해도 깨지지 않도록 벡터 형태로 변환합니다

실무에서 종종 제공받은 이미지가 품질이 낮거나 배경이 필요한 경우가 있는데, 이때 Image Enhancer를 사용하면 포토샵 같은 외부 도구를 거치지 않고 크리에이티에서 빠르게 이미지를 정리할 수 있습니다. 예를 들어, 클라이언트로부터 받은 로고 파일이 저해상도라면 Image Enhancer의 업스케일 기능으로 선명하게 만들거나, 제품 사진의 불필요한 배경을 제거하여 UI에 깔끔하게 배치할 수 있습니다. 몇 번의 클릭만으로 이미지 보정 결과를 얻을 수 있어 작업 효율이 크게 올라갑니다.

디자인 일관성 감수 기능, Design Auditor

디자인의 일관성을 체크해주는 Design Auditor(출처: creatie.ai)

Design Auditor는 디자인 시스템(스타일 가이드)에 정의된 색상, 글꼴, 간격 등이 시안 전체에 제대로 적용되고 있는지 디자인 스타일의 일관성을 체크해 주는 AI 기능입니다. 화면마다 잘못 쓰인 색상 값이나 오타, 다른 폰트가 섞여 있지는 않은지 등을 검사하여 디자인이 일관된 규칙을 따르도록 알려 줍니다.

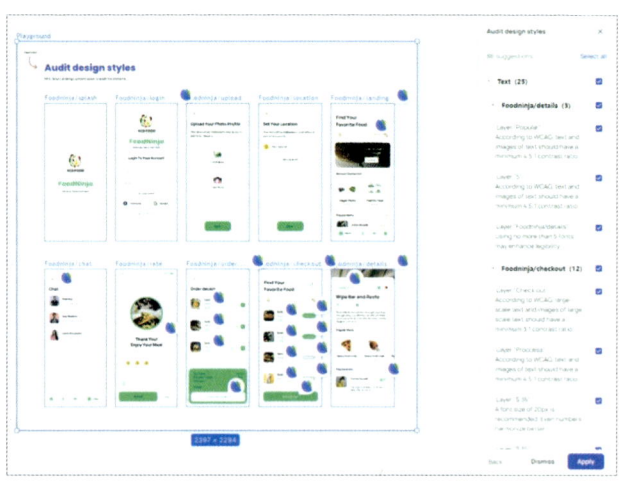

디자인 요소의 감수 결과를 시각화한 화면(출처: creatie.ai)

프로젝트 마지막 단계에 QA 과정을 거쳐 디자인을 점검하거나, 여러 화면을 디자인한 후 스스로 오류를 검수할 때 유용합니다. 특히 여러 사람이 작업한 디자인 파일이라면 간격이나 색상 사용에 미세한 차이가 생길 수 있습니다. 이때 Design Auditor 기능을 활용하면 이러한 불일치를 한눈에 발견할 수 있습니다. 이를 통해 디자인 품질을 향상시키고, 개발자에게 전달하기 전에 문제를 바로잡아 협업 효율을 높일 수 있습니다.

원활한 워크플로우를 위한 협업 지원 기능

UX/UI 디자인은 본질적으로 팀 협업 작업입니다. 디자이너뿐만 아니라 기획자, 개발자, 심지어 클라이언트, 이해관계자까지 디자인 산출물에 대한 피드백과 의견 교환에 참여합니다. 따라서 효과적인 협업과 커뮤니케이션은 디자인 프로세스의 성공 열쇠입니다. 크리에이티브는 이 부분에서도 다양한 기능을 지원하여 워크플로우를 개선합니다.

가장 두드러지는 기능은 실시간 협업이 가능한 웹 기반 에디터 기능입니다. 크리에이티브는 여러 팀원이 동시에 하나의 디자인 파일에 접속해 실시간으로 편집하고 주석을 달 수 있는 환경을 제공할 뿐만 아니라 AI가 생성한 와이어프레임이나 목업도 곧바로 이 공유 파일에 포함해 함께 볼 수 있습니다. 예를 들어 Creatie Wizard로 AI 시안을 생성한 후 이를 팀원들과 공유하면, 기획자는 해당 화면에 바로 댓글로 의견을 남기고, 개발자는 구현 가능성에 대한 코멘트를 추가할 수 있습니다. 모두가 동시에 한 화면을 보며 토론할 수 있기 때문에 디자인 피드백 사이클이 크게 단축되고, 이메일이나 별도 문서를 통한 번거로운 소통 과정을 줄일 수 있습니다.

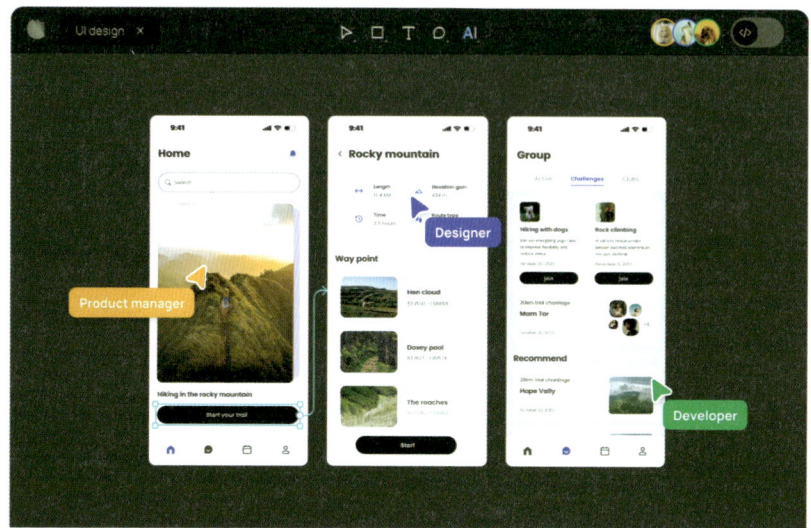

크리에이티의 웹 기반 실시간 협업 화면(출처: creatie.ai)

다른 협업 도구들과의 연동 역시 크리에이티가 가진 큰 장점입니다. 예를 들어 크리에이티에서 디자인한 내용을 원클릭으로 협업 플랫폼인 슬랙Slack 채널에 공유하거나, 지라Jira 티켓과 연결하여 변경 사항에 대한 이력을 남길 수 있습니다. 즉, 슬랙을 통해 새로 만든 UI 시안을 팀에 공지하고 즉각 피드백을 받은 다음 지라 이슈와 링크시켜 개발 팀이 참고하도록 할 수 있습니다. 이런 플랫폼 간 통합 덕분에 디자인-개발-기획이 실시간으로 연계되어 의사소통 지연이나 누락을 최소화하고 매끄러운 협업이 가능합니다.

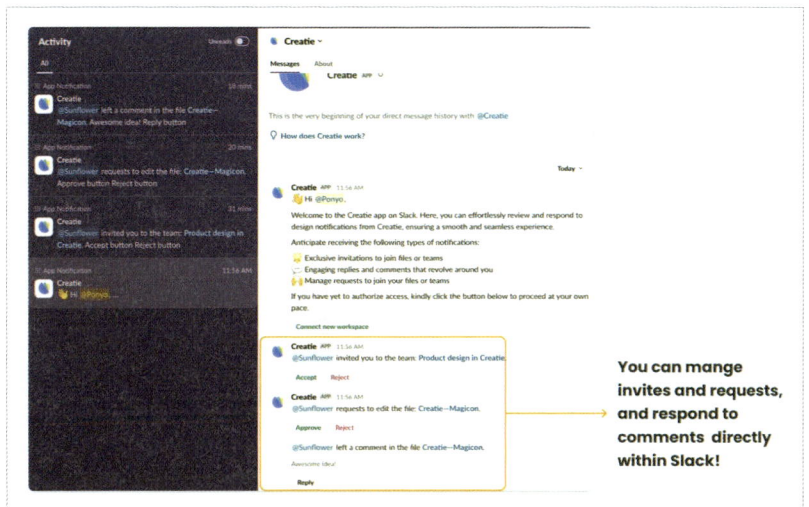

슬랙과 연동된 디자인 협업 기능(출처: creatie.ai)

또 하나 주목할 기능은 스타일 가이드와 디자인 시스템의 공유입니다. 크리에이티는 앞서 소개한 스타일 가이드 자동 생성 기능을 통해 색상, 글꼴, 컴포넌트 등을 정리해 두면, 이를 팀 라이브러리 형태로 쉽게 공유할 수 있습니다. 예를 들어 Style Guide Generator 기능으로 완성된 디자인의 버튼, 폰트, 컬러 등 스타일 가이드를 생성한 다음 팀에 배포하면, 개발자는 이 가이드를 보면서 코드를 구현하고, QA 담당자는 기준에 따라 디자인을 검수할 수 있습니다.

이러한 공유 및 연동 기능은 디자인 시스템을 운영할 때 무척 유용합니다. 특히 규모가 큰 기업이나 체계적인 시스템을 갖추기 어려운 소규모 팀도 쉽게 일관된 디자인 원칙을 유지할 수 있습니다.

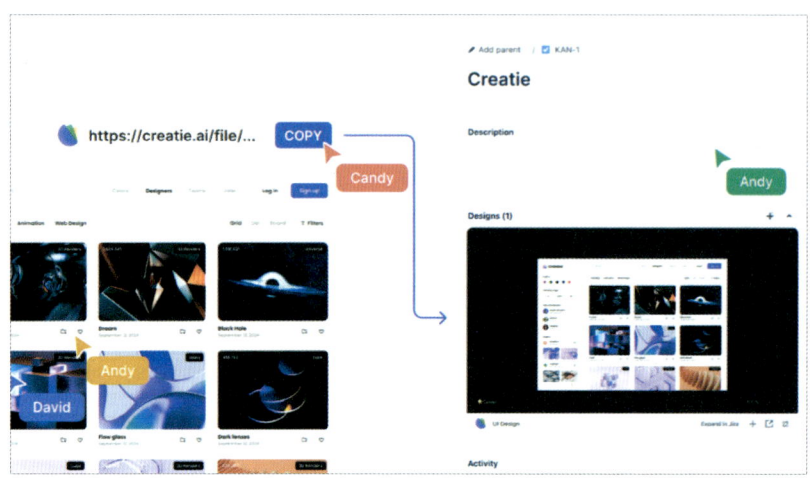

크리에이티의 디자인 파일 공유 및 프로젝트 연동 과정(출처: creatie.ai)

요컨대, 크리에이티의 협업 지원 기능은 UX/UI 디자인 프로세스에서 팀과 부서 간 장벽을 허물고 소통을 원활하게 하는 촉매제 역할을 합니다. AI가 협업을 주도하기보다, AI를 통합한 디자인 플랫폼이 협업 친화적인 환경을 제공함으로써 더 빠른 의사 결정과 개발이 실행되도록 돕는 것입니다. 오늘날 제품 개발에서 디자인과 개발의 경계가 점점 허물어지고 있는 만큼, 이러한 협업 환경은 작은 스타트업부터 큰 기업까지 필수 요소가 되고 있습니다.

지금까지 살펴본 것처럼 멀티모달 인터랙션 시대의 UX/UI 디자인에서 AI 기술과 크리에이티 같은 도구는 혁신적인 가치를 창출하고 있습니다. 물론 AI 디자인 도구는 아직 완벽하지 않으며 본격적으로 UX 디자인 워크플로우를 대체하기엔 미흡한 부분도 있습니다. 하지만 불과 몇 년 전과 비교해보아도 AI의 디자인 지원 능력은 눈부시게 발전했고, 해마다 비약적인 개선이 이루어지고 있습니다. 크리에이티와 같은 선도적인 도구들은 사용자 피드백을 바탕으로 지속적으로 기능을 업데이트하고 있고, 이미지 생성의 품질이나 인터랙션 디자인 지원도 고도화되고 있습니다.

크리에이티 측은 "현재 발전하는 AI 기술을 디자인에 적용하는 기반을 닦고, 더 나은 AI를 지속적으로 통합하여 디자이너의 워크플로우를 향상시키는 것"을 목표로 하고 있다고 밝히고 있습니다. 이는 곧 크리에이티가 지속적인 혁신을 통해 UX/UI 디자인 분야의 게임체인저로 성장할 것임을 시사합니다. 가까운 시일 내에 크리에이티는 더 풍부한 기능 세트를 갖추고, 다양한 플랫폼(웹, 모바일, AR/VR 등)에 대한 디자인을 모두 아우르며 전 세계 디자이너 커뮤니티의 지식을 학습한 강력한 조언자로 발전할 가능성이 높습니다. 비디자이너부터 베테랑 디자이너까지 각자 원하는 것을 얻을 수 있는 보편적 도구가 될 것입니다.

12장

AI로 한층 더 강해진
UI 디자인 최강자, 피그마

웹 기반 UX/UI 디자인 플랫폼 피그마는 실시간 협업과 직관적인 사용성으로 업계 표준 도구로 자리 잡아왔습니다. 최근 피그마는 여기에 AI 기능을 통합하며 디자인 워크플로우의 또 다른 혁신을 시도하고 있습니다. 자연어 입력만으로 UI 초안을 생성하는 Figma Make, 웹사이트를 바로 배포할 수 있는 Figma Sites, 마케팅 디자인 자동화를 돕는 Figma Buzz, 고급 벡터 드로잉 기능을 제공하는 Figma Draw 등 다양한 기능이 AI 기반으로 확장되며 디자인-개발-마케팅을 아우르는 올인원 플랫폼으로 발전하고 있습니다. 이번 장에서는 피그마의 AI 기능에 대해서 알아보겠습니다.

피그마에 도입된 새로운 AI 기능들

피그마Figma는 UX/UI 디자인 협업 플랫폼으로, 포토샵이나 일러스트레이터와 달리 소프트웨어를 설치할 필요 없이 웹 브라우저만 있으면 어디서나 UI 디자인 작업을 할 수 있는 클라우드 기반의 서비스입니다. 벡터 그래픽 편집, 프로토타이핑 등 디자인 작업이 쉬운 직관적 인터페이스와 웹 기반 환경에서 동료들과 실시간으로 피드백을 주고받을 수 있다는 점 등은 피그마가 UX/UI 디자인 분야의 표준 도구로 자리 잡은 비결입니다. 이렇게 디자인 워크플로우를 혁신해온 피그마가 이제는 AI 기술을 통합하여 또 다른 변화를 준비하고 있습니다.

디자인 협업 과정을 보여 주는 피그마 실사용 화면(출처: figma.com)

지난 2025년과 2024년 콘피그Config 행사에서 피그마 팀은 특별히 AI 기반의 제품과 주요 기능들을 발표하였습니다. 발표된 제품들은 Figma Make, Figma Sites, Figma Buzz, Figma Draw로, 디자인부터 프로덕션까지 과정을 단축하고 창의적인 가능성을 확장하는 데 초점을 맞추고 있습니다. 각 제품들이 어떻게 업데이트되었는지 살펴보겠습니다.

Figma Make

Figma Make는 피그마에 통합된 AI 기반 Prompt-to-code 도구입니다. 간단한 자연어 지시만으로 디자인 시안에 기능을 부여해 대화형 프로토타입이나 간단한 애플리케이션을 자동으로 만들어 줍니다. 예를 들어 디자이너가 음악 플레이어 UI를 디자인했다면 "재생 시 디스크가 회전하는 애니메이션을 추가해주세요."와 같이 지시하여 실제 재생 버튼과 회전하는 CD 애니메이션이 있는 작동하는 프로토타입으로 변환할 수 있습니다. 이러한 기능을 통해 정적인 디자인 시안만으로는 전달하기 어려웠던 상호 작용을 쉽고 빠르게 구현할 수 있습니다.

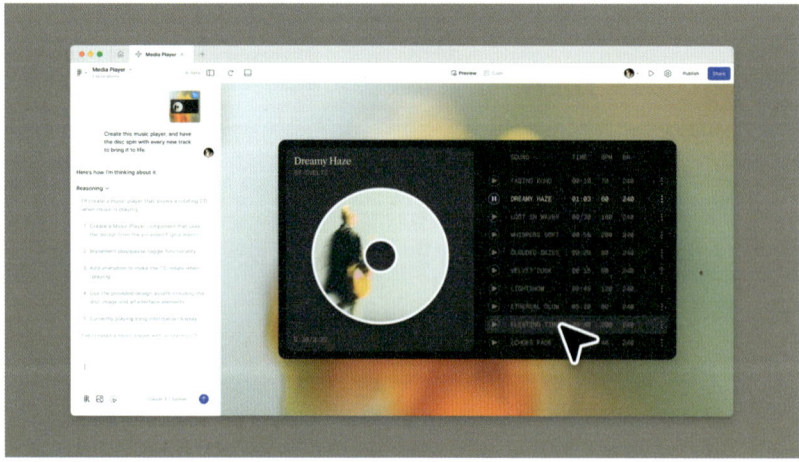

FigmaMake 활용 사례 화면 (출처: figma.com)

Figma Make의 주요 기능은 자연어 프롬프트로 코드를 생성하는 기능입니다. 이 기능을 활용하면 디자인 시안을 기반으로 앱에 대한 인터랙션을 생성할 수 있습니다. 동적 데이터 연결도 가능한데, 이는 실제 데이터 파일 업로드나 API 연결로 현실감 있는 테스트를 가능하게 합니다. 모바일에서 데스크톱 등 기기별 레이아웃을 자동으로 변환해주는 반응형 프로토타이핑 등도 포함이 됩니다. 이 모든 작업이 피그마 에디터에서 실시간 협업 형태로 이루어져 디자이너와 개발자, PM 등이 같은 화면에서 동시에 프로토타입을 개선할 수 있습니다.

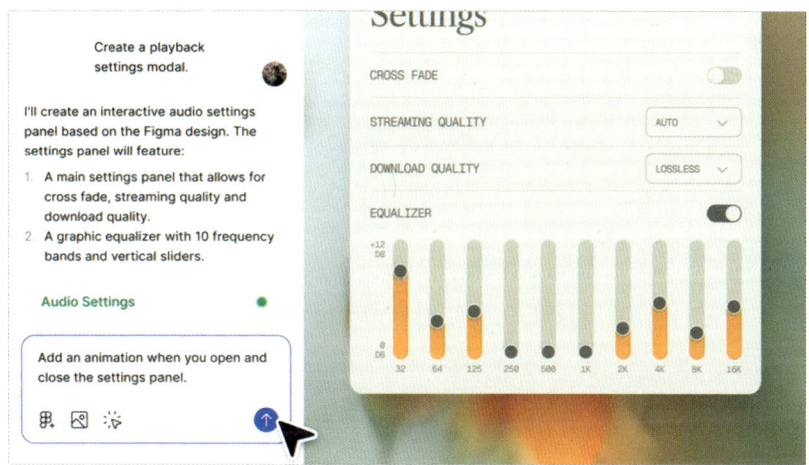

Figma Make 기능 활용 사례 화면(출처: figma.com)

Figma Make가 해결하는 핵심 문제는 디자인과 개발 사이의 간극입니다. 과거에는 프로토타입 제작을 하려면 개발에 대한 전문 지식과 개발 기간이 필요했습니다. 이 때문에 시간이나 기술 부족으로 많은 아이디어가 구현되지 못한 채 넘어가곤 했습니다. Figma Make는 이러한 장벽을 낮춰 디자이너가 코드를 몰라도 직접 인터랙션을 추가하고 아이디어를 실제 작동하는 것처럼 만들어 볼 수 있습니다. 정적인 화면 디자인만으로는 파악하기 어려운 사용 경험을 팀원들이 직접 체험하면서 피드백을 주고받을 수 있으므로 디자이너와 개발자, 이해관계자 사이의 소통도 원활해집니다.

UX/UI 디자이너와 프로덕트 디자이너에게 특히 유용합니다. 프로토타입 단계에서 반복 실험과 검증이 잦은 스타트업 팀, 또는 코딩 없이도 아이디어를 검증해보고 싶은 초급 디자이너에게도 적합합니다. 개발 리소스가 부족하다면 Figma Make를 활용해 디자인 단계에서 바로 동작하는 시제품을 만들어 이해관계자나 사용자 테스트에 활용할 수 있습니다. 또한 PM이나 UX 리서처도 디자이너와 협업해 원하는 시나리오를 프로토타입으로 빠르게 구현함으로써, 정교한 요구사항을 도출하거나 가설을 검증할 수 있습니다.

예를 들어 Figma Make를 이용해 앱의 새로운 기능을 사용자 테스트용 프로토타입으로 제작할 수 있습니다. 쇼핑 앱에서 '즐겨찾기' 기능을 구상했다면, 화면을 디자인한 후 Figma Make에 "하트 아이콘을 누르면 아이템이 위시리스트에 추가되도록 만들어 주세요."라고 요청해 즉석에서 작동하는 프로토타입을 얻을 수 있습니다. 이렇게 만든 프로토타입은 실제 앱처럼 동작하여 이를 활용하면 빠르게 사용자 반응을 살펴보고 개선점을 찾을 수 있었습니다. 이처럼 Figma Make는 아이디어를 빠르게 '실제 같은' 형태로 구체화하여 디자인 방향성 검토나 기능 타당성 평가에 소요되는 시간을 크게 단축시킵니다.

Figma Sites

Figma Sites는 웹사이트 디자인부터 퍼블리싱까지 한 곳에서 처리할 수 있는 올인원 웹 제작 도구입니다. 디자이너는 별도의 코딩이나 외부 웹 빌더 없이도 피그마에서 디자인한 시안을 곧바로 반응형 웹사이트로 배포할 수 있습니다. 친숙한 피그마 인터페이스에, 웹 페이지 제작에 필요한 추가 기능들이 결합되어 디자인한 그대로 인터랙티브한 라이브 사이트를 만들 수 있다는 점이 특징입니다.

Figma Sites 소개 화면(출처: figma.com)

Figma Sites의 주요 기능은 다음과 같습니다.

- **템플릿과 블록 제공**: 포트폴리오, 이벤트 등 용도별 템플릿과 헤더/갤러리 등 디자인된 섹션 블록 제공
- **반응형 레이아웃**: Auto Layout과 Grid를 활용해 다양한 화면 크기에 자동 적응하는 디자인 구성 지원
- **다양한 인터랙션 설정**: 프로토타입처럼 클릭, 호버 등의 상호 작용을 설정하고 marquee, parallax 등의 프리빌트 모션 효과를 바로 적용
- **고급 기능 확장**: 추가 코드 삽입이나 Figma Make의 AI 프롬프트로 복잡한 애니메이션 구현, 추후 콘텐츠 관리(CMS) 기능 도입 예정

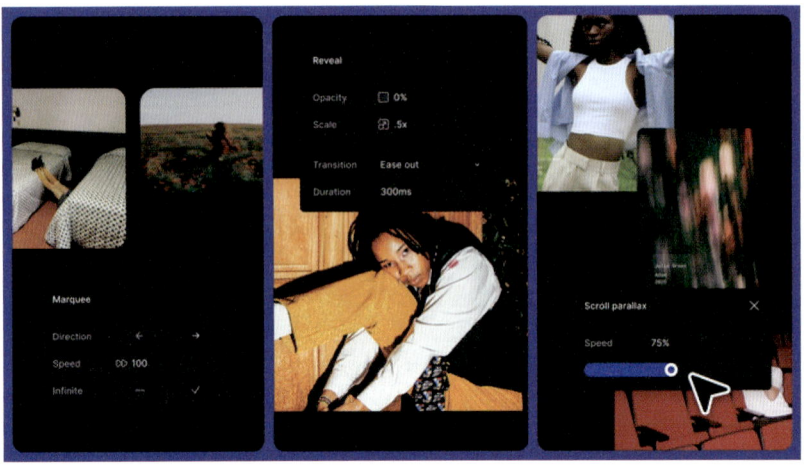

Figma Sites 기능 소개 화면(출처: figma.com)

전형적으로 디자인 → 개발 → 배포에 이르는 웹 제작 과정은 여러 도구와 팀 간 협업을 거쳐야 했고, 그만큼 시간과 노력이 많이 들었습니다. Figma Sites를 활용하면 이러한 선형 작업 흐름을 하나로 통합하여 디자이너가 처음부터 끝까지 웹사이트 구축을 주도할 수 있습니다. 덕분에 디자인 수정을 즉각적으로 제품에 반영하고, 개발 인력이 부족해도 신속하게 웹 페이지를 완성할 수 있어 효율성을 크게 향상시킬 수 있습니다. 예를 들어 소규모로 운영되는 스타트업이 제품 랜딩 페이지나 행사 소개 사이트를 만들어야 할 때 Figma Sites를 사용하면 별도의 웹 개발자 없이도 원하는 웹사이트를 빠르게 제작하고 출시할 수 있습니다. 또한 디자인 에이전시의 프리랜서 디자이너가 클라이언트의 포트폴리오 사이트를 의뢰받았을 때도 Figma Sites로 직접 구축해서 디자인 시안과 실제 사이트 간 오차 없이 결과물을 전달할 수 있습니다. 개인 포트폴리오 웹사이트를 만들 때도 유용합니다. 피그마에서 구상한 레이아웃을 반응형으로 설정하여 모바일과 데스크톱에서의 모습을 실시간으로 확인하고 조정합니다. 최종 완성 후 [Publish] 버튼 한 번으로 사이트를 배포하고 동료들에게 URL을 공유할 수 있습니다. 이처럼 Figma Sites를 사용하면 비개발자도 완성도 높은 웹사이트 제작과 운영이 가능해 제품 출시나 캠페인에 요구되는 실행 속도를 맞출 수 있습니다.

Figma Buzz

Figma Buzz는 브랜드 디자인 팀과 마케팅 팀의 협업을 위한 콘텐츠 제작 공간입니다. 쉽게 말해 기업용 캔바Canva처럼 디자이너가 만든 템플릿을 토대로 마케팅 담당자가 다양한 홍보물을 손쉽게 만들 수 있는 도구입니다. 소셜 미디어 이미지, 광고 배너, 포스터, 발표 자료 등 여러 형식의 시각 자산을 한 곳에서 디자인하고 관리할 수 있으며, 디자이너가 브랜드 가이드라인에 맞춰 템플릿을 공유해 두면 마케터는 그 템플릿에 내용만 넣어 일관된 브랜드 이미지를 유지하면서 제작 속도를 높일 수 있습니다.

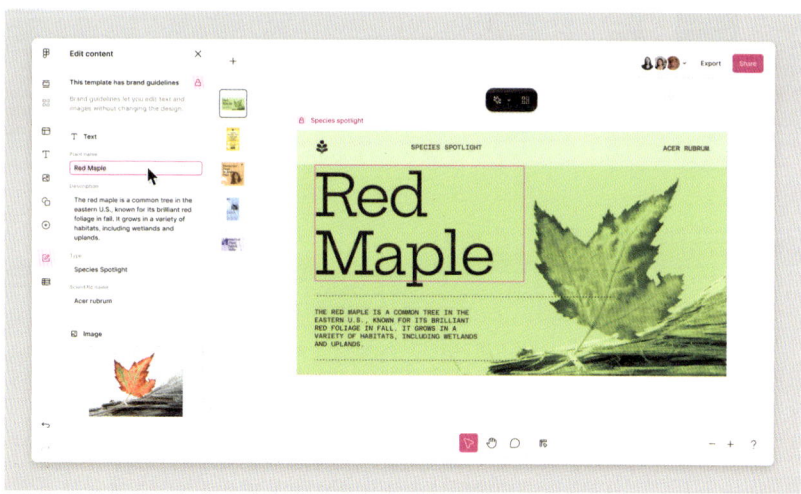

Figma Buzz 활용 화면(출처: figma.com)

Figma Buzz의 주요 기능은 다음과 같습니다.

- **온브랜드 템플릿과 편집 권한 설정**: 브랜드 스타일이 적용된 템플릿 제공 및 편집 가능한 요소 제한
- **대량 생성 및 일괄 내보내기**: 스프레드시트 데이터를 연결해 여러 버전의 이미지를 자동 생성하고 한꺼번에 PNG, JPG, PDF로 저장
- **AI 도구 통합**: 오픈AI 기반 이미지 생성과 편집, 배경 제거나 해상도 개선, 텍스트 톤 조정 및 번역 등 AI 보조 기능 제공

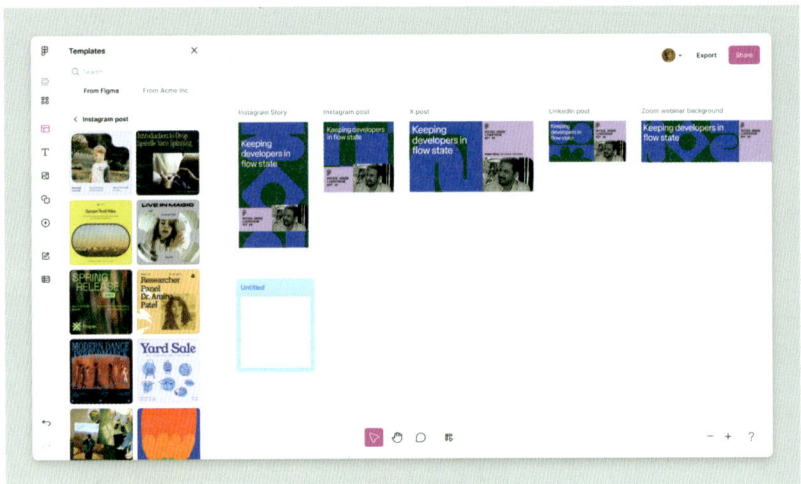

Figma Buzz 기능 활용 화면(출처: figma.com)

기존에는 디자이너가 피그마로 시안을 만들고, 마케팅 팀은 별도의 툴로 작업하거나 디자이너에게 제작을 요청해야 했습니다. 이로 인해 브랜드 일관성 관리가 어렵고 커뮤니케이션에 시간이 걸리는 비효율이 있었습니다. Figma Buzz는 모두가 하나의 플랫폼에서 협업하도록 함으로써 이러한 문제를 해소합니다. 디자이너는 배너 사이즈 변경이나 여러 버전을 제작하는 데 들이던 시간을 아끼는 대신 창의적인 디자인 방향성에 집중할 수 있습니다.

브랜드, 마케팅 협업이 빈번한 팀이라면 이 기능은 무척 유용합니다. 특히 소규모 스타트업처럼 빠듯한 인력으로 다채로운 마케팅 콘텐츠를 만들어야 하는 경우에 효과적입니다. 전문 디자이너가 부족한 조직에서도 기본 템플릿만 갖춰 두면 비전문가가 손쉽게 콘텐츠를 만들 수 있으므로 디자인 작업의 범위가 팀 전체로 확장되는 장점이 있습니다.

실제로 한 스타트업의 마케팅 팀은 Figma Buzz로 신제품 론칭 캠페인을 준비했습니다. 디자이너가 소셜 미디어 게시물, 블로그 배너, 이메일 뉴스레터 템플릿을 만들어 공유해 두면 마케터들은 거기에 제품 사진과 문구만 교체해 각 채널용 이미지를 완성할 수 있었습니다. 또한 스프레드시트의 다국어 문구를 연결해 언어별 이미지를 자동으로 생성함으로써 작업 시간을 크게 단축했습니다. 이처럼 Figma Buzz기능을 활용하면 디자이너의 가이드 아래 마케팅 팀이 대량의 콘텐츠를 자율 생산할 수 있고, 전체 캠페인 준비 속도도 눈에 띄게 빨라질 것입니다.

Figma Draw

Figma Draw는 피그마에 고급 벡터 드로잉 및 일러스트레이션 기능을 추가한 새로운 도구 세트입니다. 이제 피그마에서도 단순한 도형 제작을 넘어 자유로운 그림 그리기, 브러시 질감 표현, 패턴 생성, 경로 편집까지 가능해져서 외부 소프트웨어에 의존하지 않고도 상당한 수준의 그래픽 작업을 할 수 있게 되었습니다. 즉, 디자이너가 아이콘부터 복잡한 일러스트까지 한 곳에서 제작하며 디자인 흐름을 이어갈 수 있다는 점이 큰 장점입니다.

Figma Draw 활용 화면(출처: figma.com)

Figma Draw의 주요 기능은 다음과 같습니다.

- **향상된 벡터 편집**: 다수의 앵커 포인트 동시 선택 및 편집, Shape Builder로 겹쳐진 도형을 합치거나 빼서 새 도형 만들기 등 정교한 경로 조작 지원
- **새로운 드로잉 도구**: 펜, 브러시, 연필 등 도구 추가로 자유곡선 드로잉 지원, 텍스트 온 패스 및 패턴 반복 기능으로 창의적 배치 가능
- **풍부한 시각 효과**: 획의 굵기를 유동적으로 표현하는 동적 스트로크, 오브젝트에 텍스처와 노이즈 효과 적용, 블러 강도 조절로 깊이감 부여 등 다양한 그래픽 표현 옵션

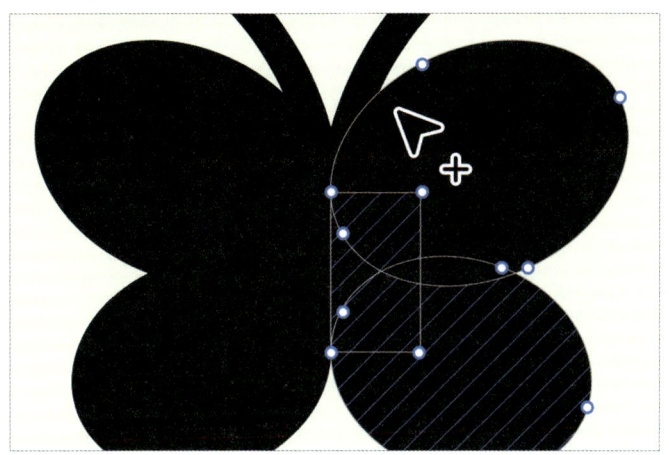

Figma Draw 기능 활용 화면(출처: figma.com)

그동안 피그마의 기본 벡터 편집 도구만으로는 복잡한 그래픽을 만들기 어려워 종종 일러스트레이터와 같은 별도 도구를 사용해야 했습니다. 이는 디자인 산출물을 옮기고 수정 사항을 일일이 반영하는 번거로움과 작업 흐름의 단절을 불러왔습니다. Figma Draw는 이러한 불편을 없애 디자이너가 초기 콘셉트 스케치부터 최종 일러스트 완성까지 피그마에서 일관된 흐름으로 작업을 이어갈 수 있게 합니다.

그래픽 작업도 겸하는 UX/UI 디자이너라면 Figma Draw는 큰 도움이 될 것입니다. 예를 들어 전담 일러스트레이터 없이 아이콘, 로고, 삽화를 직접 만들어야 하는 소규모 팀의 디자이너라면 이제 피그마에서 대부분의 시각 디자인을 해결할 수 있습니다. 전문 그래픽 툴에 익숙하지 않은 디자이너도 직관적인 브러시와 패턴 도구를 통해 손쉽게 원하는 그래픽을 구현할 수 있어 디자인 업무 범위가 넓어집니다. 예를 들어 웹 대시보드 UI를 설계하면서 고객사의 마스코트 벡터 일러스트를 Figma Draw로 직접 그리는 작업에 활용할 수 있습니다. 브러시 도구로 밑그림을 그리고 패턴 채우기로 질감을 준 후 펜툴로 세부를 다듬는 식으로 모든 과정을 피그마에서 완료하면 됩니다. 완성된 일러스트는 같은 피그마 파일에서 UI 디자인과 결합되어 즉시 사용할 수 있습니다. 제품 소개 페이지에 들어갈 작은 인포그래픽도 제작할 수 있다. 도형을 반복 배치하고 곡선을 따라 텍스트를 배치하는 기능만으로도 충분히 전문적인 그래프 이미지를 완성할 수 있습니다. 이처럼 Figma Draw는 제품 디자인 과정에서 발생하는 그래픽 요구를 충족시켜주어 디자이너가 한층 다채로운 시각적 실험을 해볼 수 있도록 해줍니다.

피그마는 웹사이트 제작, 코드 구현, 마케팅 디자인, 일러스트레이션에 이르는 새로운 도구들을 선보임으로써 디자인 작업의 빈틈을 채우고 있습니다. 이를 통해 아이디어 구상부터 최종 결과물 생산까지 별도 앱 전환 없이 피그마 하나로 진행할 수 있는 올인원 플랫폼에 한 걸음 더 다가서고 있습니다. 향후 이러한 통합 플랫폼 위에서 디자이너들이 더욱 매끄럽게 협업하고 창의적인 작업에 몰두할 수 있을 것으로 기대됩니다.

피그마의 AI 기반 기능

피그마는 새로운 AI 기능이 등장하기 이전에도 지속적으로 AI 기능을 개선하고 확장해왔습니다. 피그마의 주요 AI 기반 기능을 하나씩 살펴보겠습니다.

피그잼 & 피그마 슬라이드와 AI의 통합

우선 피그잼이라는 화이트보드 협업 도구에도 AI가 통합되었습니다. 피그잼은 브레인스토밍이나 워크숍에 쓰이는 도구로, 여기에 아이디어 정리와 요약을 도와주는 AI 기능이 추가되었습니다. 예를 들어 피그잼 보드에 팀원들이 포스트잇 메모로 아이디어를 잔뜩 적어 놓으면, 피그마 AI가 이 메모들을 자동으로 분류하고 요약하여 일종의 회의 결과 정리본을 만들 수 있습니다. 복잡한 아이디어도 AI가 다이어그램화하여 시각적으로 정리해주거나, 여러 사람의 피드백을 모아서 중복되는 내용은 묶고 핵심만 추출해주는 등 피그잼용 AI 비서가 생긴 셈입니다. 이러한 기능들은 피그잼 사용자가 많았던 팀 브레인스토밍 세션의 생산성을 크게 높여 줄 것으로 기대됩니다.

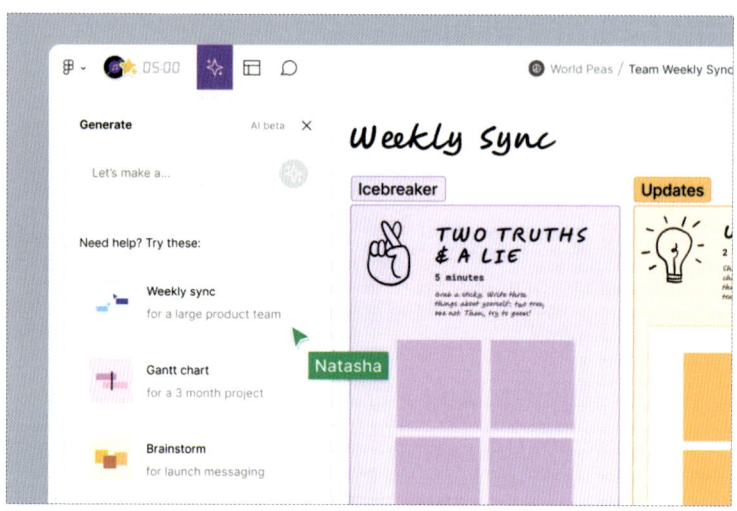

피그잼을 활용한 주간 팀 동기화 템플릿 생성 화면(출처: figma.com)

콘피그 2024에서 공개된 신제품 피그마 슬라이드(프레젠테이션 제작 도구)에도 흥미로운 AI 기능이 탑재되었습니다. 피그마 슬라이드의 AI 기능 중 가장 눈길을 끈 것은 톤 조정 Tone Adjuster 입니다. 작성된 슬라이드의 문장을 원하는 어조나 스타일로 한꺼번에 바꿔 주는 AI 기능으로, 예를 들어 격식을 갖춘 어조를 캐주얼하고 친근한 어조로 변환하거나, 너무 장황한 설명을 간결하게 요약해주는 등 다양한 톤 변환이 가능합니다. 이를 통해 동일한 내용이라도 청중이나 목적에 맞는 톤으로 손쉽게 바꿀 수 있어 발표 자료 제작 시간을 절약해줍니다.

또한 슬라이드와 피그잼의 연계를 위한 기능으로, 피그잼 보드에서 슬라이드 아웃라인을 자동 생성하는 AI도 등장했습니다. 피그잼에 정리된 아이디어를 바탕으로 주요 챕터와 슬라이드 구조를 초안 형태로 만들어 주는 기능으로, 피그마 AI가 피그잼 보드의 내용을 분류 및 요약하여 발표 자료의 뼈대를 잡아 주는 식입니다. 이렇게 생성된 슬라이드 아웃라인을 가져와 개별 슬라이드의 디자인을 다듬고 내용을 추가할 수 있어 초기 기획안 작성 단계가 크게 단축됩니다. 이처럼 슬라이드에도 AI가 적용됨으로써, 아이데이션 단계(피그잼)부터 디자인(피그마 디자인), 그리고 프레젠테이션(피그마 슬라이드)까지 피그마 플랫폼 전반에 걸쳐 AI가 활용되고 있음을 알 수 있습니다.

디자인 초안 자동 생성, Make Designs

새 프로젝트를 시작할 때 빈 화면을 마주하면 막막할 때가 있습니다. 이때 유용한 기능이 바로 Make Designs입니다. 이 기능은 텍스트 프롬프트로 UI 초안을 생성해주는 AI 도구입니다. 피그마 에디터의 Actions 패널에서 원하는 UI에 대한 간단한 설명을 입력하기만 하면 AI가 UI 레이아웃과 컴포넌트 제안안을 자동으로 생성합니다. 예를 들어 "사진 갤러리 앱을 위한 그리드 레이아웃과 상단 검색바가 있는 화면"을 입력하면 해당 요구 사항에 부합하는 디자인 시안을 만들어 줍니다.

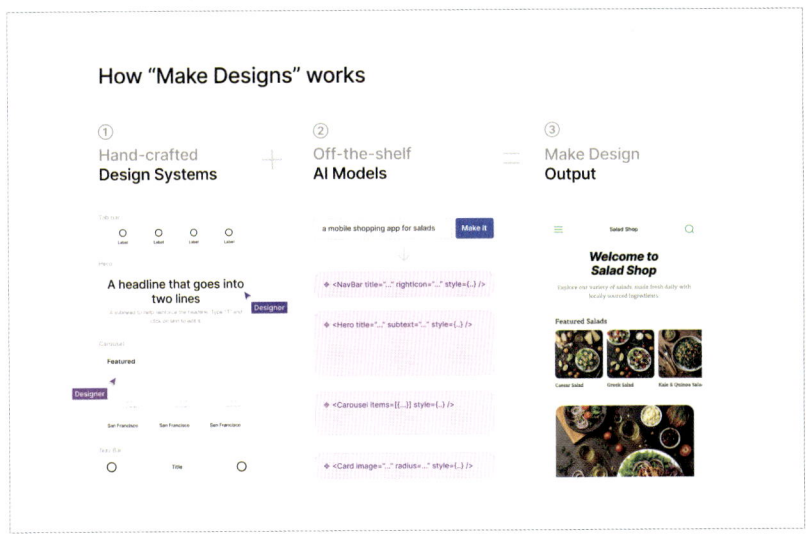

디자인 자동화 과정을 설명하는 Make Design 기능 (출처: figma.com)

이렇게 Make Design 기능을 활용하면 빠르게 대안을 얻을 수 있어 처음부터 빈 화면에서 헤매기보다는 AI가 제시한 초안을 출발점으로 여러 디자인 방향을 탐색할 수 있습니다. 물론 생성된 결과물은 초안이기에 폰트나 컬러, 세부 구성은 다듬어야 하지만, 초기 발상을 돕는 용도로 매우 유용합니다. 이를 통해 초급 디자이너도 기본적인 레이아웃을 얻고 나서 아이디어를 발전시킬 수 있고, 숙련된 디자이너는 반복적인 와이어프레임 작업 시간을 절약하면서 더 큰 아이디어에 집중할 수 있게 됩니다.

시각적 검색, Visual Search

디자인 작업을 할 때 참고할 기존 리소스를 찾는 경우가 많습니다. 예를 들어, 전에 만들었던 화면 중에 재사용하고 싶은 컴포넌트나 영감을 주는 레이아웃이 있을 것입니다. 피그마의 Visual Search는 이럴 때 이미지나 스케치로 검색할 수 있도록 도와줍니다. 스크린샷이나 간단한 손그림 스케치를 검색 참조로 제시하면, 피그마가 자동으로 팀 라이브러리 내에서 비슷한 디자인을 찾아줍니다. 정확한 파일명이나 레이어명을 기억하지 못해도 AI가 디자인의 맥락을 이해하여 유사한 아이콘, 레이아웃, 전체 화면 디자인 등을 빠르게 찾아 주는 것입니다. 이는 기존 에셋을 쉽게 재활용할 수 있어 효율적으로 디자인을 시작하도록 도와줍니다.

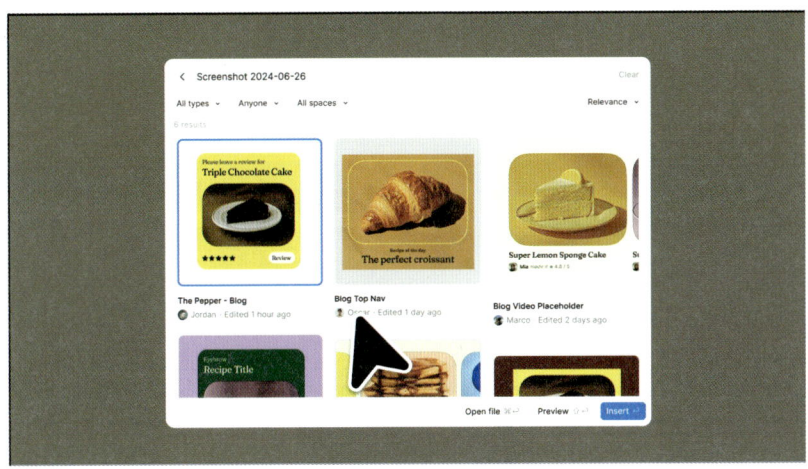

디자인 결과물을 미리보기로 보여 주는 피그마 라이브러리 검색 화면(출처: figma.com)

프로토타입 제작, Make Prototype

프로토타입 제작 기능은 완성된 여러 화면 디자인을 자동으로 연결하여 인터랙티브한 프로토타입으로 바꿔 주는 AI 도구입니다. 개별 버튼과 페이지를 일일이 연결하지 않아도 이 기능이 예상되는 화면 전환이나 흐름을 파악해 알아서 링크를 설정해 줍니다. 덕분에 클릭 몇 번만으로 전체 서비스의 초기 프로토타입을 완성할 수 있어 아이디어를 빠르게 시험하거나 팀원들에게 시연해 보일 때 실무에 큰 도움이 됩니다.

레이어 이름 일괄 변경 기능

레이어 이름 일괄 변경 기능은 피그마의 디자인 파일에 쌓인 모든 레이어에 한 번에 이름을 붙이는 AI 도구입니다. 디자인 과정에서 'Rectangle 5', 'Frame 10'처럼 임시로 남겨 둔 레이어들도 이 기능을 통해 '배경 이미지', '확인 버튼' 등 내용에 맞는 이름으로 정돈할 수 있습니다. 일일이 레이어 이름을 수정하는 번거로움을 덜 수 있는 것은 물론이고 개발자와 협업 시 각 요소를 쉽게 구분할 수 있어 실무 효율이 높아집니다.

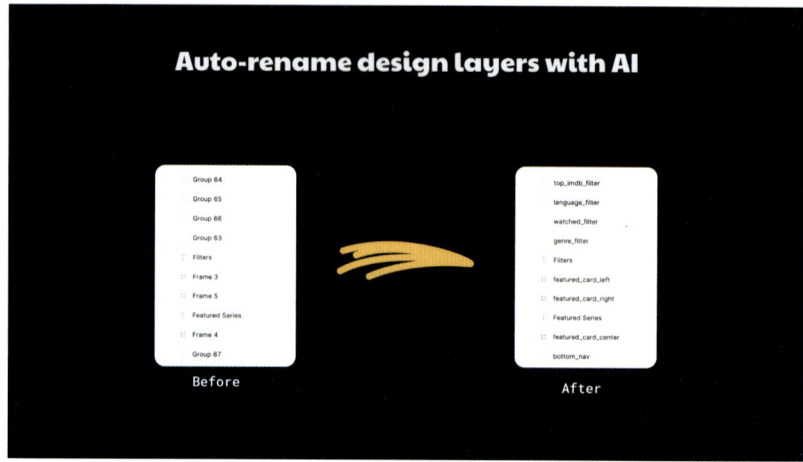

AI로 레이어 이름을 자동으로 변경하는 과정 (출처: figma.com)

텍스트 생성, 리라이트, 번역 기능

텍스트 생성 기능은 AI가 디자이너를 대신해 화면에 들어갈 문구나 설명 텍스트를 자동으로 만들어 주는 도구입니다. 디자인 초안 단계에서 디자인 요소 안에 입력해 둘 내용을 아직 준비하지 못했거나 아이디어를 얻고 싶을 때 유용하게 쓸 수 있습니다. 예를 들어 새로운 앱 화면에 넣을 소개 문장을 금방 떠올리기 어렵다면, 이 기능이 맥락에 맞는 초안 문장을 제안해주어 일일이 문구를 짜는 시간을 줄여 줍니다.

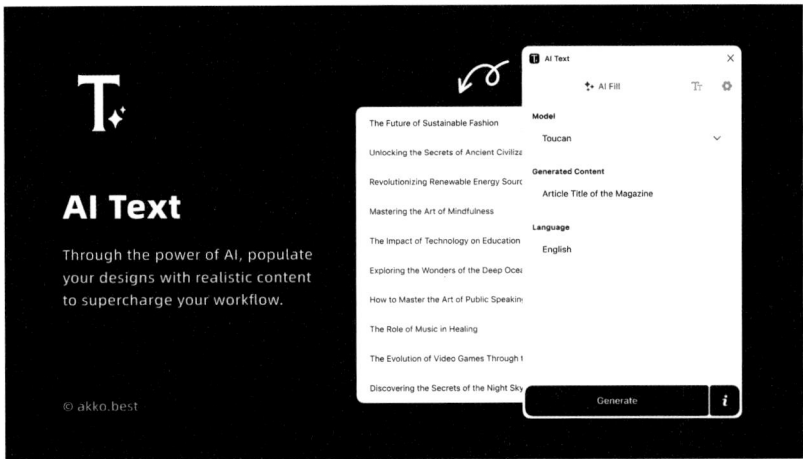

AI 기반 텍스트 생성 기능(출처: figma.com)

리라이트 기능으로 이미 작성한 텍스트를 다양한 표현으로 재작성할 수도 있습니다. 버튼 라벨이나 설명 글의 어투를 바꾸고 싶을 때 이 기능을 사용하면 정중한 말투부터 캐주얼한 톤까지 원하는 스타일로 쉽게 바꿀 수 있습니다. 문장이 너무 길거나 복잡할 때 간단하게 다듬는 것도 가능해 처음부터 직접 문구를 재작성하는 번거로움을 덜어줍니다.

번역 기능은 디자인에 쓰인 텍스트를 AI가 즉시 다른 언어로 바꿔 주는 도구입니다. 다국어 지원이 필요한 프로젝트에서 특히 유용합니다. 예를 들어 한글로 작성된 문구를 영어로 번역한 다음 바로 레이아웃에 적용할 수 있으므로 별도로 번역기를 돌릴 필요가 없습니다. 덕분에 언어마다 글자 수나 표현이 어떻게 달라지는지를 디자인 단계에서 바로 확인할 수 있어 다국어 디자인 작업이 한층 수월해집니다.

이미지 배경 제거 기능

이미지 배경 제거 기능은 사진 속 인물이나 물체 등 주요 대상만 남기고 배경을 자동으로 지워 주는 AI 도구입니다. 상품 사진의 흰색 배경을 없애거나 인물 사진을 투명 배경 PNG로 만들 때 특히 유용하며, 포토샵으로 일일이 배경을 지울 필요 없이 클릭 한 번으로 처리가 가능합니다. 이를 통해 다양한 이미지를 손쉽게 다른 디자인 배경과 합성하거나 레이아웃에 깔끔하게 배치할 수 있어 작업 시간이 크게 단축됩니다.

이미지 배경을 자동 제거하는 피그마 플러그인 기능 화면(출처: remove.bg 피그마 플러그인)

피그마 AI 기능의 한계와 실무 활용 시 주의점

피그마의 AI 기능들은 혁신적이지만, 아직까지는 베타 단계인 만큼 여러 제한 사항과 한계가 존재합니다. 우선 기술적 완성도 측면에서 품질이 항상 만족스러운 것은 아니라는 점입니다. 예를 들어 Make Designs 기능으로 나온 자동 생성 레이아웃은 기본 아이디어 스케치 수준이기 때문에 실제 제품에 쓰이려면 추가적인 편집 과정이 반드시 필요합니다. 색상 대비나 타이포그래피 등 디테일에서 디자이너의 섬세한 조정이 없으면 획일화된 스타일로 보일 것입니다.

AI 이미지 생성 역시 완벽하지는 않습니다. 가끔 맥락과 어긋나거나 저해상도의 결과물이 나올 수 있고, 배경 제거 기능도 복잡한 이미지에서는 깨끗하지 않을 때가 있습니다. 텍스트 생성 및 번역 기능은 일반적인 문구를 만들기엔 훌륭하지만, 전문적인 내용이나 브랜드에 특화된 톤앤매너를 정확히 반영하긴 어렵습니다. 따라서 생성된 텍스트는 콘텐츠 팀이나 기획자의 검수를 거쳐야 하며 잘못된 정보가 없는지 확인해야 합니다. 요컨대 AI가 시간을 절약해주지만, 최종 품질 담보는 여전히 인간의 역할이고 책임인 것입니다.

간혹 AI 응답 지연이나 오류와 같은 베타 서비스의 불안정성도 고려해야 합니다. 이용자가 몰리거나 예기치 못한 입력에 AI가 적절히 대응하지 못하면 원하는 결과가 나오지 않거나 엉뚱한 제안을 할 수 있습니다. 피그마 측에서도 "AI 기능은 현재 불완전하며, 부정확하거나 누락되거나 오해를 불러일으킬 수 있다."라고 스스로 인정하고 있습니다. 따라서 완벽한 결과물을 기대하기보다는 미래의 성능 향상 가능성을 기대하며 보조 도구로 활용하는 것이 좋습니다. 실무 프로젝트에서는 팀 내부 아이디어 구상 단계나 디자인 시안을 위한 초벌 작업 등에 활용하는 것이 좋습니다. 예를 들어 클라이언트 요구 사항을 받고 초기 UX 아이디어를 몇 가지 내볼 때 AI의 도움을 받아 "이런 방향은 어떨까?"라는 식으로 아이데이션 속도를 높이는 용도로 쓰고, 최종안은 디자이너가 선별하고 다듬는 것이 바람직합니다.

끝으로 피그마의 AI 통합 비전을 한 문장으로 요약하면 "창의성은 유지하되 장벽은 낮춘다."입니다. AI가 반복 작업과 초안을 책임짐으로써 디자이너는 창의적인 결정에 집중할 수 있고, 아이디어를 시각화하기 쉬워질 것입니다. 물론 이로 인해 디자인의 정의와 역할이 변화하겠지만, 피그마는 그러한 변화에도 디자인의 중요성은 오히려 커진다고 믿고 있습니다. 피그마 AI의 슬로건 "Think bigger and build faster(더 크게 사고하고 더 빠르게 만들어라)"대로 디자이너들이 더 크게 사고하고 더 빨리 만들 수 있도록 도와주는 조력자가 될 것입니다. 앞으로도 피그마가 펼칠 AI와의 접목이 디자인 업계에 어떤 혁신을 가져올지 기대해보면 좋겠습니다.

13장

UI 프로토타이핑 도구, 위자드

위자드는 누구나 손쉽게 UX/UI 디자인을 할 수 있도록 돕는 AI 기반 디자인 플랫폼입니다. 복잡한 전문 도구 없이도 스케치를 업로드하거나 텍스트를 입력하면 즉시 와이어프레임과 프로토타입을 생성할 수 있어 '디자인의 민주화'를 실현하는 도구로 주목받고 있습니다. 누구나 빠르게 시안을 만들 수 있고, 팀 협업과 코드 자동 생성 기능까지 지원하여 스타트업부터 대기업까지 광범위하게 활용되고 있습니다. 이 장에서는 위자드의 주요 기능과 실제 활용 사례를 중심으로 디자인 패러다임의 변화를 살펴봅니다.

'디자인의 민주화'

위자드Uizard는 AI로 UX/UI 디자인 프로세스를 혁신하는 차세대 디자인 플랫폼 중 하나입니다. 특히 복잡한 그래픽 도구에 익숙하지 않은 사람도 손쉽게 와이어프레임과 프로토타입을 만들 수 있는 것이 특징입니다.

UI 디자인 도구 위자드(출처: uizard.io)

위자드는 '디자인의 민주화'라는 뚜렷한 목표에서 탄생했습니다. 2017년 코펜하겐에서 시작된 pix2code라는 머신러닝 연구 프로젝트에서 선보인 손그림 UI 스케치를 코드로 변환하는 기술을 시초로, 2018년 실리콘밸리에서 본격적으로 창립했습니다. 위자드는 "노코드(no-code)가 아닌 노디자인(no-design)"을 슬로건으로 내걸고 누구나 디자인할 수 있는 도구를 만들기 시작했습니다. CEO 토니 벨트라멜리Tony Beltramelli는 "그동안 포토샵, 스케치, 피그마 등은 전문 디자이너를 위한 도구였지만, 이제는 우리 모두를 위한 디자인 도구가 나올 때"라고 강조하며 비디자이너도 쉽게 쓸 수 있는 도구의 필요성을 역설했습니다.

위자드는 '비디자이너를 위한 피그마'라고도 불립니다. 이는 위자드가 그만큼 피그마라는 강력한 도구의 강점과 위자드만의 특징이 잘 어우러졌다고 볼 수 있습니다. 예를 들어 피그마에서는 컴포넌트를 디자인하기 위해 펜툴과 벡터 그래픽을 이용해 세밀한 수동 작업을 해야 하지만, 위자드는 버튼이나 입력창 등 미리 준비된 UI 컴포넌트를 드래그 앤 드롭으로 배치하고 조합하는 것으로 컴포넌트 디자인을 할 수 있습니다. 또, 웹 브라우저 기반 실시간 협업 환경을 제공한다는 점에서 피그마와 유사하지만, 위자드는 여기에 더해 스케치 자동 변환, 테마 생성 등 마법 같은 AI 기능들로 디자인 속도를 획기적으로 높여 줍니다. 즉, 피그마가 '픽셀 완성도'에 강점이 있다면, 위자드는 '속도와 접근성'에 중점을 둔 도구로, 전문성 없이도 빠른 프로토타이핑이 가능하다는 점에서 차별화됩니다.

위자드를 활용한 앱 디자인 예시(출처: uizard.io/blog)

위자드의 주요 기능

위자드는 일반적인 UX/UI 디자인 도구의 기능을 갖추면서도, AI 기능을 중심으로 디자이너들의 작업 방식을 혁신하고 있습니다. 어떤 핵심 기능들을 제공하고 있는지 하나씩 살펴보겠습니다.

스케치를 와이어프레임으로, 자동 디자인 기능

위자드에서 가장 주목할 만한 기능은 손으로 그린 스케치를 와이어프레임으로 변환해주는 와이어프레임 스캐너Wireframe Scanner 기능입니다. 종이에 대략 그린 화면 구성을 위자드에 업로드하면, 손글씨나 도형을 인식하여 대응하는 UI 요소로 즉시 변환합니다. 예를 들어 연필로 그린 사각형 안에 X 표시를 하면 이미지 프레임으로, 물결선이 있는 직사각형은 클릭 가능한 버튼으로 변환되는 식입니다. 이는 초기 아이디어 스케치를 빠르게 목업으로 만들어 볼 수 있어 디자인 초안 작업 속도가 크게 빨라집니다.

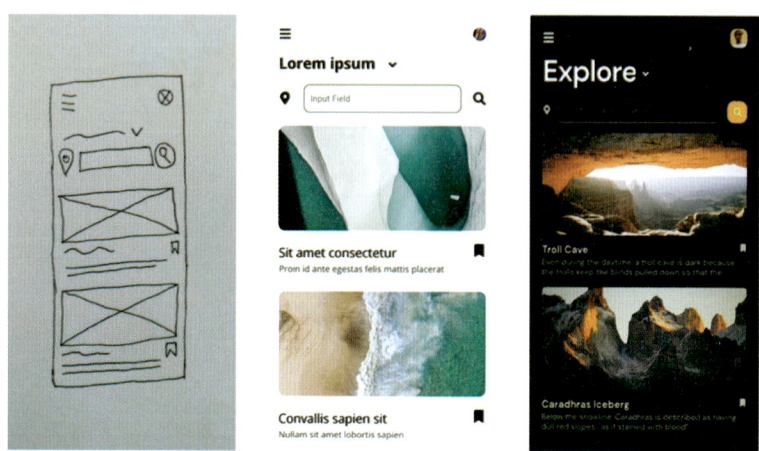

손그림을 와이어프레임, 목업, 프로토타입으로 변환하는 과정(출처: uizard.io)

더 나아가 텍스트 설명만으로 전체 UI 화면을 생성하는 Autodesigner 기능도 제공하여, 아이디어를 한층 손쉽게 구체화할 수 있도록 지원합니다. 예를 들어 "쇼핑 장바구니 화면"이라고 입력하면 관련 UI 화면을 자동으로 생성해줍니다.

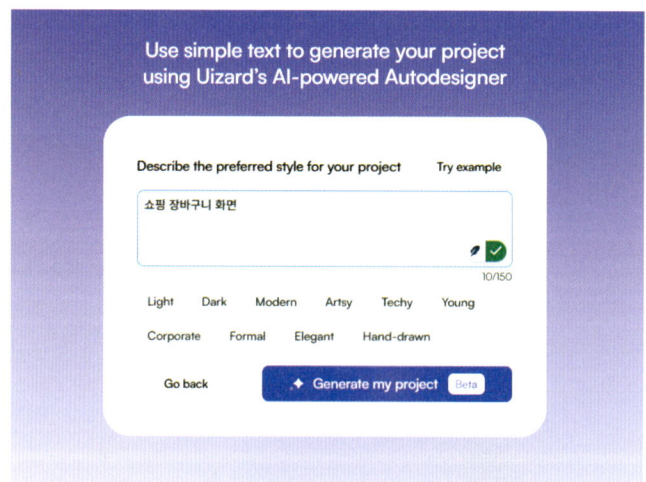

텍스트로 전체 UI를 생성하는 Autodesigner 기능(출처: uizard.io)

UI 템플릿과 테마 생성기

위자드에는 다양한 템플릿과 UI 컴포넌트 라이브러리가 내장되어 있어 빈 화면에서 막막해하지 않고 빠르게 디자인을 시작할 수 있습니다. 앱, 웹사이트, 대시보드 등에 자주 쓰는 레이아웃 프리셋 템플릿을 불러와서 약간의 수정만으로 자신만의 디자인을 만들 수 있을 뿐만 아니라 버튼, 폼, 카드, 내비게이션 바 등 자주 쓰는 UI 요소들을 필요에 따라 드래그 앤 드롭으로 배치해서 적용할 수 있습니다.

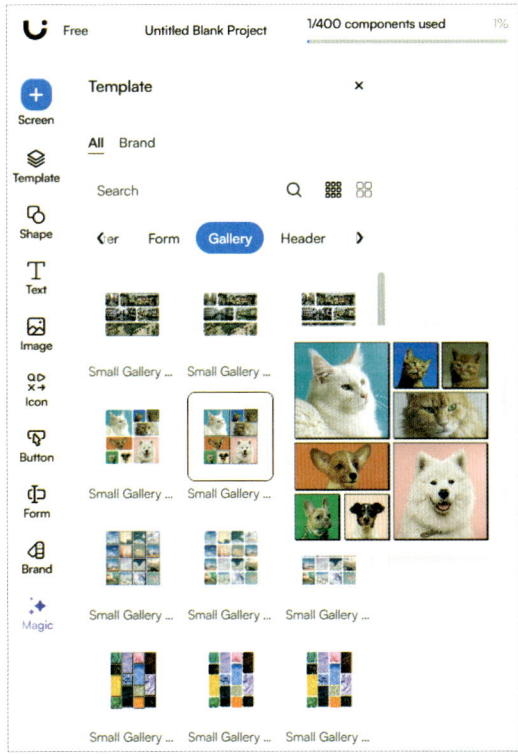

위자드에서 제공하는 다양한 UI 템플릿

특히 위자드의 Theme Generator는 이미지, 스크린샷에서 색상 팔레트와 폰트 스타일을 추출하여 일관된 디자인 테마를 자동으로 만들어 주는 독특한 기능입니다. 예를 들어 마음에 드는 웹사이트 스크린샷이나 사진을 업로드하면, 거기에 쓰인 색상과 글꼴을 분석해 유사한 분위기의 테마를 프로젝트에 적용할 수 있습니다. 이를 통해 디자인 시스템 경험이 부족해도 브랜드 느낌을 살린 UI 시안을 손쉽게 얻을 수 있습니다.

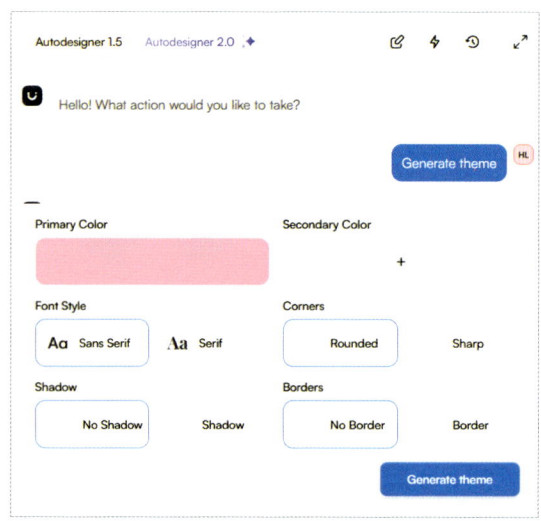

위자드의 Theme Generator 기능

디자인 협업 및 피드백 기능

위자드가 가진 강력한 기능은 실시간 협업과 피드백입니다. 위자드는 피그마와 비슷하게 웹 브라우저에서 동작하기 때문에 별도 소프트웨어 설치 없이도 팀원들을 초대하여 동시에 작업하고 피드백을 주고받을 수 있습니다. 예를 들어 디자이너가 만든 와이어프레임에 기획자나 개발자가 같은 링크로 접속해 함께 편집하거나, 자신의 커서를 통해 실시간으로 의견을 반영할 수 있습니다.

원격지에 있는 팀원과 마치 구글 문서처럼 동시 편집과 버전 공유가 가능하고, 산출물을 이미지로 내보내 주고받을 필요 없이 바로 대화하고 수정할 수 있어 피드백 반영에 드는 시간이 줄어듭니다.

위자드 에디터의 Comment 기능을 활용하면 특정 UI 요소나 화면에 코멘트를 남길 수 있어 맥락에 맞게 피드백을 주고받고 토론할 수 있습니다. 필요하면 스티커 메모 등을 활용해 아이디어를 주고받는 것도 가능합니다.

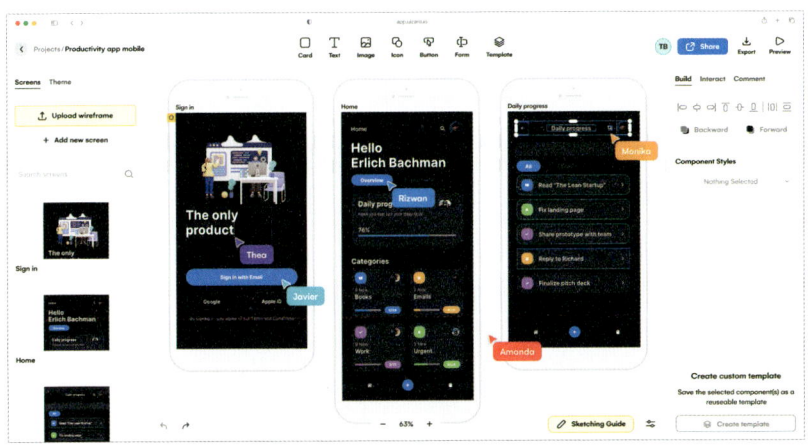

위자드에서 협업하는 화면(출처: uizard.io)

코드 자동 생성 및 프로토타이핑

위자드에서 작업한 결과물은 단순한 이미지가 아니라 인터랙션과 코드를 갖추고 있어 프리뷰 모드Preview mode를 사용하면 디자인한 화면들을 서로 연결해 실제 앱처럼 클릭하고 화면 전환이 가능한 프로토타입을 제작할 수 있습니다. 예를 들어 버튼을 누르면 해당 화면으로 이동하는 등 흐름을 설정하여 디자이너나 이해관계자가 제품으로 개발하기 전에 미리 사용 경험을 체험할 수 있습니다.

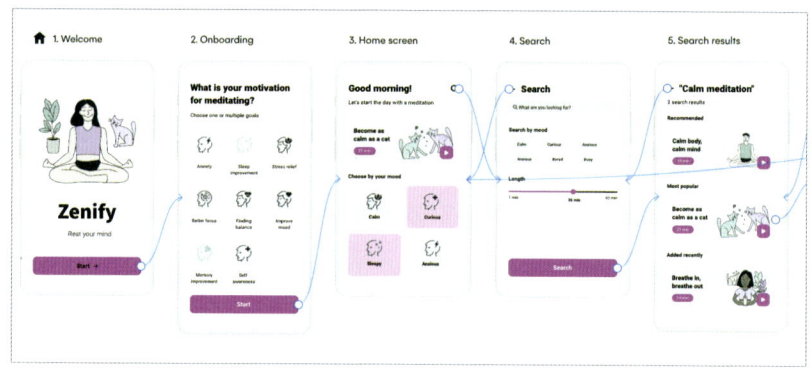

화면 흐름을 경험할 수 있는 프리뷰 모드(출처: uizard.io)

이렇게 완성한 디자인 결과물을 개발에 바로 활용할 수 있도록 코드로 내보내기 기능도 제공합니다. 생성된 UI를 리액트 코드 또는 CSS 스타일시트 형태로 내보내 개발자와 공유할 수 있어 디자인에서 개발 단계로의 핸드오프를 간소화합니다. 즉, 단순 이미지 수준의 프로토타이핑을 넘어 프론트엔드 개발에 가까운 산출물까지도 자동으로 생성할 수 있습니다.

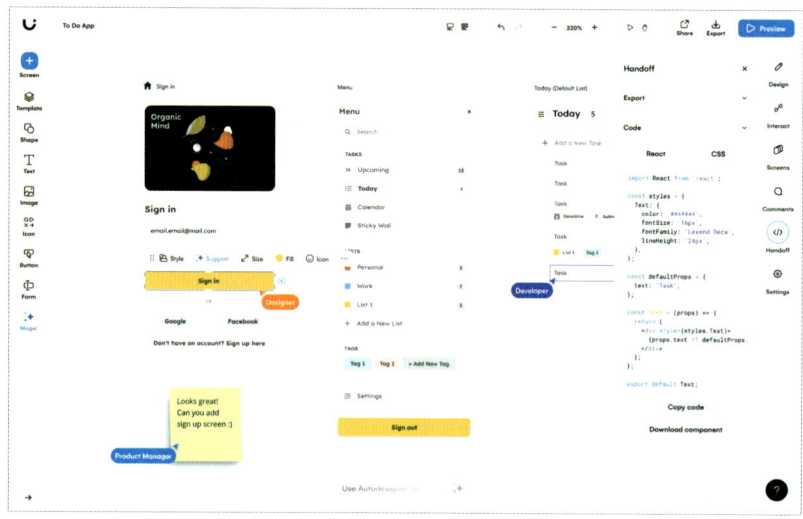

화면을 코드로 내보내는 기능(출처: uizard.io)

UI 이미지를 분석해 그에 상응하는 심볼릭 코드를 생성하는 것은 위자드의 핵심 기술로, 연구 단계에서부터 UI 이미지를 입력받아 HTML/CSS 등 코드로 변환하는 딥러닝 모델을 선보인 바 있습니다. 아이디어 스케치 → UI 디자인 → 프로토타입 → 코드 산출까지 한 곳에서 이루어져 개발자에게 일일이 화면 설명을 하지 않아도 디자인 의도가 반영된 기초 코드를 전달할 수 있고 개발 속도도 향상됩니다.

조직 규모별 위자드 실전 사례

위자드는 출시 이후 스타트업부터 대기업까지 다양한 조직에서 UX/UI 디자인 방식에 변화를 일으키고 있습니다. 스타트업, 대기업 그리고 비전문가까지 3가지 대표적인 사례를 통해 위자드의 실전 활용 방법을 구체적으로 살펴보겠습니다.

스타트업, 이틀 만에 아이디어를 프로토타입으로

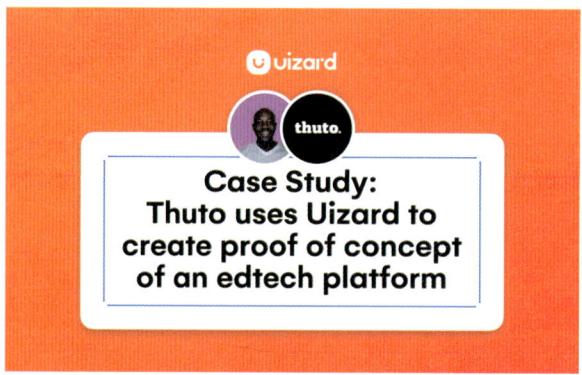

위자드로 교육 플랫폼 개념을 구현한 투토(출처: uizard.io/blog)

남아프리카의 교육 스타트업 투토Thuto의 공동창업자 나띠Nathi는 디자이너나 개발자 출신이 아니었지만, 새로운 앱 아이디어를 눈에 보이는 프로토타입으로 만들어야 했습니다. 처음에는 피그마로 시도했지만 전문 지식이나 디자인 도구를 다뤄 본 경험 없이 쓰기에는 너무 어렵다는 결론을 내렸고, 대안을 찾던 중 위자드를 발견했습니다. 그리고 몇 시간도 아닌 몇 분 만에 머릿속에 있던 아이디어를 UI로 구현할 수 있었습니다. 특히 손그림을 카메라로 촬영한 다음 이미지를 첨부하자 바로 UI 화면으로 변환해주는 와이어프레임 자동 변환 기능에서 비전문가를 위한 도구라는 것을 강하게 느꼈다고 합니다.

위자드를 활용해 투토 프로젝트의 개념을 스케치로 구상한 초기 화면(출처: uizard.io/blog)

그 결과 위자드로 불과 이틀 만에 서비스 프로토타입을 완성할 수 있었고, 이를 공동창업 제안을 위한 시연 자료로 활용하여 투자자와 동료의 관심을 끌었습니다. 이 사례에서 보듯 위자드는 자원과 인력이 한정된 스타트업에서 아이디어의 실현 속도를 높여 주고, 비전문가도 UX/UI를 구현할 수 있어 초기 사업 검증을 위한 MVP 제작에 아주 유용합니다.

> TIP MVP란, Minimum Viable Product의 약자로, 고객의 피드백을 받을 수 있는 최소한의 기능만 구현한 제품을 뜻합니다.

대기업, UX/UI 디자인 과정의 혁신

글로벌 결제 솔루션 기업 인제니코Ingenico는 37개국에 4000명 이상의 직원을 둔 대기업으로, 새로운 제품 아이디어를 발굴하고 프로토타입을 만드는 역할은 기업 내 혁신 팀이 담당하고 있었습니다. 혁신 팀의 문제는 아이디어를 화면으로 구현하기 위한 과정이 비효율적이라는 것이었습니다. 이들은 UI 과정을 전문 디자이너나 외부 컨설턴트에 의존해야 했고, 복잡한 디자인 도구를 다루느라 초기 구상 단계부터 많은 시간과 비용이 들곤 했습니다. 이러한 비효율을 해결하기 위해 인제니코는 AI 기반 디자인 도구로서 위자드를 도입했습니다.

위자드아 인제니코의 제휴(출처: uizard.io/blog)

이들은 위자드의 직관적인 편집기와 UI 템플릿 그리고 스크린샷을 편집 가능한 목업으로 변환하는 AI 기능을 적극적으로 활용하여 아이디어 구상과 협업 시간을 대폭 간소화했습니다. 팀원들은 복잡한 도구 학습에 시간을 들이지 않고 위자드에서 화면을 만들고 수정할 수 있을 뿐만 아니라 자동 디자인 기능으로 외주 리서치나 컨설턴트 도움 없이도 빠르게 UI 시안을 마련할 수 있게 되었습니다. 그 결과 이전에는 3번 이상의 회의를 거쳐야 나오던 프로토타입 초안이 이제 한 번의 세션으로도 충분해졌고, 6개월이 걸렸던 화면 디자인을 단 몇 분만의 작업으로 마무리할 수 있어, 디자인 결정 속도를 높일 수 있었습니다.

위자드로 1분 만에 시각적 결과물을 만들 수 있었다는 인제니코 혁신 팀(출처: uizard.io/blog)

인제니코 혁신 팀의 매니저 로맹 콜네Romain Colnet는 "1분 이내에 시각적인 시안을 만들어 곧바로 팀과 공유하고 반복 개선한 덕분에 워크플로우가 크게 개선되었다."고 말했습니다. 이처럼 규모가 크고 참여 인원이 많은 조직에서도 위자드는 초기 UX/UI 설계 단계의 시간과 비용을 절감하고, 부서 간 협업을 원활하게 하며, 빠른 디자인 시안 제작을 위한 도구로 활용하고 있습니다.

비전문가의 UX/UI 디자인 참여

독일의 소프트웨어 회사 mse IT 솔루션즈에 입사한 한 UX 디자이너는 첫 번째 미션으로 UX 디자인 사고를 전사에 확산시키는 과제에 직면했습니다. 디자이너는 먼저 팀의 디자인 지식 수준을 높이고 협업 부서 동료들이 아이데이션 단계부터 참여하도록 만들고자 했습니다. 기존의 전문 디자인 도구로는 동료들을 교육시키기가 쉽지 않아 고민하던 중 위자드를 도입하게 되었고 상황이 달라졌습니다.

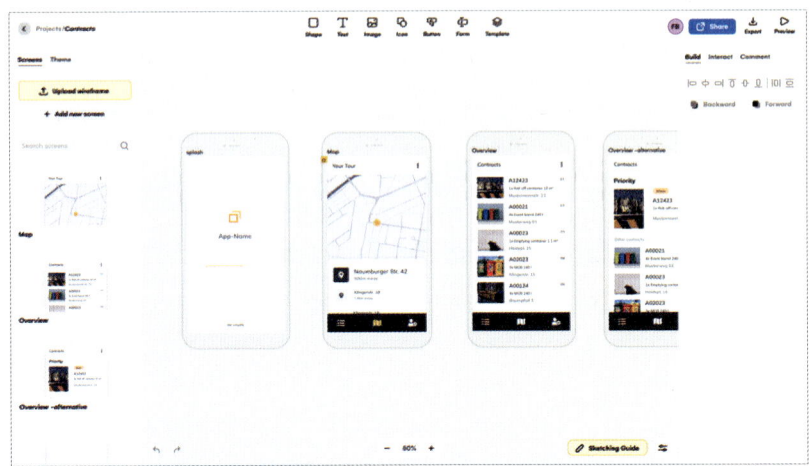

위자드에서 mse IT 솔루션즈가 제작한 앱 인터페이스(출처: uizard.io/blog)

디자이너는 위자드를 활용해 디자인 문서화 작업과 워크숍을 진행했습니다. 이 과정에서 도메인 전문가인 협업 부서 동료들이 직접 위자드에서 와이어프레임을 만들고 의견을 시각화하는 경험을 할 수 있었습니다. 예를 들어 폐기물 관리 솔루션을 개발하는 팀원이 자신의 아이디어를 간단한 화면 목업으로 만들어 공유하면, UX 디자이너가 이를 다듬어 완성도를 높이는 식으로 모두가 디자인 프로세스에 기여하게 된 것입니다. 심지어는 경영진도 이제는 디자이너의 도움 없이 직접 고객용 UI 목업을 만들 수 있게 되었다고 합니다.

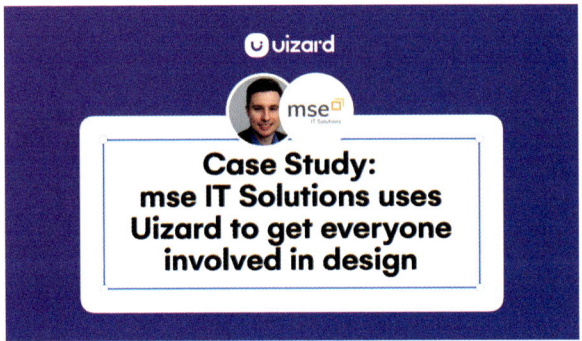

모든 팀원이 디자인에 참여하게 된 mse IT 솔루션즈 사례(출처: uizard.io/blog)

이 사례는 위자드가 비전문가들의 디자인에 대한 진입 장벽을 낮추고, UX 디자인 문화를 확산시키는 도구로 활용될 수 있음을 보여 줍니다. 결과적으로 mse IT 솔루션즈는 이제 디자인이 특정 부서의 업무가 아니라 팀 전체의 공동 작업이 되었으며, 이를 통해 더 사용자 중심적인 제품 설계가 이루어지고 있습니다.

이처럼 위자드는 UX/UI 디자이너의 역할을 창작자에서 큐레이터로 변화시키고 있습니다. 이제 위자드를 통해서 전문 디자이너는 보다 전략적인 역할에 집중하고, 비디자이너 역시 자신의 창의적 아이디어를 직접 제품화할 수 있는 시대가 가까워지고 있습니다. 앞으로 위자드가 선보일 새로운 기능들과 변화가 UX/UI 디자인 업계에 어떠한 혁신을 가져올지 주목할 만합니다.

14장

AI 기반 사용자 분석 도구, 메이즈

메이즈는 완성된 제품 없이 디자인 시안만으로 사용자 테스트를 실행할 수 있는 AI 기반 UX 리서치 플랫폼입니다. 피그마 등과 연동하여 클릭 경로, 히트맵, 성공률 등의 데이터를 정량적으로 수집하고, 카드 소팅, A/B 테스트, 인터뷰 요약 등 다양한 리서치 기능도 지원합니다. 이를 통해 개발 전 빠르게 문제점을 발견하고 개선할 수 있어, 빠른 실패와 반복적 개선을 강조하는 현대 제품 개발 방식에 최적화된 도구로 자리매김하고 있습니다. 이번 장에서는 사용자 테스트에 특화된 메이즈에 대해서 알아봅니다.

빠른 실패와 개선의 중요성

메이즈Maze는 별도의 코딩이나 완성된 제품 없이도 디자인 프로토타입을 통해 사용자 테스트(UT)를 수행할 수 있게 도와주는 UX 리서치 서비스입니다. 웹이나 앱 디자인 시안을 피그마, 스케치, 어도비 XD 등 프로토타입 도구와 연동하여 메이즈에 업로드하면, 실제 사용자들이 그 시안을 사용해보도록 테스트를 구성하는 방식입니다. 메이즈는 '미로'라는 의미처럼 사용자의 경로와 행동을 추적하여 어디를 클릭하고 어떻게 이동하는지 기록하고, 이를 히트맵이나 경로 분석 등을 리포트로 제공합니다. 이를 통해 사용자가 우리 제품을 이용할 때 어디서 어려움을 겪을지, 어떤 흐름으로 움직이는지를 한눈에 파악할 수 있습니다.

사용자 경로를 분석한 리포트 (출처: maze.co)

메이즈는 2018년 프랑스의 UX 디자이너 조너선 위다우스키Jonathan Widawski와 개발자 토마 마리Thomas Mary에 의해 탄생했습니다. 두 공동 창업자는 이전 스타트업에서 제품을 개발하던 중 아직 완성되지 않은 프로토타입만으로 사용자에게 미리 피드백을 얻고 싶었습니다. 하지만 시중의 도구들은 화면 녹화 기반의 정성적 테스트 위주라서 수많은 영상을 일일이 보며 인사이트를 뽑아 내야 했고, 이는 시간과 자원이 너무 많이 드는 작업이었습니다. 이에 한계를 느낀 창업 팀은 프로토타입에 분석 레이어를 추가하여 클릭 데이터를 수집하는 간단한 해킹을 시도했고, 개발 단계 이전에 정량 데이터를 얻는 획기적인 방법을 찾아냈습니다. 이 아이디어를 발전시켜 몇 달 만에 메이즈의 첫 버전을 완성했습니다. 메이즈의 초기 버전은 수작업으로 히트맵을 그릴 정도로 매우 기본적이었지만 사용자 행동 데이터를 시각화한다는 가능성을 보여 주었습니다.

그렇게 그들은 투자금을 확보해 2018년 메이즈 서비스를 공식 출범시킨 지 몇 달만에 우버, 이베이, IBM, 마이크로소프트, 마스터카드 등 글로벌 기업을 포함해 2천 명 이상의 사용자를 모았습니다. 그만큼 시장에 빠르고 손쉬운 사용자 테스트 도구에 대한 수요가 높았음을 보여 줍니다.

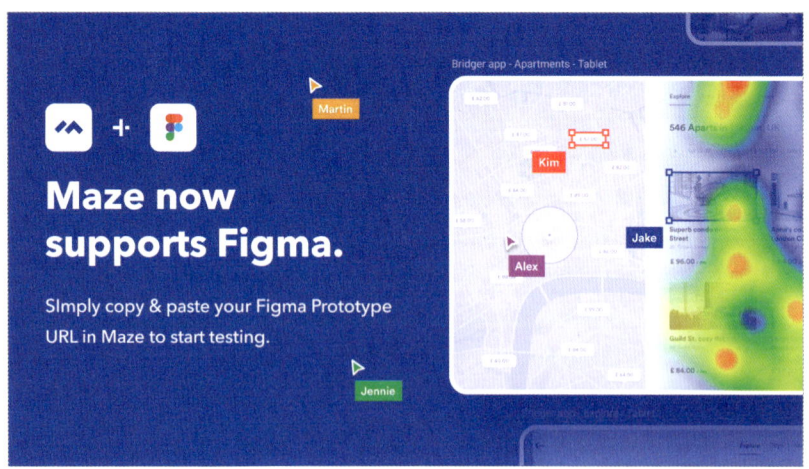

피그마 프로토타입과 메이즈 연동 기능을 소개하는 화면(출처: techcrunch)

현재 메이즈는 전 세계 6만 개 이상의 팀이 신뢰하는 대표적인 UX 리서치 도구로 성장하였으며, 누구나 사용자 데이터에 근거해 디자인을 개선할 수 있도록 도와주는 필수 도구로 자리매김하고 있습니다.

메이즈의 가장 큰 가치는 빠른 피드백 수집과 의사 결정 지원에 있습니다. 이전까지 사용자 테스트를 진행하려면 완성된 제품과 많은 리소스가 필요했고, 사용자 테스트를 진행한 후에는 녹화 영상, 음성 파일 등을 일일이 분석해야 하는 등 많은 시간이 소요가 되었습니다. 그러나 메이즈를 사용하면 디자인 단계에서 바로 정량적인 사용자 데이터를 얻을 수 있어 개발 이전에 문제점을 발견하고 개선할 수 있습니다. 예컨대, 사용자들이 특정 화면에서 버튼을 찾지 못해 헤맨다면 메이즈의 히트맵과 경로 분석을 통해 즉시 그 사실을 알 수 있고, 디자인을 수정할 근거를 확보하게 됩니다.

또, 카드 소팅, 설문 조사(예: NPS 등), A/B 테스트와 같이 검증된 UX 리서치 기법들이 템플릿으로 내장되어 있어 누구나 손쉽게 다양한 방식의 테스트를 설계할 수 있습니다. 메이즈가 자동으로 생성해주는 결과 리포트에는 성공률, 클릭률 같은 핵심 지표(KPI)부터 사용자 경로, 응답 요약까지 정리되어 있으므로 데이터에 기반한 의사 결정을 빠르고 효율적으로 내릴 수 있습니다.

메이즈의 주요 기능

메이즈는 UX/UI 디자인 프로세스 전반에 걸쳐 유용한 여러 기능을 제공해 리서치 업무를 자동화하고 간소화합니다. 대표적으로 메이즈라는 서비스의 탄생 배경이 된 프로토타입 사용성 테스트, A/B 테스트, 카드 소팅, 설문 조사, 사용자 인터뷰 분석 등이 있습니다. 각 기능이 어떤 방식으로 프로세스를 자동화하는지 하나씩 살펴보겠습니다.

프로토타입 사용성 테스트

프로토타입 사용성 테스트는 메이즈의 핵심 기능으로, 디자인 시안(프로토타입)에 미션을 설정하고 실제 사용자가 그 작업을 수행하는 방식입니다. 예를 들어 "장바구니에 상품 추가하기"와 같은 미션을 만들어 두면, 사용자는 메이즈 링크를 통해 해당 프로토타입을 사용해보고 주어진 미션을 완료합니다. 메이즈는 이 과정에서 사용자의 모든 클릭과 이동 경로, 걸린 시간, 미션 성공 여부 등을 추적합니다. 성공률, 총 작업 시간, 이탈률 등의 정량 지표가 자동 수집되고, 화면별로 어디를 많이 클릭했는지 히트맵으로 시각화됩니다. 이를 통해 프로토타입 단계에서 UI의 문제점(예: 사용자가 길을 찾지 못하는 화면이나 오클릭이 발생한 요소)을 빠르게 발견하고 개선할 수 있습니다. 특히 테스트 배포 후 응답이 들어오는 즉시 대시보드에 실시간으로 히트맵과 성공률 결과가 업데이트되기 때문에 진행 중에도 사용자 행동을 모니터링하며 문제를 파악할 수 있습니다.

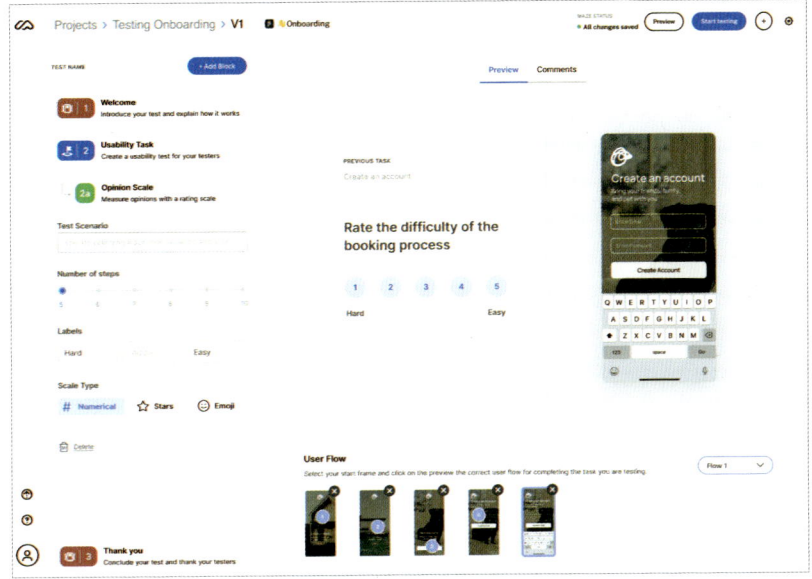

메이즈에서 사용성 테스트를 생성하는 화면(출처: staceylindesign.com)

A/B 테스트(변형 비교)

메이즈는 하나의 테스트에 2가지 이상의 디자인 버전을 넣고 비교 실험을 할 수 있는 A/B 테스트 기능을 제공합니다. 예를 들어 버튼 색상이 다른 두 버전의 화면을 테스트에 적용해, 어느 쪽에서 사용자가 목표를 더 잘 수행하는지에 대한 데이터를 수집할 수 있습니다. 각 버전의 클릭률, 전환율 등의 지표를 자동으로 비교 분석해주므로 디자인 선택에 근거를 마련할 수 있습니다. 글로벌 SaaS 기업인 브레이즈Braze의 디자인 팀도 메이즈의 A/B 테스트를 활용하여 신기능 UI 시안 중 어떤 것이 더 나은지 데이터로 검증했고, 이를 통해 의사 결정 속도를 높이기도 했습니다. 이처럼 메이즈의 A/B 테스트 기능은 디자인 방향성에 대한 가설 검증을 도와주어 팀 내 합의나 클라이언트 설득에 유용한 자료를 제공합니다.

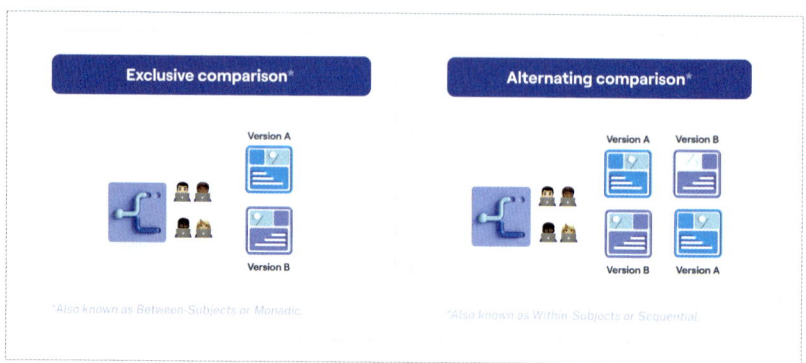

A/B 테스트 방식인 단일 비교와 교차 비교(출처: maze.co)

카드 소팅 & 설문 조사

메이즈에서는 카드 소팅Card Sorting과 설문 기능을 블록 형태로 추가할 수 있습니다. 카드 소팅은 UI 메뉴 구성이나 콘텐츠 분류와 같은 정보 구조Information Architecture(IA)를 평가할 때 유용한 기법으로, 메이즈가 제공하는 인터페이스에서 사용자가 카드들을 카테고리별로 분류하는 방식입니다. 메이즈는 사용자들이 카드를 어떻게 분류했는지 패턴을 분석하여 결과를 보여 주므로 정보 구조 설계에서 개선점을 찾는 데 도움이 됩니다.

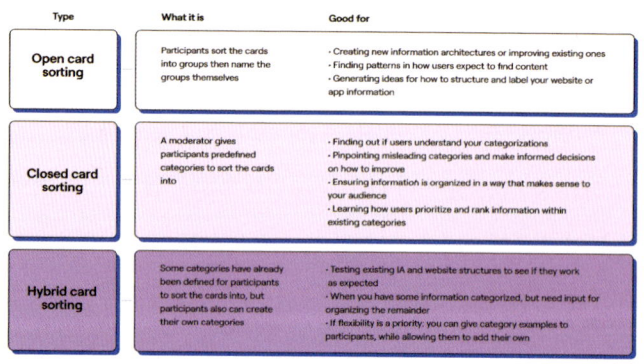

Open, Closed, Hybrid 3가지 카드 소팅 방식을 비교한 표(출처: maze.co)

설문 조사 블록을 사용하면 사용자에게 주관식 의견이나 리커트 척도(Likert scale) 평점 등을 수집할 수 있습니다. 예를 들어 특정 미션을 수행한 후 "이번 작업이 얼마나 쉽다고 느꼈는지 1~5점으로 평가해주세요."와 같은 질문을 하거나 전체 사용성에 대한 NPS(순추천지수)를 물어볼 수도 있습니다. 메이즈는 이 설문에 대한 응답 데이터를 응답 분포나 평균값 등을 한눈에 볼 수 있게 제공하고, 이를 통해 정성적 피드백과 만족도 지표, 정량 데이터(클릭·경로) 등을 함께 확보함으로써 디자인 개선에 필요한 인사이트를 얻을 수 있습니다.

사용자 인터뷰 분석

메이즈는 정량적 사용자 테스트 도구로 출발했지만, 최근에는 사용자 인터뷰와 같은 정성적 연구도 지원하기 시작했습니다. 메이즈 인터뷰 기능을 통해 줌(Zoom) 녹화 파일이나 인터뷰 영상을 업로드하면 AI가 자동으로 음성을 필사(Transcript)하고 요약해줍니다. 인터뷰 대화 내용에서 중요한 주제 키워드를 추출하고, 영상의 하이라이트를 클립으로 생성해주며, 여러 인터뷰에 걸쳐 공통으로 나타나는 패턴과 테마도 그룹화해줍니다.

예를 들어 1시간짜리 사용자 인터뷰를 여러 건 진행했다면 각 인터뷰를 몇 분 만에 텍스트로 변환하고 핵심을 요약해주므로 연구자는 방대한 원자료를 일일이 들여다보는 시간을 아낄 수 있습니다. 또, 중요한 사용자 코멘트를 하이라이트로 뽑아내 리포트를 생성해주어서 팀원들과 인터뷰 인사이트를 공유하기도 수월합니다. 이러한 AI 기반 인터뷰 분석 기능 덕분에 디자이너와 리서처는 정성적 데이터도 빠르게 처리하여 의사 결정에 반영할 수 있고 정량적 데이터와 정성적 데이터의 통합적인 UX 리서치를 메이즈 플랫폼 하나에서 수행할 수 있습니다.

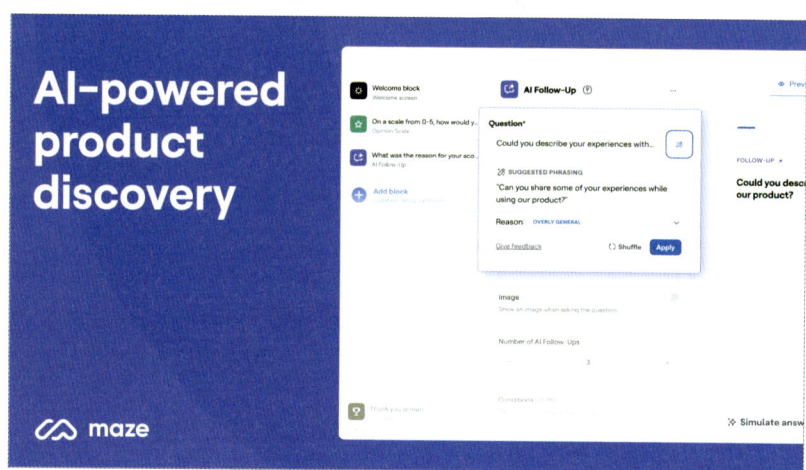

메이즈의 AI 기반 질문 추천 기능(출처: maze.co)

경로 분석과 히트맵

메이즈의 경로 분석Path Analysis과 히트맵 기능은 일종의 사용자 여정 지도를 그려 줍니다. 각 화면에서 사용자들이 어떤 순서로 어디를 클릭했는지, 예상 경로대로 움직였는지 아니면 다른 경로를 택했는지를 결과 페이지에서 확인할 수 있습니다. 이 경로 분석을 통해 사용자들이 목표를 달성하기 위해 거치는 단계를 추적하고, 의도한 대로 UX 플로우가 매끄러운지 점검할 수 있습니다. 만약 다수 사용자가 의도치 않은 경로로 흩어지거나 특정 단계에서 이탈한다면, 해당 구간의 UX를 개선해야 함을 알 수 있습니다. 또, 메이즈 내부에 사용자 여정 지도를 일일이 그리지 않아도 자동으로 데이터 기반 경로가 나오므로 별도의 도구 없이 사용자 여정 지도와 유사한 효과를 얻을 수 있습니다.

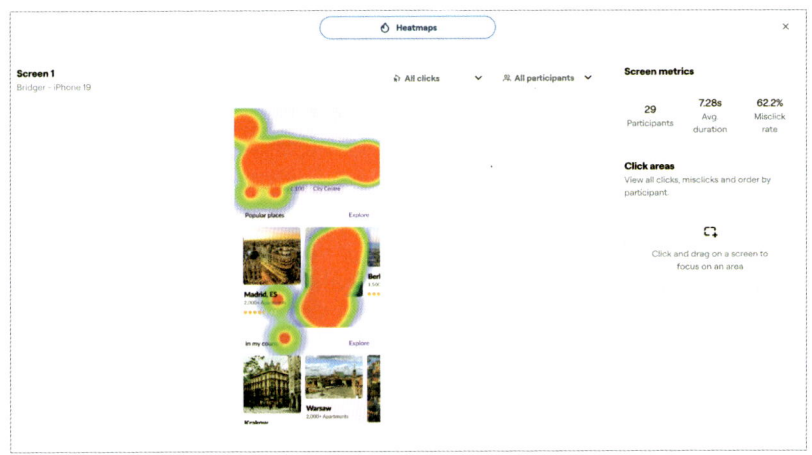

사용자 클릭 히트맵 분석 화면(출처: maze.co)

이 밖에도 테스터 모집Recruiting, 팀원 협업 및 보안 관리 등의 부가 기능도 제공합니다. 메이즈 플랫폼에서 필요한 테스트 참가자를 모집할 수 있는 패널 기능(Maze Reach)을 제공하여, 적합한 대상자 프로필을 설정하면 전 세계 패널을 통해 수백 명의 응답을 며칠 내에 확보할 수도 있습니다. 또한 결과 리포트 공유 기능으로 팀원이나 이해관계자와 테스트 결과를 링크 형태로 간단하게 공유하고, PDF 내보내기 기능으로 문서화도 가능합니다. 권한 관리, SSO 로그인, GDPR 준수 등 기업용 보안 및 관리 기능도 갖추고 있어 대규모 조직에서도 안심하고 활용할 수 있습니다.

디자인 프로세스를 가속화하는 메이즈 실전 사례

메이즈는 출시 이후 다양한 규모와 분야의 기업들이 UX/UI 디자인 현장에서 활용해오고 있습니다. 월마트, 레노보, 볼보, 히타치, BBVA 은행, 아틀라시안 등 글로벌 대기업부터 스타트업까지 전 세계 6만여 팀이 메이즈를 통해 사용자 인사이트를 얻고 있습니다. 특히 디지털 프로덕트를 만드는 테크 기업의 디자이너들이 즐겨 사용하는 도구로 자리매김했습니다. 우버, 이베이의 디자인 팀은 프로토타입 단계에서 신기능 UI를 테스트하여 문제를 조기에 발견했고, IBM과 마이크로소프트의 디자이너들은 메이즈를 통해 방대한 사용자 피드백을 효율적으로 수집합니다.

대표적인 활용 사례로는 글로벌 SaaS 기업인 브레이즈Braze와 미국의 차량 유리 수리 전문 회사인 세이프라이트Safelite를 꼽을 수 있습니다. 브레이즈는 자사 제품의 SMS 발송 기능 개편을 앞두고 메이즈로 A/B 테스트를 진행했습니다. 2가지 디자인 안을 메이즈에 올려 실제 고객들을 대상으로 사용성 테스트를 실시한 결과 데이터에 근거해 더 나은 안을 선택할 수 있었습니다. 테스트 완료까지 걸린 시간은 불과 며칠로, 이는 기존 대비 3배나 빠른 수준이었습니다. 브레이즈 디자인 팀은 "메이즈를 사용하면서 제품 디자인 프로세스가 크게 가속화되었고, 빠른 피드백 덕분에 더 나은 사용자 경험을 제공할 수 있었다."라고 평가했습니다.

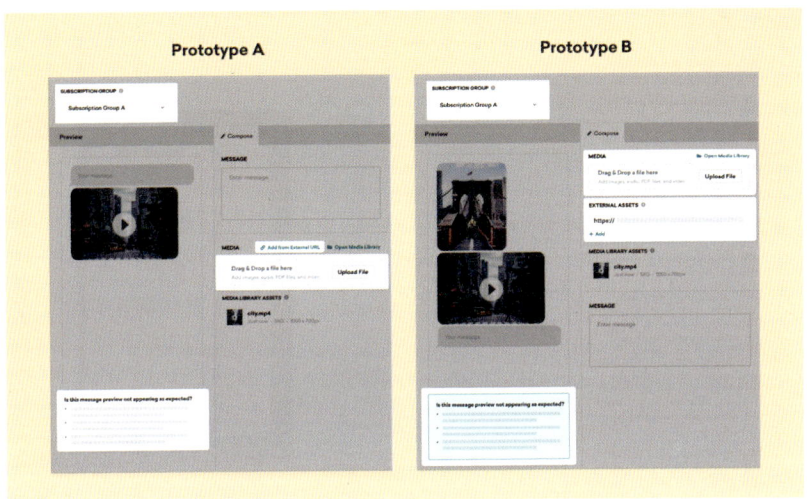

브레이즈의 SMS 기능 개편을 위한 A/B 테스트 프로토타입 비교 화면(출처: maze.co)

세이프라이트는 온라인 서비스 예약의 사용자 경험을 개선하기 위해 원격 사용성 테스트를 시행하여, 고객들이 예약 흐름 중 혼란을 느끼는 지점들을 데이터로 파악할 수 있었습니다. 그 결과 UI를 수정하고 프로세스를 다듬어 고객 예약 완료율을 높이고 운영 효율을 개선할 수 있었습니다. 세이프라이트는 이것이 브랜드 평판 향상과 비즈니스 성과 증대로 이어졌다고 평가했습니다.

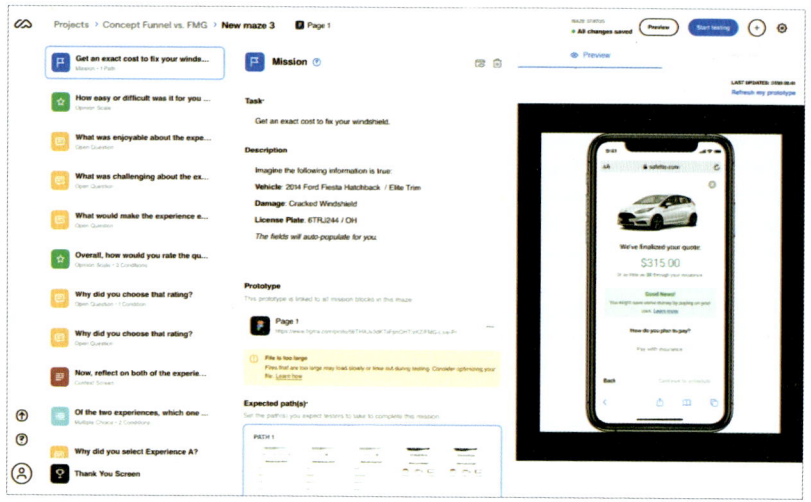

세이프라이트의 온라인 예약 UX 개선을 위한 테스트(출처: maze.co)

국내에서도 메이즈 활용 사례가 서서히 늘고 있습니다. 아직 널리 알려진 편은 아니지만, 원격 사용자 테스트의 수요 증가와 맞물려 스타트업 UX 팀을 중심으로 메이즈가 도입되기 시작했습니다. 인터페이스는 영어지만 테스트 질문은 한글로 입력할 수 있으며, 응답자 모집 또한 링크를 통해 자유롭게 진행할 수 있어 국내 사용자 테스트 진행에 큰 무리 없이 쓸 수 있습니다. 실제로 국내의 한 UX 에이전시는 웹 서비스 개편 프로젝트를 위해 메이즈로 전면적인 비대면 사용성 테스트를 진행했습니다. 이들은 피그마로 만든 프로토타입을 메이즈에 연동하고 주요 시나리오에 대해 테스트를 설계했습니다. 테스트 링크를 배포한 지 불과 1~2일 만에 수십 건의 응답이 모였고 메이즈 대시보드를 통해 실시간으로 사용자 행동을 분석할 수 있었습니다. 덕분에 오프라인 인터뷰나 사용자 관찰과 같이 비용과 시간이 많이 드는 과정 없이도 사용자들이 어디에서 어려움을 겪는지 파악했고, 발견된 이슈를 개선하여 출시 전에 품질을 높일 수 있었습니다.

메이즈를 사용함으로써 얻는 효율을 수치로도 볼 수 있습니다. 메이즈 측 자료에 따르면 여러 기업이 메이즈 도입 후 테스트 비용 약 75% 절감하고 인사이트 도출 시간도 약 50% 단축했다고 합니다. 또, 사용자 피드백을 수집하는 속도가 이전보다 2~3배 빨라졌으며, 데이터에 근거해 확신을 가지고 제품을 출시하게 되었다는 피드백도 전하고 있습니다. 예를 들어 프랑스 투자 은행인 Bpifrance는 "메이즈를 통해 리서치를 한 곳에 모아 팀 전체에 공유할 수 있게 되었고, 메이즈 패널을 이용해 이틀 만에 300여 건의 응답을 얻어 의사 결정에 활용했다."라고 밝혔습니다. 이렇듯 짧은 시간에 대규모 사용자 의견을 수렴하여 제품에 반영함으로써 기업들은 사용자 중심 디자인을 구현하고 시장에서의 실패 위험을 낮추고 있습니다.

메이즈는 '빠른 실패와 개선'을 지향하는 현대 제품 개발 문화와 결이 맞는 도구로, 실무에서 검증된 유용성을 보여 주고 있습니다. 특히 사용자 데이터에 근거한 디자인 결정을 가능케 함으로써 규모가 작은 스타트업의 앱부터 글로벌 기업의 서비스에 이르기까지 메이즈가 UX 품질 향상의 숨은 조력자 역할을 톡톡히 수행하고 있습니다.

메이즈의 활용 가치와 한계

메이즈는 UX/UI 디자이너들에게 강력한 무기이자 친근한 파트너가 되는 도구입니다. 사용하기 쉬운 인터페이스와 풍부한 기능을 통해 프로토타입 단계부터 사용자 피드백을 즉각적으로 수집할 수 있고, 이를 바탕으로 디자인을 데이터에 근거해 개선함으로써 제품의 성공 확률을 높입니다. 메이즈를 활용하면 디자이너는 자신의 가설을 손쉽게 검증하고, 팀 내외부에 객관적인 근거로 설득할 자료를 얻을 수 있습니다. 뿐만 아니라 개발 이전에 치명적인 UX 문제를 발견해 막대한 시행착오 비용을 절감할 수 있습니다. 특히 리소스가 부족한 작은 팀이나 주니어 디자이너에게 메이즈는 실무에 가까운 사용자 리서치 경험을 제공하여 데이터 기반 디자인 의사 결정 역량을 키우는 훌륭한 학습 도구가 되기도 합니다.

물론 메이즈에도 한계점들이 있습니다. 프로토타입이 간혹 불안정하거나, 응답자의 성의 없는 참여로 인한 데이터 노이즈, 그리고 다소 한정적인 분석 기능 등 한계점도 지적됩니다. 그러나 이러한 부분들은 빠르게 개선되고 있으며, 메이즈도 스스로 AI 도입과 기능 업데이트를 통해 더 정확하고 심도 있는 인사이트 제공을 목표로 발전 중입니다.

데이터와 사용자 관점을 겸비한 디자이너가 각광받는 시대에, 메이즈는 필수 파트너라고 해도 과언이 아닙니다. 빠르게 움직이는 스타트업부터 체계적인 프로세스를 갖춘 기업까지, 메이즈를 통해 빠르게 그러나 올바르게 제품을 만드는 것이 경쟁력으로 이어지고 있습니다. UX/UI 디자이너라면 메이즈가 선사하는 이점들을 적극 활용하여 자신만의 디자인 프로세스를 한층 업그레이드할 수 있을 것입니다.

15장

노코드 UI 디자인의 패러다임, 웹플로우

노코드 UI 디자인의 시대가 되었습니다. 이 패러다임은 UX/UI 디자인에 혁신적인 변화를 일으키고 있습니다. 이는 전문적인 디자인, 개발 지식 없이도 누구나 웹사이트나 애플리케이션을 구축할 수 있다는 뜻입니다. 이러한 접근 방식은 이전보다 훨씬 빠르게 제품을 출시하고 테스트할 수 있어 시장의 반응을 신속하게 확인하면서 서비스를 개선할 수 있게 합니다. 또, 보다 적은 인력으로 높은 생산성을 내면서 유기적으로 디자인과 개발 과정을 연결시킬 수 있습니다. 이번 장에서는 노코드라는 새로운 패러다임을 이끌고 있는 대표적인 노코드 UI 디자인 도구, 웹플로우를 소개하겠습니다.

노코드 UI 디자인의 선두, 웹플로우

웹플로우Webflow는 전문적인 코딩 지식 없이도 웹사이트를 디자인하고 개발할 수 있는 강력한 노코드 웹 개발 플랫폼입니다. 2013년에 설립된 이 서비스는 복잡한 코딩을 시각적인 드래그 앤 드롭 방식으로 대체해 사용자가 웹사이트의 레이아웃, 디자인, 기능을 자유롭게 구성할 수 있도록 제공하고 있습니다.

웹플로우의 창업자 블라드 막달린Vlad Magdalin의 비전은 코딩 지식이 없는 사람들도 전문적인 웹사이트를 만들 수 있는 플랫폼을 제공하는 것이었고, 이를 바탕으로 웹플로우를 창립했습니다. 그의 끈질긴 노력과 비전은 웹플로우를 성공적으로 성장시켜 현재 노코드 웹 개발의 선두주자로 자리 잡게 했습니다. 현재 웹플로우의 시장 가치는 무려 5조 원으로 평가를 받고 있습니다.

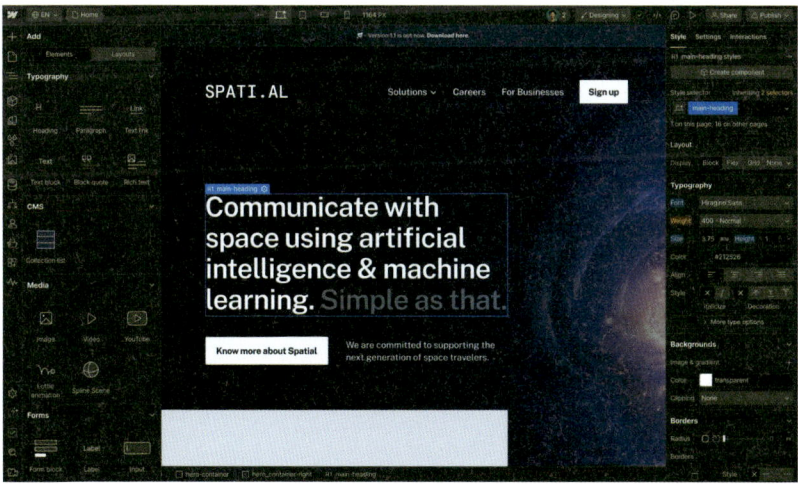

웹플로우 서비스 인터페이스 화면(출처: 웹플로우 웹사이트)

웹플로우의 핵심 기능은 다음 5가지로 정리할 수 있습니다.

높은 디자인 자유도

웹플로우는 거의 모든 디자인을 구현할 수 있는 높은 유연성을 제공합니다. 이는 템플릿의 제약을 뛰어넘어 디자이너가 창의력을 발휘할 수 있게 하며 고급 사용자 인터페이스와 독창적인 웹 디자인을 쉽게 구현할 수 있습니다.

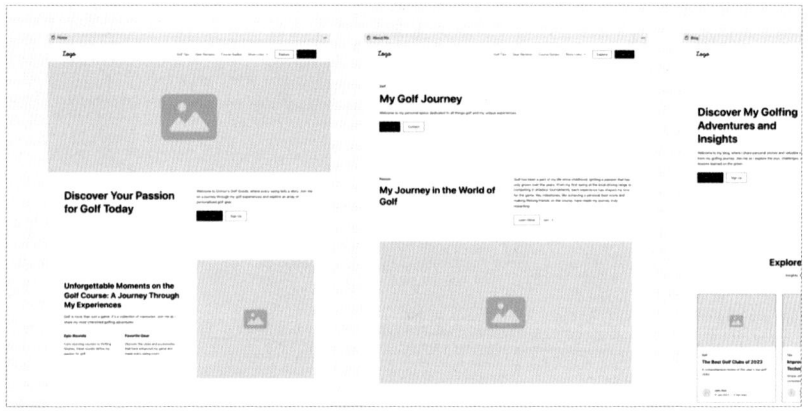

자유도 높은 웹플로우의 자유도(출처: university.webflow.com)

반응형 디자인

다양한 디바이스 환경에서 웹사이트의 레이아웃을 미리 확인하고 조정할 수 있는 기능을 제공합니다. 이를 통해 데스크톱, 태블릿, 모바일 등 다양한 화면 크기에 맞는 반응형 웹사이트를 구축할 수 있습니다.

레이아웃 조정이 자유로운 웹플로우(출처: university.webflow.com)

CMS 기능

웹플로우는 내장된 CMS Contents Management System (콘텐츠 관리 시스템) 기능을 통해 블로그, 포트폴리오, 제품 카탈로그 등 다양한 동적 콘텐츠를 쉽게 관리할 수 있습니다. 콘텐츠의 업데이트와 관리를 직관적으로 수행할 수 있어 많은 기업과 개인 사용자들에게 유용합니다.

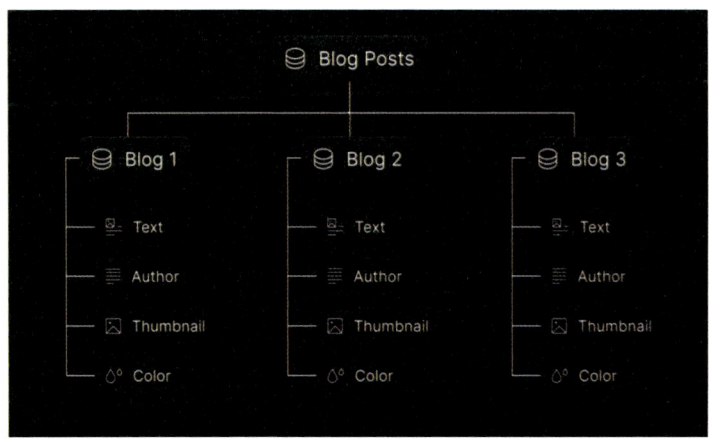

웹플로우에서 제공하는 CMS 구조(출처: university.webflow.com)

SEO 최적화

자동으로 최적화된 코드를 생성하며, 메타 태그, URL 구조, 사이트맵 등 검색 엔진 최적화에 필요한 요소들을 쉽게 관리할 수 있습니다. 이는 검색 엔진에서의 가시성을 높여 웹사이트의 노출도를 향상시키는 데 도움이 됩니다.

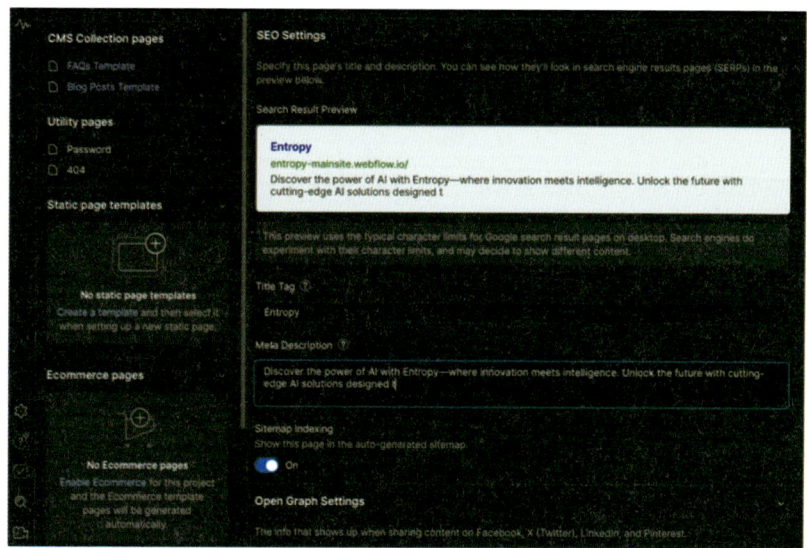

SEO 최적화를 위한 SEO Settings 기능(출처: university.webflow.com)

이커머스 기능 제공

온라인 스토어를 설정하고 관리할 수 있는 기능을 제공하며 결제 처리, 재고 관리, 주문 추적 등 기본적인 전자상거래 요소를 모두 포함하고 있습니다.

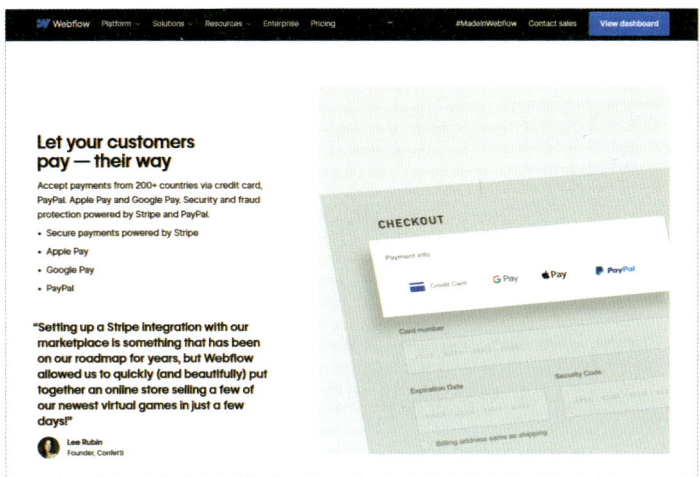

이커머스 지원 기능 소개 페이지(출처: webflow.com/ecommerce)

호스팅 서비스

웹플로우 자체적으로 호스팅을 제공해 별도의 외부 호스팅 서비스가 필요하지 않으며, 이는 웹사이트 운영의 복잡성을 줄여 주고 관리 효율성을 높이는 데 기여합니다.

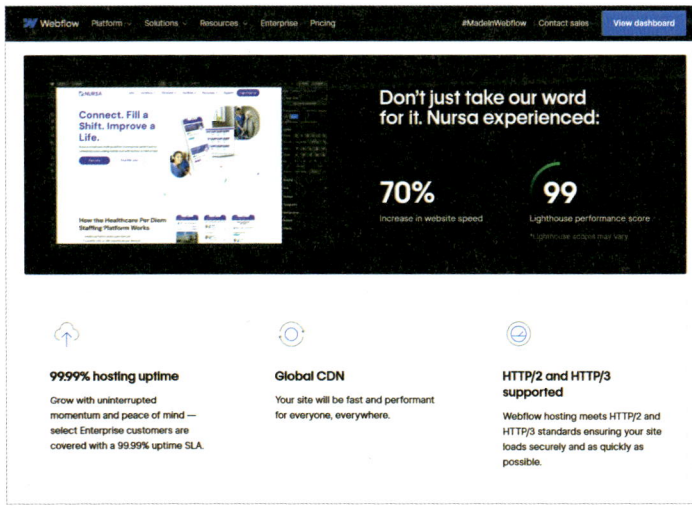

웹플로우의 호스팅 소개 페이지(출처: webflow.com/hosting)

시간과 비용을 아끼는 웹플로우 실전 사례

웹플로우는 활용도가 높은 만큼 활용 사례 역시 무척 다양합니다. 대표적으로 전자 서명 서비스인 드롭박스 사인Dropbox Sign은 웹플로우로 웹사이트 제작 방식을 전환한 뒤 마케팅 팀에 제어권을 부여하여 개발자에게 할당되는 부하를 기존 대비 약 67% 줄였습니다. 덕분에 개발 팀은 더 생산적인 기능 개발에 시간을 쏟을 수 있었고, 마케팅 팀은 더 빠르게 웹사이트를 업데이트하고 새로운 페이지를 만들 수 있을 뿐만 아니라 마케팅 캠페인의 실행 속도와 효율성을 크게 향상시켰습니다.

일본 라쿠텐 그룹의 물류 서비스 자회사인 라쿠텐 슈퍼 로지스틱스(RSL) 역시 기존 워드프레스에서 웹플로우로 웹사이트 시스템을 전환함으로써 시간, 비용 그리고 보안 문제까지 해결한 사례가 있습니다. 이 기업은 시스템 전환 후 단 몇 개월 만에 수천 달러의 비용을 절감했고, 웹사이트 작업 시간이 약 93% 단축되어 생산성이 크게 향상되었습니다. 덕분에 웹사이트 관리와 업데이트가 훨씬 효율적이 되었으며, 고객 서비스 개선에도 긍정적인 영향을 쳤다고 합니다.

또 다른 사례로는 데이터 기업 데이터 통합 스타트업인 파이브트랜Fivetran으로, 이 기업은 웹플로우를 통해 3개월 만에 전체 사이트를 마이그레이션하고 30개의 새로운 페이지를 제작했습니다. 이렇게 디자인 시스템을 구축함으로써 제작 시간을 획기적으로 줄였고 덕분에 시장 변화에 빠르고 유연하게 대응할 수 있게 되었습니다.

이처럼 웹플로우는 글로벌 대기업부터 스타트업까지 시간을 줄이거나 비용을 아끼는 등 눈에 띄는 지표를 보이지만, 그만큼 강력한 기능을 모두 활용하려면 학습 곡선이 높습니다. 특히 웹 디자인이나 개발 경험이 없는 사용자에게는 초기 진입 장벽이 높을 수 있습니다. 다른 웹사이트 빌더에 비해 가격 역시 다소 높은 편입니다. 특히 고급 기능을 사용하거나 대규모 프로젝트를 진행할 경우 비용이 크게 증가할 수 있습니다. 또, 복잡한 데이터 관계나 복잡한 쿼리 처리 기능이 필요한 프로젝트에서는 웹플로우의 데이터베이스 기능이 제한적일 수 있습니다.

그럼에도 웹플로우는 웹 디자인과 개발의 패러다임을 변화시킨 혁신적인 도구로, 지속적인 개선을 통해 강력한 기능을 제공하고 있습니다. 코딩 없이도 전문적인 웹사이트를 구축할 수 있다는 장점이 있기 때문에 웹 디자인의 미래를 이끌어갈 주요 플랫폼으로 자리 잡을 가능성이 높습니다. 다소 높은 학습 곡선과 기능적 한계가 존재하지만, 이러한 단점들을 극복하고 혁신을 지속하고 있기 때문에 향후 더욱 주목할 만한 도구로 성장할 것입니다.

16장

디자인과 개발 간격을 줄이는, 프레이머

프레이머는 디자인, 프로토타이핑, 협업, 코드 통합, 배포까지 지원하는 올인원 UX/UI 디자인 플랫폼입니다. 직관적인 인터페이스와 고급 인터랙션 기능, 코드 기반 컴포넌트 연동, 실시간 협업 지원으로 디자이너와 개발자 간의 경계를 허물며, 특히 AI 기능을 통해 자동 UI 생성, 콘텐츠 작성, 다국어 번역, 원클릭 퍼블리싱까지 가능하게 합니다. 토스와 재피어 등 실무 사례는 프레이머가 디자인 생산성과 일관성을 높이는 핵심 도구로 자리 잡고 있음을 보여 줍니다.

디자이너와 개발자를 위한 종합 디자인 도구

프레이머Framer는 디자이너와 개발자를 위한 종합 디자인 도구로, 디자인부터 프로토타이핑, 실시간 협업, 코드 통합까지 한 곳에서 제공하는 플랫폼입니다. 처음에는 코드 기반 프로토타이핑 도구로 시작했지만, 현재는 웹사이트 빌더까지 기능이 확장되어 프레이머에서 디자인을 마치고 웹으로 출시까지 할 수 있는 강력한 기능을 갖추고 있습니다.

프레이머에서 웹페이지를 디자인하는 편집 화면(출처: framer.com)

프레이머의 주요 특징과 핵심 기능을 정리하면 다음과 같습니다.

직관적인 인터페이스와 디자인 도구

프레이머는 직관적인 캔버스와 풍부한 디자인 편집 기능을 제공하여 UI 요소를 배치하고 스타일을 조정하는 작업을 수월하게 해줍니다. 이를 통해 누구나 쉽게 고품질의 화면 디자인을 만들 수 있을 뿐만 아니라 섬세한 작업까지 수행할 수 있습니다. 예를 들어 벡터 도형, 이미지, 텍스트 등을 자유롭게 활용하고, 레이아웃 그리드나 자동 정렬 등의 편의 기능으로 일관된 디자인을 손쉽게 구성할 수 있습니다.

프레이머 에디터 화면(출처: framer.com)

강력한 프로토타이핑과 인터랙션

프레이머는 강력한 프로토타이핑 엔진을 내장하고 있어, 별도의 코드 작성 없이도 화면 전환, 애니메이션, 제스처 등 인터랙션이 포함된 프로토타입을 만들 수 있습니다. 마우스 클릭이나 드래그만으로도 요소들의 상태 변화를 정의하고 부드러운 전환 효과를 줄 수 있으며, 결과물을 실제 앱이나 웹에서 동작하는 것처럼 미리 볼 수 있습니다. 예를 들어 화면 A에서 버튼을 누르면 화면 B로 슬라이드 이동하거나 스크롤 시 요소가 서서히 나타나는 효과 등을 프레이머에서 바로 설정하고 체험할 수 있습니다. 이러한 기능 덕분에 디자이너와 이해관계자들은 개발 전에 사용자 경험을 미리 검증하고 개선할 수 있습니다.

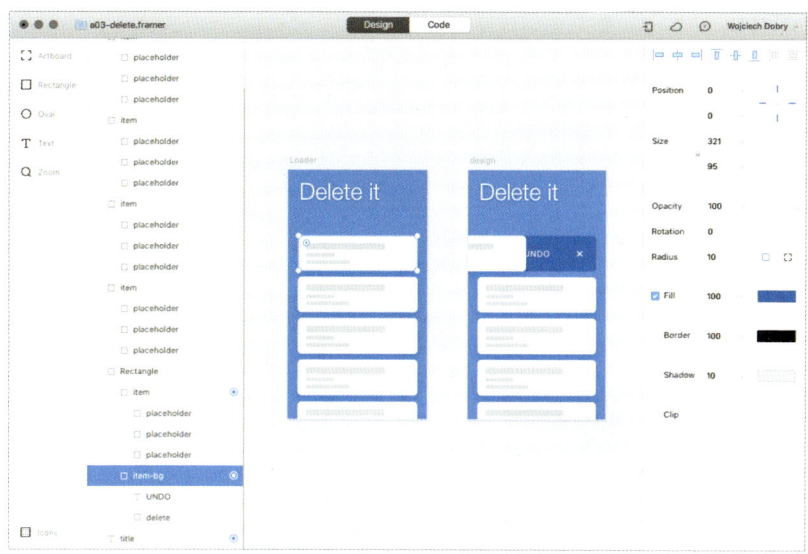

프레이머 인터랙션 설정 화면(출처: framer.com)

재사용 가능한 인터랙티브 컴포넌트

프레이머는 자주 쓰는 UI 구성 요소(버튼, 슬라이더, 내비게이션 바 등)를 미리 정의한 인터랙티브 컴포넌트 라이브러리를 제공합니다. 이 컴포넌트들은 기본적인 상호 작용(예: 버튼 클릭 시 상태 변화)이 내장되어 있어 끌어다 놓기만 하면 즉시 동작하는 UI 요소를 간편하게 사용할 수 있습니다. 디자이너는 컴포넌트의 속성(Properties)을 편집하여 텍스트나 색상, 크기 등을 변경해 자신의 디자인 스타일에 맞출 수 있고, 이렇게 만든 컴포넌트를 반복 재사용하여 일관성 있는 디자인 시스템을 구축할 수 있습니다. 이러한 재사용 가능한 컴포넌트 개념은 디자인 작업의 효율을 높일 뿐만 아니라, 제품 전반에 걸쳐 일관된 UX/UI를 유지하는 데에도 도움을 줍니다.

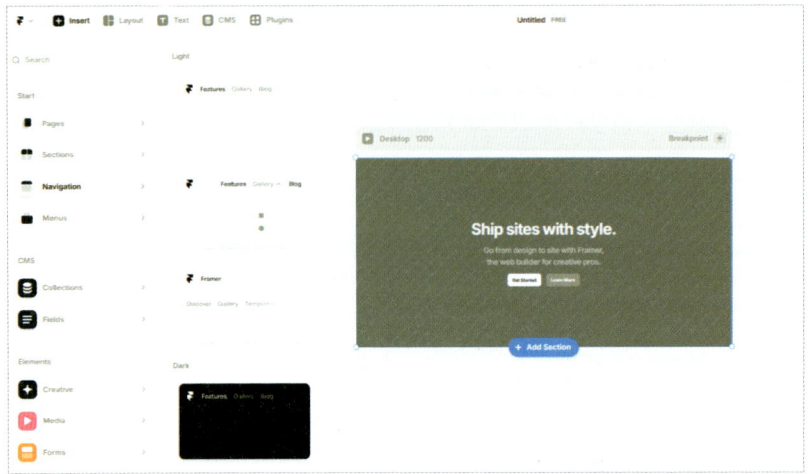

컴포넌트 라이브러리(출처: framer.com)

실시간 협업 및 버전 관리

프레이머는 현대적인 클라우드 기반 도구답게 여러 팀원이 동시에 같은 프로젝트에서 작업할 수 있는 실시간 협업 기능을 지원합니다. 예를 들어, 디자인 팀의 구성원들이 동시에 한 캔버스에서 각기 다른 페이지나 컴포넌트를 편집하면 그 내용이 실시간으로 동기화되어 모두가 항상 최신 결과물을 확인할 수 있습니다. 또, 주석(Comment) 기능을 통해 팀원 간 피드백을 주고받거나 수정 요청을 남길 수 있어 원활한 소통이 가능합니다. 원활한 버전 관리를 위해 변경 내역(History)을 보존하고 이전 버전으로 되돌릴 수 있어 안전한 협업이 이루어지도록 돕습니다.

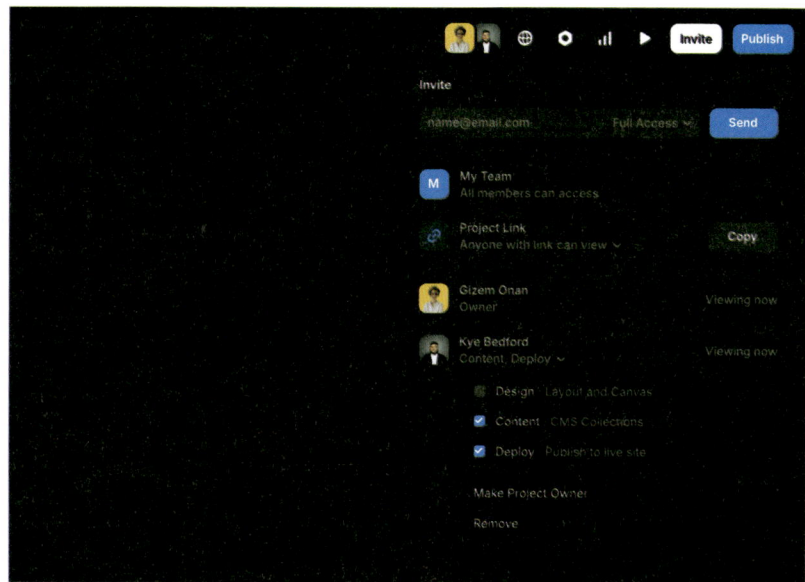

프레이머에서 실시간 협업 기능(출처: framer.com)

코드 통합 및 개발 연계

프레이머의 가장 강력한 장점은 디자인과 개발의 경계를 크게 줄였다는 점입니다. 다른 디자인 도구들이 출력물을 이미지나 벡터 형태로 전달하는 반면, 프레이머는 코드 컴포넌트를 디자인에 직접 가져다 쓸 수 있습니다. 예를 들어 프레이머에서 개발자가 제공한 리액트 컴포넌트를 가져오면, 디자이너는 마치 일반 디자인 요소처럼 그 컴포넌트를 화면에 배치하고 속성을 조절할 수 있습니다. 이는 코드를 몰라도 실제 개발에 쓰이는 컴포넌트를 그대로 활용해 디자인할 수 있음을 의미합니다. 이렇게 하면 디자인 도구에서의 스펙과 실제 개발 스펙이 일치되므로 디자인에서 의도한 대로 구현될 가능성이 높아집니다. 개발자는 프레이머에서 디자이너가 구성한 화면을 보고 동일한 컴포넌트와 속성으로 개발하면 되므로 디자인을 해석하거나 코드를 작성하는 시간을 절약할 수 있습니다. 즉, 프레이머는 '디자인이 곧 코드'가 되게 함으로써 디자이너와 개발자 사이 핸드오프 과정을 혁신한 것입니다.

이처럼 프레이머는 디자인 과정의 처음(와이어프레임)부터 마지막(코드 출력 및 웹 퍼블리싱)까지 전 과정을 통합한 도구입니다. 덕분에 프로토타입을 빠르게 만들고 사용자 테스트를 거쳐 수정이 필요하면 즉시 디자인에 반영하고 다시 시험해볼 수 있습니다. 전문적인 디자인 작업에 필요한 기능을 모두 갖춘 것은 물론이고, 직관적인 인터페이스를 제공하여 새로운 사용자도 금방 적응할 수 있습니다.

프레이머의 주요 기능

프레이머는 AI를 활용하여 디자인 생산성을 한층 높여 주는 기능들을 선보이고 있습니다. 자연어 프롬프트로 UI를 구성하거나 AI가 디자인 콘텐츠(텍스트 등)를 생성할 뿐만 아니라 기존 콘텐츠를 개선해주며, 나아가 원클릭 퍼블리싱으로 개발 없이도 바로 결과물을 배포하는 등 디자인 작업의 많은 부분을 자동화하고 있습니다. 이 기능들을 하나씩 구체적으로 알아보겠습니다.

텍스트 프롬프트로 자동 UI 생성
프레이머의 Generate Page 기능은 사용자가 텍스트로 원하는 디자인을 설명하면 AI가 그에 맞는 웹 페이지 레이아웃을 자동으로 만들어 주는 도구입니다. 예를 들어 "모던하고 미니멀한 스타일의 포트폴리오 웹사이트를 디자인해주세요."와 같이 프롬프트를 입력하면, 설명에 부합하는 페이지 구조, 레이아웃, 색상, 타이포그래피 등을 종합적으로 생성합니다. 이 기능은 프레이머 에디터에서 활성화할 수 있으며, 챗GPT 같은 텍스트 생성형 AI를 함께 활용하면 보다 정교한 프롬프트를 작성해 활용할 수도 있습니다.

프레이머는 헤더, 메뉴, 본문, 버튼 등 웹 페이지의 기본 요소들이 고르게 갖추어진 완성도 높은 초안을 제공합니다. 특히 주목할 점은 반응형 디자인까지 고려한다는 것입니다. 데스크톱, 태블릿, 모바일 등 다양한 화면 크기에 맞게 자동으로 레이아웃을 조정하는 브레이크포인트가 포함되므로 일일이 반응형 대응을 하지 않아도 됩니다. 실제로 프레이머의 AI는 생성된 레이아웃을 여러 그리드 형태로도 시도해보고, 지도를 포함한 복잡한 요소까지 넣어 주는 등 생각하지 못한 참신한 조합을 하기도 합니다. 이렇게 수십 초 안에 기본 페이지 구조를 얻음으로써 초기 디자인 과정에 드는 시간을 대폭 단축시켜 여러 가지 디자인 아이디어를 빠르게 실험해볼 수 있습니다.

물론 AI가 만든 결과물은 시작점일 뿐이므로 이후 세부적으로 디자인을 다듬는 과정이 필요합니다. 하지만, 백지 상태에서 처음 레이아웃을 구상하는 어려움을 줄여준다는 점에서 이 기능에는 큰 가치가 있습니다.

콘텐츠 생성 및 최적화

프레이머는 레이아웃뿐 아니라 디자인에 들어갈 콘텐츠(텍스트) 생성도 도와줍니다. 웹사이트나 앱 화면을 디자인해본 적이 있다면 버튼 레이블이나 카드에 들어갈 텍스트를 작성하는 데 꽤 많은 고민을 했던 경험이 있을 것입니다. 이때 프레이머의 AI 텍스트 리라이트 기능을 활용하면 자연스러운 문장이 생성됩니다. 예를 들어 사용자가 작성한 카피가 어색하거나 마음에 들지 않을 때 해당 텍스트 레이어에 "Rewrite" 명령을 입력하면 GPT-4 기반의 AI 엔진이 맥락에 맞게 내용을 재작성하여 한층 매끈한 문구로 개선해줍니다. 클릭 한 번으로 콘텐츠의 품질을 높일 수 있기 때문에 마치 전문 카피라이터가 검수해준 것 같은 효과를 얻을 수 있습니다. 프레이머를 활용하면 초기 기획 단계에서 완벽한 텍스트가 없어도 디자인을 시작할 수 있고, 이후 AI의 도움을 받아 텍스트를 작성하고 수정하는 수고를 덜 수 있습니다.

또한 다국어 웹사이트를 손쉽게 만들 수 있도록 번역 기능을 지원합니다. 일일이 직접 번역할 필요 없이 프레이머가 페이지 전체를 자동 번역해주어 여러 언어 버전의 사이트를 즉시 만들 수 있습니다. 영어로 작성된 페이지를 한국어, 일본어, 스페인어 등으로 번역하는 데 몇 초면 충분합니다. 수동으로 번역하고 수정하던 작업에 비해 현저히 빠른 속도와 편의성을 제공하며, 특히 현지화가 중요한 글로벌 서비스에게 큰 이점입니다. 단순히 기계적 번역을 하는 것이 아니라 브랜드 문맥과 문체에 맞추어 번역해주는 AI 스타일 옵션도 제공합니다. 오픈 AI의 GPT-4 Turbo 모델로 구동되는 이 기능은, 브랜드마다 원하는 어조(톤)와 금칙어(사용하지 않기를 원하는 단어 등)까지 반영하여, 다국어로 번역된 후에도 브랜드의 목소리가 일관되게 유지되도록 도와줍니다.

이 외에도 사이트의 목적과 대상에 맞춰 적절한 콘텐츠 아이디어를 제안해주는 기능도 갖추고 있습니다. 웹사이트를 처음 만들 때 어떤 내용과 문구를 넣어야 할지 막막하다면, 프레이머 AI가 업계의 모범 사례와 사용자 선호도를 참고하여 관련 있는 헤드라인, 문단 내용, CTA 문구 등을 추천해줍니다. 이를 통해 콘텐츠 작성을 위한 영감을 얻고, 보다 사용자 친화적인 카피를 작성하는 데 도움을 받을 수 있습니다. 요컨대, 프레이머의 AI 콘텐츠 기능들은 디자인에 들어가는 텍스트를 생성하고 다듬는 번거로운 작업을 자동화함으로써 디자이너가 비주얼 디자인과 UX 설계에 더욱 집중할 수 있게 해줍니다.

원클릭 퍼블리싱과 개발 업무 자동화

프레이머는 개발자 도움 없이도 완료된 디자인을 웹에 배포할 수 있는 기능을 제공합니다. 이전까지는 디자인 시안이 완성되면 개발자가 이를 받아 웹 페이지로 코딩하고, 서버에 업로드하여 배포하는 등 복잡한 단계를 거쳐야 했습니다. 그러나 프레이머에서는 디자인을 완성한 후 [Publish] 버튼만 클릭하면 프레이머의 호스팅 서버를 통해 곧바로 웹사이트가 인터넷에 공개됩니다.

이때 SEO 최적화나 반응 속도 등도 프레이머가 기본적으로 최상의 상태로 설정하여 배포하므로 별도 개발 작업이 필요 없습니다. 예를 들어 프레이머를 활용하는 마케팅 팀은 개발 팀에 의존하지 않고도 새로운 랜딩 페이지를 직접 만들고 즉시 배포할 수 있습니다.

프레이머의 퍼블리싱 기능은 프레이머 전용 도메인(프레이머.app 혹은 프레이머.ai)으로 기본 제공되며 커스텀 도메인 연결도 손쉽게 지원합니다. 뿐만 아니라 CMS 기능도 내장하고 있어 디자이너나 콘텐츠 매니저가 직접 사이트의 텍스트나 이미지를 교체하고 변경 사항을 실시간으로 반영할 수 있습니다. 이러한 모든 것들이 코드 수정이나 별도 배포 과정 없이 이루어지므로 디자인부터 출시까지의 전 과정이 원활한 원스톱 프로세스가 됩니다.

디자인부터 배포까지 한 번에, 프레이머의 실전 사례

프레이머가 실제 업무에서는 어떻게 활용되고 있는지, 국내 사례인 토스와 해외 사례인 재피어를 통해 살펴보겠습니다. 각 사례를 자세히 살펴보면 해당 기업들이 왜 프레이머를 도입하게 되었는지에 대한 배경과 활용 방식, 그리고 도입 이후 어떤 변화와 효과가 나타났는지에 대해 구체적으로 알 수 있습니다.

프레이머로 디자인과 개발자 사이를 이은 토스

간편 결제 서비스 토스는 사용자 경험을 중시하는 디자인 문화로 유명합니다. 토스의 디자인 팀은 2021년 프레이머를 본격 도입하여 디자인과 개발 워크플로우에 큰 변화를 가져왔습니다. 도입 배경에는 기존 디자인 도구들의 한계에 대한 문제 의식이 있었습니다. 프레이머 이전에 토스 디자인 팀은 스케치, 피그마 등을 사용해 UI 화면을 그리고, 제플린(Zeplin)으로 개발자에게 전달하는 방식을 취했습니다.

이 과정에서 여러 가지 비효율이 발생했는데, 예를 들어 화면 설계를 할 때 가능한 모든 경우의 수를 대비해 수십 개의 화면을 그려야 하거나, 텍스트 길이에 따라 수동으로 말줄임 처리를 하는 등 디자인에 실제 데이터와 상호 작용을 반영하지 못한 채 작업해야 하는 점 등이었습니다. 하지만 근본적인 문제는 정적인 디자인 도구로는 실제 앱의 동적인 속성을 표현하기 어렵다는 것이었습니다. 그림으로 그린 버튼을 보고 실제 앱에서 그 버튼을 탭했을 때 어떤 화면으로 전환되고 어떤 애니메이션이나 피드백(예: 토스트 팝업, 진동)이 발생하는지를 온전히 전달하기가 어려웠습니다. 그 결과 개발자가 상상에 의존해 구현하다 보니 최종 결과물이 디자이너의 의도와 다르게 나오는 경우도 많았습니다.

이러한 한계에 직면한 토스 디자인 팀은 "개발 컴포넌트를 그대로 가져와서 디자인할 수는 없을까?"라는 발상의 전환을 하게 됩니다. 즉, 디자인 단계에서부터 실제 구현되는 코드 컴포넌트를 사용함으로써 디자인과 개발 사이의 격차를 줄여 보자는 아이디어였습니다. 여러 도구를 검토한 끝에 토스가 선택한 해법은 프레이머였습니다. 프레이머는 코드 기반의 디자인 도구지만, 코드를 직접 작성하지 않아도 되는 사용자 친화적인 인터페이스를 갖추고 있었고, 결정적으로 개발자가 작성한 리액트 컴포넌트를 가져와 디자인에 활용할 수 있는 점이 토스 팀의 니즈와 정확히 맞아떨어졌습니다. 토스에서는 프레이머 도입과 함께 디자인 시스템(TDS)을 구성하는 주요 UI 컴포넌트들을 모두 리액트로 구현하여 프레이머에 연동시켰고, 디자이너들은 이제 이 컴포넌트들을 조립해서 화면을 디자인하기 시작했습니다.

프레이머 도입 이후 토스 디자인 팀의 작업 방식에는 커다란 변화가 있었습니다. 우선 하나의 도구로 모든 작업을 수행하게 되었습니다. 이전에는 Abstract(버전 관리) → 스케치(디자인) → 제플린(가이드 전달) → 스토리북 Storybook(개발 결과 확인) 등 단계마다 다른 도구를 사용했지만, 이제 프레이머 하나로 디자인과 프로토타이핑, 개발 인스펙션까지 해결하게 되면서 도구 전환에 드는 시간과 노력이 대폭 감소했습니다. 특히 스케치 시안과 별도로 개발용 가이드를 작성한다거나 스토리북에서 앱이 어떻게 동작하는지 확인할 필요가 없어졌습니다. 프레이머에서 바로 동작하는 프로토타입을 만들면, 개발자는 그대로 구현하면 되므로 디자인 산출물이 곧바로 실행 가능한 스펙의 역할을 하게 되었습니다.

프로토타이핑 문화의 확산도 큰 변화 중 하나였습니다. 프레이머 도입 전에는 시안을 인터랙티브하게 구현해보는 시도가 많지 않았지만 프레이머에서는 디자인하는 즉시 모든 UI 요소가 실제처럼 동작하는 상태이므로 프로토타입이 즉각 만들어지는 환경이 되었습니다. 당시 헤드 디자이너의 말에 따르면 "프레이머로 디자인하면 입력 필드나 버튼 같은 UI 요소들이 다 동작하는 상태여서, 프로토타입을 만들지 않으면 손해다. 도구 전환 후 프로토타입 제작률이 이전보다 120% 늘었다."라고 합니다. 그만큼 디자이너들이 적극적으로 인터랙션이 포함된 프로토타입을 만들어서 기획 단계부터 사용자 경험을 검증하고, 화면 흐름을 조정하거나 로딩 상황을 고려하는 등 디지털 제품 설계에 더욱 집중할 수 있게 된 것입니다.

프레이머 덕분에 디자인과 개발 사양 간의 격차도 사라졌습니다. 디자인에 사용된 컴포넌트와 실제 개발에 쓰이는 컴포넌트가 동일하므로 제품의 일관성이 크게 향상되었고, 프레이머 파일만으로 개발자에게 디자인 의도를 전달할 수 있게 되었습니다. 예를 들어 이전에는 리스트 항목 양쪽에 있는 텍스트가 모두 길어지면 어디까지 표시되고 어디서 줄임표 처리되는지 등을 문서로 일일이 알려 주어야 했지만, 이제는 컴포넌트 조합으로 보여 주는 것으로 전달이 가능해졌습니다. 자연히 개발자들도 디자인 시안을 해석하거나 다시 만들 필요 없이 프레이머 디자인을 보고 그대로 개발하면 되니 개발 생산성 또한 향상되었습니다.

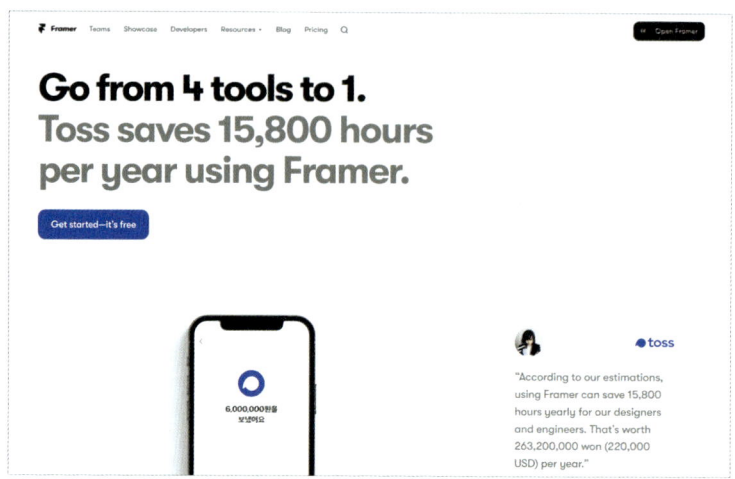

프레이머 도입으로 시간 절감 효과를 본 토스 사례(출처: framer.com)

이러한 정량적, 정성적 효과는 실제 지표로도 입증되었습니다. 토스 디자인 팀은 프레이머 도입 이후 연간 약 15800 시간에 달하는 업무 시간을 절감했고, 이는 약 2.6억 원에 상당하는 인건비 절약에 달합니다. 또, 디자이너와 개발자의 디자인 도구에 대한 만족도를 나타내는 NPS Net Promoter Score 점수가 기존 60점에서 85점으로 크게 상승했습니다. 요컨대, 프레이머의 도입은 토스에게 디자인 프로세스의 혁신을 가져왔으며, 디자인 시스템의 활용도 증대, 프로토타이핑 문화 정착, 부서 간 협업 강화, 생산성 향상 등의 다방면에서 긍정적인 변화를 이끌어냈습니다.

프레이머로 브랜드 경험을 재정의한 재피어

재피어 Zapier는 다양한 웹 서비스 간의 연결을 통해 업무 자동화를 지원하는 글로벌 SaaS 기업으로, 최근 자사 브랜드 리뉴얼을 진행하면서 브랜드 가이드라인 웹사이트를 프레이머로 구축했습니다. 기존에는 구글 드라이브에 정리된 정적 브랜드 가이드 문서를 사용했으나 이는 스토리텔링이나 상호 작용이 부족한 형태여서 외부 파트너나 내부 직원에게 브랜드 철학을 효과적으로 전달하기 어렵다는 문제가 있었습니다. 이에 재피어 디자인 팀은 새로운 브랜드 가이드라인을 더 생동감 있고 몰입도 있게 보여 줄 방법을 모색했고, 모션 그래픽과 인터랙티브 요소를 풍부하게 담을 수 있는 도구로 프레이머를 선택했습니다. 프레이머는 부드러운 애니메이션 구현 능력과 직관적인 UI 그리고 기업 보안 요구 사항에도 부합하는 안정성을 갖추고 있어 이들의 요구에 잘 맞아떨어졌습니다.

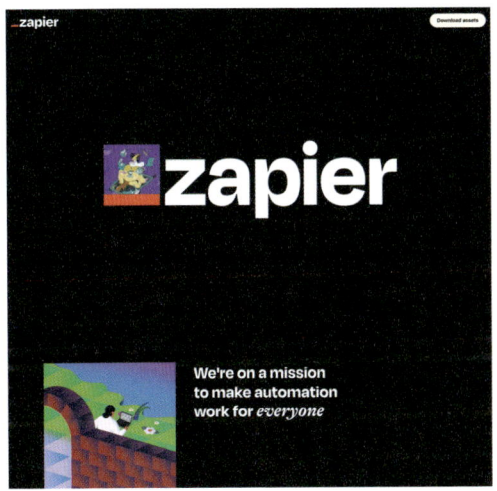

재피어 브랜드 로고 및 미션 슬로건 화면(출처: zapier.com)

소수의 팀으로 빠르게 작업해야 했던 재피어 디자인 팀은 프레이머의 생산성을 최대한 활용하였습니다. 덕분에 콘텐츠 작가 1명과 디자이너 2명으로 구성된 작은 팀이 불과 2주 만에 새로운 브랜드 가이드 사이트를 디자인하고 구축하여 공개할 수 있었습니다. 첫째 주에는 프레이머의 피그마와 유사한 인터페이스 덕분에 익숙한 느낌으로 디자인 작업을 마쳤고, 둘째 주에는 디자인을 그대로 프레이머에서 웹 페이지로 퍼블리싱한 것입니다. 이를 통해 재피어는 새로운 브랜드 사이트를 성공적으로 런칭할 수 있었고, 정적인 가이드 문서를 동적인 스토리텔링 경험으로 탈바꿈시킬 수 있었습니다. 예를 들어, 재피어의 핵심 색상과 그래픽 요소들이 스크롤에 따라 자연스럽게 애니메이션되면서 나타나고, 사용자가 직접 토글이나 클릭을 해보며 브랜드 요소를 체험할 수 있게 함으로써 단순히 읽는 것 이상의 몰입감 있는 브랜드 경험을 제공할 수 있었습니다.

프레이머 도입 이후 재피어 디자인 팀은 브랜드 콘텐츠를 다루는 자율성이 크게 높아졌습니다. 이제 디자이너들은 개발자에 의존하지 않고도 원하는 대로 웹 페이지를 디자인하고 수정할 수 있으며, 새로운 캠페인 페이지나 고객 사례 소개 등을 만들 때에도 신속하게 제작할 수 있게 되었습니다. 재피어는 프레이머의 기능을 활용해 브랜드 이미지 전달 방식을 성공적으로 혁신한 사례로 꼽을 수 있습니다.

프레이머는 디자인과 기술의 경계를 허무는 도구로, UX/UI 프로세스에 새로운 가능성을 열어 주고 있습니다. 프레이머의 역할은 단순히 편리한 도구 이상으로, 디자인과 개발의 경계를 허무는 워크플로우의 진화를 의미합니다. 앞서 토스와 재피어 사례에서 보았듯이 프레이머를 도입한 팀은 프로토타이핑 속도 향상, 팀 간 소통 개선, 제품 품질 향상, 생산성 비약적 증가 등의 효과를 얻고 있습니다. 특히 AI 기능의 접목은 앞으로 디자이너가 창의적인 작업에 더욱 집중할 수 있도록 도와주며 반복적이고 소모적인 작업은 자동화함으로써 스마트한 디자인 프로세스를 구축하게 될 것입니다.

프레이머는 여전히 발전 중인 도구로 지금 이 순간에도 새로운 기능이 등장하고 활용 방법이 공유되고 있습니다. 처음에는 방대한 기능에 놀랄 수 있지만,

작은 프로토타입을 만들어보는 것부터 시작해보길 권합니다. 실제로 사용해 보면 프레이머가 왜 '디자이너가 사랑하는 웹사이트 빌더'라고 불리는지 실감할 것입니다. 프레이머를 통해 아이디어를 즉시 인터랙티브한 형태로 구현하고, 나아가 사용자가 직접 체험할 수 있는 디자인을 작업할 수 있습니다. 이것이 바로 프레이머가 지향하는 궁극적인 목표이며, 오늘날 UX/UI 디자인 분야에서 일어나는 큰 패러다임의 변화입니다.

5부

AI 시대, UX/UI 디자인의 미래

17장

AI와 일하는 UX/UI 디자이너

Text to UI 기술과 생성형 AI의 부상은 UX/UI 디자이너의 역할에 근본적인 변화를 가져오고 있습니다. 과거 디자이너가 비주얼을 직접 제작하던 시대에서, 이제는 AI를 조율하고 전략을 수립하는 역할이 강조되고 있습니다. 디자이너는 프롬프트를 설계하고 결과를 평가하는 '디자인 오케스트레이터'로 역할이 변하고 있으며, 사용자의 심리와 맥락을 설계하는 UX 전략가로 진화하고 있습니다. AI는 반복 업무를 자동화하고 협업과 피드백을 촉진하여 디자이너는 더 높은 수준의 창의성과 문제 해결 능력을 발휘하게 될 것입니다. 이번 장에서는 바로 이 변화의 중심에 선 AI 기반 UX/UI 디자인 도구의 한계와 미래에 대해 살펴봅시다.

UX/UI 디자이너의 역할 변화

Text to UI 기술이 발전함에 따라 UX/UI 디자이너의 역할은 변화할 것으로 보입니다. 과거에는 스케치와 비주얼 제작이 주 업무였다면, 미래의 디자이너는 AI와 협업하며 보다 상위 수준의 설계에 집중하게 될 것입니다. 이는 크게 2가지 방향으로 나뉩니다.

하나는 **디자인 오케스트레이터**로서의 역할입니다. 디자이너는 AI에게 무엇을 만들지 지시하고 조율하는 감독자가 됩니다. 좋은 프롬프트를 작성하는 능력, AI가 낸 결과를 평가하고 필요한 수정 방향을 제시하는 능력이 중요해집니다. 비유하자면, AI라는 유능한 신입 디자이너를 거느린 아트 디렉터처럼 일하게 되는 것이죠. 이때 디자이너는 제품의 비전과 사용자 니즈를 깊이 이해하고 있어야 하며, AI가 그것을 제대로 반영하도록 이끄는 것이 핵심 업무가 될 것입니다. 실제로 "AI를 도구로 받아들이고 활용하는 디자이너가 그렇지 않은 디자이너보다 경쟁 우위를 가질 것"이라는 전망이 있습니다. 기술 변화에 발맞춰 새로운 스킬셋(프롬프트 엔지니어링, 데이터 리터러시 등)을 갖춘 디자이너가 각광받게 될 것입니다.

또 다른 방향은 **인간만이 할 수 있는 UX 업무의 강조**입니다. AI가 UI 형태를 만들어 줄 수는 있어도, 사용자의 심리와 맥락을 완전히 이해하여 창의적인 콘셉트를 제안하긴 어렵습니다. 따라서 디자이너는 더 전략적이고 총체적인 UX 설계자로서 활약하게 됩니다. 사용자 조사, 페르소나 정의, 스토리보드 작성 등 제품의 방향성과 철학을 수립하는 작업은 여전히 디자이너의 몫입니다. 또한 윤리적 디자인, 포용성과 접근성 같은 분야는 AI가 데이터만으로는 판단하기 어려우므로, 디자이너의 가치관과 원칙이 개입해야 합니다. 결과적으로 AI 시대의 디자이너는 단순한 화면 설계자가 아니라 제품 경험의 총책임자로 진화하게 될 것입니다. 'UI 디자이너'라는 직책명이 사라지고 'UX 전략가', '제품 디자인 매니저' 등의 형태로 격상될 가능성도 있습니다.

물론 이러한 변화 과정에서 일부 전통적 역할의 축소도 예상됩니다. 예를 들어 시각 디테일을 전문적으로 다루던 비주얼 디자이너나 초기 와이어프레임 작업자 등의 수요는 감소할 수 있습니다. 실제로 단순하고 평균적인 수준의 UI 디자이너 직무는 AI로 대체될 위험이 있고, 업계에서도 이에 대한 위기감이 존재합니다. 그러나 뛰어난 디자이너일수록 오히려 AI를 활용해 생산성을 높이고 자신의 가치를 증명할 수 있으므로 "평균 이하의 디자이너만 위험할 뿐, 뛰어난 디자이너는 오히려 할 일이 늘어난다."는 시각도 있습니다. 요컨대 AI로 인해 디자이너의 역할 격차가 벌어질 수 있으며, 적응하고 역량을 키우는 사람이 살아남을 것이라는 전망입니다.

Y-Combinator 출신 디자이너인 유세프 사르한(Youssef Sarhan)은 "AI는 디자이너가 풀어야 할 핵심 질문까지 대답해주지는 못한다."라는 말을 하였습니다. 이제 디자이너들은 AI를 강력한 도구이자 동료로 삼아 보다 인간에게 필요한 디자인이 무엇인지 자문하며 나아가야 할 것입니다. Text to UI 시대는 결국 디자이너에게 위기인 동시에 더 큰 무대로 나아갈 기회를 주고 있습니다. AI와 협업하는 디자이너들이 보다 중점적인 역할을 하게 될 것입니다.

UX 디자인 업계에서 AI의 역할 변화

불과 몇 년 전만 해도 UX 디자인에서 AI의 활용은 제한적이었지만, 이제는 AI가 중요한 디자인 도구로 역할을 확장하고 있습니다. 다양한 생성형 AI 기반 디자인 서비스들이 등장하고 있으며, AI가 디자이너와 협업하여 디자인 결과물을 만드는 시대가 열리고 있습니다. 이전에는 디자이너의 창의력을 보조하는 도구 정도였다면, 이제는 디자인 프로세스를 함께 이끌어가는 코파일럿으로서의 역할을 할 것입니다. 특히 UX 파일럿은 이러한 변화 속에서 디자이너들의 사고방식을 이해하고 실제 UX 디자인 전 작업 과정에 적용하는 데 특화된 AI로 그 역할을 할 수 있습니다.

이러한 변화는 AI가 단순한 자동화 도구를 넘어 인간과 함께 문제를 해결하고 의사 결정을 지원하는 존재로 진화하고 있음을 의미합니다. UX 디자인 업계에서는 AI를 활용해 더욱 사용자 중심적이고 데이터 기반의 디자인을 추구하게 될 것입니다. UX 파일럿처럼 UX 전 과정에 AI를 통합한 플랫폼이 새로운 표준이 될 가능성이 높습니다. UX 파일럿의 비전도 "전 세계 모든 디지털 제품이 직관적이고 매력적인 사용자 경험을 갖도록, AI 지원 디자인을 새로운 표준으로 만들겠다."로, 업계의 패러다임 전환을 잘 보여 줍니다. 요컨대, AI의 역할은 조력자를 넘어 디자이너와 나란히 일하는 동반자로 변모하고 있으며 이는 UX 디자이너들에게 새로운 가능성이 될 것입니다.

디자이너 업무 방식에 미치는 영향

AI의 적극적인 도입은 UX 디자이너들의 업무 방식 전반에 큰 변화를 일으키고 있습니다. 우선 시간이 많이 들던 반복 작업들이 자동화됨에 따라 디자이너들은 창의적인 작업에 집중할 수 있습니다. 예를 들어, 이전에는 많은 시간을 투자해야 했던 레이아웃 스케치, 사용자 데이터 분류, 디자인 가이드 문서 작성 같은 작업들을 이제 AI가 빠르게 처리해주므로 에너지와 시간을 사용자 문제를 깊이 이해하고 해결하는 데 쓸 수 있습니다. 이는 결과적으로 더 높은 수준의 창의성과 문제 해결 능력을 발휘할 여지를 마련합니다. 또한 AI는 디자인 일관성 유지에도 기여하여, 여러 사람이 작업하더라도 스타일이나 품질이 들쭉날쭉하지 않도록 도와줍니다. UX 파일럿처럼 디자인 시스템을 인식하고 일관된 컴포넌트를 생성해주는 도구를 활용하면 프로젝트 전체에 통일된 디자인 언어를 쉽게 적용할 수 있습니다.

팀 협업 측면에서도 변화가 나타납니다. AI가 디자인 초안을 만들어 주면 이해관계자나 개발자와의 커뮤니케이션이 더 수월해집니다. 초안을 놓고 논의하거나 피드백을 받으면서 빠르게 수정해나갈 수 있기 때문에 의사소통 비용이 줄고 프로젝트 진행 속도가 빨라집니다. 또한 챗GPT 통합처럼 AI가 상시 대기하며 질문에 답하거나 아이디어를 제안해주는 환경에서는 혼자 작업하더라도 마치 동료와 머리를 맞대고 논의하는 것 같은 결과를 얻을 수 있습니다. 이는 재택근무나 프리랜서로 혼자 일하는 환경에 큰 도움이 됩니다. 특히 주니어 디자이너들은 이러한 AI 도움을 통해 실시간으로 피드백과 조언을 얻고 성장할 기회를 가질 수 있습니다. 마치 경험 많은 선배와 함께 일하는 것처럼 AI가 디자인 리뷰와 개선점을 제시해주기 때문에 초급자도 빠르게 실무 감각을 익히고 실력을 향상시킬 수 있습니다.

결국 AI와 함께 일하는 환경에 익숙해진 디자이너들은 업무 효율과 산출물의 퀄리티 모두에서 경쟁력을 갖추게 될 것입니다. 실제로 한 디자인 전문가는

"디자이너가 AI를 건너뛰면 소중한 시간을 잃게 될 것"이라며, 빠듯한 마감일과 끊임없는 수정 요청 속에서 AI를 쓰는 디자이너가 그렇지 않은 디자이너보다 유리한 위치에 설 것이라고 강조했습니다. 이는 AI 시대에 디자이너의 생존과 성장을 위해서도 새로운 도구에 대한 개방적 태도와 숙련이 필수적임을 보여 줍니다.

18장

AI 디자인의 미래

AI 기술은 이제 단일 기능 자동화를 넘어 AI가 스스로 일을 하는 '에이전트'와 여러 도구와 작업을 유기적으로 연결하고 조율하는 '오케스트레이션'의 단계로 진화하고 있습니다. 이러한 흐름은 UX/UI 디자인 실무에도 새로운 방식의 생산성과 창의성을 불어넣고 있습니다. 특히 메이크와 같은 워크플로 자동화 도구는 반복적인 디자인 업무를 자동화하고, 사용자 조사 데이터의 수집·분석 과정까지 간소화하는 데 큰 역할을 하고 있습니다. 이번 장에서는 AI 에이전트와 오케스트레이션의 개념을 살펴보고, 메이크를 활용한 실무 적용 사례를 중심으로 UX/UI 디자인 업무에 어떤 변화를 가져올 수 있는지 구체적으로 알아보겠습니다.

AI 에이전트와 UX 디자인

2024년 앤트로픽은 자사의 최신 AI 에이전트인 **Computer Use**를 공개했습니다. Computer Use는 앤트로픽의 AI 모델인 클로드 3.5 Sonnet에 통합된 AI 에이전트로, AI가 컴퓨터를 사람처럼 직접 조작할 수 있는 것이 특징입니다. 이는 AI가 인간의 컴퓨터 사용 방식을 모방하고 대신할 수 있는 기회와 위험 요소를 동시에 지니고 있습니다.

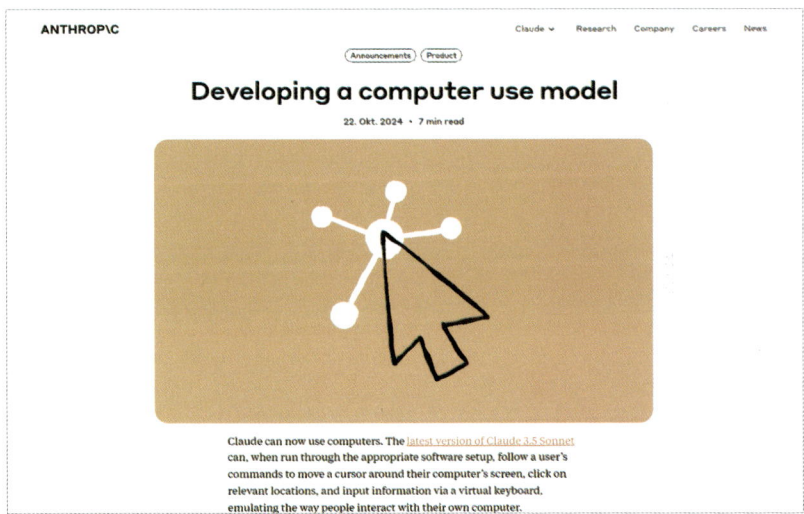

Computer Use 관련 공지(출처: 앤트로픽 웹사이트)

Computer Use의 대표적인 기능들은 다음과 같습니다.

Computer Use의 대표적인 기능

1. 화면 인식 및 탐색: AI는 컴퓨터 화면을 '보고' 인식하며 UI 요소를 이해하고 탐색할 수

있습니다. 이를 통해 버튼 클릭, 텍스트 입력, 드래그 및 드롭과 같은 일반적인 사용자 동작을 수행할 수 있습니다.

2. **마우스 및 키보드 조작**: 마우스를 이동시키고 클릭하는 동작은 물론, 가상 키보드를 사용하여 텍스트를 입력하거나 특정 키 조합을 실행할 수 있습니다.

3. **웹 브라우징 및 자동화**: 웹 브라우저를 열어 URL을 입력하고 웹사이트를 탐색하는 등의 작업을 수행할 수 있습니다. 이를 통해 온라인 예약, 검색, 양식 작성 등 복잡한 작업도 자동화할 수 있습니다.

4. **파일 시스템 조작**: 파일과 폴더를 생성, 수정, 삭제하는 작업을 처리할 수 있어 컴퓨터 관리에도 활용할 수 있습니다.

5. **애플리케이션 조작 및 소프트웨어 개발**: 다양한 소프트웨어를 실행하고, 코딩 작업을 수행하며, 디버깅 작업도 가능합니다.

이 외에도 AI 에이전트 Computer Use는 데이터 수집 및 분석, 이미지와 문서 처리, 시스템 명령 실행 등을 인간처럼 컴퓨터를 조작해서 자동화하고 관리할 수 있는 기능을 가지고 있습니다.

앤트로픽은 Computer Use 기능의 활용 가능성을 보여 주기 위해 다양한 시연을 진행했습니다. 대표적인 예는 샌프란시스코 금문교에서 일출 하이킹 코스를 찾는 과정을 AI가 직접 수행하는 시연을 선보인 것입니다. Computer Use는 다음과 같은 절차를 통해 시연 작업을 수행했습니다.

1. 크롬 브라우저 실행
2. 구글 검색을 통해 금문교가 보이는 일출 하이킹 코스 탐색
3. 사용자의 캘린더로 이동
4. 하이킹 일정을 추가

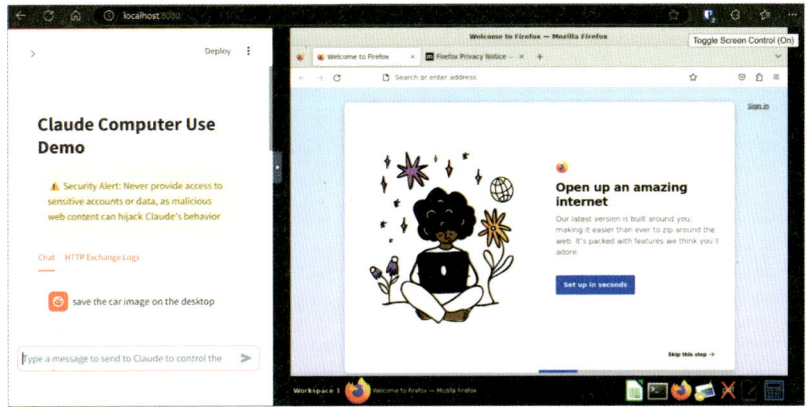

Computer Use의 데모 화면 중 일부(출처: anthropic.com)

이 외에도 여행 예약 웹사이트에서 항공편과 호텔을 예약하거나, 온라인 쇼핑몰에서 상품을 구매하고 은행 웹사이트를 통해 계좌 이체를 하는 등 다양한 일상에서 이 AI 에이전트를 유용하게 활용할 수 있음을 보여 주었습니다. 이는 Computer Use 기능이 단순한 대화형 AI의 한계를 넘어 사람처럼 실제 컴퓨터 조작을 할 수 있는 가능성을 보여 주었습니다.

Computer Use는 혁신적 기술이라 불릴 만큼 뛰어난 기능을 갖추고 있지만 그만큼 기술적인 한계와 여러 위험성을 지니고 있습니다. 우선 사람이 직접 수행하는 것보다 작업 속도가 느립니다. 특히 화면 인식 및 명령 실행 과정에서 지연이 발생합니다. 또, 스크롤 기능의 신뢰성이 낮고, 특정 좌표로 커서를 이동할 때 실수가 발생할 수 있습니다. 스크린샷 기반의 이미지 분석 방식은 실시간 화면 변화를 제대로 처리하지 못하는 문제도 있습니다.

보안과 윤리적 문제에서도 벗어날 수 없습니다. 보안 측면에서는 프롬프트 주입 공격이나 악의적인 콘텐츠에 노출될 가능성이 있으며, 민감한 데이터에 접근할 경우 정보 유출의 위험도 있습니다. 윤리적 문제에서는 개인정보 침해 및 불법적인 활동에 대한 우려가 있습니다. 예를 들어, 소셜미디어나 선거 관련 게시글 작성에 AI가 악용될 수 있다는 점에서 윤리적 고려가 필요합니다.

앤트로픽은 이러한 위험을 완화하기 위해 안전 장치를 마련하고 있습니다. 예를 들어 승인된 도메인에만 인터넷 접근을 허용하거나 중요한 작업에는 인간의 감독을 요구하는 등의 제한을 두고 있습니다.

Computer Use를 UX 디자인에 활용한다면?

Computer Use의 등장은 모든 업무 분야에 지대한 영향을 끼칠 것입니다. UX 디자인의 패러다임 역시 크게 바뀔 수 있습니다. 지금은 UX 디자이너들이 AI 기술을 데이터 분석, 모델링, 시각화, UI 디자인 등 분절된 과업 해결에 활용하고, 이러한 작업들을 통합해왔습니다. 그러나 Computer Use는 이러한 분절적인 작업을 하나로 통합하는 작업까지도 AI가 직접 수행할 수 있도록 하는 능력을 제공하며 AI에게 보다 포괄적이고 통합적인 업무를 위임할 수 있게 합니다.

인간이 AI에게 업무를 맡기고 AI가 작업하는 모습(출처: 미드저니 생성)

이로 인해 긍정적인 측면에서 UX 디자이너는 더 많은 업무를 AI에게 맡김으로써 높은 생산성과 창의성을 발휘할 기회를 얻을 수 있습니다. 예를 들어, 디자인 과정 전반에서 반복적인 작업을 줄이고, AI가 자동화할 수 없는 창의적인 문제 해결이나 전략 수립에 더 많은 시간을 투자할 수 있게 됩니다. Computer Use는 디자인 도구 내에서 다양한 작업을 연속적으로 수행할 수 있어, UX 디자이너가 일련의 작업을 AI에게 위임해 더 효율적인 결과를 얻을 수 있게 합니다.

그러나 AI 에이전트는 부정적인 측면도 동반할 수 있습니다. 특히, 소수의 UX 디자이너가 AI의 강력한 자동화 기능을 통해 상당한 업무량을 독점할 가능성이 생기면서 일자리 불균형 문제가 발생할 수 있습니다 과거에는 다수의 디자이너가 필요했지만, 이제는 소수의 숙련된 디자이너가 AI를 통해 더 많은 일을 해낼 수 있는 환경이 조성될 수 있기 때문입니다. 이는 디자이너 간의 경쟁을 심화시키고, 일부 디자이너의 역할과 직무 범위가 급격히 축소될 위험을 내포하고 있습니다.

즉, Computer Use는 UX 디자인 영역에서 업무 방식과 역할 분담을 근본적으로 재편할 기회를 제공하면서도, AI가 수행할 수 있는 통합적인 작업의 범위가 확장됨에 따라 직업 구조의 변화와 같은 새로운 도전에 직면하게 될 것입니다.

AI 에이전트의 안정적인 상용화까지는 아직 갈 길이 멀어 보입니다. 넘어야 하는 기술적, 보안적, 윤리적 과제가 너무나도 많습니다. 하지만 AI 에이전트의 상용화는 UX 디자이너를 비롯해서 모든 업무 분야에 끼칠 영향력이 너무나 크기 때문에 우리는 이에 주목하고 발전 방향에 따라 바른 사용 방법에 대해서 계속적으로 고민해야 할 것입니다.

AI 오케스트레이션

AI 기술은 무척 빠른 속도로 발전하고 있습니다. 오픈AI에서는 챗GPT를 공개하면서 장기적인 5단계 발전 계획을 내놓았습니다. 그리고 2~3년 사이에 벌써 3단계인 AI 에이전트 시대를 맞이하고 있습니다.

OpenAI Imagines Our AI Future	
Stages of Artificial Intelligence	
Level 1	Chatbots, AI with conversational language
Level 2	Reasoners, human-level problem solving
Level 3	Agents, systems that can take actions
Level 4	Innovators, AI that can aid in invention
Level 5	Organizations, AI that can do the work of an organization
Source: Bloomberg reporting	Bloomberg

오픈AI가 상정한 AI 발전 5단계(출처: bloomberg.co.kr)

AI 에이전트 시대를 맞이하며 UX/UI 디자이너들이 작업 방식에 큰 변화를 주는 개념과 방식은 바로 **AI 오케스트레이션**입니다. AI 오케스트레이션 방식을 활용하면 다양한 AI 도구와 시스템을 통합하여 UX/UI 디자인 프로세스를 자동화하여 개인과 기업의 업무 효율성을 높일 수 있습니다. 그렇다면 AI 오케스트레이션이란 무엇인지 그리고 메이크 플랫폼을 활용한 UX/UI 디자인 업무 자동화 방식과 미래 전망에 대해 살펴보겠습니다.

AI 오케스트레이션의 정의

AI 오케스트레이션은 다양한 AI 도구와 시스템을 통합하여 복잡한 작업을 효율적으로 수행하도록 조율하는 업무 자동화 방식을 의미합니다. 이는 마치 오케스트라 지휘자가 여러 악기를 조화롭게 연주하도록 이끄는 것과 같다고 볼 수 있습니다. 이러한 접근으로 단일 AI 모델의 한계를 극복하고, 여러 AI 모델의 능력을 최적의 조합으로 결합하여 업무 효율성과 생산성을 극대화할 수 있습니다.

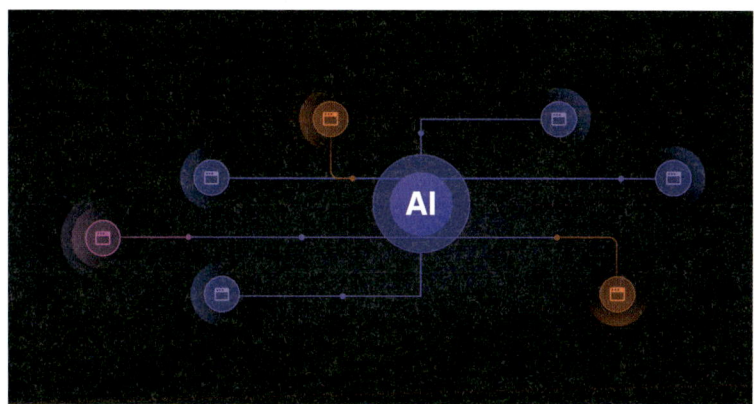

AI 오케스트레이션 개념을 시각화한 이미지

AI 오케스트레이션은 다음과 같은 구성 요소로 이루어져 있습니다.

- **AI 모델**: 특정 작업에 특화된 다양한 AI 모델을 통합하여 협업합니다.
- **데이터 파이프라인**: 데이터 수집, 처리, 전달 과정을 관리하고 최적화합니다.
- **컴퓨팅 리소스**: 컴퓨팅 자원의 효율적 분배를 통해 성능과 비용 효율성을 극대화합니다.
- **통합 플랫폼**: 여러 AI 도구와 시스템을 연결하여 일관된 워크플로우를 제공합니다.

다양한 AI 모델을 통합하여 사용할 수 있기 때문에 언어 모델, 이미지 모델을 결합하여 하나의 프로세스에서 이미지와 텍스트가 결합된 결과물을 만들 수 있습니다. 그리고 AI 모델이 만든 결과물을 이메일, 구글 문서, 노션 등 외부의 다양한 서비스와 결합하여 하나의 업무 태스크를 완전 자동화할 수 있습니다. 이렇게 구축한 업무 프로세스에 대한 복제 및 수정도 용이하여 업무의 유연성과 효율성을 높이는 데 무척 유용합니다.

메이크를 활용한 AI 오케스트레이션

메이크Make는 AI 오케스트레이션을 지원하는 강력한 노코드 기반 플랫폼으로, 복잡한 워크플로우를 설계하고 자동화하는 데 최적화된 도구로 평가받고 있습니다. 메이크는 다양한 앱과 서비스를 연결하여 데이터 처리, 작업 흐름 관리 그리고 AI 도구의 통합을 가능하게 하며, 이를 통해 조직과 개인이 효율적이고 유연한 자동화 환경을 구축할 수 있도록 돕습니다. 특히 프로그래밍 지식이 없는 사용자도 손쉽게 사용할 수 있는 직관적인 시각적 인터페이스를 제공하여 기술적 장벽을 낮추고 광범위한 활용성을 제공합니다.

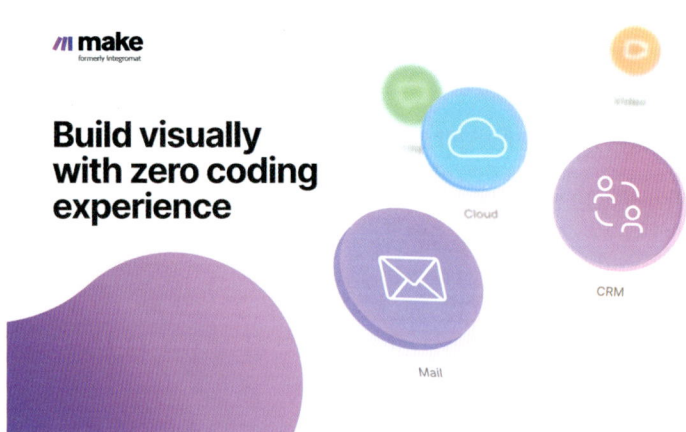

메이크 플랫폼의 비주얼 자동화 제작 기능 소개(출처: make.com)

메이크의 핵심 기능은 다양한 도구와의 통합입니다. 현재 1500개 이상의 서드파티 앱과 서비스를 지원하며, 이를 통해 이메일, 스프레드시트, 프로젝트 관리 도구, CRM 시스템 등 여러 비즈니스 애플리케이션 간의 데이터 흐름을 자동화할 수 있습니다. 예를 들어, 지메일에서 특정 키워드가 포함된 이메일을 감지하면 이를 구글 캘린더에 일정으로 추가하고 슬랙 채널에 알림을 보내는 등의 작업이 가능합니다. 이러한 자동화는 반복적인 업무를 줄이고 생산성을 극대화하는 데 도움을 줄 수 있습니다.

AI 오케스트레이션에서 메이크가 특히 주목받는 이유 중 하나는 시각적 워크플로우 설계 기능입니다. 사용자는 블록 단위로 작업 흐름을 구성하고 조건 분기나 데이터 처리 로직을 직관적으로 구현할 수 있습니다. 시각화된 사용자 경험은 특히 디자이너들이 노코드 플랫폼에 적응해서 업무 프로세스를 시나리오 형태로 구현해서 작업물을 만들어 내는 데 아주 적합합니다.

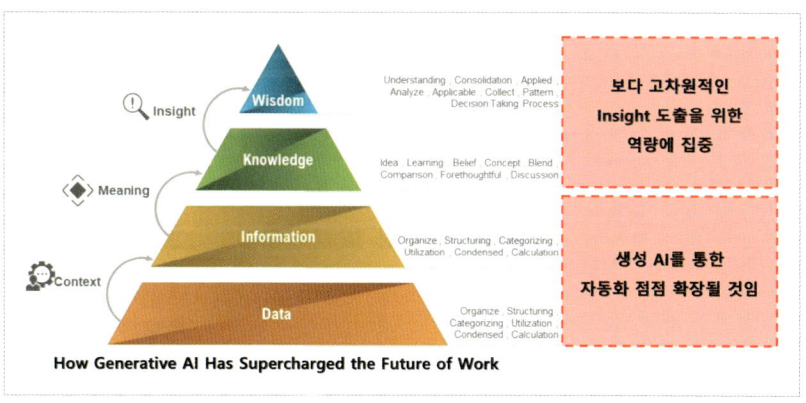

생성형 AI 시대의 데이터-정보-지식-지혜 구조 변화 시각화 이미지

AI 오케스트레이션과 메이크의 결합은 UX/UI 디자인 업무의 자동화에 효과적으로 사용할 수 있습니다. 전통적으로 UX/UI 디자인은 반복적인 작업과 다

양한 도구의 활용이 필수였지만, AI 기반 자동화를 통해 데이터 수집, 분석, 업무 처리는 자동화된 시스템에 맡기고 디자이너는 보다 창의적인 업무에 집중할 수 있는 것입니다.

이를 UX 리서치 자동화 과정에도 적용할 수 있습니다. 메이크를 활용하면 사용자의 피드백을 자동으로 수집하고 분석하여 인사이트를 도출하고 이를 문서에 즉각 반영할 수 있습니다. 예를 들어, 핵심 키워드를 입력하면 해당 키워드에 적합한 자료들을 RAG 모델 기반의 퍼플렉시티에게 조사를 시킬 수 있습니다. 조사된 자료를 LLM 모델인 챗GPT에게 정리하도록 맡기고 JSON 형태로 문서를 구조화해서 원하는 형태의 리서치 보고서를 작업하도록 구글 문서에 넘길 수 있습니다. 또한 입력된 키워드에 대한 챗GPT에게 인터뷰를 기획하고 수행할 수 있도록 동작시킵니다. 분석된 내용을 인터뷰 조사 문서로 작성되도록 구글 문서로 넘기고, 이 데이터를 기반으로 다시 타깃 페르소나 이미지와 텍스트를 생성시켜서 문서화할 수 있는 것입니다.

UX 리서치 자동화 과정을 생성형 AI로 구성한 워크플로우

이와 같은 업무 프로세스를 AI 오케스트레이션 방식으로 자동화를 해두면 입력하는 데이터 값을 변경하는 것만으로 동일한 업무를 자동으로 처리해서 결괏값을 지속적으로 받아낼 수 있습니다.

AI 오케스트레이션을 활용한 UX/UI 디자인 자동화의 장점

AI 오케스트레이션을 통한 UX/UI 디자인 자동화는 디자인 프로세스의 효율성과 생산성을 극대화하는 동시에, 보다 창의적인 작업에 집중할 수 있는 환경을 제공합니다. 이러한 변화를 통해 UX/UI 디자이너들은 단순 반복 업무에서 벗어나 더 나은 사용자 경험을 설계하는 데 집중할 수 있습니다.

가장 큰 이점은 생산성 향상입니다. 메이크와 같은 AI 오케스트레이션 도구를 활용하면 반복 작업에서 벗어나 보다 창의적인 디자인 작업에 집중할 수 있습니다. 실제 수행을 해보면 2~3명의 UX 디자이너가 2주 정도 걸리던 UX 리서치 작업을 1명이서 하루에 진행할 수도 있는 것을 보게 됩니다. 전체 업무 프로세스를 완전 자동화할 수 있다면 보통 2~3개월 걸리는 UX 프로젝트 하나를 2~3주 안에 끝낼 수 있을 것입니다.

협업 효율성이 증가하고 인수인계에도 무척 용이할 것입니다. AI 오케스트레이션을 통해 디자인 변경 사항을 자동으로 공유하고, 관련된 작업을 자동으로 할당하는 등의 프로세스를 구축할 수 있습니다. 이를 통해서 팀원 간에 업무 진행도 보다 효과적으로 수행할 수 있습니다.

또한 업무 프로세스가 자동화되어 있어 업무에 대한 인수인계가 용이하게 이루어질 수 있습니다. 즉, 담당자가 이직을 하거나 자리를 장기간 비워도 회사는 업무 수행 수준을 유지할 수 있고, 직원들도 지속적으로 자기가 일하던 방식을 업데이트해가며 경쟁력을 강화해갈 수 있습니다.

AI 오케스트레이션을 활용한 UX/UI 디자인 자동화는 단순한 기술 통합을 넘어, UX/UI 디자인 업무의 혁신을 가져오고 있습니다. 특히, 메이크와 같은 노코드 기반 플랫폼을 활용하면, 디자이너들은 반복적인 작업에서 벗어나 보다 창의적인 업무에 집중할 수 있으며, UX/UI 디자인의 효율성과 품질을 동시에 향상시킬 수 있습니다.

AI 오케스트레이션은 앞으로 더욱 발전하여 UX/UI 디자인 전 과정에서 핵심적인 역할을 하게 될 것입니다. 특히, AI가 자동으로 디자인을 생성하고 최적화하는 기술은 점점 더 정교해져, 보다 혁신적인 UX/UI를 만들 수 있게 됩니다. 또한 클라우드 기반 AI 오케스트레이션 솔루션이 확산되면서, 중소기업도 저비용으로 고품질의 UX/UI를 구현할 수 있는 기회가 점차 늘어날 것입니다.

19장

AI 시대, 디자인과 저작권

AI 기술의 발전으로 텍스트 입력만으로도 UI의 초안을 생성할 수 있게 되면서 디자이너들의 작업 방식에 큰 변화가 일고 있습니다. 피그마를 비롯한 위자드, 갈릴레오 AI, 릴룸 등 대부분의 UI 디자인 서비스들에서는 AI 기능을 업데이트하여 사용자가 입력한 텍스트 프롬프트에 따라 UI 디자인 초안을 자동 생성하는 기능을 제공하게 되었습니다.

이처럼 AI를 활용한 디자인 자동화가 가속화되면서 UI 디자이너의 창작물 보호와 저작권 역시 중요한 고려 사항이 되고 있습니다. AI로 제작한 UI 디자인 결과물이 기존의 저작물과 유사성을 보일 경우 저작권 침해로 이어질 가능성이 있습니다. 또한 AI 도구가 기존 UI 요소들을 무단으로 학습하여 활용하는 방식도 문제가 될 수 있습니다. 몇 가지 사례들을 통해서 AI 시대의 UI 디자인 저작권에 대해 알아보겠습니다.

AI 시대, UI 디자인의 저작권 이슈

2024년 6월, 피그마는 컨퍼런스에서 새롭게 추가된 AI 기능 Make Designs를 발표했습니다. 이 기능은 사용자가 텍스트 프롬프트를 입력하면 자동으로 UI 디자인을 생성해줍니다. 이는 사용자들이 빠르고 손쉽게 앱 디자인 초안을 만들 수 있도록 도와주는 혁신적인 기능이었으나, 이 기능을 통해 생성된 디자인이 애플 iOS의 기존 UI와 매우 유사하다는 지적이 일면서 논란이 일었습니다.

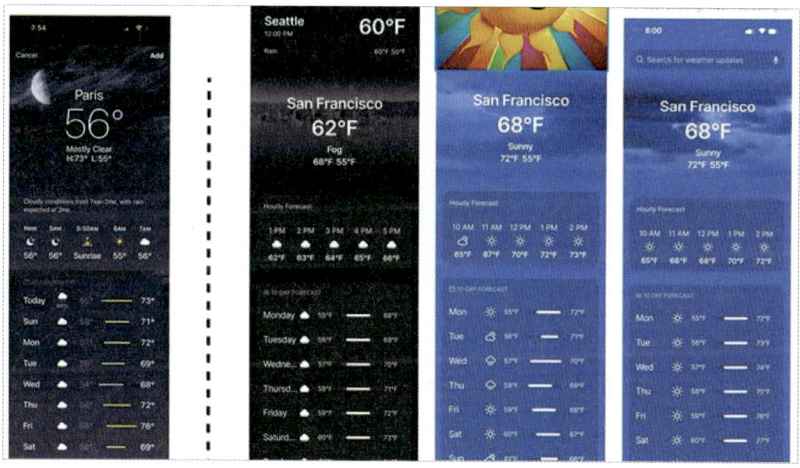

애플 iOS UI와 유사성 논란이 일어난 피그마의 UI 생성 기능(출처: x.com/asallen)-

Not Boring Software의 CEO 앤디 알렌Andy Allen은 소셜 미디어를 통해 피그마의 AI가 기존 iOS UI를 모방한 결과물을 만들어 낸다고 주장하며, 디자이너들이 저작권 문제를 피하기 위해 생성된 디자인을 재검토하고 수정해야 한다고 경고했습니다. 딜런 필드Dylan Field 피그마 CEO는 "해당 도구에 대해 엄격한 품질 보증을 거치지 않고 컨피그 마감일에 맞추기 위해 서둘러 출시한 것은 나의 과실"이라고 인정했습니다. 피그마는 Make Designs 기능을 일시적으로 중단한 후 이를 개선하여 First Draft라는 새로운 이름으로 재출시했습니다.

국내에서도 다양한 UI 디자인에 대한 저작권 침해 사례들이 있었습니다. 대표적으로 중고 거래 플랫폼인 당근과 글로벌 메신저 라인의 '겟잇' 소송 취하 사례가 있습니다. 2019년, 당근은 라인이 베트남에서 출시한 중고거래 앱 겟잇GETIT이 자사의 UI를 모방했다고 주장하였습니다. 당근은 UI 디자인의 경우 저작권 보호를 받기 어려운 점을 고려하여 법적 소송 대신 SNS 공론화를 통해 문제를 제기하였습니다. 라인은 겟잇 앱의 UI를 대폭 수정함으로써 상황이 마무리되었습니다.

당근에서 주장한 유사 화면에 대한 설명 자료

국내 IP 검색 및 분석 서비스를 제공하는 웁스는 2018년 워트인텔리전스의 특허 검색 서비스가 자사의 UI를 무단 차용했다며 소송을 제기했으나 법원은 웁스의 주장을 기각했습니다. 법원은 UI의 기능적 요소는 저작권 보호 대상이 되기 어렵고, UI 요소들이 흔히 사용되는 일반적인 요소들이라면 독창성을 인정받기 어렵다고 판단했습니다. 이 사례는 UI 디자인에서 일반적으로 통용되는 기능 요소와 디자인 방식들은 저작권의 보호를 받기 어렵다는 것을 보여 주는 중요한 선례로 남았습니다.

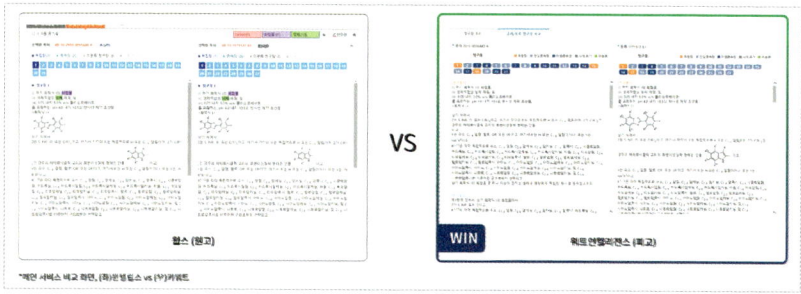

웁스와 워트인텔리전스 소송 자료 화면(출처: 판결문 관련 자료 참고)

마지막으로 게임 메이커인 킹닷컴은 2014년 아보카도엔터테인먼트의 게임 UI가 자사의 '팜 히어로즈 사가'와 유사하다며 소송을 제기했습니다. 1심, 2심에서는 저작권을 인정받지 못했지만 대법원은 게임의 규칙과 진행 방식, UI 등을 종합적으로 고려하여 저작권 침해 여부를 판단해야 한다고 밝혔습니다. 법원은 처음으로 게임 UI의 저작물성을 인정하고 킹닷컴의 승소 판결을 내렸습니다. 이 사례는 게임 UI와 같은 사용자 인터페이스 디자인의 경우 다양한 요소와 함께 고려할 때 저작권 인정이 가능하다는 것을 보여 준 중요한 선례입니다.

킹닷컴과 아보카도엔터테인먼트 소송 자료 화면(출처: 판결문 관련 자료 참고)

이처럼 UI 디자인의 저작권은 단순히 디자인이 유사하다는 것으로 판단하기가 어려우므로 UX/UI 디자이너라면 UI 저작권의 기본 개념과 한계에 대해 파악하는 것이 좋습니다.

UI와 저작권

UI는 앱이나 소프트웨어를 사용할 때 나타나는 이미지, 디자인, 논리구조 전체를 의미하며, 서비스의 이미지를 좌우하는 중요한 요소입니다. 그렇기에 UI 역시 저작권법의 보호 대상이 될 수 있습니다. UI와 관련된 저작권 보호의 한계와 대안 방법 그리고 주요 사항에 대해 간략하게 살펴보겠습니다.

UI 저작권 보호의 한계

- **기능성과 창작성의 구분**: UI는 기술적 한계 때문에 표현 양식이 비슷해질 수밖에 없어 창작성을 인정받기 어려운 경우가 많습니다. 법원은 일반적으로 동종의 서비스에서 흔히 볼 수 있는 UI 요소들에 대해서는 창조적 표현으로 보지 않는 경향이 있습니다.

- **레이아웃과 색상 사용**: UI의 레이아웃이나 색상 사용은 창작적 표현이라기보다는 아이디어나 방법에 불과하다고 보는 경우가 많아 저작권 보호를 받기 어렵습니다.

- **퍼블릭 도메인**: 이전에 존재했던 표현들과 동일하거나 해당 업계에서 필수적인 기능으로 여겨지는 UI 요소들은 '퍼블릭 도메인'으로 간주되어 저작권 보호를 받지 못할 수 있습니다.

- **실질적 유사성 입증의 어려움**: 저작권 침해를 주장하기 위해서는 상대방이 자신의 코드를 복제했거나 유출된 코드를 이용했음을 입증해야 합니다. 물론 이는 쉽지 않은 과제입니다.

UI 보호를 위한 대안적 방법

- **디자인권**: UX/UI의 시각적 요소는 디자인권으로 보호받을 수 있습니다. 특히 독창적이고 감각적인 디자인 요소들은 디자인 등록을 통해 보호받을 수 있습니다.

- **특허권**: UX/UI가 기능적 효과를 가진다면 특허의 대상이 될 수 있습니다. 예를 들어, 스마트폰의 '밀어서 잠금 해제' 기능이나 '탄성 스크롤' 기능 등은 특허로 보호받을 수 있습니다.

- **상표권 및 트레이드 드레스**: 특정 UI 요소가 브랜드를 나타내는 식별력을 가진다면 상표로 등록할 수 있습니다. 또한 전체적인 UI의 모습이 소비자들에게 잘 알려진 경우 트레이드 드레스로 보호받을 수 있습니다.
- **화상 디자인권**: UI의 디자인적 요소는 화상 디자인을 통해 보호할 수 있습니다. 특히 아이콘이나 화면 디스플레이 등이 이에 해당합니다.

UI 저작권 관련 주요 사항

- **창작성 요건**: UI가 저작권 보호를 받기 위해서는 창작성이 필요합니다.
- **실질적 유사성**: UI 저작권 침해를 판단할 때 두 UI의 전체적인 느낌과 핵심적인 요소의 유사성을 검토합니다.
- **아이디어와 표현의 구분**: UI의 기능적 아이디어는 보호받지 못하지만 구체적인 표현 방식은 보호 대상이 될 수 있습니다.
- **업계 표준과의 구분**: 업계 표준적인 UI는 저작권 보호가 어려우며, 독창적이고 차별화된 요소에 대해서만 보호가 가능합니다.

최근 출시된 생성형 AI기반의 UI 디자인 도구들은 디자인 스타일이 제한적인 부분이 있습니다. 대부분 표준적인 UI 가이드라인을 준수하는 패턴 형태로 디자인을 해주고 있기 때문에 저작권 침해 문제는 크지 않을 것으로 보입니다. 하지만 여기서 한 단계 더 발전해서 보다 풍부한 스타일의 UI 디자인이 자동화된다면 저작권 관련 이슈들은 좀 더 크게 부각될 수 있습니다.

AI 시대, 디자이너가 꼭 알아야 할 저작권 개념

AI 시대에는 디자이너가 저작권의 개념을 바르게 이해하고 AI를 활용하는 것이 중요합니다. 오늘날 생성형 인공지능의 발달로 누구나 손쉽게 예술 작품이나 콘텐츠를 만들어 낼 수 있는 시대가 되었습니다. 텍스트를 입력하면 그림을 그려주는 도구나 소프트웨어를 활용하면, 전문 예술가가 아니어도 멋진 작품을 창작해낼 수 있습니다. 이러한 변화는 창작의 문턱을 낮추고 새로운 창작 기회를 열어주지만, 동시에 저작권의 개념과 중요성에 대해 새로운 질문을 던지고 있습니다.

저작권을 인정받지 못한 AI 창작물들

2022년 콜로라도 주립 박람회 미술대회의 디지털 아트 부문에서 AI로 만들어서 1위를 차지한 작품이 있습니다. 제이슨 앨런의 〈스페이스 오페라 극장(Théâtre D'opéra Spatial)〉입니다. 이 작품은 공식적으로 미술대회에서 1위를 했지만, AI가 생성한 작품이라는 이유로 저작권 등록은 인정받지 못했습니다. 앨런은 이 그림을 자신의 이름으로 저작권 등록하려 했으나, 현행 법체계에서는 AI에 의해 생성된 작품은 작가의 사상이나 감정을 표현한 것으로 보기 어렵다는 이유로 등록이 불허된 것입니다. 다시 말해, 사람이 아닌 AI가 만들어 낸 이미지이기 때문에 법이 보호하는 저작물로 인정받지 못한 것입니다.

스페이스 오페라 극장(출처: instagram.com/jason_m_allen)

비슷한 맥락에서 미국의 그래픽 노블 『새벽의 자리야Zarya of the Dawn』도 저작권 이슈로 주목을 받았습니다. 이 작품은 크리스 카슈타노바Kris Kashtanova라는 작가가 스토리와 대본을 쓰고, 여기에 등장하는 삽화 이미지들을 AI 툴인 미드저니로 생성하여 완성한 그래픽 노블입니다. 작품이 처음 나왔던 2022년에 카슈타노바는 이 작품을 미국 저작권청에 등록하면서 텍스트와 이미지 전체에 대한 저작권을 인정받았습니다. 그러나 이후 저작권청이 작가가 이미지 생성에 AI를 사용했다는 사실을 인지하면서 상황이 달라졌습니다. 재검토 끝에 저작권청은 작품의 일부 저작권만 인정한다는 결정을 내렸습니다. 구체적으로 인간이 직접 창작한 대사와 이야기 구성 그리고 여러 이미지들을 배열한 편집 구성 등에만 저작권을 인정하고, 각 삽화 이미지 자체는 AI가 만든 것이므로 보호하지 않는다고 한 것입니다. 결국 카슈타노바는 이 작품에서 글과 이야기 구성에 대해서만 저작권을 유지할 수 있었고, AI가 생성한 이미지 부분은 저작권을 얻지 못했습니다.

크리스 카슈타노바의 「새벽의 자리야Zarya of the Dawn」

이 두 사례는 모두 현행법을 잘 준수했지만 AI가 만든 결과물에 대해 전통적인 저작권 개념을 적용하기에 한계가 있음을 보여준 사건이었습니다. AI 창작물이 훌륭한 성과를 내더라도, 그것이 온전히 인간의 창작물로 간주되지 않을 경우 법적 보호를 받기 어렵다는 점이 드러난 것입니다. 그 배경에는 국제적으로 통용되는 '저작자는 인간이어야 한다'는 저작권의 기본 원칙이 자리 잡고 있기 때문입니다.

인간 저작자 원칙과 원숭이 셀카 사건

저작권에 있어 인간 저작자의 원칙이 알려진 유명한 예로 들 수 있는 것이 일명 '원숭이 셀카' 소송 사건입니다. 2011년 사진 작가 데이비드 슬레이터가 인도네시아의 한 숲에 방문했을 때 야생 원숭이 한 마리가 슬레이터의 카메라 셔터를 눌러 셀카를 찍은 일이 있었습니다. 이 원숭이 셀카 사진은 인터넷을 통해 널리 퍼지며 화제가 되었지만, 이 사진을 두고 저작권 소송이 벌어졌습니다. 사진작가 데이비드 슬레이터는 자기 카메라로 촬영된 이 사진의 저작권이 자신에게 있다고 주장했고, 동물보호협회는 나루토라는 이 원숭이의 권리를 대변한다며 원숭이가 사진의 저작자라고 주장하였습니다.

원숭이 셀카 소송에서 논의된 원숭이 나루토

그러나 미국 법원은 이 사건에서 명확한 판단을 내렸습니다. '원숭이와 같은 비인간은 저작권법상의 저작자가 될 수 없다'는 것입니다. 결국 이 원숭이 셀카 사진에는 저작권이 성립되지 않는다는 결론이 내려졌습니다. 나아가 미국 저작권청은 2014년 해당 사례를 계기로 공식 가이드라인에 '인간에 의해 창작된 작품만이 저작권 보호를 받을 수 있으며, 동물이나 기계가 인간의 개입 없이 만들어 낸 결과물은 저작권 등록을 거부한다'는 취지의 내용을 명시하였습니다.

법률상 저작물이 성립하기 위해서는 '인간의 사상 또는 감정을 표현한 창작물'이어야 합니다. 다시 말해 저작자는 자연인, 곧 인간이어야 한다는 전제가 있습니다. 한국 저작권법뿐 아니라 많은 나라의 저작권 법제는 이러한 대원칙을 견지하고 있다. 단순히 아이디어나 콘셉트를 제공했을 뿐 창작적 표현 형식에 기여하지 않은 자는 저작자가 될 수 없다는 규정도 이를 뒷받침합니다. 따라서 결과물이 아무리 그럴듯해도, 인간이 아닌 존재가 스스로 만들어 낸 것이라면 법적으로는 창작물로 인정받을 수 없고 저작권 보호 대상이 될 수 없습니다. 앞서 살펴본 AI 그림과 AI 만화가 저작권 등록에서 어려움을 겪은 가장 큰 이유가 바로 이것입니다.

물론 그렇다고 해서 AI를 활용한 모든 창작물이 절대 저작권 보호를 받을 수 없다는 뜻은 아닙니다. 법과 제도는 현실의 변화에 맞춰 해석과 적용을 달리해 가기도 합니다. 실제로 최근 들어서는 인간이 상당한 창의적 개입을 한 AI 산출물에 대해서는 부분적으로나마 저작권을 인정해야 하는 것 아니냐는 논의가 일기 시작했습니다. 흥미롭게도 이미 AI 창작물에 저작권을 인정한 사례들이 등장하고 있습니다.

저작권이 인정된 AI 창작물 사례: 중국과 한국의 선례

AI 산출물에 대해 대부분의 국가들은 여전히 신중한 입장이지만, 세계 최초로 AI 창작물에 저작권을 인정한 사례는 중국에서 나왔습니다. 한 블로거가 생성형 AI 프로그램(스테이블 디퓨전)을 이용해 젊은 아시아 여성의 이미지를 만들어 SNS에 올렸는데, 다른 사람이 이를 무단 복제해 사용한 사건이 발생했습니다. 2023년 이 사건을 다룬 베이징 인터넷 법원은 놀랍게도 AI로 생성된 이미지도 충분한 인간의 창작적 개입이 있다면 저작물로 인정된다고 판단하였습니다. 법원은 이미지를 만든 A라는 사람이 프롬프트(제시어)를 선택하고 순서를 정해 입력하면서 원하는 결과물이 나올 때까지 파라미터를 다양하게 변경하는 등 상당한 지적 노력을 투입했음을 중요하게 보았습니다. 그 결과 탄생한 이미지에는 인간의 창의적 선택과 노력이 담겨 있으므로, 비록 AI 도구를 사용했더라도 저작권법상 보호되는 독창적인 창작물에 해당한다고 본 것입니다. 이 판결로 중국은 AI 창작 이미지에 저작권을 인정한 첫 국가가 되었습니다. AI가 만들어 낸 결과물일지라도 그 이면에 인간의 주도적인 창작 과정이 있다면 법적으로 보호해야 한다는 새로운 관점을 제시한 셈입니다.

중국에서 저작권을 인정받은 AI로 생성된 이미지

중국에 이어 전 세계 두 번째로 AI 창작물에 저작권을 인정한 사례는 한국에서 등장했습니다. 2023년 12월에 제작된 단편 영화 〈AI 수로부인〉이 그 주인공입니다. 이 영화는 나라지식정보 산하의 나라AI필름이라는 곳에서 제작한 작품으로, 시나리오부터 영상, 목소리, 음악까지 모든 요소를 AI를 활용해 만들어 낸 완전한 AI 영화입니다. 예를 들면 GPT-4와 같은 대형 언어 모델로 시나리오를 쓰고, 미드저니와 스테이블 디퓨전으로 장면 이미지를 생성하며, 영상 합성 AI 툴로 동영상을 만들고, AI 음성 합성으로 더빙까지 완료하는 식입니다. 인간은 이러한 여러 AI가 만들어 낸 산출물들을 편집하여 하나의 완성된 영상으로 구성하는 역할을 했습니다. 완성된 영화 AI 수로부인은 2024년 1월 한국저작권위원회에 '편집저작물'의 형태로 저작권 등록이 되었습니다. 이는 국내 최초이자 세계 두 번째로 AI 생성 콘텐츠에 저작권을 인정한 사례로 기록되었습니다.

AI로 제작된 영화 〈AI 수로부인〉(출처: 나라필름)

다만 여기서 주목할 점은 이 영화의 모든 부분에 저작권을 인정한 것은 아니라는 것입니다. 개별적인 장면 이미지나 음성, 음악 등 AI가 만들어 낸 각각의 산출물 자체가 저작물로 인정된 것은 아니고, 그것들을 창의적으로 선택·배열하여 하나의 작품으로 구성한 부분에 한해서만 저작물성이 인정되었습니다. 결국 AI로 제작한 〈AI 수로부인〉의 저작권자는 AI가 아닌 이 영화를 만들어 편집해 낸 인간(제작사)으로서, 법은 그 편집 및 구성에 담긴 인간의 창작적 기여만을 보호한 것입니다. 한국저작권위원회도 "AI 산출물이기만 하면 어떠한 경우에도 저작물이 될 수 없다는 편견을 깬 사례"라고 평하면서도, 어디까지나 사람이 한 부분에 대해서만 저작물성을 인정한 것임을 분명히 했습니다.

이 사례에서 흥미로운 점은, AI를 활용했더라도 최종 결과물에 인간의 창의적인 노력이 결정적으로 반영되었다면 저작권을 인정받을 수 있다는 가능성을 보여준다는 것입니다. 실제로 〈AI 수로부인〉 제작사 측은 단순히 AI가 생성한 결과물을 모은 것이 아니라 이미지 보정, AI 모델의 세밀한 조정, 자체 개발한 추가 알고리즘 활용 등 여러 인간의 개입과 수작업을 거쳤습니다. 이러한 인간의 역할 덕분에 편집저작물 형태로 저작권 등록이 가능했던 것입니다. 이 사례는 AI와 인간이 협력하여 만든 창작물에서 인간의 기여도를 어떻게 평가할지에 대한 기준점을 제시하며, 생성형 AI 시대의 저작권법이 단순한 흑백논리가 아니라 '창작적 개입 정도'에 따라 회색지대의 해법을 찾을 수 있음을 보여줍니다.

미국 〈한 조각의 아메리칸 치즈〉 사건과 변화하는 시각

앞서 살펴본 중국과 한국의 사례가 AI 창작물에 대한 저작권 인정의 가능성을 보여 주었다면, 미국에서는 최근 매우 흥미로운 판결이 나와 큰 화제가 되었습니다. 바로 〈한 조각의 아메리칸 치즈〉라는 독특한 제목의 작품에 얽힌 사건입니다. 이 작품은 AI 전문 기업 인보크Invoke의 대표 켄트 키어시Kent Keirsey가 자사가 개발한 생성형 AI 플랫폼을 활용해 만든 작품으로 알려져 있습니다. 2024년 8월 키어시는 이 작품을 미국 저작권청에 등록 신청했지만, 초기 심사에서 거절당했습니다. 거절 사유는 예상대로 '해당 작품은 인간에 의해 창작되지 않았다'는 것이었습니다. 작품의 시각적 요소 대부분이 AI로 생성되었으므로, 저작권법상 보호 요건인 인간의 창작성이 부족하다는 판단이었습니다. 이는 앞서 〈스페이스 오페라 극장〉이 받은 결과와 크게 다르지 않았습니다.

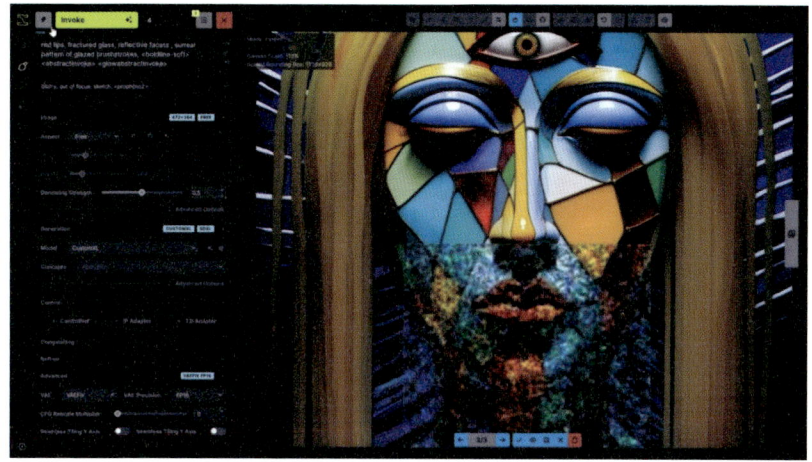

〈한 조각의 아메리칸 치즈〉에 인페인팅 기법을 사용하는 모습(출처: invoke.com)

그런데 〈한 조각의 아메리칸 치즈〉 사건은 여기서 끝나지 않았습니다. 키어시는 이를 포기하지 않고 재심사를 청구하면서, 자신이 이 작품을 만드는 과정에서 행한 인간으로서의 창작적 개입 과정을 상세히 입증했습니다. 구체적으로 그는 AI가 처음 만들어 낸 원본 이미지에 만족하지 않고, 직접 여러 이미지 조각들을 선택하고 배치하여 하나의 통일된 그림으로 재구성했다고 밝혔습니다. 또한 AI 이미지를 일부 영역별로 인페인팅 기법을 사용해 수정·보완하였는데, 이 기능은 사람이 원하는 부분을 지정해 AI로 하여금 해당 부분을 다시 그리게 하는 작업이라는 의견을 제출했습니다. 한마디로, AI가 준 재료들을 가지고 최종 완성본을 만들어 낸 것은 본인의 창의적 편집과 선택의 결과물이라는 점을 강조한 것입니다.

미국 저작권청은 이러한 추가 자료와 설명을 검토한 끝에 2025년 1월, 마침내 〈한 조각의 아메리칸 치즈〉에 대한 저작권 등록을 승인했습니다. 그러나 이 역시 기존의 원칙을 완전히 번복한 것은 아니었습니다. 저작권청은 등록 증서에

"AI가 생성한 요소들을 배열·선택·조정한 인간의 창작적 구성 부분"만이 보호 대상임을 분명히 명시했습니다. 다시 말해, AI가 자동으로 만들어 낸 이미지 자체는 여전히 저작권 보호를 받지 못하고, 다만 그것들을 조합하여 하나의 작품으로 만든 인간의 창작적 편집 저작물성만 인정한 것입니다. 이와 동시에 미국 저작권청은 2025년 1월 저작권과 인공지능에 관한 공식 보고서를 내어, AI 시대의 저작권 적용 원칙을 새롭게 가이드하였습니다. 그 핵심 내용은 다음과 같습니다.

〈저작권과 인공지능에 관한 공식 보고서〉의 핵심 내용

- AI가 단순 도구로 활용되고, 최종 산출물에 대한 창작적 결정은 인간이 내린 경우에는 종전과 마찬가지로 저작권이 인정될 수 있다.
- 반대로 콘텐츠의 실질적 표현이 전적으로 AI에 의해 생성된 경우에는 그것은 저작권으로 보호될 수 없다.
- 많은 경우 창작 과정에서 인간과 AI의 기여가 혼재되는데, 이러한 "중간 영역"에 대해서는 사실 개별 사례의 구체적인 정황을 고려하여 판단해야 한다.

실제로 한 조각의 아메리칸 치즈는 이 가이드라인에 따라 "인간과 AI의 공동 작업물"에 가까운 형태로 간주되어 부분적인 보호를 받게 된 셈입니다. 이 사건은 AI 창작물에 대한 미국의 법적 시각이 변화하고 있음을 보여 주는 상징적인 사례로 평가받습니다. 2022년까지만 해도 혼자 힘으로 그림을 그린 AI의 작품은 등록이 철저히 거부되었지만, 2025년에는 "AI가 그렸지만 사람이 다듬고 완성한 그림"은 일정 부분 보호받는 방향으로 선회한 것입니다. 물론 여기에도 명확한 한계선은 있다. 인간의 개입과 창작성이 어느 정도로 충분해야 저작권을 인정할 수 있는지에 대한 기준은 여전히 모호하며, 해당 사례별로 판단을 내릴 수밖에 없습니다. 다만 분명한 것은, 저작권 제도도 AI 시대에 맞춰 변화하고 있으며 완고한 불인정에서 점차 조건부 인정으로 입장이 이동하고 있다는 점입니다. 한 조각의 아메리칸 치즈 사건은 법과 제도가 기술 발전에 대응해 어떻게 현실적인 균형점을 찾아가는지를 잘 보여 줍니다.

디자이너가 알아야 할 저작권 보호 전략

마지막으로 디자이너들이 실무에서 활용할 수 있는 저작권 보호 전략을 다음과 같이 제시하고자 합니다. AI 도구를 사용할 때의 주의 사항, 저작권을 지키기 위한 실무 팁, 그리고 AI로 만든 창작물을 법적으로 보호받기 위한 방법들을 하나씩 알아보겠습니다.

AI 도구 활용 시 주의할 점

AI 서비스 약관 확인

먼저 AI 도구를 사용할 때 그 결과물의 권리 귀속에 대한 이용약관을 꼭 확인해야 합니다. 일부 플랫폼은 유료 사용자에게 출력물의 상업적 이용을 허용하지만, 무료 버전은 상업 이용 불가이거나 출력물에 대한 일정 권리를 서비스 측에 부여하는 경우도 있습니다. 내 디자인을 마음껏 활용하려면, 사용 중인 AI 도구의 라이선스 조건을 이해하는 것이 중요합니다.

저작권 침해 우려 점검

AI에게 이미지를 생성해 달라고 프롬프트를 줄 때 특정 유명 캐릭터나 기존 작품을 모방하진 않는지 주의해야 합니다. AI가 학습한 데이터 중에는 저작권이 있는 작품들도 포함되어 있을 수 있어서 출력물이 의도치 않게 기존 저작물을 베낀 결과가 나올 가능성도 있습니다. 만약 AI가 만들어 준 결과가 기존 유명한 이미지와 너무 비슷하다면 사용을 피하거나 충분히 변형하는 것이 안전합니다. 타인의 저작권을 침해하지 않도록, AI 출력물을 검토하고 필터링하는 과정이 필요합니다.

개인정보 및 초상권 주의

AI 이미지 생성시 실존 인물의 사진을 무단으로 사용하면 초상권 문제가 될 수 있습니다. 또한 민감한 사진이나 기밀 디자인 시안을 AI에 입력하는 것 역시 개인 정보 또는 기업 정보 유출을 발생시켜 크게 위험할 수 있습니다. 대부분의 AI는 입력 데이터를 학습에 사용할 수도 있기 때문에 민감한 자료는 AI에 업로드하지 않는 것이 좋습니다.

AI 출력물의 신뢰도 검토

AI 텍스트 생성 도구를 쓸 때는 사실 관계를 꼭 확인해야 합니다. AI가 그럴듯한 잘못된 정보를 만들어 낼 수 있기 때문이죠. 디자인 작업 시에 참고한 AI의 아이디어나 자료가 있다면, 나중에 문제가 없도록 출처를 재확인하고 사용하는 습관을 들이세요.

저작권 보호를 위한 실무 팁

인간의 창작성 더하기

AI가 생성한 초안을 바로 사용하기보다는 반드시 나만의 수정과 편집을 거쳐 완성하도록 해야 합니다. 예를 들어 AI가 그린 그림을 얻었다면, 색감이나 디테일을 보정하고 콜라주 형태로 재구성하는 등 인간 창작 요소를 추가합니다. 이렇게 하면 해당 추가 작업 부분에 대해서는 저작권을 주장할 수 있습니다. 완성 작품을 설명할 때도 어떤 부분에 본인의 창의적 개입이 있었는지 강조하면 좋습니다.

저작권 표시와 기록

본인이 만든 디자인에는 이름이나 로고 등 출처 표기를 해두어야 합니다. 온라인에 작품을 올릴 때 워터마크를 넣거나, 메타데이터에 창작자 정보를 기록할 수도 있습니다. 또 작업 과정과 AI 활용 범위를 기록으로 남겨두는 것도 추천합니다. 나중에 유사한 디자인이 나와 분쟁이 생긴다면, 내가 언제 어떤 과정을 거쳐 창작했는지 입증하는 자료가 되어줄 수 있습니다.

저작권 등록 검토

완성된 디자인 결과물이 상당 부분 인간의 창작으로 이루어졌다고 판단되면, 한국저작권위원회를 통해 저작권 등록을 고려해볼 수 있습니다. 등록 자체가 권리 성립 요건은 아니지만, 분쟁 시 창작 시점과 저작자 증명을 수월하게 해줍니다. 특히 AI와 협업한 작품이라면 어느 부분이 편집저작물로서 창작성이 있는지 설명하여 등록 신청을 할 수도 있습니다. 물론 등록이 곧 절대적인 권리 보장을 의미하지는 않으므로, 어디까지나 분쟁 대비용으로 활용합니다.

콘텐츠 사용 허가 확인

AI가 학습한 데이터 출처까지 신경 쓰는 디자이너라면, 오픈 라이선스 자료나 퍼블릭 도메인 리소스만으로 학습된 AI 모델을 선택하는 것도 방법입니다. 그래야 출력물에 제3자의 저작권 시비가 붙을 가능성이 낮아지기 때문입니다. 아직 이러한 부분을 완벽히 파악하기는 어렵지만, 가능한 투명한 데이터셋을 가진 AI 도구를 고르면 리스크를 줄일 수 있습니다.

AI 저작물의 법적 보호를 받기 위한 방법

편집저작물로서 인정받기

앞서 살펴본 〈AI 수로부인〉 사례처럼, AI 산출물을 편집하고 조합하여 새로운 창작물을 만들었다면 편집저작물로 보호받을 수 있습니다. 예를 들어 여러 개의 AI 생성 이미지를 콜라주하고 그래픽 디자인 작업을 거쳐 하나의 작품으로 완성했다면, 그 이미지들의 선별·배치에 창작성이 인정될 경우 편집저작물로서 저작권 등록을 시도해볼 수 있습니다. 이는 전체 작품에 대한 권리이지 개별 AI 생성 요소 하나하나에 대한 권리는 아니라는 점을 유의해야 합니다.

2차적 저작물 활용

경우에 따라서는 AI가 만든 결과물을 토대로 사람이 추가 창작을 가미하여 새로운 2차적 저작물을 만들 수도 있습니다. 예를 들어 AI가 생성한 그림을 밑바탕 삼아 사람이 직접 덧그림을 그리거나 리터칭을 해서 독자적인 작품으로 승화시키는 방식입니다. 이렇게 원본을 변형하거나 발전시켜 인간의 색깔이 뚜렷한 2차 창작물로 거듭나면, 해당 최종 작품에 대해서는 인간 저작물로서 저작권 보호를 받을 수 있습니다. 다만, 이때 원본 AI 출력물이 만약 제3자의 저작권을 침해한 것이었다면 2차 저작물도 문제가 될 수 있으니, 출력물의 출처 적법성도 함께 고려해야 합니다.

기타 지식재산권 활용

브랜드 로고나 제품 디자인처럼 산업 현장에서 활용되는 디자인의 경우, 저작권 외에 상표권이나 디자인권(디자인 특허)으로 보호하는 방법도 있습니다. 예를 들어 AI가 디자인한 로고를 사람이 약간 수정해 사용한다면, 상표로 등록하여 보호받을 수 있습니다. 제품의 외관 디자인도 디자인보호법에 따라 등록받으면 일정 기간 독점권을 행사할 수 있습니다. 이러한 다른 지식재산권을 병행해 두면, 설령 해당 디자인의 저작권이 애매하더라도 복제나 모방을 법적으로 견제할 수 있습니다.

계약과 약관으로 대비

마지막으로, 클라이언트나 고용주와의 계약서에 AI 활용에 따른 권리 귀속을 명확히 적어두는 것도 현실적인 방법입니다. 예컨대 '본 작업물에 AI 보조도구를 활용하였으나, 최종 산출물에 대한 저작권 일체는 디자이너에게 귀속된다'는 식으로 계약에 명시해 두면 추후 분쟁 예방에 도움이 됩니다. 또한 내 디자인을 온라인 플랫폼에 업로드할 때 해당 플랫폼의 약관도 살펴보는 것이 필요합니다. 일부 플랫폼은 게시된 창작물을 AI 학습에 활용할 권리를 자신들이 갖는다고 명시하기도 하므로 이러한 조항에 동의할지는 창작자가 판단해야 합니다. 필요하다면 작품 업로드 시 "AI 학습 허용 안 함" 등의 설정을 제공하는지 확인하고 활용하는 것이 바람직합니다.

AI 시대의 도래로 디자이너들이 마주하는 저작권 이슈는 복잡하면서도 흥미로운 변화입니다. 한편으로는 AI가 창작의 조력자가 되어 창의적인 작업을 더 풍성하게 해주지만, 다른 한편으로는 법과 윤리의 새로운 과제를 안겨주고 있다고 볼 수 있습니다. 중요한 것은 기술의 편리함에만 기대지 않고, 자신의 창의적 개성과 저작권 의식을 잃지 않는 것입니다. 그렇게 할 때 비로소 AI와 함께하는 창작이 디자이너에게 더 큰 기회가 되어줄 것입니다. 앞으로 법과 제도가 어떻게 바뀔지 지켜보면서, 오늘 이야기한 개념들과 전략들을 염두에 두고 안전하고 멋진 디자인 작업을 수행하길 바랍니다.

찾아보기

갈릴레오 AI　303
감정 분석　146
강화학습　70
개발　52
검색 엔진 최적화　96
경로 분석　407
경험 디자이너　21
공익법인　93
글래스모피즘　257
깃마인드　51
깃허브 코파일럿　72

네오브루탈리즘　270
노션　77
노코드　23
노트어블리　49
뉴모피즘　257

ㄷ

다중 인터뷰 분석　151
단일 페르소나 기법　110

달리　182
대규모 언어 모델　58
더블 다이아몬드 모델　47
덕덕고　77
데이터 파이프라인　461
도널드 노먼　20
드론 뷰　235
드리블　270
디스코드　187
디자인권　473
디자인 오케스트레이터　449
딥 블루　59

레트로　258
로우 앵글　235
롱 샷　231
릴룸　321

마크다운　113
매개변수　71
맥 핵　59

찾아보기　491

머티리얼 디자인　270
멀티모달　62
멀티모달 인터랙션　347
멀티 페르소나 기법　112
메이즈　405
메이크　462
모노크롬　270
모빌리티 서비스　111
무드 보드　37, 192, 265
문맥 길이　62
미드저니　185
미디엄 롱 샷　231
미디엄 샷　230
미디엄 클로즈업　230

ㅂ

바드　61
반응형 디자인　422
발견　48
버블　55
버즈 아이 뷰　235
벅스 아이 뷰　235
보즈　176
브레인스토밍　153
블렌더　284
블로킹　38
비전 프로　146
비주얼아이즈　54

비주얼 아티스트　19
비핸스　270
빌더 ai　56

사용자 여정　170, 250
사용자 인터뷰　148
사용자 조사　170
사용자 행동 데이터　406
사이버펑크　258
사이트맵　324
상표권　474
생성적 적대 신경망　187
생성형 사전 훈련 변환기　70
샷 사이즈　230
샷 프롬 핏 레벨　235
설문 조사　170
스케치　40
스케치2Code　303
스큐어모피즘　258
스타일 가이드　326
스테이블 디퓨전　196
스토리보더 ai　51
스토리보드　175
스토리텔링　251
스톰 AI　49
시나리오　159
시네틱 유저　170

시스템 문구　35
심볼　283
심층 인터뷰　173

ㅇ

아웃라인　284
아이콘　193, 281
아카데믹 모드　86
알파고　59
애니매틱　177
애자일　68
앤트로픽　62
어도비 XD　183
어도비 파이어플라이　183
업스케일　357
예시 기반 기법　116
오픈 소스　196
온보딩　34
와이어프레임　325
와이어프레임 스캐너　391
원더링　50
원샷 프롬프팅　116
원클릭 퍼블리싱　437
웹플로우　421
위자드　389
웜지컬　51
이해관계자　50
익스트림 롱 샷　231

익스트림 클로즈업　230
인구통계 정보　159
인스트럭트 GPT　71
입력문　124

ㅈ

자연어 처리　188
재피어　442
저작권　469
전달　53
정보 구조　410
정의　50
제미나이　33
제약 조건　123
제플린　439
줌 아웃　234
증강 현실　91
지도학습　70
지침　123

ㅊ

챗GPT　33
출력문　124

ㅋ

카드 소팅　410
캔바　371
컨센서스　49

콘셉트 아트　37
쿼라　77
퀘스트 AI　55
크리에이티　349
클로드　33
클로즈업　230
클루이파이　54
키워드 추출　146

ㅌ

탑 뷰　235
토큰　62
톤앤매너　44
트랜스포머　60
트레이드 드레스　474
특허권　473

ㅍ

파라미터　71
파스텔 톤　270
퍼플렉시티　84
페르소나　155
페르소나 기법　108
페르소나 젠　51
페르소나 프롬프팅　108
페이지　86
페인 포인트　159
포비즘　222

포커스 모드　86
풀 샷　231
퓨샷 프롬프팅　119
프레이머　429
프로덕트 디자이너　22
프로토타이핑　251
프론티　55
프롬프트 베이스　97, 296
프롬프트 엔지니어　96
프롬프트 엔지니어링　33, 95
플랫 디자인　257
피그마　365
피그마 슬라이드　377
피그잼　338

ㅎ

하이 앵글　235
할루시네이션　36
합성-유기적 동등성　173
핸드 오프　354
호스팅　425
화상 디자인권　474
환각 현상　36
후카츠식 프롬프트 기법　123
휴리스틱 평가　139
휴리스틱 평가지　141
히트맵　407

A

A/B 테스트   409
AICT   28
AI 디자이너   24
AI 리터러시   27
AI 오케스트레이션   460
AI 콘텐츠 조정자   29
AI 프롬프트 엔지니어   29
ALT 태그   55
AR   91
AUTOMATIC1111   198
AWS   78
AX   25

B

BERT   60
Bing   72
BX   21

C

CMS   55
ComfyUI   199
Computer Use   455
CTA   35

D

DeepL   206

F

Figma Buzz   371
Figma Draw   373
Figma Make   366
Figma Sites   368

G

GAN   187
GDPR   413
GPT   60
GUI   19, 255
GUI 컴포넌트   193

H

HTML   19

I

IA   410
Image to UI   306

K

KB고객언어 가이드   163

L

LLM   33
LoRA   200

M

MCP   82

N

NLP　188

NPS　442

O

octane 렌더　284

P

PBC　93

Prompt-to-code　366

R

RAG　173

RLHF　70

S

SEO　96

T

TDS　440

Text-to-UI　67

U

UX 라이팅　68, 162

UX 리서처　157

UX 리서치　170

UX 시나리오 보드　191, 239

UX 파일럿　333

UX프레시아　51

V

VR　239

W

WebUI　197

기호

--chaos　259

--cref　215

--cw　215

--no　259

--q　259

--s　259

--style raw　286

--stylize　194

--sw　222

--v　259

숫자

2D 플랫　284

2차적 저작물　489

3D 아이소메트릭　284

3D 입체　284

4가지 구조화 타입　129

4원칙　102

10가지 사용성 원칙　139